谨以此书献给中山大学一百周年华诞

（1924 — 2024）

"立德树人 凝心铸魂"系列丛书

丛书主编／张 琪

学生思想政治工作优秀论文合集
（上辑）

主编：靳祥鹏 钟一彪

·广州·

版权所有　翻印必究

图书在版编目（CIP）数据

学生思想政治工作优秀论文合集．上辑/靳祥鹏，钟一彪主编． -- 广州：中山大学出版社，2024.10. -- （"立德树人　凝心铸魂"系列丛书/张琪主编）． -- ISBN 978-7-306-08240-4

Ⅰ.G641-53

中国国家版本馆 CIP 数据核字第 2024WU3789 号

出 版 人：	王天琪
策划编辑：	王旭红
责任编辑：	陈　霞
封面设计：	林绵华
责任校对：	高津君
责任技编：	靳晓虹
出版发行：	中山大学出版社
电　　话：	编辑部 020-84110283，84113349，84111997，84110779，84110776
	发行部 020-84111998，84111981，84111160
地　　址：	广州市新港西路 135 号
邮　　编：	510275　　　　　传　真：020-84036565
网　　址：	http://www.zsup.com.cn　　E-mail:zdcbs@mail.sysu.edu.cn
印 刷 者：	佛山市浩文彩色印刷有限公司
规　　格：	787mm×1092mm　1/16　21.25 印张　374 千字
版次印次：	2024 年 10 月第 1 版　2024 年 10 月第 1 次印刷
定　　价：	72.00 元

如发现本书因印装质量影响阅读，请与出版社发行部联系调换

序　言

百年大计，教育为本。习近平总书记提出："思想政治工作是学校各项工作的生命线。""高校思想政治工作关系高校培养什么样的人、如何培养人以及为谁培养人这个根本问题。"大学生思想政治教育是高校落实"立德树人"根本任务的主要载体，在培养德智体美劳全面发展的社会主义建设者和接班人过程中发挥无可替代的主渠道和主阵地作用。中山大学深入贯彻落实习近平新时代中国特色社会主义思想，用新时代党的创新理论武装教师头脑，坚持立德树人根本任务，围绕以学生成长为中心，构建全员、全过程、全方位的"大思政"格局。学校先后获批建设第三批全国党建工作示范高校、高校思想政治工作队伍培训研修中心（中山大学）、"一站式"学生社区综合管理模式试点等，在学生思想政治工作理论研究与实践探索方面，已形成中大格局，贡献着中大力量。

世纪中大，山高水长；弦歌不辍，薪火相传。2024年正值孙中山先生创办中山大学100周年，值此百年校庆之际，我们汇编了《学生思想政治工作优秀论文合集（上辑）》，总结了近年来我校思想政治工作的先进经验，凝练形成思想政治工作理论和实践研究成果，聚焦学生思想政治教育、思想政治工作队伍建设等领域，将经验上升为科学理论，从而提升思想政治工作的科学化、专业化水平，为广大学生思想政治工作者提供丰富的实践经验和理论支撑。

本书精选了近五年中山大学学生思想政治教育、思想政治工作队伍建设等领域的优秀论文共37篇，多为获评省级以上奖项或在高质量学术期刊公开发表的优秀论文，是我校优秀学生思政教育工作者最新研究成果和实践经验的宝贵资料。本书涵盖了深入学生思想政治工作一线的专任教师、党政管理干部、辅导员等育人主体对高校思想政治教育实践的探索和创新，展示了如何融合历史经验和学科特色去有效开展思政教育工作，彰显出中山大学学生思想政治工作队伍不凡的理论功底和丰富的实践经验，揭示新时代背景下学生思想政治工作守正创新的新规律、新路径、新方法。本书可作为思想政

治工作队伍培训研修的参考教材，推广先进经验，提升辅导员工作的科学化水平，提高思想政治工作针对性、实效性和亲和力，推动新时代高校思想政治工作守正创新，促进新时代高校思想政治工作实现内涵式高质量发展。

"路漫漫其修远兮，吾将上下而求索。"我们深知，学生思想政治工作是一趟永无止境、奋进不息的探索历程。希望本书可以鼓励学生思想政治工作队伍抱持敏锐的洞察力和开放的学习心态，坚持问题导向、目标导向，不断总结淬炼工作经验和创新做法，推动新时代高校思想政治工作守正创新，实现新时代高校思想政治工作内涵式高质量发展。我们也期待本书能够成为一个交流学习、共同进步的平台，让更多的人分享自己的经验和智慧，共同探索新的教育方法，深入研究新时代学生思想政治工作的新问题、新挑战、新任务，为学生们的茁壮成长和可持续发展贡献更多的智慧和力量。

最后，再次感谢所有为本书付出辛勤努力的专家和学者，以及所有关心和支持高校学生思想政治工作的读者。站在百年新征程的历史起点，中山大学将始终坚决贯彻落实习近平总书记关于教育的重要论述，弘扬百年中大精神、赓续优良办学传统，提升学生思想政治工作管理服务水平，为培养社会主义建设者和接班人作出新的更大的贡献！

是为序。

"立德树人　凝心铸魂"系列丛书主编：张琪
2024 年 6 月

目 录

新形势下高校思政工作的格局、情怀与担当
………………………………………………………… 靳祥鹏　李舒雯　柯璎珊/1
高校辅导员的三大工作任务 …………………………… 漆小萍　王燕芳/6
基于学生需求的辅导员队伍建设情况个案调查与分析
………………………………………………………… 靳祥鹏　庞伟　陈泽曼/12
辅导员情绪价值的内涵、价值及其实现 ……………………………… 陈方/26
新时代高校学生工作队伍协同育人的价值内涵与实践路径
………………………………………………………………… 陈洁　周昀/37
新时代高校辅导员政策功能建构的发展趋势 …………………… 彭雪婷/46
辅导员、班主任与专任教师协同思政育人的理论逻辑与路径探讨
………………………………………………………………… 王欣　郑彩云/55
研究生导师与辅导员协同育人机制的探究 ………… 韩青诺　张洋/68
"青马工程"实施背景下高校学生骨干培育路径探析
…………………………………………………… 杨果　黎琳　麦志伟/72
如何在教师评价中融入思政元素
　　——以地质学专业为例 ……………… 黄荣　郑文俊　王伟涛/84
构建高效导生关系
　　——导师能力评估、学生沟通类型评估和个人发展计划的综合应用
………………………………………………………… 李辉雁　肖莉华　匡铭/92
"三全育人"视域下"大土木"专业本科生导师制的探索与实践
………………………………………………………… 龙通情　林凯荣　刘梅先/102
着力建设具有强大凝聚力和引领力的社会主义意识形态 ……… 钟一彪/111
社会主义核心价值观的养成路径初探 ………………………… 阮映东/118

基于综合评价法的高校本科生党员发展标准体系
　　……………………………………………………… 阮映东　李敏智/127
论美好生活观的思想政治教育价值及其实现 …………………… 王天琪/138
以强烈的历史主动精神奋进新征程 ……………………………… 王天琪/147
高校党建品牌创建的全流程模型探索
　　——基于品牌理论 ………………………… 靳祥鹏　庞伟　陈泽曼/152
高校班集体建设与培育时代新人研究 ………………… 曲翔　彭雪婷/161
以"七个有力"为导向的医科研究生党支部建设实践与探索
　　………………………………………… 李敏盈　黎琳　黄舒恒/169
"00后"大学生的思政教育工作创新模式研究 ………… 韩青诺　何梓燕/178
粤港澳大湾区建设背景下的大学生思想政治教育工作探索
　　………………………………………………………… 黄婧　徐述腾/183
网络环境下大学生思想政治教育挑战与应对策略研究 ………… 俞陆军/191
提高新时代高校理工科研究生党支部建设实效性路径探索
　　………………………………………………………… 陈凌　李晓洁/199
基于初级卫生保健"5C"理念　探索新时期高校"三全育人"特色
　　培养模式的思考 ………………………… 王皓翔　范瑞泉　王燕芳/206
浅探高校学生骨干群体的理想信念提升与内生动力激发的路径
　　………………………………………… 王燕芳　蓝升红　陈霞/214
高校学生党支部规范化建设的路径初探 ………………………… 王燕芳/222
新时代高校党建育人价值意蕴及实践路径优化研究
　　………………………………………………………… 赖艳彬　彭雪婷/227
高校学风建设在思想政治教育中的实现路径 …………… 蒋滔　余立人/235

泰勒的课程编制原理视域下的人工智能专业思政元素提炼逻辑与路径
　　……………………………………………………陈陟　余建兴　余立人/246
高校附属医院党建工作促进医学研究生创新能力培养探索
　　………………………………………………………李辉雁　肖莉华　匡铭/258
加强医学研究生思想政治教育的方法探索
　　——将思政教育与专科特色结合的"四好强思政"方法
　　……………………………………………………陈海天　罗艳敏　王子莲/266
以党的二十大精神推进高层次人才培养工作
　　——基于广东高校新疆少数民族读研深造学生视角
　　………………………………………………………………亚森·不沙克　张剑/273
基于教育哲学视角浅析习近平文化思想在香港青年多重认同教育中的
　　应用 ………………………………………………………沈锐　林美珍/286
新时代加强高校研究生党支部建设策略探究 …………………李晓筠/300
算法公平与"公平"算法
　　——算法推荐系统在思想政治教育中的应用探讨 …………陈思静/308
马克思意识形态理论双重向度对我国高校思想政治教育话语体系建设的
　　启示 ……………………………………………………………陈思静/319
后　记 ……………………………………………………………………/328

新形势下高校思政工作的格局、情怀与担当[*]

靳祥鹏　李舒雯　柯璎珊

摘要：教育处于优先发展的战略地位，立德树人是教育的根本任务，是高校的立身之本。当前复杂的国际国内形势要求高校思政教育工作者与时俱进，充分了解新时代思政教育的发展变化。高校教育工作者面对新形势，应当以格局、情怀与担当为抓手，发挥三者的重要作用。以格局为工作创新和个人发展的基础，提高站位，开拓视野；以情怀为工作创新和个人发展的根本保障，陶冶情操，提升修养；以担当为工作创新和个人发展的不竭动力，勇于担当，善于担当。

关键词：高校思政；格局；情怀；担当

在愈加复杂的国际形势和国内环境下，我国处于转型的特殊时期。新形势下，高校思政工作者应与时俱进，充分了解新时代思政教育的发展变化。党的十八大以来，以习近平同志为核心的党中央高度重视教育事业，坚持把教育摆在优先发展战略地位，对教育工作作出一系列重大决策部署，扎实实施教育惠民举措，教育事业取得历史性成就，发生历史性变革，为建设教育强国奠定了坚实基础。党的十九大报告指出："要全面贯彻党的教育方针，落实立德树人根本任务，发展素质教育，推进教育公平，培养德智体美全面发展的社会主义建设者和接班人。"[1]在强有力的宏观层面支撑下，微观因素显得尤为重要，格局、情怀与担当在新时代高校思政教育中所发挥的重要作用不容忽视。

一、格局——心有格局天地宽

提升格局，是工作创新和个人发展的基础。何谓格局？"格"指对认知范围内事物认知的程度，"局"指时间与空间认知范围的大小。"格"要精、

---

[*] 本文原载于《南方（双周刊）》2019年第4期。

基金项目：本文系2018年省级学校德育专项资金项目"大学生思想政治教育工作品牌培育研究"（2018JKDY55）成果。

细,"局"要大、广。总体来说,格局是一个人或者组织对过去、现在和未来的基本认知和判断。

格局的形成包括两步走:第一是站位,第二是视野。精、准、高、稳的站位是广阔视野的基石。在工作生活中,我们应该提高站位,开拓视野。

站位包括政治站位、发展站位和竞争站位。首先,政治站位应站得"准"。作为一名高校教育工作者,应当明确人才培养的方向,即培养什么样的人,并将思想政治教育即培养正确的政治站位放在高校人才培养目标的首位。其次,发展站位应站得"高"。在准确把握政治方向后,应当进一步提高发展站位,充分把握新时代教育规律,响应教育部"六卓越一拔尖"计划2.0版,围绕"扩围、拓新、提质",建设一批"一流本科、一流专业、一流人才"示范引领基地,为培养大批具有引领未来发展能力的各类卓越人才贡献自己的一份绵薄之力。最后,在树立正确的人才培养目标、把握新时代教育规律之后,还应明确教育路径,即竞争站位应站得"稳"。所谓站得稳,是指"知己知彼,百战不殆"。作为高校教育工作者,在践行高等教育过程中应进行反思总结,了解自身短板,寻找学习标杆,在不断扬长避短的过程中保持教育方式方法的正确性和先进性,确保实现人才培养目标过程中不会出现方式方法的错误偏移。

为提高教育工作者的格局和站位,中山大学国际金融学院正在进行学生工作综合改革,具体而言,包括思想引领、组织建设、文化再造、分类指导等方面。其中,为了进一步提高全院的格局,提高学院教师队伍和学生的格局,进行了以下三项工作:第一,在思想引领方面,为确保站准政治站位,学院成立了党员研修中心和青年马克思实践教育基地,为做好党员的再教育和积极分子培训提供一个学习基地与交流平台,在互促互进中进一步提高思想觉悟;第二,在组织建设方面,为提高发展站位,学院对传统的学生组织进行了革新,形成了以学生发展中心、团委、学生会、青年传媒中心四环相扣的新型学生组织架构,与国际一流大学的学生组织架构接轨,确保整个学生工作实现对全体学生的全面覆盖;第三,学院进行了精准分类指导和帮扶、构建学生成长生命周期保障体系等各项工作,确保每位学生在集体中不掉队,确保学生成长过程的每一环节不掉环,为全面提高学院和学生国际竞争力精准助力。

二、情怀——天下兴亡，匹夫有责

情怀是工作创新和个人发展的根本保障。情怀是一种高尚的心境、情趣和胸怀，以人的情感为基础，与所发生的情绪相对应，情怀在字典中的释义有三：一为心情，二为情趣、兴致，三为胸怀。这里所谈的情怀更接近于第三个释义——胸怀。杜甫曾叹："安得广厦千万间，大庇天下寒士俱欢颜，风雨不动安如山。"[2] 林则徐曾言："苟利国家生死以，岂因祸福避趋之。"[3] 鲁迅曾说："无限的远方，无数的人们，都与我有关。"[4] 这些皆可谓之情怀。在今天的高等教育过程中，不仅要注重培养革命乐观主义精神，还需要更加注重培养高校学生的牺牲精神。

牺牲主义精神指的是为实现一定的理想或目的、甘愿牺牲小团体利益、个人利益甚至自己生命的精神。敢于牺牲是共产党人的政治本色，当然，如今我们再谈牺牲，并非特指献出生命，而是指广义上的牺牲，包括为了国家、民族和集体的长远发展而牺牲个人利益、牺牲短期利益。北大教授钱理群曾无比心痛地感慨："我觉得我们现在的教育，特别是实用主义、实利主义、虚无主义的教育，正在培养出一批我所概括的'绝对的、精致的利己主义者'，他们有很高的智商，很高的教养，所做的一切都合理合法无可挑剔，他们惊人地世故、老到、老成，故意做出忠诚姿态，很懂得配合、表演，很懂得利用体制的力量来达成自己的目的。"[5] 之所以出现这样的情况，正是因为我们的学生们缺少了牺牲精神，过于计较个人得失，带着"不论如何都要最大化自己利益"的目的做事情。

青年大学生应当是最富有朝气、最富有梦想的群体。"大学之道，在明明德，在亲民，在止于至善"，正如习近平总书记所说的，在今后的教育工作中，我们要将立德放在人才培养的首位，培养一批朝气蓬勃、愿意为民族复兴、国家富强而无私奉献的新青年，是我们作为教育工作者的光荣职责所在。

落实到笔者单位的具体工作上，为了全面提高国际金融学院人才培养质量，提升学生自身情怀，学院在不断完善第一课堂建设的同时也在逐步进行第二课堂人才培养体系建设，包括丰富学生第二课堂生活、编制学生第二课堂成绩单等具体措施，鼓励学生在完成第一课堂学习任务的同时更多地参与社会活动、集体活动以及各类学术文娱活动，在活动中不断地提升个人综合修养和道德情操，努力成长为有情怀、有才识、全面发展的中国特色社会主义事业建设者和接班人。

三、担当——百舸争流，舍我其谁

担当是工作创新和个人发展的不竭动力。"担当"一词最早出现在宋代《朱子语类》第八十七卷："岂不可出来为他担当一家事？"[6] "担"是肩挑，"当"是承受。"担当"组合在一起，在字典中的解释是接受并承担某种责任。在社会生活中，担当是一种负责的行为，是一种自觉的状态，是一种舍我其谁的精气神，也是动机、智慧、勇气、能力的有机统一。正如习近平总书记所言，青年兴则国家兴，青年强则国家强。青年一代有理想、有本领、有担当，国家就有前途，民族就有希望。担当的重要性不言而喻。

如何做一个有担当的人呢？我们应努力做到敢于担当、勇于担当、善于担当。担当的前提是明确时代使命，有担当的意识，敢于担当。端正态度，明确担当的重要性之所在，在生活中努力做到道德担当，以德律己、以德待人；在工作中兢兢业业、一丝不苟，这些都是勇于担当的态度表现。

当我们具备了敢于担当的意识和勇于担当的态度时，还需要有善于担当的能力。

担当的关键是具备过硬的自身能力。责重山岳，能者方可当之。具体而言，作为高校的一名管理者，应提高自身发现问题和解决问题的能力，在工作中发现问题时应勇于面对问题，同时不急不躁，沉稳应对，具体问题具体分析，从根本处解决问题，并总结归纳形成完整的配套措施和应对机制，为日后工作中类似问题的解决提供宝贵经验。

立德树人，就要坚持社会主义核心价值观导向，深入开展理想信念教育、爱国主义教育、中华优秀传统文化教育和革命传统教育，加强法治教育、国防教育和可持续发展教育，促使学生将其内化为精神追求、外化为行动自觉。而作为新时代高校工作者，则应该自觉提高政治站位、发展站位和竞争站位等，开拓自己各方面视野，努力提升自己的格局，为工作的创新和个人的发展打下基础；同时，在高等教育过程中，应当更加注重培养高校学生的革命乐观主义和牺牲精神，为社会培养一批愿意为民族复兴、国家富强而无私奉献的新青年；最后，应当勇于承担肩上的时代重任，在现在乃至未来的工作和生活中以更高的标准要求自己，为高等教育工作的改革和发展做贡献。

参考文献

[1] 权威发布：十九大报告全文［EB/OL］.（2017-10-18）[2019-03-20]. https://www.spp.gov.cn/tt/201710/t20171018_202773.shtml.

[2][3] 陈洪，乔以钢. 中华诗词900句［M］. 天津：南开大学出版社，2018：176，296.

[4] 杨志刚. 北京四中语文课：细说诗文［M］. 北京：商务印书馆国际有限公司，2017：8.

[5] 钱理群. 寻找失去了的"大学精神"：北大110周年民间纪念会上的讲话［M］//重建家园：我的退思录. 桂林：广西师范大学出版社，2012：65.

[6] 李孟顺. 干法论［M］. 北京：东方出版社，2022：15.

高校辅导员的三大工作任务*

漆小萍　王燕芳

摘要： 高校辅导员是高校教师队伍和管理队伍的重要组成部分，是大学生思想政治教育的组织者和实施者。高校辅导员的工作任务可以归纳为维护稳定、促进发展、提供服务三个方面。

关键词： 辅导员；稳定；发展；服务

辅导员是高等学校教师队伍和管理队伍的重要组成部分，是开展大学生思想政治教育的骨干力量，是高校学生日常思想政治教育和管理工作的组织者、实施者和指导者，是学生的人生导师和健康成长的知心朋友。[1]教育部颁布施行的《普通高等学校辅导员队伍建设规定》详细规定了辅导员的工作职责，确立了辅导员的工作任务。

一、维护稳定

维护稳定是高校辅导员的首要任务，也是一项政治任务。当前，国际国内形势深刻变化，国际敌对势力从来没有停止过对我国青年一代的争夺，而社会改革中出现的一些矛盾和问题、市场经济的负面影响以及大学生自身的不足，均可能影响校园的稳定。作为在一线开展大学生思想政治教育的辅导员，维护稳定也就成为一项常规工作。

（一）维护社会稳定

高校是一个政治敏锐、人口密集、知识人才集中的地方。当前，国际政治形势风云变幻，敌对势力对我国的渗透更为隐蔽和复杂，他们散布反动言论，通过各种途径向高校进行渗透。大学生有着强烈的爱国热情，对涉及国家重大利益、民族尊严等方面的问题极为敏感；但由于大学生容易意气用

---

* 本文原载于《思想教育研究》2009年第11期。

事，缺乏大局观念，容易被利用。辅导员在国家发生重大事件、遭遇重大灾难时，一定要与党中央保持一致，在学生中迅速排解矛盾，稳定情绪，化消极因素为积极因素，为校园和社会的稳定做出突出贡献。

（二）维护学校稳定

安全稳定的校园是学校各项工作开展的前提和基础。目前国内外政治因素、校内外治安安全、不同文化矛盾、社会和学校改革发展出现的问题、师生突发事件、学生日常纠纷等都可能导致学校的不稳定。维护学校的稳定和安全是学校的一大要务，也是辅导员的首要任务。辅导员发现不稳定事件时，应迅速反应，及时启动应急机制，妥善处理。平日辅导员应做好稳定的预防工作，防患于未然。如认真摸查学生中的不稳定因素，及时开展针对性教育；通过论坛、讲座等途径对学生开展爱国主义、集体主义、社会主义教育，引导学生理性地表达自己的爱国诉求。此外，还要做好日常突发事件的应急预案，教会学生掌握必要的自救和应急处理的技术。辅导员还可以多渠道拓宽学生的知识面，加深他们对不同文化的认识，减少不必要的误解。

（三）维护学生稳定

辅导员不仅在宏观上要维护社会、学校的稳定，在微观上也要维护好学生的稳定。这里所说的"学生的稳定"，是指学生的情绪、生活和学习状态等层面的稳定。学生在求学阶段遇到的挫折与困难会影响其情绪和行为，并使其表现出不同程度的心理困惑、情绪波动，严重者甚至会引发极端行为。作为辅导员，要学会观察和发现情绪异常的学生，与他们促膝谈心，化解心理困惑，重建他们对学习、生活的信心。对于学生遇到的困难，辅导员应及时帮助其寻求解决方法，扶持学生走出困境。辅导员对学生的关心和帮助往往可以将突发事件制止于萌芽之时。

二、促进发展

发展是永恒的主题，无论是学校、个体都有发展的需求。辅导员的工作目标，或者说工作着力点，应在促进学校发展、学生发展和自身发展上。

（一）促进学生发展

辅导员的工作出发点和归宿点是促进学生发展。学生理想的发展应该是

自主的、和谐的、有特色和可持续的发展。[2]而学生的发展应体现在品德、学业、个性和能力四个方面。品德的发展是一个渐进的过程，也是一个长期的不断更新发展的过程。大学阶段所强调的品德培养，重在引导学生读懂社会道德的内涵，将被动地接受规范转变为自觉自愿的行为，成为成熟、文明、理性的社会人。辅导员的工作是利用有效的时机，对学生施以正确的引导，引导学生理解中国的传统道德、优良美德，引导学生自觉践行道德规范；帮助学生建立正确的主流道德评价体系，自觉自愿地以正确的道德标准指导自身的行动。学生学业的发展是学生成才需求的体现，也是辅导员工作的重点，辅导员在学生专业发展上主要发挥纽带和桥梁作用。例如，配合学校学风建设，协助专业教师做好学生的学业引导，维护良好的教学秩序，为学生创设更多的发展机会和环境支持。大学阶段是青年学生个性发展的关键时期。一方面，辅导员要尊重大学生个体的主体性和独特性，承认个体间的差异性，避免用同一个模式来限制个体的自由发展；另一方面，要尊重学生个体生命价值的尊严和个人生活价值的实现，发挥学生的自主性和独立性。要着力搭建利于学生个性发展的平台，让学生发展个性的道路更通畅，舞台更宽广。能力是学生综合素质的体现，也是学生获取持续发展的前提和基础。大学期间，学生除了掌握知识外，更重要的是要提高可持续发展的能力。这些能力包括学习能力、独立思考能力、表达能力、洞察力、鉴赏力、组织能力、协调能力、合作能力和创新能力等。能力的培养是与学习、科研、社会实践、校园活动等紧密相连，并以其为载体的。辅导员应更多地为学生提供展现能力、锻炼能力的机会，在学习、科研与实践活动中切实促进学生能力的提高。

（二）促进学校发展

学校的发展是教学、科研及服务等各方面成果的叠加，也是全体师生合力建设的结果。辅导员主要在培养教育学生和学生工作创新中促进学校发展。学校的主体是学生，学校的发展离不开学生的发展。学生的发展水平是衡量学校发展的标志，也是树立学校品牌的重要指标。辅导员则是学生成长最直接的指引者，是高校校园文化建设的直接组织者，是高校学风建设的直接实施者，是大学精神的直接传播者。[3]辅导员见证和引领着学生的成长，从另一个角度来说，其在促进学生成长成才的同时，也促进了学校的发展。学生工作是学校教育管理的重要组成部分，学生工作的发展促进学校的发展。辅导员是学生工作的重要策划者和组织者。学生工作的发展有赖于每一位辅导员的智慧和行动、每一位辅导员的创新与担当、每一位辅导员工作水平的提升。

（三）促进自身发展

"要给学生一杯水，自己首先应有一桶水"，辅导员是学生成长的指导者和引路人，辅导员教育和培养学生的过程也是自身素质得到不断完善与提升的过程。首先，促进理论水平的提高。辅导员承担着学生日常教育管理、思想政治教育、素质教育、就业指导、心理辅导等与学生成长成才密切相关的工作。这些工作的顺利开展往往需要丰富的政治学、教育学、心理学、社会学等学科知识，学习并掌握好这些知识，就成了辅导员最基本的要求。其次，促进综合能力的发展。辅导员具有教师和管理者的双重身份，承担着行政事务和教育教学的任务，对下联系学生，对上联系学校各相关部门，工作内容涉及就业指导、心理咨询、日常事务、团学组织和班级建设、突发事件处理等方面。要做好这些工作，辅导员就必须具有较强的表达能力、组织协调能力、应变能力、管理能力和科研能力。因此，辅导员在工作中，要善于观察、勇于创新、勤于总结，虚心向专家、同行学习，在实践中锻炼，在学习中提高，在总结中成熟，使自身的能力得到全面的发展。最后，促进人格魅力的形成。辅导员是工作在一线的教育工作者，陪伴大学生学习生活的各个阶段，与学生接触最多、交流最多，对学生有着的广泛影响。辅导员的言行举止、个人品质都对学生有着潜移默化的影响。所以，辅导员在工作中要自觉地完善个人品质，增强人格魅力。辅导员不仅要保持一种年轻、阳光、健康、积极的心态，与学生打成一片，给学生正面的影响；而且要怀有一颗公心和爱心，做到为人师表，与学生建立起"互信、互爱、互相尊重"的平等互助的新型关系。

三、提供服务

搞好教育、管理和服务是对高校辅导员的基本要求。服务是教育和管理的"优化酶"，没有服务的教育和管理是枯燥的。[4] 服务对学生的发展起保障作用，也是学生工作的一种手段。辅导员的工作包括为学生服务、为学校服务、为社会服务等。

（一）为学生服务

辅导员的工作，重在"辅"和"导"，辅导员是学生人生的导师、思想的指引者和心理的疏导者。这些角色定位都离不开"服务"，"教育即服务"，服务对象便是教育的主体——学生。因此，辅导员在工作中应把"以生为本"、真诚地服务学生作为工作的落脚点和出发点，作为日常工作的基本理念。让学生在校园中时时感受到父母般的关爱、朋友般的亲切，在充满爱与温暖的环境里茁壮成长成才。辅导员为学生的服务体现在多方面，既可以是日常的事务服务，又可以是师生的促膝谈心；既可以是雪中送炭，又可以是锦上添花。无论何种形式和内容，辅导员为学生提供的服务是实实在在的、可以被学生感知的，是一个个细微的言行叠加呈现的形态。

（二）为学校服务

辅导员作为学校教职员工的一员，是学校发展和建设的重要力量。辅导员的工作要符合学校的发展目标和发展规划，服从学校的中心工作。辅导员为学校服务的工作理念应贯穿于工作的全过程，并落实、体现于具体的工作中。比如，学校因发展的需要，对校区的布局和院系的设置进行调整，辅导员就应做好"上情下达、下情上达"的沟通工作，承担起答疑解惑和各种事务工作，为学校的中心工作提供强有力的保障。

（三）为社会服务

为社会服务是高校的基本职责之一。高校拥有丰富的人力资源和科技资源。学校应根据社会需求输送优秀人才；辅导员应勤于调研，跟踪毕业生的就业情况，听取用人单位的反馈意见，为学校完善人才培养机制做出贡献。辅导员的工作还可以延伸到企业的人力资源培养和技术研发、项目管理等方面，通过设立奖助学金、建立实习基地、推荐学生参与校外兼职等形式，让学生参与到企业的建设中，既为学生创造接触社会、认识社会、参与社会实践的机会，又为企业的发展提供支持和帮助。高校丰富的人力资源还可以服务于社会和城市发展。例如，大学生可参与城市或国家的大型活动服务项目，担当青年志愿者。高校辅导员应积极配合，做好大学生的动员、组织、培训等工作。

维护稳定、促进发展、提供服务是高校辅导员的三大工作任务，它们相辅相成、互为一体。维护稳定是辅导员工作的本质和基础，促进发展是辅导员工作的核心和目标，提供服务是辅导员工作的手段和措施。稳定是发展的前提和基础，发展是稳定、服务的目的所在。只有把维护稳定、促进发展、提供服务作为自己的工作职责，思想政治教育才富有针对性和实效性。

参考文献

[1] 中华人民共和国教育部. 普通高等学校辅导员队伍建设规定 [EB/OL]. (2010-11-17) [2019-12-01]. http://www.moe.gov.cn/jyb_xxgk/xxgk/zhengce/guizhang/202112/t20211206_585050.html.

[2] 肖川. 教育的使命与责任 [M]. 长沙：岳麓书社，2007：3.

[3] 杨振斌，冯刚. 高等学校辅导员培训教程 [M]. 北京：高等教育出版社，2006：285-286.

[4] 高祥阳. 把握高校辅导员多重定位 [N]. 光明日报，2006-10-11 (7).

基于学生需求的辅导员队伍建设情况个案调查与分析*

靳祥鹏　庞伟　陈泽曼

摘要：高校应推动辅导员队伍专业化、职业化建设，助力培养学生成长成才。在党政专职辅导员和青年教师辅导员并存的视角下，发挥两类辅导员的优势互补效应：党政专职辅导员侧重思政教育和日常管理，青年教师辅导员侧重学业引领和学风建设。二者根据岗位特点，全面加强对学生的关注，探索多样化交流培养形式。加强信息互联互通，共同探索人才培养的优化方案。最后，从制度上保障两类辅导员得以平衡不同工作的时间和精力，完善成长激励机制。

关键词：大学生需求；党政专职辅导员；青年教师辅导员

一、研究背景

2017年，在中国华侨公益基金会的指导下，由青羚公益基金、易观与青领会联合发布的《中国大学生成长白皮书》指出，95.7%的大学生存在迷茫和困惑，位列前三的困惑主题分别为学习、职业与组织，90%以上的大学生在面对成长问题时会咨询专业机构或者"过来人"。随着经济发展、文化冲击等外部条件的改变，中国大学生的成长需求也随之变化。高校辅导员作为与学生联系较为密切的群体，是引导学生积极成长的重要力量。据《普通高等学校辅导员队伍建设规定》（教育部令第43号）第二条定义："辅导员是开展大学生思想政治教育的骨干力量，是高等学校学生日常思想政治教育和管理工作的组织者、实施者、指导者。辅导员应当努力成为学生成长成才的人生导师和健康生活的知心朋友。"从供需关系看，学生进入高校学习以获得成长，是高校教育的需求端，其需求影响高校教育施策；辅导员作为学生成长的引路人，是高校教育的供给端，根据学生需求优化职能配

---

* 本文原载于《高教论坛》2023年第4期。

基金项目：本文系2021年广东省高等学校思想政治教育研究会开放课题"党政专职辅导员与青年教师辅导员协同路径探索——基于学生成长需求的视角"（SCNUKFZD001）成果。

置。辅导员队伍建设如何精准匹配大学生成长需求，是高等教育的重要命题。

青年教师辅导员这一群体的出现为辅导员队伍建设提供了新的可能性。2017年2月，中共中央、国务院印发的《关于加强和改进新形势下高校思想政治工作的意见》（中办发〔2016〕31号）要求："青年教师晋升高一级专业技术职务（职称），须有至少一年担任辅导员或班主任工作经历并考核合格。"2017年10月实施的《普通高等学校辅导员队伍建设规定》（教育部令第43号）第九条将上述要求正式写入辅导员队伍建设的规定中；2020年10月印发的《深化新时代教育评价改革总体方案》再次强调这一要求。2021年1月，教育部等六部门印发的《关于加强新时代高校教师队伍建设改革的指导意见》明确指出，"高校青年教师晋升高一级职称，至少须有一年担任辅导员、班主任等学生工作经历，或支教、扶贫、参加孔子学院及国际组织援外交流等工作经历"。"青年教师"与"辅导员"的联系愈发紧密，也使青年教师专任或兼任辅导员成为大势所趋。目前，不少高校已经出台了青年教师担任辅导员的指导性文件，但仍然保留党政专职辅导员的岗位。笔者通过查阅不同高校的相关制度文件发现，各高校相关制度均存在青年教师辅导员岗位职责与党政专职辅导员职责高度重合、区分度较低的特点。党政专职辅导员和青年教师辅导员的职责及分工需要进行有效协调，这不仅有利于现行制度的优化，也对未来其他高校制度的出台具有重要参考意义。

较多学者针对辅导员队伍建设的现状及提升路径进行了探索和研究。朱孔军和林伟庭指出，辅导员队伍建设中存在若干"两难选择"，在角色定位、发展路径、知识技能、师生关系上都需要平衡和调整。[1]林伟毅认为，目前辅导员管理考核机制、选聘培养制度有待完善，辅导员自我学习驱动力不足。一方面，需要改革制度；另一方面，需要促使辅导员积极提升自身综合素质能力。[2]盛春认为，应进一步打造梯队式辅导员职业共同体，建立辅导员分层分类培养体系，构建辅导员多元化评价考核机制。[3]赵雅卫、刘钰涵认为，应合理架构辅导员队伍整体结构，明确辅导员的地位和岗位职责，完善辅导员培养培训工作机制。[4]

近年来关于青年教师辅导员的研究成果也逐步涌现，重点关注其可行性、推行意义和存在的问题。崔海霞、孙钟玲从青年教师自身优势方面就青年教师从事兼职辅导员工作的可能性和可行性进行了探讨。[5]刘海涌等认为，应基于大学生思想政治教育和事务管理，引进具有深厚学科背景和优秀学术素养的中级、高级职称优秀教师担任辅导员，发挥其思想政治引领作

用。[6]徐晓格认为，青年教师兼任辅导员会带来多种角色冲突，如果协调不好各类角色的关系，会对教学科研和辅导员工作产生负面影响。[7]

而在"三全育人"的格局下，辅导员的重要性愈发提升，需要和其他育人主体形成合力。刘涛认为，辅导员应当整合各方主体的育人资源，构筑工作合力，要求辅导员进一步明确工作结构，提高工作站位。[8]马军和阳剑兰认为，辅导员和专业教师应当优化分工与协作，加强沟通交流，共同学习研讨。[9]

上述文献部分验证了本文所探究问题的重要性，也说明了辅导员队伍建设困境和提升路径将随着青年教师辅导员这一群体的参与，在"三全育人"大格局下朝着更为多元的方向发展。

基于上述背景，本文从青年教师辅导员与党政专职辅导员并存的视角，采用"ERG理论"［即生存（Existence）、相互关系（Relatedness）和成长（Growth）的需求理论］分析学生需求，采用"角色理论"分析辅导员角色定位，区分党政专职辅导员与青年教师辅导员的优劣势，并分析二者应如何根据自身比较优势进行职责分工。

二、研究设计

（一）研究模型

本文的研究模型分为需求端和供给端两部分。如图1所示，在需求端，重点分析学生特质如何影响学生需求，依据"ERG理论"描绘学生需求分布情况。"ERG理论"是生存、相互关系和成长三核心需求理论的简称，是一种激励理论。根据角色理论，分析学生需求如何决定对辅导员的角色期待。角色理论中主要包括角色认知、角色学习和角色期待。辅导员这一角色会根据社会认知进行角色学习，并且根据客体也就是学生的期待进行定位调整。根据《高等学校辅导员职业能力标准》的描述，对辅导员的要求主要分为工作职责、工作能力和知识储备三个方面，以学生对其重要性的评价作为角色期待的内容。

在供给端，重点分析两类辅导员目前的工作情况是否符合学生的期待。以党政专职辅导员和青年教师辅导员的工作表现为比较对象，辅导员是否可以发挥比较优势，主要取决于辅导员实际工作表现是否符合学生的需求和期待。在辅导员与学生完成互动后，由学生作为客体对辅导员主体的表现进行评价，以此确定两类辅导员更适合承担的工作，从而完成供需匹配，构筑两类辅导员的分工模块。

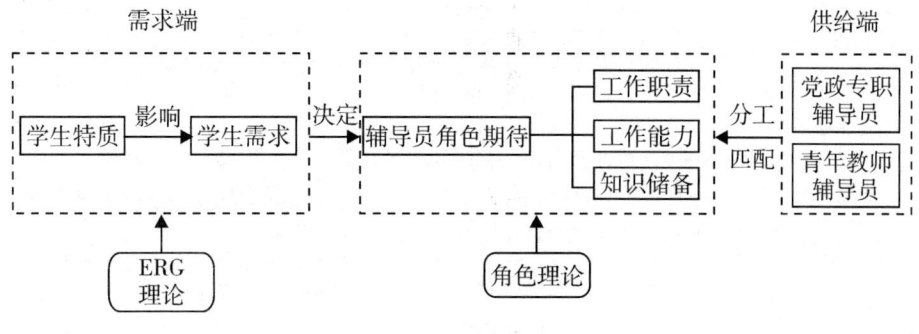

图1 研究模型

（二）问卷调研

本研究主要采用问卷调研的方式获得第一手数据，选定 Z 大学作为调研样本。Z 大学自 2018 年开始实施青年教师辅导员制度，制度落地已近三年，涵盖文理医工农艺六大学科。从制度实施时长、辅导员数量、专业数量都比较具有代表性和研究价值。研究最后收集到的学生样本数量为 148，涵盖的学院数量为 15，辅导员数量为 32。

问卷分为三个部分。第一部分调查学生特质和学生需求，根据教育部文件和学术理论定义相关概念。在"ERG 理论"中，人的最主要需求有生存、相互关系、成长三种。基于"ERG 理论"，本文结合《中国大学生成长白皮书》的内容，将学生成长需求分为情感沟通需求、组织参与需求、理想信念培育需求、专业知识获取需求、第二课堂参与需求和职业规划需求。第二部分调查学生对辅导员的期待，根据《高等学校辅导员职业能力标准》的描述，界定辅导员的工作职责、工作能力和知识储备的具体内容。第三部分调查学生所在院系党政专职辅导员和青年教师辅导员参与各项工作的比例、与学生交流的内容及学生对辅导员的评价。

问卷题型涵盖排序题、量表题和选择题，并根据调研结果开展统计分析。排序题计算选项的平均综合得分，计算公式为平均综合得分 =（Σ频数×权值）/本题填写人次。权值由选项的排列位置决定。评价题采用李克特五分制量表，得分越高，则其综合排序越靠前，代表学生的满意度越高（见表1）。

表 1　问卷的概念定义及对应内容

概　念	具体内容
学生特质	年级、是否参与学生工作、是否为党员、未来规划
学生需求	情感沟通需求、组织参与需求、理想信念培育需求、专业知识获取需求、第二课堂参与需求、职业规划需求
工作职责	思想理论教育和价值引领、党团和班级建设、学风建设和学业建设、学生日常事务管理、心理健康教育与辅导、网络思想政治教育、校园危机事件应对、职业规划与就业创业指导、理论与实践研究
工作能力	思想政治引领能力、组织管理能力、文字表达能力、沟通理解能力与调查研究能力
知识储备	与学生专业相符的学科专业知识，思想政治教育专业基本理论、基本知识、基本方法，心理学、管理学等社会学科的基本原理和基础知识，与大学生思想政治教育相关的法律法规知识

三、结果分析

（一）学生特质

本文从学生年级、是否参与学生工作、是否为党员及其未来规划四个方面定义学生特质。

本文样本覆盖本、硕、博各培养层次，其中35%的样本集中在本科一年级和二年级学生。调研结果显示，79%的学生已为党员或已提交入党申请书且正在发展过程中，26%的学生参与过学生工作，64%的学生未来发展方向为升学深造，28%的学生未来发展方向为就业。在Z大学"红色文化"的影响下，学生积极主动向党组织靠拢，并且积极参与学生工作，为集体奉献力量。而在国内研究生扩招、Z大学专业学习氛围、升学深造氛围浓厚的背景下，学生升学深造的意愿不断提升。由于样本中本科生较多，因此这一比例更为突出。

（二）学生需求

调研结果显示，学生需求中，专业知识获取需求得分最高，达到了

4.68。这说明对于学生来说,专业学习是排在首要位置的(见表2)。这也与上述"64%的学生未来发展方向为升学深造"结果相吻合。位列第二的是理想信念培育需求,当代大学生成长于多元文化社会环境中,受到各种社会思潮冲击,容易感到理想迷茫、信念缺失,因此需要培育坚定的理想信念。职业规划需求位列第三,说明关于未来发展的需求是大学生关注的重点。位列第四、第五和第六的分别为第二课堂参与需求、情感沟通需求和组织参与需求。因此,从"ERG理论"视角看,大学生对成长需求的重视程度要高于"相互关系"。

表2 学生需求重要性得分

项 目	平均得分
专业知识获取需求	4.68
理想信念培育需求	3.63
职业规划需求	2.95
第二课堂参与需求	2.79
情感沟通需求	2.42
组织参与需求	1.84

从不同培养层次学生需求来看,对比本科生、硕士生和博士生群体,本科生群体除专业知识获取需求外,其他需求得分都高于硕、博士研究生(见表3)。这说明,本科生的需求更为多样化;硕士生群体的各项得分基本处于三类群体的中等水平;博士生群体的专业知识获取需求得分最高,但第二课堂参与需求、组织参与需求得分远低于本、硕学生群体,需求相对集中于学业方面。不管是哪一个培养层次,在六大需求中,得分最高的均为专业知识获取需求。本、硕、博学生在第二课堂参与需求、组织参与需求上的差异较大,本科生得分明显高于硕士、博士研究生。

表3 不同培养层次的学生需求重要性得分

项 目	本科生群体	硕士生群体	博士生群体
专业知识获取需求	4.59	4.73	4.83
理想信念培育需求	3.72	3.58	3.48

续表3

项　目	本科生群体	硕士生群体	博士生群体
职业规划需求	3.12	2.96	2.52
第二课堂参与需求	3.41	2.55	1.53
情感沟通需求	2.54	2.25	2.32
组织参与需求	2.15	1.82	1.10

而区分党员、学生干部和未来规划为升学深造的三类群体，党员群体在理想信念培育需求上要远远高于整体水平；学生干部群体在第二课堂参与需求、组织参与需求上高于整体水平；升学深造群体在专业知识获取需求上表现出较高的热情，但在第二课堂参与需求、组织参与需求上则较低（见表4）。

表4　不同群体的学生需求重要性得分

项　目	党员群体	学生干部群体	升学深造群体
专业知识获取需求	4.75	4.65	4.82
理想信念培育需求	4.22	4.02	3.70
职业规划需求	3.25	3.96	3.32
第二课堂参与需求	3.00	4.10	2.60
情感沟通需求	2.54	2.30	2.20
组织参与需求	2.35	3.50	1.50

（三）学生对辅导员的期待

调研结果显示，Z大学的所有院系均配备了党政专职辅导员和青年教师辅导员，其中63%的学生认为党政专职辅导员与青年教师辅导员两者均适合担任辅导员，21.05%的学生认为青年教师辅导员更适合担任辅导员，15.79%的学生认为党政专职辅导员更适合担任辅导员，43%的学生认为辅导员需要具备与所带学生相同的专业知识背景。

让被调研学生对辅导员的工作职责、所需的工作能力和知识储备进行重要性排序（重要性得分越高，说明在学生心目中，选项的内容对于胜任辅导员越重要）的结果显示（见表5）：

从工作职责上看，辅导员得分最高的项目为"心理健康教育与辅导"，得分达5.58分，其次为学生日常事务管理，为5分。位列第三、第四和第五位的分别为学风建设和学业建设、思想理论教育和价值引领、职业规划与就业创业指导，与学生需求中排名的前三位相对应。学生需求中最重要的虽然是成长需求，但学生们却认为辅导员最重要的工作职责是"心理健康教育与辅导"，这可能是由于专业知识更多通过专任教师课堂讲授获得，而思想理论教育、职业规划则可以通过各类讲座获得。辅导员在满足学生"相互关系"需求层次中更为重要，辅导员作为大学生成长的引路人，被大学生所信任，并被期望可以为其解答心理困惑。在学生的认知中，辅导员的工作定位首先是服务于学生的情感需求，其次是做好日常事务管理，接着才是服务成长需求。

表5　辅导员各项工作职责重要性得分

项　目	得分
心理健康教育与辅导	5.58
学生日常事务管理	5.00
学风建设和学业建设	4.84
思想理论教育和价值引领	4.74
职业规划与就业创业指导	4.68
校园危机事件应对	4.42
党团和班级建设	4.00
理论与实践研究	3.05
网络思想政治教育	3.00

如表6所示，从辅导员各项工作能力重要性来看，得分最高的项目是沟通理解能力，其次是思想政治引领能力，再次是组织管理能力。如表7所示，从辅导员各项知识储备重要性来看，得分最高的是心理学、管理学等社会学科的基本原理和基础知识，其次是思想政治教育专业基本理论、基本知识、基本方法，再次才是与学生专业相符的学科专业知识。工作能力与知识储备的得分保持一致的选择逻辑。学生认为最重要的是沟通理解能力，相应

地也需要辅导员掌握心理学和管理学的知识；其次是思想政治引领能力，对应的是思想政治教育的基本知识、方法。学科专业知识的重要性得分并不靠前，也与前文所述"43%的学生认为辅导员需要具备与所带学生相同的专业知识背景"的结果相对应。

表6　辅导员各项工作能力重要性得分

项　目	平均得分
沟通理解能力	3.47
思想政治引领能力	3.37
组织管理能力	3.16
文字表达能力	2.53
调查研究能力	1.26

表7　辅导员各项知识储备重要性得分

项　目	平均得分
心理学、管理学等社会学科的基本原理和基础知识	2.79
思想政治教育专业基本理论、基本知识、基本方法	2.42
与学生专业相符的学科专业知识	2.26
与大学生思想政治教育相关的法律法规知识	1.58

综合工作职责、工作能力和知识储备三个维度来看，学生对辅导员的定位更多倾向于沟通心理情感问题、日常事务管理，接着是思想政治教育，之后才是专业学习、职业规划等与个人未来发展相关的工作；并且，学生对辅导员是否具有专业知识背景的要求不高，认为两类辅导员均适合担任辅导员工作。

（四）辅导员工作评价

本研究同时还通过横向对比，分析了两类辅导员在实际工作中各项职责的参与程度以及学生的评价。采用工作职责参与率作为比较指标，统计样本学生所在学院辅导员是否参与该项工作，参与则数值记为"1"，没有参与则数值记为"0"，最后以统计参与数量在总样本中的比例作为工作职责参与率。如表8所示，从工作职责上看，党政专职辅导员参与最多的是思想理论教育和价值引领，其次为党团和班级建设，之后是学生日常事务管理，三项工作的参与率均超过了80%；而青年教师辅导员参与最多的三项工作分别为学风建设、学业建设、党团和班级建设，分别为91.22%、87.84%和85.14%，参与率均超过了85%。党政专职辅导员和青年教师辅导员参与率差异最大的职责为学业建设、学风建设和学生日常事务管理三项。显然，青年教师辅导员在学业建设和学风建设方面的参与率要远远高于党政专职辅导员，而党政专职辅导员在其他大部分工作的参与率都要高于青年教师辅导员。

表8 辅导员各项工作职责参与率

单位：%

项　目	党政专职辅导员	青年教师辅导员	差　值
思想理论教育和价值引领	94.59	81.08	13.51
党团和班级建设	90.54	85.14	5.41
学生日常事务管理	81.08	60.14	20.95
心理健康教育与辅导	70.95	54.05	16.89
学风建设	62.84	91.22	-28.38
学业建设	47.30	87.84	-40.54
网络思想政治教育	62.16	43.92	18.24
校园危机事件应对	52.70	33.78	18.92
职业规划与就业创业指导	47.97	30.41	17.57
理论与实践研究	40.54	54.05	-13.51

注：差值为党政专职辅导员参与率和青年教师辅导员参与率作减法得到。

本研究进一步通过调查，了解学生与辅导员交流的内容，交流过的，则数值记为"1"；若没有交流，则记为"0"，以此统计各项学生交流内容在总样本中的占比，得到交流占比这一指标。调研结果显示，党政专职辅导员、青年教师辅导员和学生交流的内容也与二者的定位相一致（如表9所示），学生与党政专职辅导员交流最多的两项为思想政治问题和生活问题，但与青年教师辅导员交流最多的两项为科研问题和学业问题；他们对情感问

题交流较少,均不超过25%。

表9 辅导员与学生各项问题的交流占比

单位:%

项　　目	党政专职辅导员	青年教师辅导员
学业问题	37.16	54.05
科研问题	16.89	59.46
职业生涯问题	32.43	43.92
思想政治问题	51.35	23.65
生活问题	47.30	30.41
学生工作问题	40.54	8.11
情感问题	20.27	22.97

如表10所示,从学生对两类辅导员的工作能力和知识储备评价上看,差距最大的为学科专业知识、思政教育知识、思政教育能力和组织管理能力,这也与上文的"辅导员各项工作职责参与率"相对应。总体上看,党政专职辅导员的工作能力、知识储备的平均得分略高于青年教师辅导员的,投入程度得分也高。当前,青年教师辅导员仍然需要承担一定的教学科研工作,其如何兼顾辅导员岗位的职责也是值得关注的问题。

表10 学生对辅导员的工作能力、知识储备评价

项　　目	党政专职辅导员	青年教师辅导员	差　值
思政教育能力	4.26	3.92	0.34
组织管理能力	4.59	4.35	0.24
文字表达能力	4.00	3.95	0.05
沟通交流能力	4.25	4.05	0.20
调查研究能力	3.74	3.80	-0.06
思政教育知识	4.29	3.89	0.40
学科专业知识	3.68	4.11	-0.43
心理管理知识	3.79	4.00	-0.21

续表10

项　目	党政专职辅导员	青年教师辅导员	差　值
工作投入程度	4.32	4.16	0.16
平均得分	4.10	4.03	0.07

四、结论与建议

本文以"ERG 理论"分析学生需求,描述新时代大学生需求的分布情况,刻画大学生期待的辅导员画像。依据角色理论,以学生需求和期待作为辅导员这一角色的社会定位,在党政专职辅导员和青年教师辅导员并存的视角下,调查两类辅导员各自的工作现状、优势分布,探索两类辅导员协同发力的优化路径。

通过上述研究,本文的结论有如下三点。一是,目前学生的需求更多体现为成长需求,主要集中于专业学习、理想信念培育和生涯规划。本科生的需求更为多元,硕士、博士研究生较为关注学业需求,其他方面的需求得分相对较低。学生对辅导员的期待主要集中于心理健康教育与辅导、学生日常事务管理,以及学风建设和学业建设、思想理论教育和价值引领、职业规划与就业创业指导等三项成长需求;同时,学生希望辅导员有较强的心理管理知识储备及沟通交流能力。二是,党政专职辅导员和青年教师辅导员在实际工作的参与率上存在一定的差异。党政专职辅导员在思想理论教育和价值引领、学生日常事务管理上的参与率较高,青年教师辅导员在学业引领、学风建设上的参与率较高,二者在党团和班级建设的参与率接近;而除了上述提到的职责外,两类辅导员在其他职责上的参与率均相对较低。三是,党政专职辅导员和青年教师辅导员的互补效应较为明显。党政专职辅导员在思想政治教育能力和知识、沟通理解能力上有明显优势,青年教师辅导员在专业知识上有明显优势,而且党政专职辅导员在工作投入程度、大部分能力和知识的评价得分上均高于青年教师辅导员。

上述结论也说明了党政专职辅导员和青年教师辅导员同时存在的必要性,学生的成长需求是多样化的,仅靠一方的力量无法保障学生的全面成长,更无法发挥不同类型辅导员的优势。基于上述研究结论,本文认为党政专职辅导员和青年教师辅导员应当并存,并发挥各自优势,具体建议有如下

四方面。

第一，制订清晰的分工清单，二者的工作各有侧重点。目前制度文件对两类辅导员的职责没有明确划分，导致辅导员未能形成有效分工。党政专职辅导员由于具有较强的组织管理能力，可以从宏观上识别学生的成长需求，以制订统筹方案；同时，应加强思政教育，重点培育学生的理想信念。青年教师辅导员主要负责学业咨询、学风建设等问题，以自身专业知识为学生夯实专业基础保驾护航。高校应通过制度规范的形式将二者的职责范围逐渐细化，明确二者工作的重叠区域和互补区域，有利于两类辅导员集中精力搭建各自的工作模块，提高工作的针对性。

第二，全面加强对学生的关注，探索多样化交流形式。由于青年教师辅导员同时承担教学任务，且能与学生进行专业对话，因此可以通过教学和科研过程了解学生，利用课后时间与学生进行深入交流。党政专职辅导员可以在日常事务管理中摸查学生情况，建立学生的信息库，及时发现学生存在的问题，与学生进行一对一交流。

第三，增加党政专职辅导员和青年教师辅导员的互动频率，及时更新信息。通过定期开展学院内部的交流会，两类辅导员及时沟通工作上的问题及学生在不同方面的发展情况，同时党政专职辅导员可以根据自身经验，制订统筹方案。

第四，平衡时间精力投入，完善成长激励机制。当前青年教师辅导员在辅导员工作的投入上还比较有限。一方面，缺乏详细的职责清单使得青年教师辅导员难以明确定位；另一方面，如何平衡教学科研工作也是重要问题。高校应尽快制订完善针对青年教师辅导员的工作清单，从制度上保障青年教师的工作量能在教学科研和辅导员工作间合理分配。例如，针对两类辅导员制定成长激励机制，如为党政专职辅导员提供更多培训学习或深造的机会，帮助党政专职辅导员提高站位，从日常繁杂琐碎的事务中抽离，以更宏观的视角助力学生成长。再如，将辅导员工作表现纳入青年教师的考核体系中，并予以一定的激励，提高青年教师对辅导员工作的重视程度。

辅导员是大学生思想政治教育的骨干力量，更是大学生在成长路上的重要引领者。高校应加强辅导员队伍专业化、职业化建设，以高质量、高水准的辅导员队伍推动全面贯彻落实立德树人根本任务；立足学生成长需求，提高队伍素质能力，让辅导员队伍建设成为高校内涵式发展的重要基石，助力学生成为德智体美劳全面发展的社会主义建设者和接班人。

参考文献

[1] 朱孔军,林伟庭.从两难选择到整合协调:辅导员队伍专业化建设的现实问题思考[J].思想教育研究,2008(7):52-54.

[2] 林伟毅.高校辅导员职业能力的现状及提升路径[J].思想理论教育导刊,2017(1):134-136.

[3] 盛春.新时代高校辅导员队伍专业化建设路径探析[J].江苏高教,2020(12):118-122.

[4] 赵雅卫,刘钰涵.高职院校辅导员队伍建设的困境及问题的消解[J].教育理论与实践,2020(30):27-29.

[5] 崔海霞,孙钟玲.从高校辅导员队伍结构调整看青年教师担任兼职辅导员[J].科教导刊(中旬刊),2018(26):75-76.

[6] 刘海涌,景鑫,张忻.新形势下青年教师任专职辅导员岗位的几点思考[J].教育教学论坛,2019(45):17-18.

[7] 徐晓格.高校教师兼职辅导员的角色定位、冲突与调试[J].当代教育实践与教学研究,2020(2):120-121.

[8] 刘涛."三全育人"格局下新时代辅导员的角色定位与作用发挥路径[J].西安电子科技大学学报(社会科学版),2022(2):135-140.

[9] 马军,阳剑兰.高校辅导员与专业教师协同育人机制内涵、功能及构建路径[J].高教学刊,2022(25):159-162.

辅导员情绪价值的内涵、价值及其实现

陈方

摘要：高校辅导员作为学生思想政治教育的重要实践者，位于教育一线，与学生关系密切，肩负着立德树人的根本任务，其工作成效直接关乎时代新人的培养质量。情绪价值作为辅导员工作的重要维度，其准确内涵和显著特征需要进一步探究。在培育时代新人、开展思政工作、遵循学生成长规律及辅导员职业发展等方面，辅导员情绪价值彰显出其独特的价值意蕴。然而，当前辅导员在发挥情绪价值时面临多重挑战，如认知局限、资源匮乏、职业倦怠及考核困难等难题。因此，探索提升辅导员情绪价值的路径选择，包括强化认同、提高供给能力、优化实践策略及完善支持系统，对于提升时代新人培育的实效具有深远的意义。

关键词：高校辅导员；情绪价值；路径选择

《普通高等学校辅导员队伍建设规定》明确指出："辅导员是开展大学生思想政治教育的骨干力量，是高等学校学生日常思想政治教育和管理工作的组织者、实施者、指导者。"习近平总书记在全国高校思想政治工作会议上指出："要建设好辅导员这支队伍，保证这支队伍高质量、高水准，保证这支队伍后继有人、源源不断。"[1]以学生成长为中心，聚焦学生发展需求，加强辅导员工作规律探索，提升辅导员教育供给能力，是新时代立德树人的客观要求。在物质充裕的现代社会，情绪价值的重要性日益凸显，成为提高思政工作实效性的关键因素。辅导员在坚守并强化其传统教育功能的同时，进一步发掘和增强情绪价值的提供能力，对于提升思政教育的亲和力和实效性具有至关重要的意义。在当前人工智能技术飞速发展的背景下，尽管辅导员的部分工作可能受到技术冲击而面临被替代的风险，但辅导员在情感教育和引导方面的工作，因其高度的独特性和复杂性，依然难以被技术所替代。因此，辅导员在情感教育领域的工作及其所蕴含的情绪价值将愈发凸显其不可替代的重要性。

一、情绪价值是新时代辅导员工作的显著特征

近年来，"情绪价值"一词日益受到关注和重视，甚至被评选为2023

年的十大流行语之一。情绪价值最初起源于经济营销领域,用以描述产品如何满足消费者的情感需求,现已被广泛应用于各行各业。美国爱达荷大学杰弗里·贝利从顾客与企业的关系营销角度出发,将情绪价值定义为顾客在交易过程中所感知到的情绪收益与情绪成本之差,其中情绪收益表现为顾客的积极情绪体验,而情绪成本则对应着负面情绪体验。在人际关系领域,情绪价值被赋予了新的内涵,它是指一种能够影响他人情绪的能力,涵盖了关心、鼓励、支持、理解、信任、体贴等多元维度,是一种可以传递的主观感受和体验。情绪价值的高低取决于其给他人带来的情绪舒适度、愉悦感和稳定性。当个体能够给他人带来更多的正面情绪体验时,其情绪价值较高;反之,则情绪价值较低。"情绪价值"一词的流行,深刻反映了现代社会人们对美好生活追求的心理转向,人们更加关注内心的情感体验和满足。[2-3]综上所述,情绪价值是个体通过对自身情绪的管理和控制、给予他人在情感上的愉悦和满足的能力,这种能力在人际交往中尤为重要,是一种感性的情感响应,能够增强人际关系的和谐与稳定。

(一)辅导员情绪价值的内涵

辅导员的情绪价值是指辅导员在履职过程中所展现的情感态度为学生所带来的情感满足,如关心、关怀、尊重、认同及鼓励等。辅导员情绪价值的主体是辅导员,客体特指学生。情绪价值是辅导员工作价值的重要组成部分和体现,对学生的学业成长、心理健康和全面发展具有积极影响。辅导员工作既包含功能价值,如思想理论教育和价值引领、党团和班级建设、学风建设、学生日常事务管理等显性职责,还蕴含情绪价值,即在日常工作中传递的隐性情感满足,但往往被低估或忽视。

辅导员的情绪价值与情绪劳动、同理心和共情能力等因素紧密交织。如霍希尔德所述,情绪劳动是指个体为符合组织规则,通过改变行为、面部表情、语气语调等方式抑制或调整情绪去迎合顾客的劳动。[4]辅导员的职业要求和工作特点决定了他们除了付出脑力劳动和体力劳动外,还是高强度情绪工作者。[5]辅导员作为高强度情绪工作者,其情绪劳动直接产生情绪价值。同理心作为一种心理机制,强调站在他人角度思考,深入理解他人的情绪、需求、想法和感受,即实现"设身处地"的共情理解。共情则是一种情感上的共鸣,是深层次体验他人内心世界的能力,表现为对他人情感的深刻体会和共鸣。[6]同理心与共情能力是辅导员在与学生的双向互动中,理解和体验学生情绪的重要工具。同理心虽易于实施,但共情作为高阶情感能力,是

提供高质量情绪价值的关键因素。

辅导员的情绪价值也受外部因素影响，学生的回应状态对辅导员情绪价值的实现具有重要影响。根据辅导员情感付出的程度和学生回应的积极性，可以构建四种情绪价值互动模型：高情感付出与积极回应形成高情绪价值，高情感付出与消极回应表现为辅导员的迎合，低情感付出与积极回应表现为学生的顺应，低情感付出与消极回应则形成低情绪价值。在实际工作中，辅导员应努力追求第一种模式，优化第二、第三种模式，避免第四种模式，以最大化情绪价值的正向效应。

（二）辅导员情绪价值的特征

特征是异于其他事物的独特属性。辅导员与警察、医护人员、社会工作者等同属高情绪投入的职业群体，而辅导员的情绪价值具有独特属性。

其一，融入性与超越性。融入性表现在辅导员的情绪价值通过日常的工作形式和载体得以实现，与学生事务紧密交织，形成不可分割的整体。超越性体现在辅导员的情绪价值并不囿于事务处理本身，更在于通过处理具体事务向学生传递深切的关心和关爱，使学生在感受到愉悦和满足的同时，达到培养时代新人的教育目标。

其二，针对性和主观性。教育强调因材施教，辅导员需根据不同学生、群体的情绪价值需求差异，运用个性化的工作方式和方法，以满足其特定需求。此外，由于情绪本质上是主观的体验、感受和评价，个体的情绪体验存在差异性和主观性，因此辅导员在提供情绪支持时，必须充分考虑学生的主观感受，尊重其情感多样性，以确保工作的针对性和有效性。

其三，黏附性和主导性。辅导员与学生长时间的相处和紧密的关系，使得他们之间的黏附性更大。这种黏附性有助于辅导员更深入地了解学生的内心世界，更准确地把握他们的情感需求。同时，辅导员作为教育者和引领者，其工作具有高度的积极主动性和教育主导性。他们无需刻意迎合或讨好学生，而是通过自身的言行举止和教育实践，引导学生树立正确的价值观和人生观，帮助他们成为具有社会责任感和担当精神的时代新人。

二、辅导员情绪价值的价值意蕴

（一）情绪价值是培育时代新人使命的必然要求

基于辅导员育人使命的必然要求。坚持为党育人、为国育才，落实立德树人根本任务，培养理想坚定的时代新人，是辅导员的使命担当。在这一过程中，价值观教育作为培育时代新人的首要任务，与学生的社会认知、国家认同和人生态度紧密相连，而这背后往往依赖于学生的情感认同。"亲其师，信其道。"辅导员可发挥情绪价值在促进学生情感认同方面的独特优势，构建和谐的师生关系，增强学生对辅导员的信赖和尊重，进而促进学生对辅导员所传递的价值观的认同和接受。这为辅导员的工作提供了新的思路和方法，使辅导员能够更加亲近学生，从情感层面入手，更有效地开展工作。[7]

基于辅导员履职尽责的内在要求。《普通高等学校辅导员队伍建设规定》明确了辅导员工作的九大职责，其中"掌握学生思想行为特点及思想政治状况，有针对性地帮助学生处理好思想认识、价值取向、学习生活、择业交友等方面的具体问题""组织学生开展勤工俭学活动，做好学生困难帮扶。为学生提供生活指导，促进学生和谐相处、互帮互助""对学生开展思想引领、学习指导、生活辅导、心理咨询等"等，均要求辅导员围绕学生、关照学生、服务学生，做学生健康成长的知心朋友和人生导师。要有效履行以上职责，辅导员必须能够提供强大、稳定、可持续的情绪价值，与学生建立深厚的情感联系，获得学生的信任、认可和尊重。

基于辅导员角色发展的必然要求。从辅导员角色变迁的三个阶段来看，提供情绪价值已经成为辅导员工作的重要内容和手段。第一阶段是强化政治教育阶段，辅导员工作具有政治权威性；第二阶段是注重教育管理阶段，辅导员工作具有信息优势，占主导权；第三阶段重视管理服务，强调辅导员工作要人性化。在这一背景下，辅导员的工作越来越注重人性化和情感化，提供情绪价值已成为辅导员工作的重要发展趋势。特别是随着人工智能的快速发展，机器虽然可以在一定程度上提供信息和服务，但其无法取代辅导员在情感层面的价值和作用。

（二）情绪价值是开展学生思政工作的重要方法

情绪价值能显著增强辅导员的亲和力。学生只有在对辅导员产生亲近感，愿意与之交流、互动和接受其指导时，教育的可能性和机会才得以显现。辅导员在与学生的交往中，通过调控自身情绪状态，并以语言、行为和表情等非言语方式向学生传递关怀，构建出一种亲密且有效的教育环境。在交流模式的选择上，面对面的直接交流因其即时性和互动性而效果最佳，屏幕间的交流虽有所削弱但仍保持一定效果，而纯文字交流则效果相对较弱。辅导员借助情绪价值的传递，更容易获得学生的亲近和认同，既有助于解决学生的实际问题，还有助于在更深层次上解决学生的思想问题。

情绪价值能显著影响学生的依从性。当学生感受到辅导员的关心和爱护时，他们更易于配合辅导员的指导和要求，表现出较高的依从性；反之，若学生感受到冷漠或忽视，则可能产生逆反心理，对教育工作造成阻碍。因此，在解决问题的过程中，情绪的处理显得尤为关键。辅导员应促使学生产生亲近感，敞开心扉、积极倾听并接受教导，使教育内容能够深入学生的内心。尽管国家政策为辅导员的工作提供了外部合法性支持，但由于资源和专业能力的限制，辅导员在实际工作中仍面临诸多挑战。情绪价值的运用成为一种有效的策略，通过增强学生对辅导员的黏附性，强化师生关系，辅导员能够更高效地开展教育管理服务工作，提升思政工作的效能。

（三）情绪价值是遵循学生健康成长规律的必然选择

新时代大学生的特征和需求正经历着深刻的变革。当前，"Z 世代"①大学生群体正展现出显著的时代特征，他们物质条件优越、信息获取渠道多元、个性鲜明且自我意识强烈，对传统权威持开放但非盲从的态度。他们尤为重视个体感受与体验，追求深层次的情感满足与心理认同，其情感动力与意义追求的阈值相对较高。在教育价值的追求上，学生不仅关注教育的功能性价值，更将情感价值的满足视为成长过程中的重要需求。鉴于此，辅导员在履行职责时，需深刻认识到情绪价值的重要性，并在工作实践中注入更多的情感因素。这一转变对辅导员提出了更高的专业要求，需要他们付出更多的意志努力，并承受相应的心理压力。为了更有效地开展学生思政工作，辅导员需提升对学生情绪的感知能力，敏锐捕捉学生的情绪变化，这需要辅导

---

① 指 1995—2009 年间出生的人，又称"网络时代"。

员深入学生群体,理解学生的真实需求,以更加贴近学生心理的方式开展工作。

具体而言,辅导员应遵循情感逻辑,围绕学生、关照学生、服务学生,以真诚的态度关心、尊重每一位学生,给予他们充分的信任与支持,与学生建立深厚的情感联系,实现情绪共振。[8]此外,辅导员还应积极学习心理学相关知识和技能,提升情绪管理和共情能力,确保情感传递的顺畅与高效,为学生提供更为稳定、持续的情绪价值,从而更有效地促进学生的全面发展。

(四) 情绪价值是辅导员生涯发展的现实需要

从专业化的视角看,辅导员的职业成长和素质提升必须围绕工作专业化水平展开,其中,情绪胜任力作为不可或缺的核心能力,要求辅导员不仅需熟练掌握情绪管理技巧,更应深入钻研心理学知识、强化共情能力、持续提供情绪价值。

从职业发展维度看,辅导员在工作中展现出的高情绪价值能显著促进正向反馈循环。学生的积极回应不仅增强了辅导员的满足感、获得感和成就感,更进一步强化了其职业成就感,从而促进工作稳定性、投入度和职业发展的顺畅性。

从社会发展趋势看,人工智能技术的普及将逐渐替代辅导员处理日常琐碎事务,为其腾出更多时间与学生进行面对面交流,提供更多的情绪价值,以增强教育效果。然而,若辅导员未能充分发挥情绪价值的独特作用,其职业生涯将面临挑战。

从实际经验来看,提供情绪价值已成为优秀辅导员的核心竞争力。观察历年评选出的"全国优秀辅导员"和"最美辅导员",他们通过创新工作方式,以兼具意义与趣味、营养与对味的方式开展学生工作,优化高校思政教育。这些辅导员在描述其工作实践时,高频提及"用心、用情、温情、暖心、爱心、责任心、情怀、陪伴"等词汇,均体现了高情绪价值的共性特征。例如,有的辅导员保持手机24小时开机,随时为学生提供帮助;有的坚持每周访问学生宿舍,与学生保持密切沟通;有的将学生的需求视为首要任务,事无巨细都全力以赴。这些实例均凸显了情绪价值在辅导员工作中的重要性。

三、辅导员情绪价值的困境与挑战

在辅导员的日常工作中,尽管情绪价值发挥着重要作用,但现实中其地位和价值往往被忽视,导致了诸多困境与挑战。

(一)认知局限导致的困境

辅导员在主观层面上存在"无知""无视"与"无能"三个问题,这共同构成了其情绪价值提供过程中的主要障碍。无知体现在对情绪价值缺乏足够认知,没有充分意识到其重要性和必要性;无视则表现为对情绪价值的忽视,缺乏主动投入和实施的意愿;无能则是指辅导员在情绪价值提供方面缺乏有效的方法和技巧,与学生难以有效地建立情感联系,无法为学生提供必要的情感支持和引导。因此,提高辅导员对情绪价值的认知、意识和能力,是破解当前困境的关键所在。

(二)资源匮乏引发的挑战

作为教师队伍中的特殊群体,辅导员面临着资源匮乏的困境。首先,他们缺乏专业性和权威性,导致在情绪价值提供方面难以获得足够的支持和资源。其次,辅导员工作对能力素质要求较高,需要投入大量的情感和理智,但往往因其心理能量和情绪资源的不足而难以满足学生的需求。最后,辅导员还需要面对学生个体差异大、需求多样化等问题,这也增加了他们提供情绪价值的难度。

(三)职业倦怠带来的压力

辅导员在工作中常常面临情绪劳动过载的问题,这导致了职业倦怠和焦虑的出现。辅导员的工作与生活界限模糊,工作生活化、生活工作化现象突出,他们需要投入大量的时间、精力与情感关注学生的成长和发展。然而,由于工作成效在短期内难以显现,辅导员往往难以获得及时的反馈和认可,这增加了他们的心理压力。此外,由于与学生之间缺乏明确的边界和权责界定,辅导员往往承担无限责任,这加剧了其身心疲惫、能量消耗和职业倦怠感。

（四）工作成效考核的困难

由于情绪价值具有隐匿性和难以量化的特点，辅导员在提供情绪价值方面的工作成效难以被准确评估。目前，辅导员的考评工作多停留在显性工作层面，如学生管理、思政教育等方面的工作成果，而对情绪价值等隐性层面的考核存在局限性，导致辅导员在情绪价值提供方面的努力和成果难以得到应有的认可，从而影响工作积极性和工作动力。

四、提升辅导员情绪价值的路径选择

正如马克思所言："问题与解决问题的手段同时产生。"[9]在推进辅导员队伍高质量发展的背景下，面对辅导员情绪价值提升所遭遇的困境，可以从增强使命、强化学习、立足需求、关心关爱等维度寻求破解之策。

（一）增强使命，强化情绪价值认同

辅导员作为高校思政教育的重要推动者，必须深刻认识到情绪价值在思政教育中的独特作用。情绪价值不仅是提升思政教育亲和力、感染力和实效性的关键，更是实现立德树人、培育时代新人的重要基石。因此，辅导员应从教育使命和时代担当的高度出发，深化对情绪价值的理解和认同，将情绪价值有机融入日常工作中，使其成为学生全面成长的坚实支撑。

具体而言，辅导员应敏锐捕捉到新时代思政教育对情绪价值的迫切需求，从为党育人、为国育才的宏大视角出发，不断增强在思政教育中提供情绪价值的责任感和使命感。同时，辅导员应始终坚持以学生的全面成长为中心，细心关注学生的情感变化和真实感受，进一步强化情绪价值在教育工作中的重要性，将其视为促进学生综合素质提升、推动学生全面发展的有效手段。在工作实践中，辅导员应具备产品思维，坚持以需求为导向，从学生的实际需求出发设计教育的内容、采取恰当的方法，将每一项思政工作视为一项精心打造的产品，注重其方式方法的创新性、呈现状态的吸引力、形象塑造的亲和力和口碑效应的传播力；在工作中巧妙融入情绪价值，让学生深切感受到来自辅导员的关心与关爱，从而增强思政教育的感染力和实效性，提高教育的效度和温度，为培育具有家国情怀、创新精神和实践能力的时代新人贡献力量。

(二) 强化学习，提升情绪价值供给能力

为确保稳定、可持续的情绪价值输出，辅导员应从两个维度出发，全面提升自己的情绪价值供给能力。

一个维度是内求，强化自我情绪管理。辅导员在为学生提供心理支持和教育管理时，应全面提升个人素质，确保在应对压力和挑战时保持专业与高效。其一，提升情绪管理技巧，学习和掌握深呼吸、冥想等方法，以迅速调整自我状态，保持专业性和客观性。其二，强化心理学知识，通过深入理解学生心理，利用心理学技巧强化自身情绪调控能力，为学生提供更专业的心理支持。其三，积累心理资本，培养希望、韧性、乐观和自我效能感等积极心态，以增强自身应对挑战的能力，减少无谓的心理资源消耗。其四，强化共情能力，通过实践和学习，更好地理解学生的情感和需求，以恰当的情绪表现回应学生，更有效地解决学生问题，实现教育目标。

另一个维度是外求，提升专业技能和方法。其一，加强系统学习，提升素质和能力。掌握辅导员必备的理论知识、业务技能，掌握心理健康知识和工作方法，为情绪价值供给提供坚实的学术支撑；同时，在方法上寻求创新，提升工作效率，有效应对工作压力和焦虑。其二，深入了解学生，掌握丰富的"学生知识"。加强对思想教育规律、教书育人规律、学生发展规律的研究，深入理解学生的思想动态和行为表现，形成积极的学生观和工作观。紧跟学生成长步伐，采用学生易于接受的话语体系和表达方式，提升谈心谈话技巧。借助现代信息技术，为学生精准画像，提供个性化、有针对性的精准支持。其三，学会转化，增强"翻译"功能。辅导员应将上级任务要求与学生的切身利益相结合，将宏大的政治命题与学生的个人发展相联系，将目标转化为实际行动和易于接受的工作举措。通过这种柔性管理方式，不仅体现了对学生的关心关爱，也提高了思政教育的针对性和实效性。

(三) 立足需求，优化情绪价值实践

在育人实践中，辅导员应基于安全感、新鲜感和价值感等核心情绪需求，通过内容与形式的创新，最大化情绪价值的效用，以增强教育实效。

一是双向参与，构建情感共鸣。辅导员需采取双向参与的互动模式，实现情感共鸣与共赢。一方面，辅导员应深入学生的生活场景，如课堂、食堂、宿舍等，通过实地观察与沟通，了解学生真实的学习、生活和心理状态，并提供有针对性的支持与帮助；另一方面，鼓励学生参与辅导员的真实

工作，如邀请学生助理和学生干部协助辅导员工作、建立学生意见反馈机制等，使学生能够直观感知辅导员的工作状态，增进对辅导员的理解与信任。在此过程中，面对面的沟通交流尤为重要，它能够有效地传递信息和情绪，构建深厚的师生情感联系。

二是情感设计，优化学生体验。辅导员应运用情感设计理念，对日常教育管理服务工作进行优化。通过设定富有意义和趣味性的主题，营造轻松愉悦的氛围，以活泼的形式进行教育，帮助学生释放压抑情绪，增强积极情绪体验。依据大卫·洛克（David Rock）的"围巾（SCARF）模型"，辅导员可以围绕地位（Status）、确定性（Certainty）、自主性（Autonomy）、关联性（Relatedness）和公平性（Fairness）五个情绪需求点，进行情感设计。例如，在地位方面，让学生感受到自身的重要性与关注度；在确定性方面，提供明确的反馈与引导，增强学生的安全感；在自主性方面，给予学生更多的自由与控制感；在关联性方面，保持真实与共鸣，促进情感联系；在公平性方面，确保学生的付出与收获相匹配，甚至收获大于付出。

（四）注重发展，优化辅导员支持系统

依据资源保存理论，情绪资源并非固定不变，而是可以通过内外部机制进行再配置、补充与优化。因此，学校应对辅导员群体给予全面关心关怀，以精神与物质双重奖励补充其心理资源，进而促进辅导员的心理健康和职业发展。[10]

首先，提供工作上的支持帮助。学校要优化辅导员工作机制，确保在人员配置、场地使用、经费支持等方面提供充足资源。在选聘环节，应严把入口关，确保选聘到既有意愿又有能力从事辅导员工作的人员。在培养过程中，注重对辅导员情绪价值提供能力的重视和培养，并将其纳入考核体系，强调过程考核、工作实绩与学生评价的综合考量。

其次，提供专业上的成长空间。学校应为辅导员提供专业成长的广阔空间，包括定期举办党团建设、心理健康等领域的专业培训，提供丰富的学习资源和机会，以提升其专业技能和知识水平。同时，搭建辅导员交流平台，鼓励辅导员之间定期分享经验、交流思想，形成共同成长的良好氛围。此外，为辅导员提供明确的职业发展路径，如职称评定、职务晋升和转岗等机会，以激发其工作积极性和职业认同感。

最后，予以精神上的鼓励支持。在精神层面，学校应建立积极、和谐的团队文化，强调互相支持、互相鼓励的价值观，使辅导员感受到团队的温暖

和尊重。定期开展辅导员评优活动，选树、宣传先进典型，树立辅导员的良好形象，增强其职业荣誉感和归属感。这种精神上的支持将有效缓解辅导员的工作压力，提高其工作满意度和幸福感。

参考文献

[1] 习近平. 把思想政治工作贯穿教育教学全过程 开创我国高等教育事业发展新局面[N]. 人民日报, 2016-12-09 (01).

[2] 情绪价值：人际交往中的重要能力[J]. 科学之友, 2023 (6)：75.

[3] 肖赣贞. 提升情绪价值[J]. 检察风云, 2023 (13)：76-77.

[4] HOCHSCHILDAR A R. The Managed heart：Commercialization of human feeling[M]. Berkley：University of California Press, 1983：147.

[5] 闻羽. 情绪劳动对高校辅导员主动关爱行为的影响探析[J]. 思想教育研究, 2023 (9)：136-141.

[6] 张敏, 杨扬, 乔晓熔. 高校辅导员的共情疲劳问题研究：一种特殊的职业倦怠[M]. 上海：上海三联书店, 2020.

[7] 杨田静, 尹爱青. 我国高校教师情绪劳动研究述评[J]. 黑龙江高教研究, 2019 (6)：95.

[8] 童建军, 万成. 生成式人工智能赋能青年价值引领的价值审思[J]. 思想理论教育, 2024 (5)：88-93.

[9] 中共中央马克思恩格斯列宁斯大林著作编译局. 马克思恩格斯全集：第23卷[M]. 北京：人民出版社, 1972：106.

[10] 张志坚. 专业发展视域下高校辅导员情绪劳动研究[J]. 嘉兴学院学报, 2022 (2)：140-144.

新时代高校学生工作队伍协同育人的价值内涵与实践路径*

陈洁　周昀

摘要：高校学生工作队伍是高校思想政治教育工作的组织者、实施者和指导者，是大学生健康成长的引路人和知心朋友。整体推进高校学生工作队伍协同作用、共同发展，是实现思想政治工作新任务新要求、推动高校思想政治教育高质量发展、培养德智体美劳全面发展的社会主义建设者和接班人的重要保障。进入新时代，高校应聚焦立德树人根本任务，优化协同育人的保障机制、协调机制和激励机制，坚持"五育"并举、深入一线和聚焦日常的原则创设协同育人平台，从而实现高校学生工作队伍整体协同发展。

关键词：高校学生工作队伍；协同育人；价值内涵；实践路径

高校思想政治教育是一项既复杂又艰巨的系统工程。高校思想政治教育工作具有量大、点多、面广、线长等特点，对适应性、综合性、协同性、迭代性的要求比高校的其他工作体系更高。[1]习近平总书记强调："注重系统性、整体性、协同性是全面深化改革的内在要求，也是推进改革的重要方法。"[2]在新的历史起点上，时代发展对高校思想政治教育队伍的人才培养能力提出了新要求。立足于构建同向同行、相互联结、协调推进、共同参与的思想政治工作大格局理念，协同发展是高校学生工作队伍建设的必由之路。深化学生工作队伍建设，推动辅导员与班主任、研究生导师、心理健康教育专职教师和党政管理干部等队伍的协同育人，不仅要在机制协同上同向发力、在政策协同上有效衔接，还要在作用发挥上同频共振、在渠道协同上优势互补，从而不断增强思想政治教育的生机与活力，培育担当民族复兴大

---

* 基金项目：本文系教育部高校思想政治工作队伍培训研修中心（华南师范大学）2021年度开放课题"'三全育人'体系下高校青年教师担任专职辅导员机制探索"（SCNUKFYB003）成果；广东省2021年教育科学规划课题（教育综合改革专项）"新时代高校社团管理机制研究"（2021JKZG040）阶段性成果。
本文在2022年广东高校思想政治工作优秀论文征集活动中获评优秀奖。

任的时代新人。

一、新时代高校学生工作队伍协同育人的价值内涵

恩格斯曾谈道:"许多人协作,许多力量融合为一个总的力量,用马克思的话来说,就产生'新力量',这种力量和它的单个力量的总和有本质的差别。"[3]思想政治教育规律要求高校思想政治教育队伍的不同主体发挥各自的自组织能力,在一定条件下形成合作、配合、互补、同步的协同效应。然而,思想政治教育的科学化专业化发展、高校思想政治工作的部门化和行政主导化,使得高校对思想政治教育队伍整体性建设的重视相对不足,承担思想政治工作的各部门工作界限比较明显。在学生工作队伍中,不同育人主体也存有"一亩三分地"的思维定式,各自以不同的方式开展工作,缺乏协作配合的理念导向和积极高效的协同行动,直接影响了高校思想政治教育的功能实现和质量提升。

(一)高校学生工作队伍协同育人的内涵

高校学生工作队伍是直接从事大学生日常思想政治教育工作的人员,包括专职辅导员、兼职辅导员、班主任、班导师、研究生导师、学校学生工作部门的党政干部和共青团干部等。高校学生工作队伍协同育人是指多个学生工作主体协同作用,形成有序的组织结构,按照统一的目标任务,保持一致步调,实现队伍建设成效最大化、育人质量最优化。

第一,坚持全员育人。学生工作队伍建设要充分考虑到系统性,进一步推进全员育人体制机制建设,形成合力育人良好氛围,搭建合力育人组织平台,充分调动学生工作队伍中辅导员、班主任、研究生导师、心理健康教育专职教师和党政管理干部等育人主体的自觉性和积极性。从观念上内化"整体统一"的思想认识,涵育学生工作队伍的大局意识和全局意识,促进队伍形成整体合力,从而起到"1+1>2"的现实效果。[4]

第二,聚焦立德树人。习近平总书记在全国高校思想政治工作会议上的讲话明确指出:"高校思想政治工作要坚持把立德树人作为中心环节。"[5]虽然学生工作队伍的组成多样,工作定位和职责亦有所专精,但工作的出发点和落脚点都是落实立德树人根本任务。只有将思想统一到学生的成长成才服务上,才能充分发挥团队优势和整体效能。

第三,构建协同机制。"协同"需要协调、整合各种力量来发挥整体效

应。"协同机制"指的是不同主体之间的协调与合作。高校学生工作队伍协同体系的顺畅运作需要完善的制度机制。越是复杂的、跨界的工作领域,越是需要高效的协同新机制来协调。科学的机制可以增强各系统间的协同运作,促进协同运作更加精细和顺畅。高校学生工作队伍协同育人新机制的运行调适需要持续培育协同育人发展动力,进一步优化协同育人要素配置和适时调整协同育人组织结构。

(二)高校学生工作队伍协同育人的价值意义

当前高校思想政治教育发展面临的阶段性困境和问题,伴随着改革开放后高等教育改革发展、高校思想政治工作学科化专门化进程日益呈现。高度的专业化分工和僵化的科层式组织基础造成了学生工作队伍的协同不力,需要通过增强育人协同性来解决。因此,深化高校学生工作队伍的协同育人是实现高校思想政治工作新要求、深化高校学生工作队伍的专业化建设、推动高校思想政治教育高质量发展的应有之义。

第一,有利于实现高校思想政治工作的新要求。中国特色社会主义进入新时代,高校思想政治工作深深根植于中国特色社会主义伟大实践当中,必须主动顺应时代的新要求。"改革越深入,越要注意协同,既抓改革方案协同,也抓改革落实协同,更抓改革效果协同。"[6]新时代大学生思想政治教育已经全面步入改革攻坚的"深水区",协同已成为实现思想政治教育集成价值、统合功能、整体施策、自我革新的重要选择和关键之举。协同创新既是全面深化思想政治教育改革的要求,更是落实立德树人根本任务的需要。[7]在立足协同创新中不断增强思想政治教育的生命力,要求高校学生工作队伍树立协同意识,增强各育人主体之间的适应性和协同性,强化整体联动,围绕"思想政治教育与价值引领"的共同工作目标,以协同促发展,以协同促合力,以协同促育人。

第二,有利于深化高校学生工作队伍的专业化建设。近年来,各高校采取多种方式加强专职辅导员队伍选配,在严格落实中央关于高校思想政治工作队伍配备指标性要求的同时,积极探索辅导员队伍专业化成长的路径方法。然而,高校学生工作队伍建设也存在着现实问题:一是目标的整体统一性不够,学生价值引领的"初心"使命艰巨、学生事务性工作的繁琐复杂、具体工作执行的步调不一等问题,使得学生工作队伍缺乏目标性和方向感,影响师生之间的信任;二是队伍的整体联系度不高,高校学生工作队伍是由多个部门和各类人员构成的系统性整体,其工作重心各有侧重、工作任务各

不相同、缺乏沟通联系，导致各主体不能及时反馈工作情况，也就不能适时调整和改进工作思路与计划，工作出现偏差。上述问题需要立足各自的优势与特长，找到各自的发力点和突破点，增强学生工作队伍之间的有效协同，真正打造一支政治过硬、信仰坚定、业务精湛、专业精通的高校学生工作队伍。

第三，有利于推动高校思想政治教育的高质量发展。面对高校思想政治工作的新形势、新挑战，高校学生工作队伍由多个群体构成、分属多个部门负责，政出多门、九龙治水的现象仍比较突出。系统性管理的缺失，使得各育人主体之间忽视联系和沟通，缺乏工作导向性，容易导致具体执行时分工不明、协作不当，在对学生教育管理工作运行和阻碍的同时，也影响着学生思想政治教育的质量和成效。加强和改进高校思想政治教育，不能只停留在思想政治工作某个专门领域、局限于学生工作某支队伍自我发展的角度来探讨，而要把思想政治教育的守正创新放在高等教育改革发展、放在思想政治大格局中，突破学生工作队伍各育人主体之间协作的壁垒，重新对功能定位、协同机制、沟通平台进行思考与建构，提升高校思想政治教育的针对性和实效性。

二、新时代高校学生工作队伍协同育人的实践路径

（一）高校学生工作队伍协同育人的机制优化

高校学生工作队伍协同育人强调制度化和经常化。制度化是发挥契约作用、保障协同各主体利益的有效措施，通过发挥制度约束、规定各主体必须遵循的约定来实现共同的目标；经常化则强调将学生工作队伍发展作为有机整体，进行长期战略性规划。这就要求高校必须从完善优化机制的角度出发，对学生工作队伍发展进行前瞻性、统揽性、整体性、一致性的指导，从而推动学生工作队伍的协同发展和育人成效的有效提升。

首先，着眼整体优化保障机制。思想政治教育是一个系统工程，开展思想政治教育的学生工作队伍是一个整体。优化学生工作队伍建设机制，要坚持整体性原则。保障机制是指为学生工作队伍的运行、发展和全面建设提供良好的内外部条件。高校学生工作队伍建设过程需要从更高层面进行系统设计、统筹兼顾，有效衔接和融入学校的政策系统，从而不断优化队伍发展环境，形成队伍建设合力，切实发挥队伍协同的整体效应。

在宏观层面，2017年以来，《关于加强和改进新形势下高校思想政治工作的意见》《高校思想政治工作质量提升工程实施纲要》《"三全育人"综合改革试点工作建设要求和管理办法（试行）》《普通高等学校辅导员队伍建设规定》《关于加快构建高校思想政治工作体系的意见》等政策文件的颁布，为地方和高校"一体化构建高校思想政治工作体系"提供了根本遵循，为学生工作队伍建设确立了指导思想，同时也明确了各育人主体的工作目标、主要任务、基本要求等核心内容。在中观层面，要聚焦队伍中不同岗位的职责定位、教育培训、管理考核和评先评优等关键环节，制定相应制度，以人、财和物等资源的配置为突破口，获取资源整合与协同合作的机会，将学生工作队伍纳入高校人才队伍建设总规划；要足额配备专职辅导员，专兼结合、配齐建强学生工作队伍，搭建辅导员、班主任、研究生导师、心理健康教育专职教师和学生工作党政管理干部的联动通道，推动宏观政策的落地、执行。在微观层面，要落实细化各项制度，规范各项程序，进一步加强制度设计的关联性，关注制度的"纵向延伸"和"横向对接"，注重把绩效考核结果应用到学生工作队伍发展的各方面和全流程，通过政策联动最大限度地发挥对队伍的规范、激励和保障作用。

其次，立足现实优化协调机制。"三全育人"是高校落实立德树人根本任务、构建高水平思想政治教育工作体系和提升人才培养能力的重要路径与长远目标，是解决高校育人协同不足问题的有效途径。

学生工作队伍建设协调机制的优化、完善，应从以下两个方面予以推动：一方面是育人力量的协调。从组织体系看，承担高校思想政治工作主要职能的学生工作部门，要与党群系统的组织部门、人事部门、宣传部门和保卫部门等，以及如财务部门、设备部门、信息部门等行政部门结成育人共同体，以上各相关职能部门与各培养单位也需要联动协同开展学生思想政治教育与管理工作。例如，许多高校实行学生工作例会制度，学校分管学生工作的主管领导定期组织承担思想政治教育职能相关部门负责人以及培养单位学生工作分管领导召开工作会议，开展理论学习、通报工作进展、部署近期工作，加强学生工作的预期性、稳定性和联动性。从新时代高校思想政治工作的理念和要求来看，需要学生工作队伍的各个主体都能立足本职岗位，强化育人意识，发挥各自的育人作用和功能。既要做到育人的全员性，又能兼顾队伍分工的专业性，多在职能和责任的交会点、边界区补位，做到"分工不分家""补台不拆台"，才能真正实现育人力量的互通。此外，部分高校在院系层面建立了学工和教务工作联动机制，辅导员、班主任/研究生导师

和教务员定期就学生学业工作的重点、难点问题进行探讨交流,推动信息和资源共享,起到强化沟通、增进互信、协同联动的作用,及时解决学生在学习方面遇到的实际困难。另一方面是育人过程的协调。高校思想政治教育工作贯穿学生从入学到毕业的全过程,包括第一课堂、第二课堂等场域,学生工作队伍各个主体要在各阶段、各环节、各阵地建立协同育人机制,保证育人的持续性、衔接性和贯通性。譬如在新生入学阶段,学校制定总体新生教育方案,各职能部门根据方案分工对培养单位进行指导和培训,各培养单位结合学科特色和单位实际制定具体入学教育安排,按照校史院史教育、学科专业发展、新生教学安排、党团知识教育、学生资助政策、学生行为规范、学术科研规范等内容分配相应的队伍力量负责,为新生扣好大学的"第一粒扣子"。

最后,针对差异优化激励机制。激励机制是指通过满足队伍整体和个体需求的方式激发内部各要素在系统运行中能动性的机制,包括物质激励与精神激励。一是要完善评价考核机制。《普通高等学校辅导员队伍建设规定》中对专职辅导员有较明确的考核要求,关于班主任、研究生导师等队伍主体的政策则比较宽泛。为了增强学生工作队伍不同主体之间协同机制的有效运行和良性发展,需对不同队伍成员的工作开展进行全方位的深入调查研究,以人才培养为导向,制定综合、科学合理的育人成效考评指标与评价标准,建立针对不同学生工作主体、符合工作实际、具有一定科学性与可操作性的考核评价体系,解决不同人员序列之间工作量的认定和转换问题,消弭队伍内部的隔膜。二是考评结果要真评实用。对考评结果优秀的学生工作者应该给予一定的奖励,包括绩效工资、发展机会、职位晋升等;对于考评结果不理想或不合格的学生工作者应给予一定的惩罚,根据程度进行批评教育或调整岗位。三是要完善表彰奖励机制。同步设置不同主体相对应的荣誉、奖励等,对积极探索协同育人的项目、成果给予评奖,对贡献较大的学生工作者给予奖励,同时建立学生工作人员的职业发展体系,畅通职级、职称"双线"晋升的途径,进一步激发不同育人主体自身的内在动力、与其他队伍的协同动力。

(二)高校学生工作队伍协同育人的平台创设

进入新时代,要善于把握思想政治工作在任务内容、方式方法、载体手段等方面的新特点、新要求,设置更符合人才培养目标要求、更具实效性、可推广借鉴的协同育人工作平台。为落实"三全育人"工作理念,同时有利于学生工作各主体协同发挥育人作用，有必要打破原有条块分割的分工限制，通过坚持"五育"并举、深入一线和聚焦日常的工作原则，创设学生工作队伍协同育人的新平台，实现各育人主体的力量互通。

第一，要坚持"五育"并举。德智体美劳教育是新时代高校思想政治教育体系的主要内容，创设学生工作协同育人平台要坚持"内容为王"，既要坚持"五育"并举，也要坚持"五育"协同。德育是基础，要教育引导学生守公德、严私德、明大德，成长为有理想、敢担当、能吃苦、肯奋斗的时代新人。智育是重点，坚持知识性与价值性相协同，坚持学术引领与思想引领相协同，把智识塑造和能力培养融合协调起来，培养具有创新精神和实践能力的时代新人。体育是关键，立德树人离不开提高人的自律意识、拼搏精神和顽强品格。美育和劳育同时也不可偏废。美育提高大学生认识美、发现美、养成美的能力，滋养心灵，陶冶情操。劳育可以促进学生形成良好的劳动习惯和积极的劳动态度，培养劳动情怀、创新精神、实践能力和社会责任感。"五育"协同的着力点应放在促进德育、智育、体育、美育和劳动教育的有机融合，统筹协调各类资源进行一体化设计、一体化推进，推动实现课程教学、组织管理、文化环境等教育生态的整体性变革，努力构建"五育"并举的教育体系和工作平台。

第二，要坚持深入一线。习近平总书记指出："高校思想政治工作从根本上说是做人的工作，必须围绕学生、关照学生、服务学生。"[8]高校学生工作者要始终深入一线，把学生放在中心位置，深入到学生中去，与学生打成一片，了解学生成长之需、解答学生成长之惑。宿舍是学生工作中的最小管理单位。以创新高校治理体系为契机，在教育部的指导推动下，各高校积极探索学生宿舍社区化管理机制，积极建设"一站式"学生社区，推动思政力量、管理力量、服务力量下沉到学生一线。学生工作队伍进驻社区、宿舍"一线"，面对面与学生谈心谈话，倾听学生心声，在理想信念、学术追求、学习实践、生涯规划等方面给予学生指导；通过有效搭建多部门共同办公平台，达到实时、高效、快捷、集中解决学生各类诉求、需求的目的，建立起学生工作队伍乃至学校与学生之间的有效沟通与反馈机制。

另外，随着数字信息技术的飞速发展，绝大部分"00后"的当代大学生，很大程度受互联网、即时通讯、智能产品等科技产物的影响，是各种网络新技术、新产品的忠实"粉丝"。互联网成为大学生思想政治教育不可或缺的重要场域，借助新媒体、新技术开展网络思想政治教育也成为全体高校学生工作者的必备技能。要将传统思想政治教育与网络思想政治教育进行同

构,推动思想政治工作传统优势与信息技术的深度融合,增强思想政治教育的亲和力和感染力。一方面,将教育教学、日常管理和生活服务等功能从线下转到线上,使信息发布、事务办理和交流互动等更加便捷,传统的会议、谈心等也可以实现网络化管理;另一方面,依托网络协同平台对学生工作数据进行统计分析,学生工作队伍根据职责按需使用工作数据,为工作决策提供依据。同时,积极借助新媒体平台和网络文化工作室、"易班"等组织平台建设,培育创作优秀网络文化作品,传播正能量。

第三,要坚持聚焦日常。学生工作涉及学生学习和生活的各个方面,因此与学生成长相关的各类情景和场域都是学生工作者进行思想引领的"阵地"和"平台"。聚焦日常思想政治教育,推进学生工作队伍协同育人,一是要深刻把握思想政治教育管理规律、学生身心发展与成长规律,充分认识到"协同"不等于各类工作的"简单相加"或"互为补充",而是在理念、方式方法、效果质量上实现交叉相融、合作联动和功能互促。二是要在日常思想政治工作中选准抓手,重点是要把握协同育人的结合点。例如,在学风建设方面,辅导员的工作职责与班主任、研究生导师、思政课教师的教育教学任务既有分工侧重,又有联动配合:辅导员应主要在激发学生学习兴趣,引导学生养成良好学习习惯以及营造浓厚学习氛围上发挥作用;专任教师负责专业知识讲授,深度挖掘专业课程蕴含的思想政治教育资源,使各类课程与思政课同向同行,形成协同效应授课;班主任帮助和引导学生掌握科学的学习方法,针对个体开展学业帮扶指导,营造健康向上的班级学习氛围。在日常事务管理方面,辅导员和班主任、研究生导师可以加强联动。比如,在评选奖助学金、遴选学生骨干和发展党员时,辅导员把握工作规则和要求,班主任和研究生导师对学生在第一课堂和其他方面的表现进行介绍,公平公正地做好评选和选拔,让价值导向渗透在评选全过程之中,充分发挥示范促进作用。

参考文献

[1] 冯刚. 大学生思想政治教育工作概论 [M]. 北京:北京师范大学出版社,2020:268.

[2][6] 习近平. 习近平谈治国理政:第 2 卷 [M]. 北京:外文出版社,2017:109.

[3] 中共中央马克思恩格斯列宁斯大林著作编译局. 马克思恩格斯选集:第 3 卷 [M]. 北京:人民出版社,2012:505.

［4］刘新跃，邰蕾蕾.高校学生工作队伍"整体性"建设路径探析［J］.高校辅导员刊，2011（3）：16.

［5］［8］习近平.把思想政治工作贯穿教育教学全过程　开创我国高等教育事业发展新局面［N］.人民日报，2016－12－09（01）.

［7］刘征，左殿升，张莉，等.新时代大学生思想政治教育协同创新论析［J］.学校党建与思想教育，2021（6）：23.

新时代高校辅导员政策功能建构的发展趋势*

彭雪婷

摘要: 高校辅导员政策功能建构是党和国家根据时代的发展变化,及时吸收党的创新理论,不断完善高校辅导员政策,促进辅导员队伍建设发展的过程。中国特色社会主义进入新时代,高校辅导员政策功能建构要紧密围绕党的历史使命,紧扣培养什么人、怎样培养人、为谁培养人这一教育的根本问题,坚持把立德树人作为教育的根本任务,坚持把队伍建设作为基础工作,坚持扎根中国大地彰显自信,推进高校辅导员政策的创新发展,从而为巩固和发展中国特色社会主义制度作出新的更大贡献。

关键词: 新时代;辅导员政策;功能建构;发展趋势

高校辅导员政策作为党和国家规范与促进辅导员队伍建设的重要行动方案和实施依据,它的功能主要是对高校辅导员工作和发展产生引导、管制与分配作用,而其功能建构,则是党和国家根据时代的发展变化,及时吸收党的创新理论,不断完善高校辅导员政策,促进辅导员队伍建设发展的过程。进入新时代,高校思想政治工作必须紧紧围绕党和国家的中心工作,紧密围绕党的历史使命,紧扣培养什么人、怎样培养人、为谁培养人这一教育的根本问题,坚持把立德树人作为教育的根本任务,坚持把队伍建设作为基础工作,坚持扎根中国大地彰显自信,推进高校辅导员政策的创新发展,从而为巩固和发展中国特色社会主义制度作出新的更大贡献。

一、紧密围绕党的历史使命

在新时代,党和国家推动高校辅导员政策的功能建构要以党的历史使命为政治基础,坚持长期功能和阶段功能相统一,以"四个伟大"为实施路径,从而进一步坚定高校辅导员的初心与使命。

---

* 本文原载于《高校辅导员》2023 年 8 月第 4 期。

（一）以党的历史使命为政治基础

中国共产党的历史使命，是指其在带领全体中国人民实现中华民族伟大复兴中国梦的进程中承担的重大任务和责任，具有中国特色。《中国共产党章程》强调："中国共产党自成立以来，始终把为中国人民谋幸福、为中华民族谋复兴作为自己的初心使命。"[1]民族复兴不仅使命光荣，而且任务艰巨。党要实现的民族复兴，不是口头上的复兴，而是切切实实体现在各个方面的复兴，其中，高校人才培养就是一项重要任务。这项任务最终能否有效完成，关键之一在于高校思想政治工作建设，而高校辅导员作为高校思想政治工作的一线人员，其政治素质也成为引领学生思想素质建设的关键。因此，党和国家推动高校辅导员政策的功能建构要以新时代党的历史使命为政治基础，通过更完善、更有效的机制加强高校辅导员的政治信仰与政治素质建设，引导高校辅导员自觉为实现中华民族伟大复兴贡献力量。

（二）坚持长期功能和阶段功能相统一

"历史使命"是长期使命与阶段使命的统一。党的长期历史使命是实现中华民族伟大复兴，但是在不同的发展阶段，党有不同的阶段使命。在新民主主义革命时期和社会主义革命与建设时期，毛泽东同志指出："革命与我们共产党人……一切这些的目的，在于建设一个中华民族的新社会和新国家。"[2]在改革开放发展进程中，"使国家富强起来，使人民生活得到改善"[3]是邓小平同志关于党的历史使命的重要论述。江泽民同志在党的十六大报告中明确指出党要"实现中华民族的伟大复兴"[4]。胡锦涛同志在党的十八大报告中提出："全党必须更加自觉地把推动经济社会发展作为深入贯彻科学发展观的第一要义。"[5]习近平总书记强调："全面建成社会主义现代化强国，总的战略安排是分两步走：从二〇二〇年到二〇三五年基本实现社会主义现代化，从二〇三五年到本世纪中叶把我国建成富强民主文明和谐美丽的社会主义现代化强国。"[6]因此，党和国家推动高校辅导员政策的功能建构，要实现长期功能与阶段功能相统一，既要服务于长期使命，也要与阶段使命相匹配，既要服务于长期人才培养目标，也要为阶段性人才培养目标的实现作贡献。

（三）以"四个伟大"为实施路径

为更好肩负起党的历史使命，应对新的困难与挑战，习近平总书记带领

全国人民在实现伟大梦想的基础上,提出"四个伟大"的新论断,强调全党只有坚定不移地进行伟大斗争、建设伟大工程、推进伟大事业,才能在中国式现代化的道路上实现伟大梦想,再创党和国家事业的新辉煌。新时代,党和国家推动高校辅导员政策的功能建构,要以"四个伟大"为实施路径。引导高校辅导员在进行伟大斗争的过程中,充分发扬斗争精神,提高斗争本领,不仅有胆识、有担当,敢于斗争,更懂交流、懂技巧,善于斗争;在建设伟大工程的过程中,坚持党的全面领导,勇于直面问题,坚持全面从严治党,做一名廉洁向上的共产党员;在推进伟大事业的过程中,高举中国特色社会主义伟大旗帜,坚定"四个自信"、做到"两个维护";在实现伟大梦想的过程中,坚持以培养德智体美劳全面发展的社会主义建设者和接班人为原则,努力为强起来的中国作出新贡献。

二、紧扣教育的根本问题

我们党适应新的时代特征和实践要求,从"培养什么人、怎样培养人、为谁培养人"的战略高度,提出了教育的根本问题。高校辅导员政策的功能建构也要紧扣这个根本问题,引导高校辅导员开展育人工作。

(一)坚持马克思主义指导

我们党始终坚持马克思主义关于人的全面发展理论,深刻洞察时代发展与社会进步为人的发展创造的条件及其提出的新要求。习近平总书记指出:"马克思主义及其在中国的发展,为党和人民事业发展提供了既一脉相承又与时俱进的科学理论指导,为增进全党全国各族人民团结统一提供了坚实思想基础。"[7]高校辅导员通过组织学生系统学习马克思主义特别是中国化时代化的马克思主义,使学生掌握马克思主义理论的基本内容,能够用马克思主义的立场、观点、方法分析问题和解决问题,为引导学生坚持正确政治方向,坚定马克思主义信仰奠定坚实的思想和理论基础。因此,党和国家推动高校辅导员政策的功能建构要进一步坚持马克思主义指导,多渠道加强高校辅导员思想政治教育理论培训,使其做到"在马言马,在马信马,在马用马",只有这样,才能培养一批又一批信仰马克思主义的优秀学生。

(二)坚持为党育人、为国育才

培养造就大批德才兼备的社会主义高素质人才,是国家和民族的长远发展大计。在不同的时代条件下，党和国家领导人对于"为党育人、为国育才"有不同的论述。毛泽东同志提出要培养德育、智育、体育几个方面都得到发展，"又红又专"的高素质人才。邓小平同志强调要培养"有理想、有道德、有文化、有纪律"的"四有"新人。[8]江泽民同志强调当代大学生要成为"理想远大、热爱祖国的人……追求真理、勇于创新的人……德才兼备、全面发展的人……视野开阔、胸怀宽广的人……知行统一、脚踏实地的人"。[9]胡锦涛同志希望当代青年成为"理想远大、信念坚定的新一代，品德高尚、意志顽强的新一代，视野开阔、知识丰富的新一代，开拓进取、艰苦创业的新一代"[10]。习近平总书记强调："要培养德智体美劳全面发展的社会主义建设者和接班人。"[11] "为党育人、为国育才"作为中国共产党重要的思想政治工作政策，是我们党在教育领域的初心使命，党和国家在推动高校辅导员政策的功能建构中必须牢牢把握这一初心使命，结合党和国家人才培养的目标要求，引导高校辅导员始终牢记育人的初心和使命，致力于培养服务于党和国家事业发展的有用之人。

（三）着力培养担当民族复兴大任的时代新人

我们现在培养的大学生思想政治素质，直接关系到中华民族伟大复兴中国梦能否实现。思想政治工作从根本上来讲是做人的工作，是要把握好培养什么人的问题。党的二十大报告强调"着力培养担当民族复兴大任的时代新人"[12]，赋予了新时代高校辅导员新的责任与使命。党的二十大报告指出："青年强，则国家强。当代中国青年生逢其时，施展才干的舞台无比广阔，实现梦想的前景无比光明……用党的科学理论武装青年，用党的初心使命感召青年，做青年朋友的知心人、青年工作的热心人、青年群众的引路人。"[13]因此，党和国家推动高校辅导员政策的功能建构"要着力引导辅导员坚持育人为本、德育为先，坚持贴近实际、贴近生活、贴近学生，解放思想，开拓创新，结合马克思主义理论的新发展、中国特色社会主义建设的新实践、科学技术革命的新成就，以及对大学生思想教育规律的新认识"[14]，不断提高思想政治教育的吸引力、感染力、科学性。

三、坚持把立德树人作为教育的根本任务

习近平总书记强调："育人的根本在于立德。全面贯彻党的教育方针，落实立德树人根本任务，培养德智体美劳全面发展的社会主义建设者和接班

人。"[15]这是对高校思想政治工作者,特别是高校辅导员自觉承担立德树人根本任务的明确要求。如何更好地指引辅导员落实立德树人根本任务,是党和国家在推动新时代高校辅导员政策的功能建构过程中需要进一步聚焦的问题。

(一)强调立德树人根本任务

习近平总书记对中国高等教育的发展高度重视,提出把立德树人作为教育的根本任务。这成为新时代高校教育工作的根本遵循。2021年1月,教育部等六部门印发《关于加强新时代高校教师队伍建设改革的指导意见》,强调落实立德树人根本任务,强化高校辅导员思想政治素质和师德师风建设。新时代,党和国家在推动高校辅导员政策的功能建构过程中,要围绕习近平总书记系列重要讲话精神,落实立德树人根本任务,注重引导新时代高校辅导员将立德树人作为自己工作的立足点,牢牢把握思想政治教育规律和大学生成长成才规律,推动实现全员、全过程、全方位育人。

(二)彰显立德树人的新时代内涵

立德树人作为发展中国特色社会主义教育事业的核心所在,强调要以德为先。但是,"德"有不同的层次,不同的时代也有不同的内涵。进入新时代,中国共产党既继承了中华优秀传统文化关于"德"的基本思想,又根据时代要求,对"德"的内涵进行了新的解读。习近平总书记指出:"德,既是个人的德,也是一种大德,就是国家的德、社会的德。国无德不兴,人无德不立。"[16]所以,立德树人在新时代更强调一种"大德",就是高校要坚持落实立德树人的根本任务,把大学生培养成为担当民族复兴大任的时代新人,使其能够为中国梦的实现贡献力量。因此,党和国家推动高校辅导员政策的功能建构,要彰显立德树人的新时代内涵,并以此引导高校辅导员开展工作,培养明大德的社会主义建设者和接班人。

(三)把立德树人融入高校辅导员发展的全过程

党和国家推动高校辅导员政策的功能建构,要着力把立德树人融入高校辅导员发展的全过程,强化师德师风建设,引导高校辅导员以身作则。具体而言,党和国家要进一步构建和完善高校辅导员学习培训体系,特别要探索高效率的培训方式,创新学习方法,注重学习实效,实现对辅导员思想引领与本领教育的有机结合;要科学规定辅导员的职业条件、职业素养、业务能力、考核机制等,在选人用人方面强化"以德为先"的选拔标准,培养一支能够"以德服人"的高校辅导员队伍;要把解决思想问题与解决实际问题结合起来,重视辅导员的职业发展、心理建设、人文关怀;要搭建各种平台,畅通沟通渠道,加强辅导员之间的联系与交流。

四、坚持把队伍建设作为基础工作

随着社会的不断发展,高校、家长、学生的需求不断变化,推动着高校辅导员这一职业不断地与时俱进。党和国家加强高校辅导员政策的功能建构,可从注重高质量内涵式发展、发挥典型示范引领作用、打造创新特色品牌等方面持续推动高校辅导员队伍的建设发展。

(一)注重高质量内涵式发展

一方面,党和国家要进一步完善高校辅导员的专业知识结构,提升辅导员培训的专业内涵,将辅导员培训纳入高等学校师资队伍和干部队伍培训整体规划,统筹做好国家、省级和高校三级辅导员培训体系,建立健全高校辅导员培训和研修基地,规划其岗前培训、日常培训和骨干培训等,提升高校辅导员的职业素养。另一方面,党和国家要完善相关机制,创造条件支持优秀辅导员参加国内、国际交流学习和研修深造,支持辅导员到地方党政机关、企业、基层等挂职锻炼,鼓励辅导员进一步攻读相关专业学位,承担思想政治理论课等相关课程的教学工作,进一步推动辅导员队伍的高质量内涵式发展。

(二)发挥典型示范引领作用

党和国家要进一步完善高校辅导员创优争先政策机制,加强全国、各省市高校辅导员年度人物和辅导员素质能力大赛获奖典型代表优秀事迹宣传,如举行全国巡回宣讲、网络讲座等,发挥先进典型的示范引领作用。党和国家还可以牵头建立"辅导员名师工作室",通过优秀辅导员组建工作室团队的方式,推进交流互动,增强高校辅导员的职业认同感、荣誉感和归属感,形成育人合力;可以发挥教育部高校思政工作队伍培训研修中心的辐射引领作用,聚集不同区域优秀辅导员,定期开展培训、研讨、沙龙活动等,充分展示高校辅导员队伍的优秀形象,引领高校辅导员队伍的建设与发展。

（三）打造创新特色品牌

新时代党和国家推动高校辅导员政策的功能建构，要鼓励打造高校辅导员创新特色品牌，促进高校辅导员队伍的建设与发展。目前，相关工作已经开始实施，部分高校通过申请工作室、申报课题等方式，组织辅导员们根据自身工作实际打造工作特色品牌，如通过"两微一端""易班""大学生在线"等平台打造辅导员网络育人阵地，利用学术沙龙、心理剧比赛等活动打造辅导员心理育人工作室等。党史学习教育期间，教育部也组织了一批优秀辅导员参与宣讲，既锻炼了辅导员，也培育了一批品牌活动，带动了辅导员队伍的高质量发展。

五、坚持扎根中国大地彰显自信

政策具有文化传播的功能。党和国家推动高校辅导员政策的功能建构，不仅有助于增强辅导员的文化自信，而且提升了中国特色社会主义文化的软实力。新时代，党和国家推动高校辅导员政策的功能建构，可从提升高校思想政治教育话语权、广泛践行社会主义核心价值观、增强高校思想政治教育的文化力量等方面进行着力。

（一）提升高校思想政治教育话语权

党的二十大报告指出："意识形态工作是为国家立心、为民族立魂的工作。"[17]对大学生进行思想政治教育是意识形态工作的核心内容。但是，目前部分高校辅导员在思想政治教育工作中出现了"失语"状态。为此，党和国家在高校辅导员政策的功能建构中，要思考如何提升高校辅导员思想政治教育的话语权。一是强调辅导员的主责主业是思想政治教育，让辅导员专心将工作重点放在思想政治教育上，通过第一课堂与第二课堂相结合，加强对学生的马克思主义理论教育；二是提高辅导员的思想政治理论素养，引导辅导员遵循思想政治教育的规律、教书育人的规律、大学生成长成才的规律，用大学生的日常语言去释难解惑、宣传思想，与学生形成良好的思想交流互动；三是强化辅导员的底线思维，使其做好舆论引导和特殊人群的思想疏导，确保校园的安全稳定。

（二）广泛践行社会主义核心价值观

社会主义核心价值观是凝聚人心、汇聚民力的强大力量。党和国家在高校辅导员政策的功能建构中，要突出社会主义核心价值观对于育人的重要性，思考如何提升高校辅导员宣传、践行社会主义核心价值观的主动性与引导性。一是要引导高校辅导员持续抓好党史、新中国史、改革开放史、社会主义发展史、中华民族发展史的宣传教育，引导学生知史爱党、知史爱国，不断坚定中国特色社会主义共同理想；二是要引导高校辅导员学会将社会主义核心价值观融入日常教育、第二课堂教育、谈心谈话中，发挥其铸魂育人的作用；三是要引导高校辅导员做好"宪法宣传周""纪律教育月"等学法明德主题教育，把社会主义核心价值观融入法治建设、融入社会发展、融入日常生活。

（三）增强高校思想政治教育的文化力量

当前，许多高校按照中央和教育部的要求，坚持以社会主义先进文化为主导，以本校历史沉淀的精神为底蕴，着力优化校园文化环境，以此引导与教育学生。然而，一些高校辅导员在校园文化建设中主观能动性的发挥还不够大，为此，党和国家在高校辅导员政策的功能建构中要特别注意这方面的建设。一是更好地利用美育的教学方式，将思想政治教育融入校园美育中，以美育人、以美化人；二是创新学生思想政治教育方式方法，开辟思想政治教育新阵地，利用思想政治教育新载体，帮助学生充分了解党情、国情、社情、民情，增强文化建设工作的针对性和实效性；三是强化对全体学生的文化教育，不仅要关注中国学生的思想文化教育，也要增强对留学生的文化影响，深化文明交流互鉴，推动中华文化更好地走向世界。

参考文献

［1］中国共产党章程［M］.北京：人民出版社，2022：7.

［2］毛泽东.毛泽东选集：第2卷［M］.北京：人民出版社，1991：663.

［3］［8］邓小平.邓小平文选：第3卷［M］.北京：人民出版社，1993：264-265，205.

［4］江泽民.江泽民文选：第3卷［M］.北京：人民出版社，2006：529.

［5］胡锦涛.胡锦涛文选：第3卷［M］.北京：人民出版社，2016：618.

［6］［11］［12］［13］［15］［17］习近平.高举中国特色社会主义伟

大旗帜　为全面建设社会主义现代化国家而团结奋斗：在中国共产党第二十次全国代表大会上的报告［M］．北京：人民出版社，2022：24，34，44，71，34，43．

［7］习近平．习近平谈治国理政：第 2 卷［M］．北京：外文出版社，2017：33．

［9］十五大以来重要文献选编：下［M］．北京：人民出版社，2003：1822 – 1823．

［10］胡锦涛致中国青年群英会的信［N］．人民日报，2007 – 05 – 05（01）．

［14］冯刚．改革开放以来高校思想政治教育发展史［M］．北京：人民出版社，2018：8．

［16］习近平．习近平谈治国理政：第 1 卷［M］．北京：外文出版社，2018：168．

辅导员、班主任与专任教师协同思政育人的理论逻辑与路径探讨[*]

王欣 郑彩云

摘要：辅导员、班主任与专任教师作为高校思想政治教育工作队伍中不可或缺的三支力量，在思政育人方面目标契合、内容互构、方式互鉴、角色与特点互补。本文将从理论上阐释三支队伍协同思政育人的逻辑，分析广东省某高校三支队伍协同思政育人的现状，探究当前三大育人主体协同思政育人的现实困境，并在此基础上探索从"点（各育人主体）—线（育人主体间）—面（育人环境）"三个层面构建辅导员、班主任与专任教师协同思政育人的有效路径，以形成育人合力、提升育人实效。

关键词：协同思政育人；辅导员；班主任；专任教师

当前国内外形势错综复杂，意识形态领域各种思潮互相激荡；加之大学生思想观念和个性塑造尚未发展成熟，易受外界影响动摇自身坚守的理想信念与精神追求。[1]因此，国家和党中央一直高度重视高校思想政治教育工作。2016年，习近平总书记在全国高校思想政治工作会议强调："要坚持把立德树人作为中心环节，把思想政治工作贯穿教育教学全过程，实现全程育人、全方位育人，努力开创我国高等教育事业发展新局面。"[2] 2017年2月，中共中央、国务院印发《关于加强和改进新形势下高校思想政治工作的意见》，明确提出了"三全育人"的综合改革试点目标和举措。[3]"全员育人"作为"三全育人"理念的核心内容，是实现全过程、全方位育人的基础和保障。因此，发挥各育人主体的能动作用，构建具有协同功能的育人共同体，是推动新时代高校思想政治工作高质量发展的当务之急。

高校辅导员、班主任与专任教师作为与大学生接触最多、联系最紧密的骨干队伍，在大学生思想政治教育中发挥着不可或缺的作用。然而，当前三支队伍在思想政治工作方面多是各自为政、各行其是，未能形成协同思政育

---

[*] 本文在2022年广东高校思想政治工作优秀论文征集活动中获评三等奖。

人效应。因此,本文将从理论上阐释三支队伍协同思政育人的逻辑,分析广东省某高校三支队伍协同思政育人现状,探究当前三大育人主体协同思政育人的现实困境,并在此基础上探索辅导员、班主任与专任教师协同思政育人的有效路径,以期为提高大学生思政教育效果和推进高校落实立德树人根本任务提供参考。

一、高校辅导员、班主任与专任教师协同思政育人的理论逻辑

(一)三支队伍思政育人特征的比较

如表 1 所示,通过对辅导员、班主任与专任教师思政育人特征的比较,三支队伍在高校思政工作方面目标契合、内容互构、方式互鉴、角色与特点互补。

首先,三支队伍育人对象一致、育人目标契合。辅导员、班主任与专任教师的教育对象均为在校大学生,且三者的育人目标具有高度一致性,即以立德树人为导向,培养具有正确世界观、人生观和价值观的社会主义事业合格建设者和可靠接班人。

其次,三支队伍育人内容互构、育人方式互鉴。辅导员通常依托党团活动、社会实践等第二课堂以及日常事务管理等方式,开展大学生思想、道德、法律、心理健康等德育教育。为了在辅导员与专任教师之间实现身份过渡和职能交互,高校班主任多从具备相关学科专业背景的青年教师中选拔。[4]因此,他们往往通过第一课堂与第二课堂联动的方式,如课程教学与班级管理,传授专业知识、引领思政价值。专任教师则主要依托课堂这一主渠道,开展专业理论知识传授与实践技能培养等智育教育。

最后,三支队伍育人角色与育人特点互补。辅导员作为思想政治教育的实质力量,是显性思政工作的重要一极,他们侧重实践教育、善于把握学生心理情感特点,能够因势利导地进行思想引导、教育管理以及成长服务;但因为思政知识储备不足等,其思政教育容易缺乏理论性与学理性。班主任往往以显性与隐性思政工作并重,他们具有扎实的专业知识,加之与所负责班级的学生接触广泛、感情深厚,能够在思想道德与专业成长两个方面给予学生更深刻和更有针对性的影响;但因为兼职身份、精力有限等,其思政教育容易缺乏系统性与连续性。专任教师作为学生思想政治教育的渗透力量,是隐性思政工作的重要一极,他们侧重于理论教育,善于挖掘专业课程中所蕴

含的思政教育因素，并与专业知识有效融合，从而潜移默化地引导学生实现人文知识的内化与政治素养的升华；但因为其与学生联系不够紧密等，其思政教育容易缺乏针对性与亲和力。

表1 辅导员、班主任与专任教师思政育人特征的比较

特 征		辅导员	班主任	专任教师
角色定位		思政教育的组织者、实施者、指导者	思政教育的实施者、引导者	思政教育的渗透者
教育目标		促进大学生形成正确的世界观、人生观和价值观	促进大学生形成正确的世界观、人生观和价值观	帮助大学生形成正确的世界观、人生观和价值观
教育对象		大学生	大学生	大学生
教育内容		开展学生政治、思想、法律、道德、心理健康和行为养成等教育引导和日常管理工作	讲授专业知识与实践技能、课外交流辅导，以及班风学风建设、思政教育、生活就业指导	讲授专业理论知识与实践技能、指导学术研究，帮助学生构建系统的专业知识体系
教育方式		日常学生管理、党团活动、文体活动、社会实践	课堂授课、主题班会、日常班级管理、就业指导	课堂授课、专业学习实践、学术研究
教育特点	侧重点/特点	侧重于实践教育，即体悟、外化和践行（感性与显性）	知识传授与价值引领并重（显性与隐性相结合）	侧重于理论教育，即认知、认同和内化（理性与隐性）
	优点	贴近性、实践性、对象化	深刻性、针对性、说服力	理论性、学科性和学科优势
	缺点	缺乏理论性、学理性和感染力	缺乏全面性、系统性和连续性	缺乏实践性、针对性、亲和力

（二）三支队伍协同思政育人的必要性与可能性

基于辅导员、班主任与专任教师思政育人特征的比较，不难看出高校三

支队伍协同思政育人的必要性与可能性。

一是三支队伍协同思政育人的必要性。首先，依据思政工作规律，高校思政教育应理论与实践有机结合。[5] "道不可坐论，德不能空谈。"只有把理论融入实践，在实践中深化理论，才能帮助学生将思想理论内化于心、外化于行，从而形成正确的世界观、人生观和价值观。其次，基于学生思政学习的需要，高校思政教育应追求"知行合一"的境界。[6] 知是行之始，行是知之成。专任教师思政育人侧重于"知"，是基础、是前提；辅导员思政育人侧重于"行"，是重点、是关键；班主任思政育人则追求"知行结合"：三者各司其职、优势互补，促使学生将知识与价值、知识与道德、知识与实践充分融会贯通。最后，三支队伍协同联动有助于补齐当前思政教育体系的短板。通过与专任教师、班主任协同配合，辅导员可以全面了解专业知识架构和理论学习重点，从而增强思政育人的理论性与学理性；通过与辅导员、班主任协同配合，专任教师能够清楚掌握学生思想动态与情感偏好，从而增强思政育人的针对性与亲和力；通过与辅导员、专任教师协同联动，班主任能够明晰角色定位与减轻工作负担，从而增强思政育人的连续性与系统性。三者相互依存、相辅相成，实现专业知识学习与思政教育统一。

二是三支队伍协同思政育人的可行性。首先，三支队伍因思政育人目标契合，形成了服务学生成长成才的德育智育共同体，这是协同思政育人的本质要求。其次，三支队伍因思政育人内容互构，能够实现工作职能的优势互补、弥合育人缺口，这是协同思政育人的前提基础。最后，三支队伍因思政育人角色定位与功能互补，形成了合作共享的协同联动机制，这是协同思政育人的动力源泉。所以，辅导员、班主任与专任教师协同思政育人具有客观基础和内在动力。

二、高校辅导员、班主任与专任教师协同思政育人的现状分析

（一）受访者基本情况

如图1所示，本研究共有50位广东省某高校受访者，其中辅导员为15人（占30%）、班主任（由专任教师兼任）为10人（占20%）、专任教师为25人（占50%）。

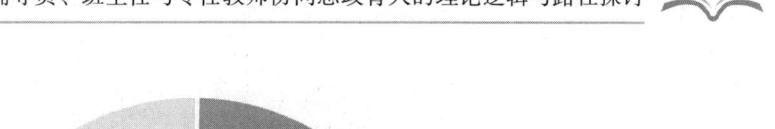

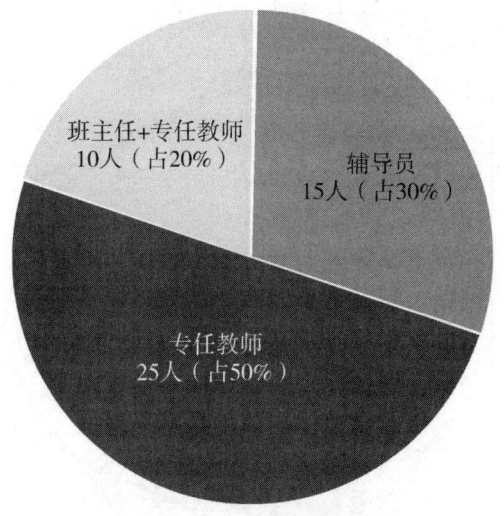

图 1　受访者基本情况

（二）思想政治教育的重要性与协同思政育人的必要性

如图 2 所示，从辅导员、班主任、专任教师三支队伍对各项工作的重要性评分可知，辅导员认为思想政治教育的重要性仅次于心理咨询教育，位列第二；班主任认为，学业咨询辅导最重要，之后依次为学术科研指导、思想政治教育；专任教师则认为，学术科研指导最重要，之后依次为学业咨询辅导、思想政治教育。

如图 3 所示，有 53.33% 的辅导员、40.00% 的班主任以及 60.00% 的专任教师认为建立三者协同思政育人路径"非常有必要"，但也有 8% 的专任教师则认为"没有必要"，有 6.67% 的辅导员认为"非常没有必要"。

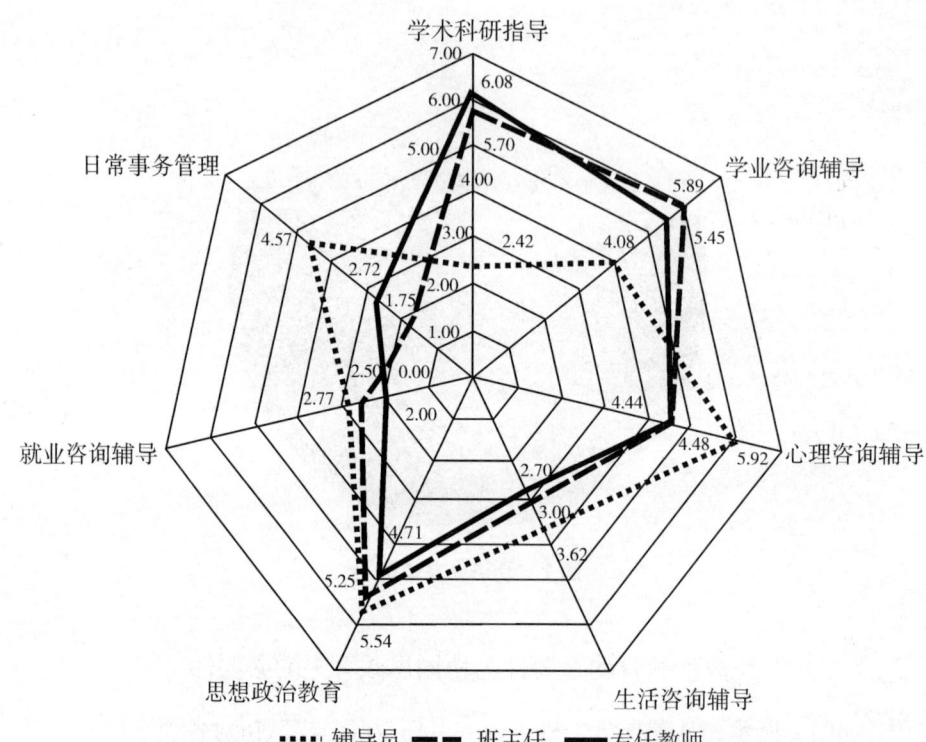

图2 辅导员、班主任、专任教师认为各项日常工作的重要性

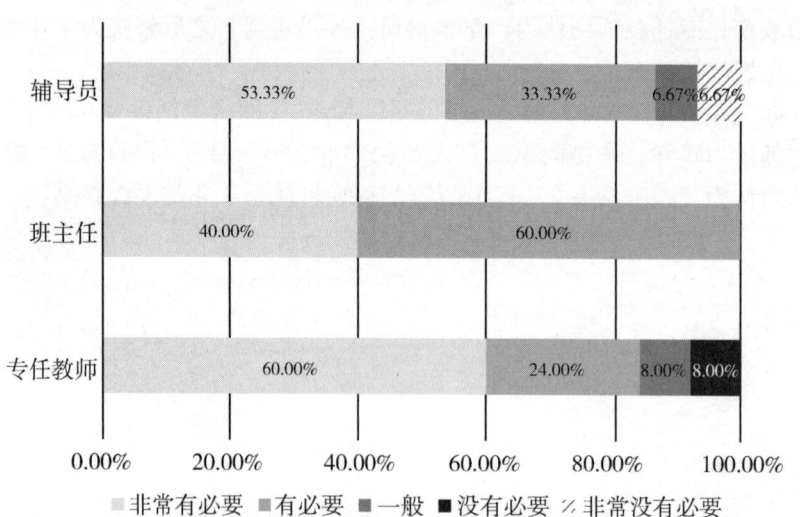

图3 辅导员、班主任、专任教师认为协同思政育人的必要性

（三）协同思政育人的参与度与满意度

在参与度方面，有 66.67% 的辅导员、10% 的班主任和 64% 的专任教师表示尚未与另外两个育人主体协同开展过大学生思想政治教育。在满意度方面，如图 4 所示，有 20% 的辅导员、44.44% 的班主任和 22.22% 的专任教师表示与另外两个育人主体协同开展大学生思想政治教育"非常满意"。

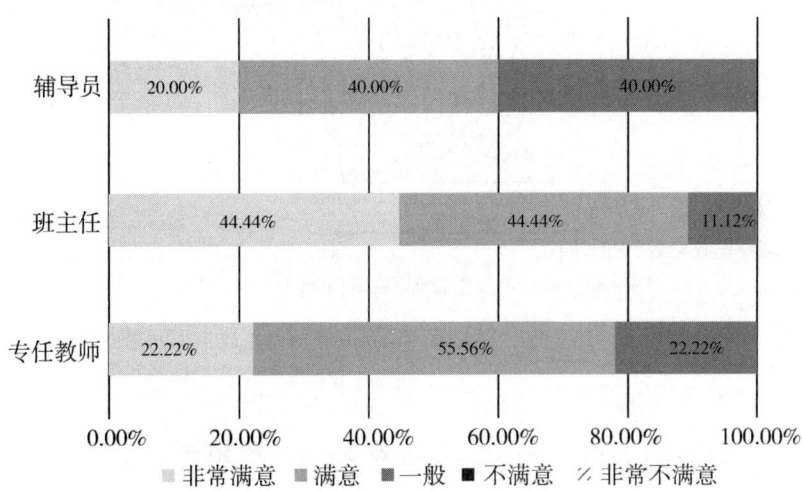

图 4　辅导员、班主任、专任教师开展协同思政育人的满意度

（四）协同思政育人的障碍

如图 5 所示，有 73.33% 的辅导员、80% 的班主任以及 64% 的专任教师均认为"育人主体多头归属管理且职责不清"是协同思政育人的障碍；有 73.33% 的辅导员、60% 的班主任以及 60% 的专任教师均认为"缺乏相应的考核与激励机制"是协同思政育人的障碍；仅有 26.67% 的辅导员、10% 的班主任以及 28% 的专任教师认为"思政育人理念存在分歧"是协同思政育人的障碍。

学生思想政治工作优秀论文合集（上辑）

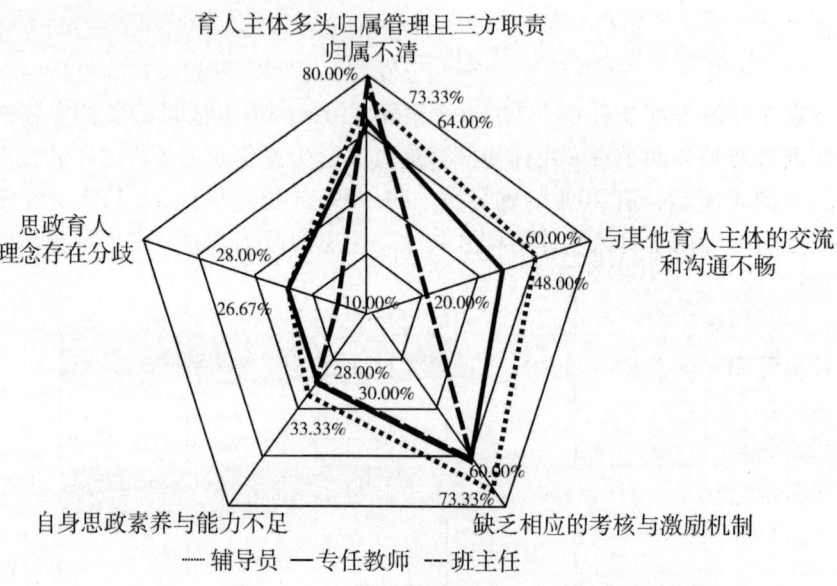

图 5　辅导员、班主任、专任教师认为开展协同思政育人的障碍因素

三、高校辅导员、班主任与专任教师协同思政育人的现实困境

（一）"点"困境：个体缺乏协同思政育人的意识与能力

一是各育人主体协同思政育人的意识淡薄。大部分辅导员认为只需处理好日常的学生管理工作即可，很少主动与班主任或专任教师交流沟通学生思想政治学习与教育工作，没有意识到三方在协同育人背景下的工作目标具有共同性；班主任则在潜意识中认为自己只需关注与重视学生的学习及生活情况，在思政教育方面充当辅助性的角色即可；专任教师则受传统教学观念与价值中立论的影响，普遍认为自己的主要职责是讲授专业知识、教导实践技能，习惯性地忽略学生的思政教育工作或将其简单归结为辅导员或班主任的责任，这导致三者在主观上缺乏主动交流互动的意识和积极协同联动的自觉。

二是各育人主体协同思政育人的能力不足。多数高校辅导员并非思政相关专业出身，思政教育能力较为缺乏，加之日常管理事务繁重、冗杂，使得其对学生的日常思政教育缺少理论性与系统性思考。班主任的兼职身份与经验缺乏的现实状况也导致他们难以把握和回应学生关心的重大理论和实践问题，其在思政育人方面的作用不能充分发挥。一些专任教师则因为自身思想政治素养有限等难以精准挖掘课程思政元素或准确运用思政资源，无法将专业知识与思政教育有效融合，导致课堂教学中隐形思政教育显性化问题突出。

（二）"线"困境：个体间缺乏协同思政育人的有效机制

一是尚未构建常态化的信息交流与沟通机制。由于辅导员、班主任与专任教师隶属不同管理体系、工作职责相对独立、工作领域缺乏交集，加之疲于完成各自岗位任务，相互之间以非正式经验交流和事件商议为主。各育人主体之间缺少创新的交流方式、高效的资源共享模式和正式的交流平台，导致三方规范化和常态化的交流与沟通尚未实现。

二是尚未构建协同思政育人的考核与激励机制。当前，辅导员与班主任的考核评价偏重于学生日常事务管理情况，专任教师的考核评价则偏重于教学和科研情况。三者的绩效考核、职位晋升、职称评定要求相互独立，缺乏专门的部门和完善的评价机制对三支队伍协同思政育人的效果进行评价；同时，协同思政育人能够带来的工作待遇、发展机会和收入渠道的改变尚不明晰，缺乏明确的激励奖惩机制，这导致各育人主体协同思政育人的积极性和主动性尚未得到有效调动。

（三）"面"困境：缺乏协同思政育人的整体布局

一是存在多头归属管理和职责不清的问题。目前，许多高校并未设置专门机构牵头负责辅导员、班主任与专任教师三支队伍之间的组织协同。三支队伍仍分属不同的管理系统、运行各自的领导体制和工作机制，加之各管理部门的财务独立，协同育人过程中相互交流、平台构建等所需要的资金支持与经费统筹的权责不明确，极大程度上割裂了三支队伍之间的内在联系，造成了高校思政教育的条块化和碎片化。此外，三支队伍在思政育人方面的职责分工尚未明确、权责范围也不清晰，尤其是辅导员与班主任之间的工作职责还存在一定程度上的交叉与重叠，导致三者难以明确界定自身定位，无法实现有机衔接与有效联动。

二是尚未形成全员育人的良好环境与氛围。在主观意识上，部分高校管理者对协同思政育人的认识出现分歧、理念存在偏差；在客观实践上，许多高校的协同思政育人工作缺乏科学完备的顶层设计，协同思政育人的相关资

源尚未充分统筹、思政育人主体的发展呈现条块分割的格局，这导致难以建立育人主体对思政育人的共同价值与目标、难以形成育人主体之间"合作、互动、共享、共建"的良好利益关系、难以构建协同育人的系统性体系与环境。

四、高校辅导员、班主任与专任教师协同思政育人的路径探讨

（一）"点"协同：培养信念坚定、能力出众的思政育人主体

1. 增强各育人主体协同思政育人意识。

一方面，高校可结合实际情境开展一系列有关协同思政育人的教育与培训，破除各育人主体在思想上的条块分割，强化三支队伍在思政育人方面的思想共识、形成责任意识与行动自觉。另一方面，以院系为单位、以各育人主体为成员定期开展专题会议或研讨活动，使各育人主体间互相增进了解，并明确思政育人是三支队伍的共同使命与职责，教学、管理、学工等部门协同配合，促使各育人主体增强协同思政育人的意识。

2. 完善各育人主体的培养与遴选机制。

一是严格把控各育人主体遴选的政治关卡。完善辅导员、班主任与专任教师的遴选标准与选聘办法，注重考核各育人主体是否具备一定的思政专业知识储备与思政工作经验，以及创新的思政教学想法，从而选拔出一批具有高素质、专业化的思政教育工作者。

二是持续优化各育人主体的培养模式。首先，建立培养机制。高校应尽快建成各育人主体的培训和研修基地，并结合职位特色制定三支队伍的培养方案与培训方式、建立思政知识与能力动态管理考核体系。其次，完善培养内容。一方面，需加强政治理论、教育理论、心理理论和管理理论等专题理论培训，以此提升各育人主体的理论水平；另一方面，应采取入职体验或相互兼职体验的方式开展实践培训，鼓励辅导员参与课程思政理论教学任务，以提高思政育人的学理性与理论性；鼓励专任教师参与学生日常管理工作、了解大学生的心理情感特点，以提升思政育人的亲和力与针对性；引导班主任将课程思政教学与日常事务管理并重，以提高思政育人的系统与连续性。最后，优化培养路径。不仅需要开展育人主体的岗前或入职培训，帮助其明确岗位任务和职责；而且需要定期、持续组织在岗期间的思政专业与教学技能培训，从而巩固其理论素养、实践能力与情感认知。

(二)"线"协同:建立互联互通、目标激励的协同思政育人联动机制

1. 建立育人主体间常态化交流机制。

一是建立定期交流制度。组织辅导员、班主任与专任教师共同参与课程思政、专业思政与学科思政的设计与实施,共建共享集教学、资料、实践于一体的大学生思政教育网络资源平台,促使其相互交流、理念融合。与此同时,定期邀请各育人主体参加协同思政育人交流会议,鼓励大家结合自身育人优势,围绕大学生思政教育热点,从理论和实践层面交流研讨,分享教育教学内容、方法,分担任务等。

二是建立有效沟通渠道。除通过不定期举办座谈会、案例警示汇报会、工作交流午餐会等传统线下渠道来深入交流大学生思政情况外,各育人主体还可以充分利用微信等线上途径及时分享大学生思想动态。通过线上、线下相结合的沟通渠道,保障各育人主体间实现资源共享、信息对称,促进思政育人合力的形成。

2. 不断健全支持协同育人的考核与激励机制。

一是完善各育人主体的考核评价体系。首先,建立领导主体责任的评价体系。通过对协同思政育人工作的领导、组织、监督和反馈等主体责任进行评价,明确三支队伍的工作分工和权责范围,确保协同思政育人工作的整体推动。其次,健全三支队伍协同思政育人的过程评价。按照导向明确、分类考核的原则,增加辅导员参与第一课堂与思政教学的考核内容,明确班主任参与第一课堂与第二课堂并重的考核标准,加大专任教师参与第二课堂与学生事务管理的考核比重,逐步细化协同思政育人工作的实施。最后,加强协同思政育人的效果评价。结合工作方案与细则,定期开展针对育人成效的相应考核,充分调动教师参与协同育人工作的主动性和积极性。

二是建立科学合理的奖惩制度。应充分应用协同思政育人的考核结果,将其作为职称晋升、岗位津贴、评优评奖、学科带头人与学科领军人物选培的重要依据。根据考核情况对三支队伍提供资金奖励,设立专项经费用于三者协同思政育人的硬件建设和日常运营管理,从而有效打破三支队伍各自为政的工作僵局、化解思政教育的"孤岛化"困境。

(三)"面"协同:构建协调一致、合力育人的思政工作格局

1. 构建协同思政育人的领导体制与工作机制。

一是建立党委对高校思政工作的统一领导体制。高校应成立由校党委主要负责人任组长,分管校领导任副组长,党委宣传部、教务处、学工部、校团委等部门负责人以及各院系党组织负责人为成员的协同思政育人领导机构。[7]结合学校实际,统筹规划协同思政育人的工作方案与工作模式、制定并推进各项相关举措与制度的落实,从而破除辅导员、班主任与专任教师隶属、归口管理的组织壁垒,为建立三支队伍协同思政育人的长效机制提供必要的结构性保障。

二是建立三支队伍协同工作机制。高校领导机构应根据教育教学规律和管理现实状况,进一步细化相关教学和管理工作制度,明确辅导员、班主任与专任教师在协同思政育人中的工作定位与职责分工。以学年为单位部署分工协作任务,每年年初制订职责与分工、期间交流并解决有关问题与情况、年终系统回顾与总结,从而打破三支队伍条块分割的现状、多元化发展的格局以及各行其是的工作模式,提高思想政治教育的协同性、联动性和整体性。

2. 营造协同思政育人的良好氛围与环境。

首先,树立协同思政育人的共同目标。高校管理者应根据思政教育的宏观战略要求,统一思想与认识,以此引导不同育人个体树立共同目标与共同价值取向,并以共同目标为导向谋划、推进与发展大学生思政教育工作。其次,做好顶层设计。高校应着力构建教学育人、管理育人、服务育人的协同思政教育体系,并通过反馈评估不断优化体系内各项方针、政策与机制。最后,整合各类育人资源。不仅应积极挖掘各专业课程中蕴含的思想政治知识,而且充分利用网络思政教育资源库,并有效整合社会实践中包含的思政案例资源,实现思政教育资源的全面融合,搭建起全方位、立体化的思政教育协同框架。

综上所述,辅导员、班主任与专任教师协同思政育人是一项复杂而又艰巨的系统工程,需要在"点(育人主体)—线(育人主体之间)—面(育人环境)"三个层面建立系统的体制机制、采取有效的制度措施,才能破除协同思政育人的现实困境,实现高校思想政治教育工作全覆盖、无死角,落实立德树人根本任务。

参考文献

[1] 廖开兰,牟文余. 新时期大学生思政教育创新实践探索:评《大学生思想政治教育工作概论》[J]. 领导科学,2022(6):157.

[2] 韩宪洲,孙瑞婷. 高校贯彻落实习近平总书记关于思想政治工作的重要论述探析[J]. 北京联合大学学报(人文社会科学版),2021(2):30–35.

[3] 刘鹏飞. 新形势下高校思想政治工作改革创新路径探究:兼评《加强和改进新形势下高校思想政治工作十谈》[J]. 中国高教研究,2018(3):113.

[4] 李远庆,陈晓萍,张新. 课程思政背景下高校辅导员与专业课教师协同育人模式研究[J]. 中国多媒体与网络教学学报(上旬刊),2022(4):129–132.

[5][7] 韦文联,程越岳,何永勇. 高校辅导员与思政理论课教师协同育人机制研究[J]. 淮北师范大学学报(哲学社会科学版),2022(3):7–12.

[6] 丁卫杰,袁田,丁国军. "知行合一"模式在大学生思政教育中的实现路径探析[J]. 河北民族师范学院学报,2021(4):117–121.

研究生导师与辅导员协同育人机制的探究*

韩青诺　张洋

摘要：研究生导师与辅导员是高校育人工作两支最重要的队伍，有不同的角色和职责。但在实际工作中往往存在对研究生导师与辅导员职责认识的误区、协同育人合力不足、协同育人制度不健全等问题。如何让二者有效沟通，更好地发挥协同育人的作用，对研究生思想政治教育至关重要。

关键词：研究生；导师；辅导员；协同育人

在全国教育大会上，习近平总书记强调，党的十八大以来，我们围绕培养什么人、怎样培养人、为谁培养人这一根本问题，全面加强党对教育工作的领导，坚持立德树人，加强学校思想政治工作，推进教育改革，加快补齐教育短板，教育事业中国特色更加鲜明，教育现代化加速推进，教育方面人民群众获得感明显增强，我国教育的国际影响力加快提升，13亿多中国人民的思想道德素质和科学文化素质全面提升。教育的首要问题是培养什么样的人，高校必须进一步全面、深刻地认识人才培养目标。[1]新时代的学生工作要求研究生导师和研究生辅导员在研究生的培养过程中共同发挥作用，促进研究生成长成才。与本科生相比，研究生的思政教育仍显薄弱，思想动态已呈现出新的时代特点。在新时代的背景下，高校应思考在研究生的培养过程中，研究生导师和辅导员如何协同育人，共同完成人才培养工作。

一、研究生导师和辅导员在研究生思政教育中的角色分析

研究生导师是研究生培养过程中的第一责任人。研究生在校期间，实验科研占了很大比重。研究生更多时间是在课堂外与导师进行学术交流。导师也会更注重帮助研究生提升科研能力，对研究生专业学术能力的发展起到至

---

* 本文原载于《科学咨询》2020年第20期。
本文在2021年广东省学位与研究生教育学会优秀论文评选活动中获评"优秀教育成果奖"。

关重要的作用；而辅导员在研究生培养的过程中更多负责思政教育、日常事务管理及党支部、团支部、班级建设、心理疏导等方面的工作。[2]

二、研究生导师和辅导员协同育人的现状

（一）认识上存在误区

根据研究生的特点和教育规律，高校要建立研究生思政教育队伍。该队伍以研究生导师和辅导员为主体。但在实际工作中，研究生导师往往认为指导研究生专业学术的发展是其主要职责，[3]具体包括研究生论文的撰写和发表、课题研究等，更加关注研究生的学业，却时常忽视研究生的思想动态和心理发展；而研究生辅导员的工作重点一般则是学生管理工作，包括思政教育、心理疏导等。双方并没有意识到，在思政教育过程中发挥育人合力，可以取得更加显著的育人效果。

（二）协同育人合力不足

研究生导师育人工作主要通过教学科研开展，而辅导员育人工作主要通过日常管理、组织活动、心理辅导开展。两者在实际工作中缺乏资源共享，使二者的合力作用未得到充分发挥，各自优势未能有效展现。研究生导师应了解研究生的思想状况，关心学生成长，引导其解决学习的困难。但研究生导师往往需要承担繁重的教学科研任务，有些还兼任行政职务，时间和精力极为有限，特别是理工科教师，对思政教育工作的方式方法不熟悉。辅导员要引导学生树立正确的世界观、人生观、价值观，及时回应学生关心的热点、焦点问题。研究生导师和研究生辅导员对研究生进行思政教育的职责存在"公共部分"，但在实际工作中未发挥这部分的合力。

（三）协同育人制度不健全

制度是研究生导师和研究生辅导员协同育人效果的保障。[4]但有些高校的相关规章制度不健全，如考核制度、激励制度等不完善，对研究生导师的考核以论文、课题等级和数量为重点，忽视了导师对研究生的思政教育内容的考核。有些研究生出现学术不端或学术失德的情况，但并不影响其研究生导师的招生指标和考核。对辅导员的考核缺少对其联系导师进行研究生思政教育的激励机制。辅导员和导师相互之间不主动沟通、未共同发挥作用，导

致研究生导师不能融入辅导员的学生管理工作中,辅导员也无法融入研究生导师的科研教学环节。没有相应的制度保障,二者也就难以合力发挥育人作用。

三、研究生导师和辅导员协同育人机制的构建

(一)明确培养目标,凝聚育人合力

高校应始终坚持以立德树人为中心任务,培养社会主义建设者和接班人。研究生导师和辅导员是思政教育工作中最重要的两股力量。高校要加强统筹规划,根据研究生群体的特点,针对思政工作问题,发挥二者合力。研究生导师和辅导员在研究生的培养中有着共同的育人目标,即围绕人才培养目标开展科研教学及思政教育工作,这对研究生成长成才有着重要作用。

(二)建立双向沟通机制,发挥育人合力

高校应建立研究生导师和辅导员双向沟通机制,采用线上、线下结合的工作方法,真正形成协同育人、联动运行的良好机制。研究生导师与辅导员要及时、经常和连续地沟通,全面掌握学生在思政教育、日常管理、专业学习方面的动态,及时帮助研究生解决生活、学习上的问题。辅导员应利用党支部、研究生会、学生干部队伍等组织,以各级各类第二课堂活动为载体开展工作,根据研究生培养的特点,形成一年级主要由辅导员主导、研究生导师配合,后两年由研究生导师主导、辅导员配合的思政教育工作模式,有效推进思政教育工作的开展。研究生导师主要应依托课堂教学和科研指导的平台,在教学和科研指导的过程中开展思政教育,提升学生的综合素质,将课程育人与科研育人相结合。二者的育人方式优势互补,形成合力,成为学生思想政治的引路人,将共同促进研究生的全面发展。

(三)完善制度建设,保障育人合力有效性

一方面,高校要完善研究生导师和研究生辅导员的考核制度。研究生导师的科研水平及其对研究生的思政教育工作都要纳入考核机制。辅导员的日常管理和联系研究生导师共同参与思政教育的工作也要纳入考核机制。考核机制能充分调动研究生导师和辅导员的工作积极性,对发挥二者的育人合力具有保障作用,将使二者从被动参与转化为主动参加。另一方面,高校要完

善激励制度。研究生导师是研究生培养的首要责任人,学校可以将研究生导师的思政教育工作作为重要内容纳入激励机制,鼓励研究生导师积极、主动地履行其对研究生思政教育的责任。高校可记录并公开研究生导师对研究生的思想状况、学术道德等方面的了解,促进研究生导师自觉育人。在年度考核中,对优秀的研究生导师,高校可以在研究生名额分配、职称评定等方面给予优先考虑。同时,对优秀的辅导员,高校在岗位晋升等方面也应该予以优先考虑。

参考文献

[1] 中华人民共和国教育部. 教育部关于进一步加强和改进研究生思想政治教育的若干意见［EB/OL］.（2010－11－17）.［2019－12－01］http://www.moe.gov.cn/srcsite/A12/moe _1407/s6875/201011/t20101117_142974.html.

[2] 中华人民共和国教育部. 普通高等学校辅导员队伍建设规定［EB/OL］.（2017－09－29）［2019－12－01］. http://www.moe.gov.cn/srcsite/A02/s5911/moe_621/201709/t20170929_315781.html.

[3] 蔡茂华,李尚蒲. 研究生导师与辅导员合力育人机制的构建［J］. 研究生教育研究,2012（4）:44－48.

[4] 张印兰. 研究生辅导员与导师合力育人的困境及机制探析［J］. 科教文汇,2013（3）:34－35.

"青马工程"实施背景下高校学生骨干培育路径探析[*]

杨果 黎琳 麦志伟

摘要：高校学生骨干是大学生中的典型代表，是学生自治的主力军，也是"青年马克思主义者培养工程"的主要培育对象。为了更好地推进"青马工程"，发挥其对高校学生骨干培育的重要作用，本文主要采取文献研究和调查研究的方法，对"青马工程"实施背景下高校学生骨干培育的重要意义、现状进行剖析，进而从格局、策略和机制等方面探讨培育路径，以期提升高校学生骨干培育的科学性、系统性和有效性。

关键词：高校学生骨干；"青马工程"；培育路径

为全面贯彻党的教育方针，推进落实立德树人根本任务，加强对学生骨干的培育，使他们成长为德智体美劳全面发展的社会主义建设者和接班人，共青团中央启动了"青年马克思主义者培养工程"（以下简称"青马工程"），以此提升学生骨干的能力素质，推动高校学生骨干队伍建设。历时10余载，"青马工程"坚定为党的事业和队伍输送新鲜血液的政治站位，育英才百万，已成为共青团组织彰显政治性特征、聚焦思想政治引领主责主业的重要工作品牌。[1]

中国共产党自成立之日起，就高度重视青年工作。"青年兴则国家兴，青年强则国家强。"习近平总书记也多次寄语青年，对青年工作提出要求。"培养担当民族复兴大任的时代新人"，是习近平总书记从党和国家事业发展全局的战略高度，就"培养什么样的人"这一问题提出的战略任务。而"青马工程"在青年大学生培根铸魂、强化理论武装、坚定理想信念、促进成长成才等方面发挥了重大作用，取得了积极成效。因此，高校要贯彻落实习近平总书记关于青年工作的重要思想，深化推进"青马工程"，以培养"青年马克思主义者"的高度，做好学生骨干的培育工作。

---

[*] 本文在2021年广东高校思想政治工作优秀论文征集活动中获评二等奖。

"青马工程"实施背景下高校学生骨干培育路径探析

一、实施"青马工程"是高校学生骨干培育的战略需要

以"青马工程"为依托，坚持"五育"并举，选优育优，树立榜样力量，对于加强新时代高校学生骨干的培育工作具有重要意义。

从大学生群体的特点来看，实施"青马工程"，加强学生骨干培育是人才培养的迫切需要。立德树人是人才培养的根本任务，而大学生骨干培育是高校人才培养的重要组成部分，是一项系统工程。习近平总书记曾指出："青年是整个社会力量中最积极、最有生气的力量，国家的希望在青年，民族的未来在青年。"[2]"青年人正处于学习的黄金时期，应该把学习作为首要任务，作为一种责任、一种追求、一种生活方式。"[3]学生骨干是青年大学生中的典型代表，是高校学生工作队伍的重要组成部分，既是推动大学生自治的先锋模范，又是搭建在学校与学生之间的桥梁纽带。新时代高校学生骨干的特点表现在许多方面，其中主要包括：思想趋于成熟，目标逐渐明确，但责任感与功利心并存；思维开阔，个性鲜明，但团体合作意识较为薄弱；敢于展示自我，但榜样作用发挥不充分；善于学习，有较强的认知能力，但理论知识有待提升。然而，大学生骨干在"青马工程"实施的进程中，理论和实践都能够得到很好的锻炼和培养，既保证了"青马工程"的顺利实施，同时也实现了自身的全面发展。

从国家及社会发展形势来看，实施"青马工程"，培育青年马克思主义者是高校的重要使命。习近平总书记指出："马克思主义是我们立党立国的根本指导思想，是我们党的灵魂和旗帜。"[4]"中国共产党为什么能，中国特色社会主义为什么好，归根到底是因为马克思主义行！"然而，随着改革开放全面深化、社会主义市场经济不断发展，特别是在经济全球化、社会信息化、文化多样化的时代背景下，我国社会各个层面发生了深刻变化，国外一些企图遏制中国的势力，与我们争夺青年的斗争日益激烈。在这样的形势和条件下，迫切需要将学生骨干的理论学习做好，必须旗帜鲜明地指引青年学生树立马克思主义信仰、共产主义远大理想及中国特色社会主义共同理想。高校推进"青马工程"，是广泛培养高校青年马克思主义者和学生骨干的重要途径，将"青马工程"作为一项重要的铸魂育人工作来抓，既能扩大这一工程的受众面，也能广泛地培养立场坚定的党团骨干。

从实施"青马工程"的意义来看，其为大学生骨干培育注入了新的内涵，提供了优质的平台。首先是提出了新的大学生骨干培养范畴，即各级各

类学生骨干、学生社团骨干、学生党员和入党积极分子、理论学习骨干及在学术科技、文化体育等方面成绩突出的优秀学生；其次是提出了新的大学生骨干培养目标，即要把大学生骨干培养成为青年马克思主义者；最后是提出了新的大学生骨干培养要求，构建校、院两级培养的工作格局，分工负责，分层实施，通过理论学习、实践锻炼、志愿服务、对外交流、课题研究等环节，各高校校级团学组织每年对本校主要学生骨干进行不少于200人次的轮训，院级团学组织对班级主要学生骨干进行轮训。[5]正是因为"青马工程"的多方面发力，高校学生骨干培养工作才能持续稳定向前发展。

二、"青马工程"实施背景下高校学生骨干培育的现状

近年来，各高校纷纷结合自己的办学特色和学生特点开展培育活动，推动"青马工程"在多个领域中开展，积累了许多宝贵经验。本文通过问卷调查，对"青马工程"实施的基本情况，及其对学生骨干的影响作用等方面进行分析，把握"青马工程"实施背景下高校学生骨干培育的现状，以期更有针对性地探讨高校学生骨干培育路径。

本研究对全国高校1000名学生进行了问卷调查，共回收有效问卷975份。为进行对比分析，选取了参加过"青马工程"或大学生骨干培训班的大学生和没有参加过的大学生两类样本，并侧重调研了参加过的大学生，其中，显示参加过"青马工程"或大学生骨干培训班的有621人，占总有效样本量的63.69%。这部分学生中，参加"青马工程"时的培养层次大多为本科，达511人，占比为82.82%；其次为硕士、博士研究生，占比为9.56%；专科生占比为6.97%。其中，有476人参加"青马工程"时担任学生骨干，占比为76.65%；有145人未担任学生骨干，占比为23.35%。（如图1、图2所示）由此可见"青马工程"主要面向学生骨干。

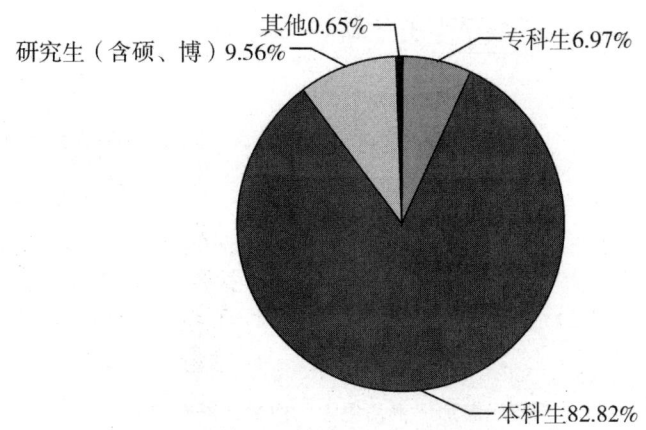

图1 参加"青马工程"时的学历情况

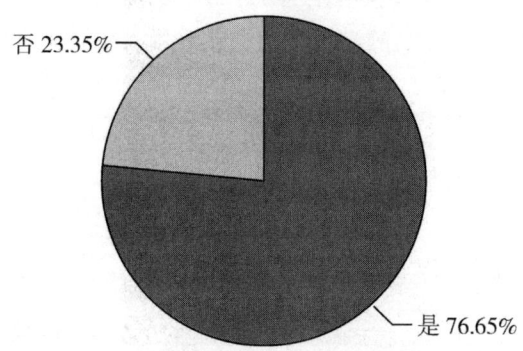

图2 参加"青马工程"时担任学生骨干的情况

关于参加"青马工程"时的政治面貌（如图3所示），调查结果显示，共青团员最多，有367人，占比为59.1%；中共党员（含预备党员）有224人，占比为36.07%；群众及其他占比不到5%。由此可见，共青团员和党员是"青马工程"培养的主体，也是学生骨干主体，这是"青马工程"的题中应有之义。

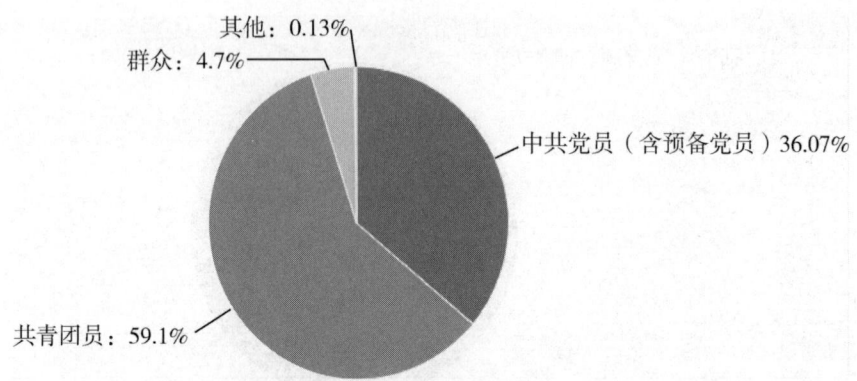

图3 参加"青马工程"时的政治面貌情况

关于参加过的"青马工程"的最高层级(如图4所示),调查结果显示,最高为院级的有124人,占比为19.97%;最高为校级的达339人,占比为54.59%;最高为省级的有111人,占比为17.87%;最高为全国级的有47人,占比为7.57%。校级至全国级呈递减趋势,而院级占比较少,由此可见,院级"青马工程"实施力度不足,校、院两级学生骨干培养尚未做好有效衔接。

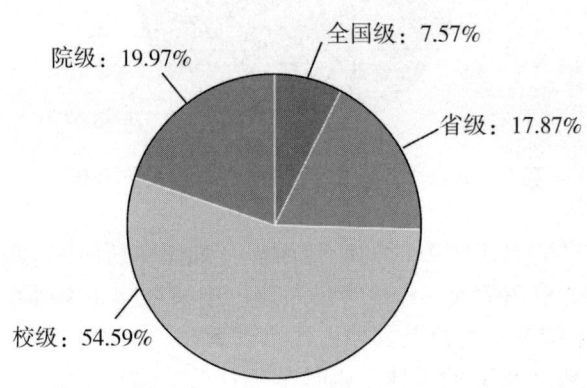

图4 参加过的"青马工程"的最高层级情况

关于培养内容,参加过"青马工程"或大学生骨干培训班的学生普遍选择了"马克思主义的基本理论""中国特色社会主义相关理论""党史""新中国史""改革开放史""社会主义发展史""党的路线、方针和政策""革命传统精神""爱国主义精神"(如图5所示),其中,"爱国主义精神"

和"中国特色社会主义相关理论"所占比例最高，分别达 97.75% 和 96.14%。关于培养形式，调查结果显示，最普遍且位列前三的包括"专题讲座""参观红色展览""参观爱国主义教育基地"（如图6所示），其所占比例分别为 93.56%、84.38%、83.57%。

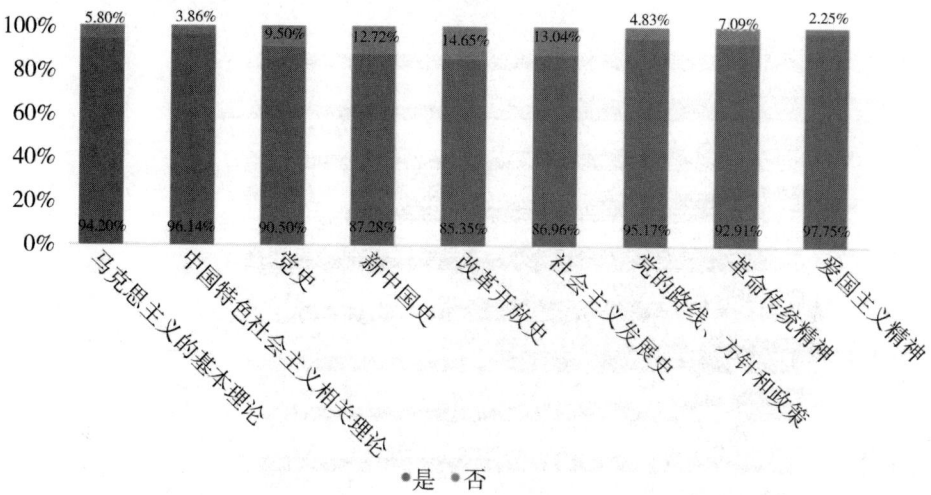

图5 在"青马工程"的培养过程中，是否进行过以上内容的学习

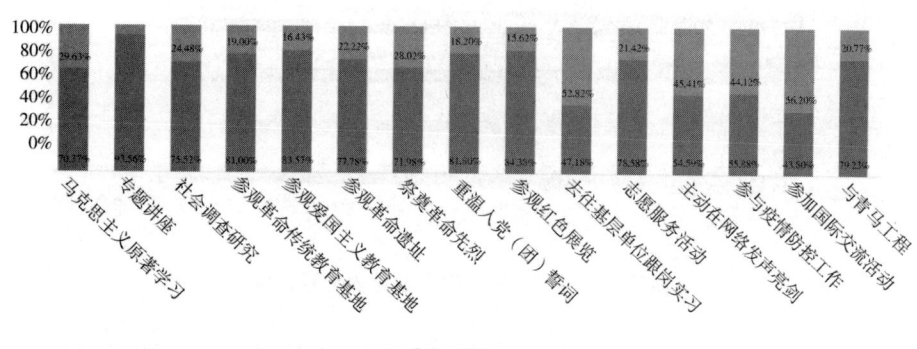

图6 在"青马工程"的培养过程中，是否参加过以上形式的活动

如图7所示，在"青马工程"培养过程的评价中，对学员的选拔方式、学员的人数设置、授课教师队伍、集中学习阶段的培养内容、集中学习阶段的培养方式、非集中学习阶段的培养内容、非集中学习阶段的培养方式、导师制培养方式、学分制培养方式、课程作业设置、结业考核方式、定期跟踪

回访、建立学员档案、优秀学员表彰、衔接培养工作等选项分别设定 1～5 分的满意度评价。其中，学生对"授课教师队伍""集中学习阶段的培养内容""学员的选拔方式"三项指标的满意度最高，对定期跟踪回访"导师制培养方式""学分制培养方式""课程作业设置"四项的满意度最低。

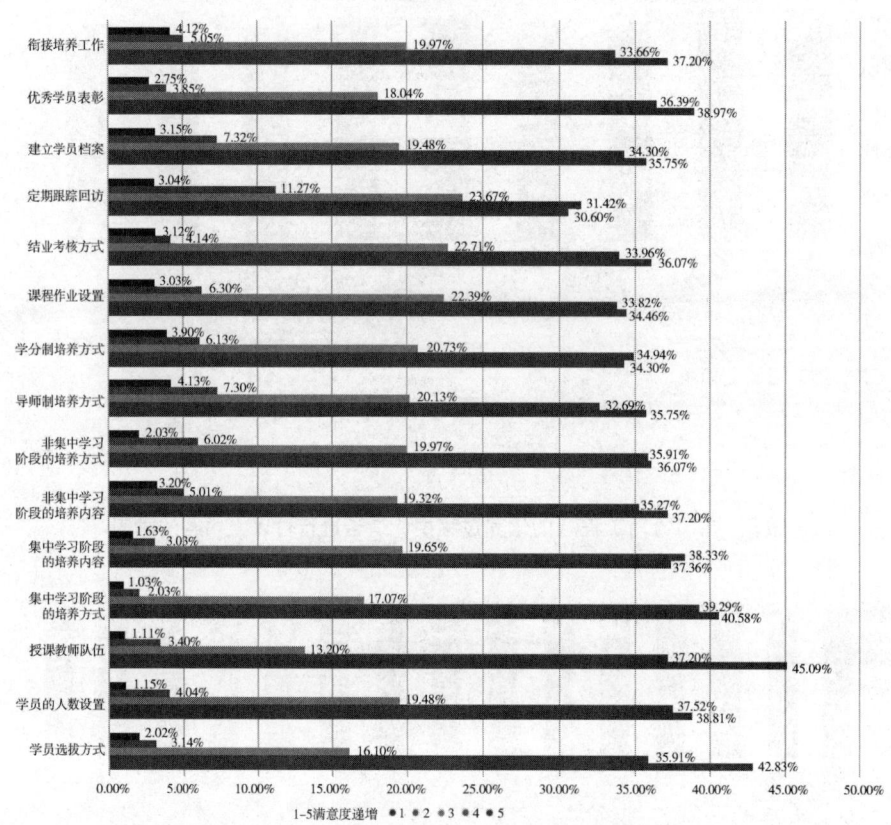

图7　对于"青马工程"的培养过程评价

如图 8 所示，对于"青马工程"的培养结果评价中，大家普遍认为"青马工程"属于思想政治教育工作的重要组成部分，在其中发挥了重要作用；属于共青团工作的重要组成部分，在共青团思想引领中发挥了重要作用；属于青年培养工作的重要组成部分，在青年骨干培养中发挥了重要作用。其中，对于"'青马工程'属于青年培养工作的重要组成部分"的评价中，评分为 5 分的占 51.69%；对"在青年骨干培养中发挥了重要作用"的评价中，评分为 5 分的占 52.98%，在所有选项中评分最高。由此可见，大家对"青马工程"在学生骨干培养中的作用广泛认可。

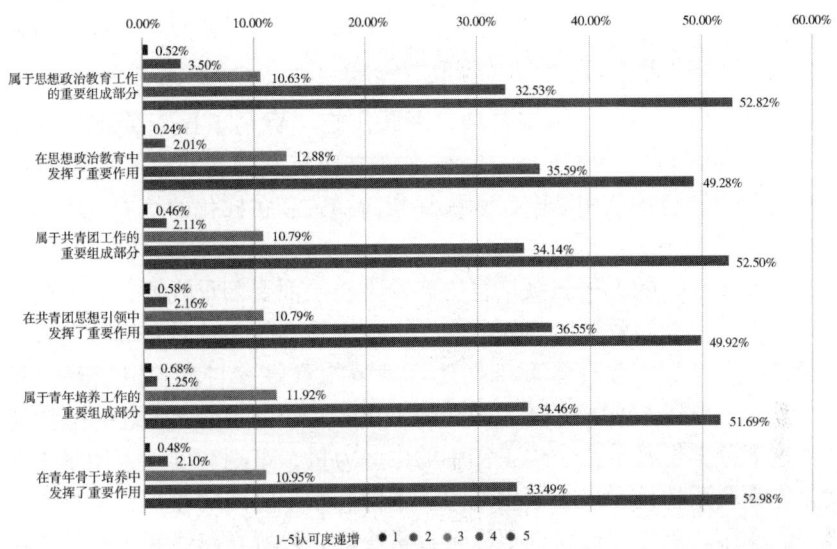

图8 对于"青马工程"的培养结果评价

而在未参加过"青马工程"或大学生骨干培训班的354位问卷调查对象中，认为身边的"青马工程"学员对自己有积极影响的占比达60.23%，不清楚是否有影响的占比为26.14%；更有75.1%的学生表示如果有机会参加"青马工程"，愿意成为"青马工程"的学员，其中大多数是为了坚定理想信念、提高政治理论水平、提高思想道德水平、提高社会实践能力。

由此可见，通过实施"青马工程"，高校采用强化理论武装、加强社会实践、注重创新培养、促进全面发展等多方位培育手段，学生骨干培养取得了显著的成效。但是当前大学生骨干培养仍存在亟待改进之处，如重视程度不够均衡，培育格局不够系统，教育内容有待完善，教育形式有待丰富，规范化水平不高，跟踪培养机制不够健全等。

三、"青马工程"实施背景下高校学生骨干培育路径

基于上述现状分析，"青马工程"实施对于高校学生骨干培育具有重要的积极作用，但尚存在一定的不足。在学生骨干培育过程中，我们既要继续发扬"青马工程"的积极作用，坚持已有的成熟有效的做法，夯实成效，

更要努力改进,补齐短板,进一步探索学生骨干培育的格局、策略、机制等,进而加强高校学生骨干培育的实效性。

(一)构建阶梯式多样化培育格局

学生骨干层次多样、结构复杂,因此实施"青马工程"要把握并尊重规律,面对在认知、情感、意志、行为等方面有不同层次、不同特点的学生,要坚持规划与特色相结合,积极探索阶梯式和多样化的培养内容、方式及机制等。

一是设计校、院、班三级培育内容。学校层面要侧重规划,导方向、把全局,以理论素养和管理能力培养为主。校级培训的对象是各级学生骨干中的关键少数,是学生教育管理工作建言献策的重要参与者,担当着"领头羊"的角色。学院层面培训要注重特色、联系实际,以培育组织协调能力为主,这部分学生骨干是学生工作中的中坚力量,策划和推动了团学工作的开展,作为联系学校和班级学生之间、老师和学生之间的纽带,发挥着为学生服务的作用。班级层面培训要注重日常管理,以群众路线和工作的方法与艺术为主。班级学生骨干直接面对广大学生,是学校教育管理的最基本单位,是服务学生、联系学生的最终抓手,是实现学生自我管理、自我教育的主体,因此需要较为具体化的指导。

二是实施高、中、基层三阶分类指导。对校级层面主要学生骨干要重点培育,既要全过程指导,又要挖掘其潜力,发挥其主体作用,在"青马工程"的培养目标基础上,优中选优、高要求、严标准,起到模范带头作用;对处于中坚力量的院系学生骨干要分阶段培养,分类指导,发现并分析他们的优缺点、长短处,加以引导,扬长补短,发挥其承上启下的联结作用;对面向最基层的班级学生骨干要关心爱护,悉心培养,通过培训锻炼、实操实践、一对一指导等具体措施,深入细致地实施有计划、有针对性的培养。[6]同时,还要加强各级学生骨干之间的交流互动,让阶梯式分类指导贯穿起来,形成全链条的培养氛围。

三是推进党团班一体化培育机制。"青马工程"在坚持党的领导下,由各级团组织来具体实施,而各类学生组织又是在团组织的指导下开展工作,因此,高校应该构建党团班三级联动的骨干培养机制。党组织的建设工作带动团组织的建设,团组织的建设则指引学生组织的建设工作。"青马工程"作为高校党组织工作的重点任务之一,校、院团组织应在接受党组织的领导和要求的基础上,重点做好"青马工程"具体的培养工作,并指导各类学生组织开展相应的学习教育活动。此外，高校推行并实施"青马工程"，将党员教育和入党积极分子的培养工作与"青马工程"紧密结合，巩固"推优入党"工作，逐步形成双向培养模式。[7]实行党团班一体化培育，既注重在学生党员和入党积极分子中培养选拔学生骨干，又注重推荐优秀学生骨干作为入党积极分子，这对高校党建工作的顺利推进也有着极其重要的意义。

（二）制定知行研合一的培育策略

知行合一是优秀学生骨干必备的品质之一，也是"青马工程"实施过程中必要的原则方法。根据《关于深入实施青年马克思主义者培养工程的意见》，要确定完善的培养内容，扩展理论学习、实践锻炼、课题研究等形式，不断促进学生骨干的发展进步。

理论武装是"青马工程"实施背景下学生骨干培育的坚实基础。坚持用马克思主义科学理论武装学员头脑，从而指导实践，是"青马工程"的一贯举措，也是一条宝贵的经验。通过理论学习，引导学员读原著、学原文、悟原理，帮助学员加深对马克思主义经典著作、党的创新理论等的理解，学深悟透习近平新时代中国特色社会主义思想，掌握马克思主义的立场、观点和方法，提升理论素养，从而进一步坚定政治立场。要培育一批理想信念坚定、理论素养扎实的青年马克思主义者，还要不断创新理论学习的方式和载体，以"青马工程"为平台，以党团组织为依托，建立青马学堂、马克思主义学习小组、党章党史学习小组等，通过自学和集中学习，组织专题辅导和讲座论坛，拓展理论学习的宽度、深度和广度，夯实学生骨干的理论基础。

实践锻炼是"青马工程"实施背景下学生骨干培育的主干环节。社会实践是学生骨干深入社会、服务群众、促进协作、提高社会化能力的重要途径，也是检验培育成效的重要方式。马克思主义实践观认为，实践是认识的来源。因此，对学生骨干的培养教育要坚持"实践第一"的原则，让青春在火热实践中绽放绚丽之花。一方面，要坚持从实践中来与到实践中去，有组织、有计划地鼓励学生骨干到基层加强锻炼，深化群众观点和群众路线，帮助学员深入了解国家治理体系建设和基层实际，增长才干，奉献社会，锤炼品格，增强学生骨干的社会责任感。另一方面，坚持在实践中深化认识、提升认识、发展认识，分层次地组织学生骨干参与各类服务性实践劳动、专业实践劳动以及创新创业类实践劳动等，帮助他们在实践中解决困惑，在困惑中加强学习，在解决实际问题的同时解决思想问题，促进思想进步。

课题研究是"青马工程"实施背景下学生骨干培育的有效途径，不仅

是对理论学习和实践锻炼的延伸和升华，也是培育高校学生骨干综合素质的有力抓手和重要途径。学生骨干的培育要从知识性学习向研究性学习拓展，院校应搭建科研训练平台，给予相应的支持，配备指导老师，组建项目研究团队。通过提供选择，开拓思维，引导学生骨干关注时事政治，运用所学所思所悟，结合专业知识、理论素养和实践锻炼，围绕青年成长成才、社会热点问题、创新创业实践等主题开展科学研究，以提高自身发现问题、分析问题、解决问题的能力，锻炼创新创造能力，促进全面发展。[8]

（三）健全选育用管全链条培育机制

一是严格选拔和科学考评相结合，循序渐进做好大学生骨干培育工作。学生骨干作为学生中模范引领作用的代表，应该严把选拔关，公平、公开、公正地选拔有意愿、有潜力、有担当的学生来胜任，并且将其纳入"青马工程"的重点培育对象，使之锻炼成一支思想先进、政治可靠、学习优异、综合素质较高的学生队伍。与此同时，通过制定任期目标责任制、述职评议办法等考核管理规定，建立学生骨干培育工作台账，多层次、全方位地考察学生骨干的综合表现，记录其成长情况和培育进展，促进学生骨干学深悟透、实干笃行、乐于奉献，形成有序、有效、可持续的人才培养过程。

二是优化资源和保障落地相结合，立足长远做好大学生骨干培育工作。为了使学生骨干培育工作能够真正落地，更好地实现学生骨干自我发展，发挥朋辈育人实效，就要创造条件，有计划、有针对性地重点开展培育工作。一方面，要根据学生骨干的综合表现，在党员发展、评奖评优、实践实习、择业就业创业、选拔竞赛等环节中做好学生骨干的指导和推荐工作，树立先进典型。另一方面，要创造机会选拔学生骨干进入各个行业领域、基层单位实践实习，为学生骨干的发展整合资源、创造条件，搭建校内外衔接培育的渠道。[9]此外，在校友工作中，要将学生骨干纳入重点联系人群，使学生骨干团结在学校事业发展周围，实现"选育用管"相结合，为青年骨干的接续培养与发展提供更广阔的平台和机遇。

参考文献

[1] 提质扩面：新时代"青马"踏响信仰最强音［J］.中国共青团，2020（14）：25.

[2] 习近平.习近平谈治国理政：第三卷［M］.北京：外文出版社，2020：333.

[3] 习近平. 习近平谈治国理政：第一卷［M］. 北京：外文出版社，2018：51.

[4] 习近平. 在庆祝中国共产党成立 100 周年大会上的讲话［N］. 人民日报，2021 – 07 – 02（02）.

[5]"青年马克思主义者培养工程"实施纲要［J］. 中国共青团，2008（4）：6 – 9.

[6] 林博峰. 谈"青马工程"实施背景下的大学生骨干培养工作［J］. 齐齐哈尔大学学报（哲学社会科学版），2010（2）：146 – 148.

[7] 唐海标. 浅谈青马工程实施背景下的高校党团骨干培养工作［J］. 才智，2016（16）：141.

[8] 王超，杨东杰，张颖. 当代高校学生干部培养的创新路径［J］. 文学教育（中），2012（10）：26 – 28.

[9] 团四川省委. 坚持"选育用"相结合　深入实施"青年马克思主义者培养工程"［J］. 中国共青团，2020（14）：32 – 33.

如何在教师评价中融入思政元素

——以地质学专业为例*

黄荣　郑文俊　王伟涛

摘要： 思想政治教育工作是高校各项工作的生命线，教师评价是促进教师队伍高质量发展的必由之路。针对高校开展思政教育与教师评价中出现的系列问题，高校应当充分肯定在教师评价中融入思政元素的积极意义。本文以地质学专业为例，探索在教师评价的内容中增加思政元素的做法，包括开展课程思政、参与思政专题课程、工作与活动、在专业活动中开展思政教育等方面，并通过多主体和多角度融入评价的全过程。在教师评价结果中，不仅要增加教师参与思政工作的专项总结，还需提出具体的改进建议。为了保障教师评价与思政教育能高效融合，一要从体制机制上引导教师重视思政工作，二要多提供教师参与思政工作的机会，三要减轻教师参与思政工作之外的顾虑。

关键词： 教师评价；思政元素；地质学专业

开展思政教育是高校实现高质量发展的必由路径，思政工作是高校各项工作的生命线。于高校而言，其立身之本在于立德树人，为此离不开一支政治素质过硬、育人水平高超的高素质教师队伍。合理运用教师评价，融入思政元素，能实现教师的有效管理并促进其能力发展，进而保障教育质量。因此，通过改革教师评价机制来融入思政元素，提高教师队伍的水平，同时增强思政教育的实效，是如今高校教育改革不可疏忽的一点。

一、高校开展思政教育与教师评价的现存问题

习近平总书记强调："要坚持把思想政治工作贯穿教育教学全过程，实现全程育人、全方位育人，努力开创我国高等教育事业发展新局面。"[1] 思

＊ 本文在2023年广东省教育厅教育评价改革主题征文活动中获评三等奖。

想政治教育是解决人的思想、观点、政治立场等问题，提高人的思想觉悟的工作。[2] 由此可见，思政教育对于高校的重要性非同一般。然而，目前高校在一定程度上对思政教育的重要性认识不到位、课堂效果难以保障、教师质量与评价体系存在短板。[3] 思政教育的内容出现了功利化、游离化、智育化、强制化的倾向，内容设计过于理想化，缺乏稳定性、时代感与层次性，[4] 直接影响了高校开展思政教育的实际效果。针对地质学专业学生对专业认知存在误区、学习与从业积极性较低等问题，亟须通过思政教育来塑造崇高的思想品德与扎实的专业素养。

教师评价主要考核教师的专业理念与师德、专业知识、教学能力与业绩等，其最终目的在于给予学生最好的教育。客观、公正而完善的教师评价对于提升教学质量、规范课堂教学模式、推进教育改革具有特别重要的意义。然而，目前高校的教师评价指标缺乏课程思政特色、评价主体缺失教师自我、评价时间存在固定性和滞后性、评价激励机制缺少实际操作等。[5] 评教内容体系单一，不能系统反馈问题；学生评教敷衍随意，不能反映真实问题；评价反馈结果不能及时落实，无法评判教学质量的高低。[6] 上述问题影响了"以评促教"的实际效果。地质学属于偏冷门专业且教师大部分时间在野外工作。教师评价主要针对地质知识的传播能力、野外技能的教授能力和科学研究的开展水平，普遍缺乏对其参与思政工作的考核。

作为高校日常两大重要工作内容——思政教育与教师评价并未实现有效融合，具体表现为教师评价体系中较少考核其参与思政工作情况，思政元素未能纳入教师的绩效考核、评优奖励等指标体系中。即便有也较多停留在"是否参加"的层面上，缺乏对参与过程和结果的综合评价，缺乏对教学内容、手段和方法的科学设计，所以起不到以思政教育工作促进教师整体水平提升的实效。

二、在教师评价中融入思政元素的意义

如果可以充分发挥教师的育人主体作用，提升其对思政教育的重视程度，无疑能提高教师的思政工作水平和能力，进而对思政教育产生推动作用。因此，高校应当改革教师评价指挥棒，融入思政元素，将教师参与思政工作的情况与其评价结果挂钩，对教师参与思政工作产生一定的约束和激励效果，具体表现在如下四个方面。

第一，在开展课程思政、参与思政教育活动的过程中，无论是培训还是

从备课到授课，教师自身的思想政治水平和教育能力可以得到有效的提升，以身示范，增强"育人先育己"的自觉，并通过融入专业课堂教学、第二课堂活动，对学生产生积极的影响；第二，教师与学生日常交流密切，了解学生的所思所想，且学生对于教师普遍存在敬仰之心，依托教师来开展思政工作，能够拓宽专业教学与思政育人相结合的路径，充分发挥教师作为育人主体的作用，实现专业知识传授与价值引领的协同发展；第三，把对思政工作的要求体现在教师评价体系中，有助于从体制机制上对教师形成一定的约束力，比如把课程思政作为开课的硬性要求、把参与思政活动作为日常教学工作量的一部分，均能对教师产生一定的约束力，敦促其重视开展并深度参与思政工作；第四，对于积极参与思政教育的教师，在职务聘任、职称晋升、评优评奖、年度考核中给予政策上的倾斜，对依托思政教育工作产出包括论文、项目在内的高水平成果的，予以奖励，有助于提升其对思政工作的积极性，强化凝心铸魂的使命担当。

三、在教师评价内容中增加思政元素

思政教育的内容主要包括爱国主义、集体主义、社会主义、理想、道德、纪律、法制、国防和民族团结等。其相关思政元素可以在教师评价改革中予以加入，考核教师是否在本专业课程、思政专题课程、工作及活动中加入相关教学内容，是否引导学生对相关思政内容展开讨论和思考等。

（一）增加针对教师开展课程思政的评价

对能够在本专业课程中开展课程思政的地质学教师，应当在评价中给予加分，具体分室内理论课程和野外实践课程两种场所考核。在室内理论课程中，重点考察教师是否充分挖掘了与课程相关的思政元素，加入了对专业先进人物、事迹和精神的讲解，使得学生能够在提高专业学识的同时，提升对专业的热情、信心与归属感。在野外实践课程中，重点考察教师是否结合地方特色，融入红色革命、脱贫攻坚、西部大开发等与时代发展相关的思政元素，包括在野外实践当中开设思政课、带领学生参观红色教育基地、新农村建设试点等。通过室内理论学习与野外实践应用，考察教师对思政元素的挖掘与应用程度。此外，还可以考察教师是否在课程思政的方案设计、理论研究等方面有相关成果产出。

（二）增加针对教师参与思政专题课程、工作与活动的评价

对积极参与思想政治教育活动的教师，应当在评价中给予加分。思政教育活动的范畴比较广：首先是思想政治专题课程，一般由思政专业的教师上课，在此方面可以考核教师是否参与思政专业课程设计、加强思政与本专业融合、有创新成果产出等；其次，可以考核教师兼任辅导员、班主任、学生社团指导老师等思政岗位的情况，是否在学生培养的各个关键阶段，以讲座、面对面交流等形式来疏导学生可能存在的思想和心理障碍，对其学习、就业和生活等给予充分的指导；最后，可以考核教师是否积极参与党团活动，特别是专题学习、主题教育等，并在参与过程中认真总结、分享收获。

（三）增加针对教师在专业活动中开展思政教育的评价

对能够积极在专业活动中开展思政教育的教师，应当在评价中给予加分。以地质学专业为例，专业活动主要包括：担任博物馆讲解员，为学生及院外访客讲述地球科学相关知识，增强业界对专业的认识和支持；担任仪器设备使用培训员，在教导师生使用专业设备的同时，引导其培养技术特长、增强专业发展自信，更好地服务专业发展。因此，可以考虑将教师参与博物馆讲解、参与科研与教学实验室建设（包括仪器使用培训、调试和管理等）的时间投入折算成教学工作量，如果融入思政元素则乘以加倍系数，纳入教师评价体系中。

四、在教师评价过程中融入思政元素

教师评价具有多主体、多角度、全过程等特点，应当尽量覆盖教师成长的全周期，循序渐进，针对课程及活动的特点来动态调整评价内容，巧妙地将思政元素融入其中。在此过程中，应注意不可一蹴而就，要建立动态监测与实时调整相结合的评价机制。

（一）多主体参与思政评价

教学质量评价中存在多个主体，包括教师、学生、督导专家、教学管理者等。[7] 不同的评价主体有不同的视角和层次，只有将之充分结合才能够达到全面评价的效果。教师的自我评价是一个增强自我认知、不断提高思政工作能力的过程，因此需充分发挥教师的主观能动性来评价自身的思政水平；

学生是教育的接受方,其评价能直接反映教师的教学成效,要重视通过问卷调查、面对面访谈等形式,了解学生对于教师的整体评价,并从侧面了解学生是否得到了价值引领;督导专家和教学管理部门主要发挥监督的功能,从教学内容、方式方法等方面评价教师是否充分、有效开展思政活动。值得一提的是,还可以邀请思政教育研究的专家共同参与评价。

(二)多角度融入思政评价

从多角度来评价教师对课程思政的开展情况,具体包括:加入何种先进人物和事迹、如何融入介绍当代的伟大思想等;以何种形式增加对思政元素的讨论,是理论为主还是加入实践学习,采用的是案例教学法、探究式教学法、讨论式教学法还是情景模拟教学法,其实效性如何;思政元素的加入是否对专业教学产生了正面的影响;课后学生对思政元素的认知、掌握情况等,对专业发展的看法是否有良性转变、对时代精神的理解如何在行动中体现等。

从多角度来评价教师对思政工作的参与情况,具体包括:如何参与思政岗位的相关工作,有无解答学生关于学习、就业、生活等问题的疑惑;如何依托思政活动来传达学习重要的时代精神、积极向上的价值观念等理论知识;如何以身作则,积极参与并带领学生开展思政实践活动。注重在事前评价教师报名的踊跃程度、在事中评价教师参与的积极程度、在事后评价教师的思政水平提升情况。

(三)全过程开展思政评价

思政教育具有长期性,价值观的培养需持续跟踪。因此,针对教师开展思政工作的评价不应集中在课程或活动结束后开展,而要贯穿人才培养的全过程,这有助于学生及时反馈学习效果、教师及时调整教学方案、管理者及时调整制度体系设计等。在课程及活动的前、中、后期分别设置思政专题评价,在学生入学到毕业的各个关键环节均围绕思政教育展开评价,有助于及时做出对应的培养策略调整,确保思政评价的顺利开展。

五、在教师评价结果中体现思政元素

教师评价结果能反映教师工作水平和能力,是高校师资队伍建设的重要参考。因此,在评价结果中应体现思政元素,针对教师参与思政工作的情况形成具体描述并给予针对性强、可操作性强的建议，才能将以评促改的实效性发挥到最大。

（一）形成教师参与思政工作的专项总结

在针对教师开展的各项评价结果中，应当体现思政元素，包括教师对于思政教育的理解程度、对课程思政的把握程度、对学生德育需求的了解程度等。通过多主体、多角度得到的评价结果大多是分散而不成体系的，不利于教师全面审视自身思政工作能力，及其对自身其他工作的促进意义等。因此，高校应形成对教师参与思政工作的专项和整体评价，指出教师开展相关工作的长处与不足，作为一个重要方面纳入整个教师评价的反馈体系中。

（二）给出教师参与思政工作的具体建议

在形成翔实评价结果的基础上，高校要充分咨询思政专家组的建议，针对教师参与思政工作提出针对性强、可操作性强的建议。针对课程思政点到为止的教师，应当鼓励其多深入其他老师课堂学习、实地考察野外实践沿途教育点，并引导其分享心得和提出好做法；针对不积极参与思政活动的教师，应当多宣讲参与思政工作的好处，以朋辈力量带动其共同参与；针对思政工作与专业课程融合做得好的教师，将其个人作为先进代表推荐到评优平台，将其做法作为先进案例进行分享。

六、促进教师评价与思政教育有效融合的保障

为了保障在教师评价中有效融入思政元素，高校可以从如下三方面开展相关工作，包括从体制机制上引导教师重视思政工作的开展、从各种途径提供教师参加思政工作的机会、开展监督保障措施以减轻教师参与思政工作之外的其他顾虑。

（一）做好顶层设计，从体制机制上引导教师重视思政工作

针对教师对思政工作重视度普遍不充分、精力更多放在学术科研之上的问题，高校应当以教师评价为抓手，做好制度体系的顶层设计，逐步建立考核与激励相结合的评价机制。一要切实在教师评价制度体系中增加思政工作元素和比重，对教师开展思政工作形成一定的约束力；二要认真做好政策宣讲工作，并发挥教学传帮带的作用，促使教师意识到思政工作的重要性并自

觉参与；三是推动"破五唯"和"树四有"同行，坚决在教师评价改革中克服"唯分数、唯升学、唯文凭、唯论文、唯帽子"顽瘴痼疾，倡导教师成为有理想信念、有道德情操、有扎实知识、有仁爱之心的引路人。

（二）做好平台搭建，从各途径提供教师参与思政工作的机会

针对教师不知如何参与思政工作等问题，高校应结合办学特点和工作实际，由小到大、由点及面，多层次提供机会。一是可以适当设立包括青年教师辅导员、班主任在内的岗位等，多为教师创造开展思政工作的平台；二是定期举办思政工作专项交流会或研讨会，提出当前存在的问题，并请在思政工作上有突出表现的教师、思想政治研究领域专家来分享经验；三是加强本专业与思政专业的深度交融，可以考虑开设学科交叉类特色课程，打造名师名课，进一步扩大影响力；四是以思政工作为评选基础，举办"最美教师"等评审活动，给予教师展示自我思政水平和教学能力的平台。

（三）做好监督保障，减轻教师参与思政工作之外的顾虑

针对教师担心过多参与思政工作会影响其科研及教学秩序、参与思政工作无法得到应有的回报等问题，高校应当做好相应保障措施。一是改革体制机制要落地、落实、落细，对积极参与者进行激励，并保证能够给予评优和职务晋升的政策倾斜。对于消极参与或不参与思政工作的教师，可适当削减其绩效，在各类评优晋升中不予推荐；二是从人员、经费、场地、设备等方面给予充分的支持，并从政策上给予指导，同时安排思政专题培训班等，使得教师能够扫除一切后顾之忧，顺利开展思政工作。

七、总结

思政教育与教师评价是高校的两大重要工作，促进二者有机结合对于增强思政教育的实效性、提高教师思政水平与能力、提升高校教育质量有重要的意义。因此，需在教师评价内容中增加开展课程思政以及参与思政专题课程、工作和活动等指标；多主体、多角度、全过程开展教师参与思政工作的评价；形成关于参与思政工作的专项总结，并给出具体建议，则能够在一定程度上实现其相互促进的目的。此外，高校要做好顶层设计、平台搭建和监督保障等方面的措施，在教师评价中有效融入思政元素，进而完成高校立德树人的根本任务，实现高质量、内涵式发展。

参考文献

［1］习近平. 把思想政治工作贯穿教育教学全过程 开创我国高等教育事业发展新局面［N］. 人民日报，2016－12－09（01）.

［2］郑永廷. 把高校思想政治工作贯穿教育教学全过程的若干思考：学习习近平总书记在全国高校思想政治工作会议上的讲话［J］. 思想理论教育，2017（1）：4－9.

［3］李培洋. "立德树人"下高校思政教育的困境与路径分析［J］. 佳木斯职业学院学报，2020，36（1）：9－10.

［4］闵永新. 大学生思想政治教育有效性研究的现状与展望［J］. 思想理论教育导刊，2010（1）：80－87.

［5］谭海林，王亮成，张治坤. 高职院校专业教师课程思政教学能力评价体系构建探析［J］. 中国现代教育装备，2022（11）：162－164.

［6］赵宝江. 借力"课程思政"构建以岗位胜任力为核心的多维度高校教学质量评价新体系［J］. 佳木斯大学社会科学学报，2020，38（2）：173－175，180.

［7］马雷蕾. 高校课堂教学质量评价体系构建［J］. 中国成人教育，2018（21）：93－96.

构建高效导生关系

——导师能力评估、学生沟通类型评估和个人发展计划的综合应用*

李辉雁　肖莉华　匡铭

摘要：我国研究生教育正在朝着内涵式发展的方向迈进，而导师和学生关系直接关系到研究生培养质量。本文旨在探讨综合运用导师能力评估、学生沟通类型评估和个人发展计划制定的方法，以构建高效的导生关系。首先，介绍了导师胜任力评价量表。该量表评估导师在保持有效沟通、建立一致的预期和目标、评估学生、培养独立性、尊重多样性和促进学生的职业发展六个能力维度上的表现，帮助导师了解自己并进行科学的能力评估。其次，根据有效沟通方式量表，将研究生分为思考型、行动型、支援型和创造型四种类型。最后，在深入了解导师胜任力和学生沟通类型的基础上，介绍了导师和学生共同制订学生个人发展计划的方法。通过制订个人发展计划，导师和学生能够明确共同目标，并在研究生教育中进行有效的学术和职业生涯规划和指导。综合运用以上策略，能够提升导师的胜任力，促进研究生的成长发展。

关键词：研究生导师；导师胜任力评价；沟通类型；个人发展计划

研究生导师与学生（以下简称"导生"）之间的关系是一种相互信任、合作和支持的紧密联系，这种关系的建立和维护对于研究生的成长与发展至关重要。[1-2]作为研究生培养的第一责任人，研究生导师的素质直接关系到研究生培养的质量，因此构建一支高素质的研究生导师队伍意义重大。[3]然而，在当前的中国研究生教育环境中，许多医学院校的研究生导师在获得指导资格后对如何指导硕士和博士生缺乏清晰的认识。他们通常依靠自己在读研期间获得的指导经验，或者仅仅凭借个人的实践和摸索来指导学生，这无

---

* 本文于2024年2月被《高校医学教学研究（电子版）》接收。

基金项目：本文系中山大学2023年度教学质量与教学改革工程类项目（80000-12220011）、广东省2023年度教育科学规划课题（德育专项）（2023JKDY001）成果。

形中降低了导师指导研究生的效果和质量。[4-5]同时,随着中国研究生教育规模的不断扩大,导师队伍也在不断壮大,导师自身知识结构和素质水平也有待进一步提升。[6]作为医学研究生导师,不仅需要有丰富的专业知识和经验,还需要具备出色的沟通、管理和激励能力。这些能力的提升有利于其与学生建立良好的导生关系,促进学生的学术水平提高。[7]

本文以准确评估和精准教学为原则,通过介绍导师能力评估和学生沟通类型评估的方法,旨在帮助导师全面了解自身的能力和学生的需求,实现知己知彼,进而共同制订学生个人发展计划,并在研究生教育和培养过程中进行高效的规划和指导,从而实现导师育人能力的提升,并推动研究生成长与发展的双赢效果(如图1所示)。

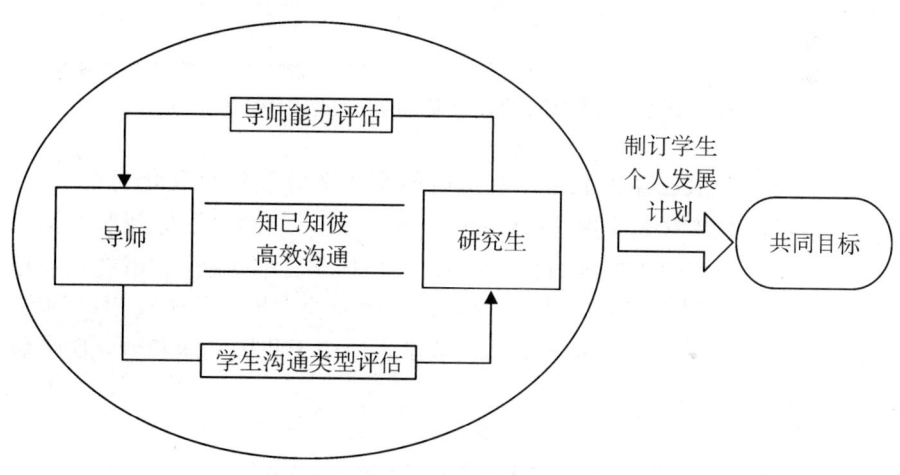

图1 高效的导生关系构建模式

一、了解自己:导师能力评估

建立一支高素质的研究生导师队伍离不开对研究生导师的科学评价。国内相关研究主要采用德尔菲专家咨询法构建研究生导师能力评价指标。[8]本研究引入了美国西北大学医学部临床和转化研究中心于2013年发表的临床和转化医学研究导师胜任力评价量表(Mentoring Competency Assessment,MCA)。[9]该量表旨在帮助研究导师评估自身兼容能力、规划能力、激励能力、评估能力和自省能力五大能力方面的表现(如图2所示),进而促使导师们发现自身的优势和劣势,并有针对性地进行改进和提升。

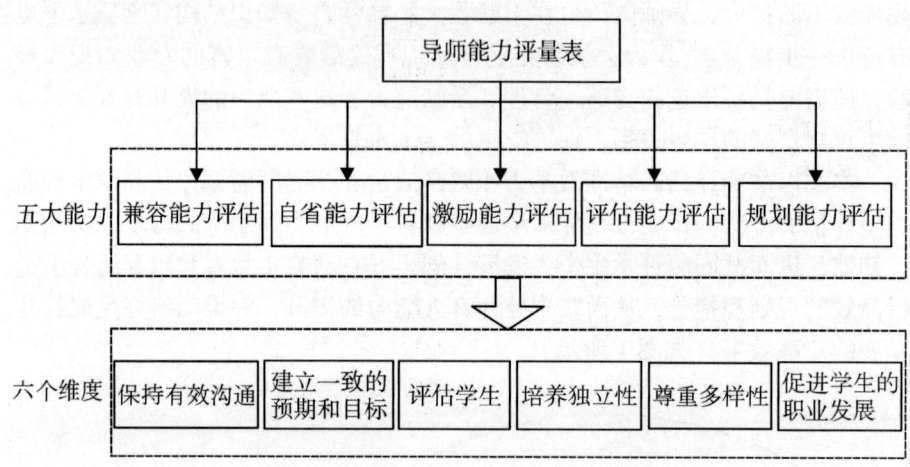

图 2　医学研究导师能力评价量表的五大能力和六大维度

MCA 量表已经由北京协和医院研究团队经授权后汉化为中文版。该中文版包含了共六大维度 26 项条目(见表 1),[10] 涵盖了保持有效沟通(6 项)、建立一致的预期和目标(5 项)、评估学生(3 项)、培养独立性(5 项)、尊重多样性(2 项)以及促进学生的职业发展(5 项)。对该中文版 MCA 进行的信度和效度检验表明,该量表适用于我国临床和转化医学研究导师胜任力的评价。

表 1　MCA 各维度与条目内容(中文版)

维　度	条目内容
保持有效沟通	1. 主动倾听 2. 提供有建设性的反馈 3. 建立基于信任的关系 4. 可识别并适应多种沟通模式 5. 运用策略改善与学生的沟通 6. 与学生的其他导师进行有效沟通

续表1

维　度	条目内容
建立一致的预期和目标	7. 与学生一起设立对指导关系的明确预期 8. 与学生的预期保持一致 9. 考虑个人与职业素养的差异可能对预期产生的影响 10. 和学生一起设立研究目标 11. 帮助学生制订实现目标的策略
评估学生	12. 评估学生的科学知识水平 13. 准确评估学生的科研能力水平 14. 准确评估学生的学习特性与学习习惯、语言沟通与交际能力、价值观，帮助学生树立正确的人生价值观
培养独立性	15. 激励自己的学生 16. 帮助学生建立信心 17. 激发学生的创造性 18. 认可学生的学业贡献 19. 与学生协商在专业独立发展的路径
尊重多样性	20. 考虑可能带入到导生关系中的偏见 21. 与不同个人背景的学生进行有效的工作，能做到与不同文化背景的学生进行有效沟通，促进学生的职业发展
促进学生的职业发展	22. 帮助学生有效联络他人 23. 帮助学生制订职业发展日程 24. 帮助学生平衡工作与生活 25. 了解自己作为榜样的影响 26. 帮助学生获取资源（如基金和课题等）

（一）保持有效沟通

导师需要与学生建立基于信任的关系，主动倾听，为学生提供有建设性的反馈。此外，他们还应能够识别并适应多种沟通模式，运用策略改善与学生的沟通，并保持与学生的其他导师进行有效沟通。

（二）建立一致的预期和目标

导师应与学生一起设立对指导关系的明确预期，以确保导师与学生的预期保持一致。在建立一致性目标的过程中，导师需要考虑个人与职业素养之间的差异可能对预期产生的影响。基于此，导师应与学生一起设立研究目标，并帮助学生制订实现这些目标的策略。

（三）评估学生

评估学生包括对学生的科学知识水平，科研能力水平，学习特征和习惯，语言沟通与交际能力，以及价值观的准确评估。通过准确评估学生的能力，帮助他们确立正确的人生价值观。

（四）培养独立性

导师需要激励自己的学生，帮助其建立信心，激发其创造性，认可其在专业领域做出的贡献，并与其共同商讨在专业独立发展的路径。

（五）尊重多样性

导师需要考虑可能带入到导生关系中的偏见，并在与具有不同个人背景（年龄、性别、籍贯、家庭背景等）和不同文化背景的学生进行有效沟通时，展示出卓越的指导能力。

（六）促进学生的职业发展

导师应帮助学生建立有效的人际关系，帮助学生获取资源（如基金和课题），协助他们制订职业发展日程，并帮助他们在工作和生活之间取得平衡。同时，导师了解自己作为榜样的影响也非常重要。

二、了解学生：了解学生的沟通类型

了解学生的沟通类型有利于加强导生之间的有效沟通。根据有效沟通方式量表（Effective Communication Styles，ECS）[11]，学生可分为思考型（计划型）、行动型（指导型）、支援型（协作型）和创造型（高瞻远瞩型）四种不同的沟通类型（如图3所示）。了解学生的沟通类型有助于导师更好地与他们合作，并为他们提供更有效的指导。

构建高效导生关系

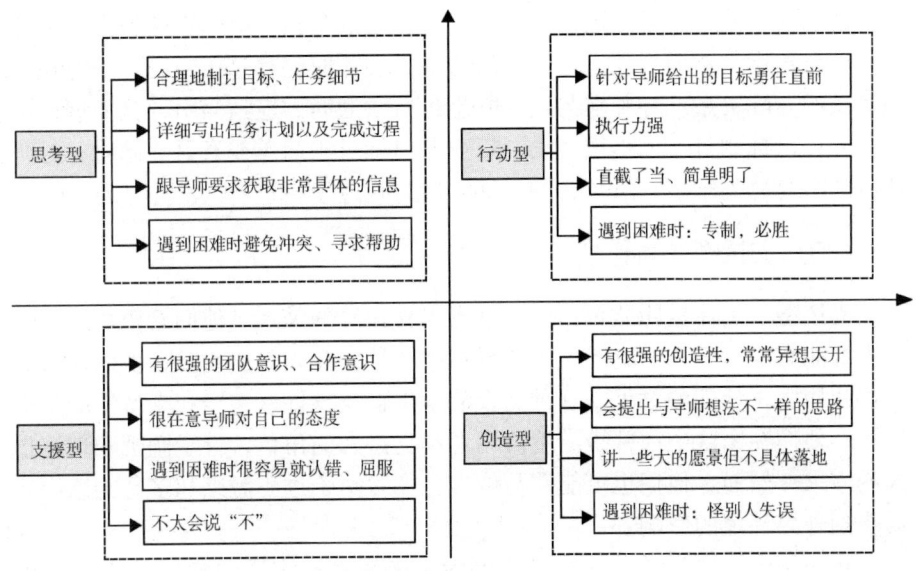

图 3 基于 ECS 的学生沟通类型

（一）思考型（计划型）

思考型学生喜欢逻辑思考和制订周密的计划。他们需要数据、信息和事实来支持决策。这种类型的学生在团队中通常扮演着计划者和记录者的角色，善于分析和解决问题。然而，在面对压力时，可能过于关注细节而忽视整体情况，也会在与他人交往时缺乏灵活性。

在团队协作中，导师可以引导这类学生充当文献查阅者、思路提供者、计划制订者和过程记录者的角色。然而，与这些学生进行沟通时，导师应该注意到他们可能在处理细节时陷入困惑，并且可能合作能力相对不足。因此，导师可适当引导这类学生发展创造性思维，同时帮助他们克服细节问题，化解焦虑情绪，并提供支持以促进团队合作。这样的沟通方式将有助于提高团队的绩效和成果。

（二）行动型（指导型）

行动型学生善于将目标和任务分解为具体的步骤，并能够清晰地表达自己的想法和解决方案。他们关注于实现目标和取得成功，并在遇到压力时表

现出强烈的执行力。这种类型的学生喜欢直接、简明和灵活的沟通方式。

他们在团队中通常扮演着执行者和领导者的角色，能够迅速做出决策并推动项目进展。然而，他们也可能在与他人合作时显得过于专制，不擅长处理复杂的人际关系。导师在与这些学生进行沟通时，应适当引导其发挥创造性，并在目标制订方面提供帮助，以避免目标过于简单或盲目。同时，导师还应随时与这类学生沟通目标的进展，以防止过于冒进。

（三）支援型（协作型）

支援型学生注重团队合作和与他人建立良好的关系。他们希望能够了解他人的能力和兴趣，并给予积极的反馈和支持。在面对压力时，他们通常会默许或屈服于他人的意见。这种类型的学生喜欢友好、包容和支持性的沟通环境。他们在团队中通常扮演着协调者和支持者的角色，善于倾听和理解他人的需求。然而，他们也可能在与他人合作时由于过于敏感和多愁善感而容易受到外界环境的影响。

在团队中，这类学生扮演着协调者、平衡者、沟通者和"外交官"的角色，也很适合从事外联和会务工作。在与这些学生进行沟通时，导师会感受到交流流畅和融洽；然而，导师也需要持续跟进并密切关注其后续行动的进展。此外，导师还应当引导该沟通类型学生培养独立思考的能力，以促进他们的自主性和个人发展。通过这样的沟通方式，导师能够更好地推动团队的合作和蓬勃发展。

（四）创造型（高瞻远瞩型）

创造型学生具有丰富的想象力和创造力，常常能够提出独特的观点和愿景。他们关注于宏观情况和将愿景变为现实的方法。在面对压力时，他们可能会责怪他人或寻找外部原因。这种类型的学生喜欢了解细节并与他们的宏伟蓝图保持一致，同时也喜欢发明、创新和探索新的领域。

他们在团队中通常扮演着"异想天开"者的角色，对现状不满足并有开拓精神，有着很强的内在驱动力。然而，他们也可能在与他人合作时眼高手低，不太善于从事实际工作和处理细节问题。导师与这类学生进行沟通时，需要注意引导学生培养合作意识，并呵护他们的创造精神，让他们能够坚持不懈。此外，导师还应注重培养学生的实干精神，正所谓千里之行始于足下。

三、制订共同目标

在对导师的能力和不同沟通类型的学生的指导方法有了一定了解的基础上，接下来导师就可以和学生共同制订学生的个人发展计划（Individual Development Plan，IDP）[12]。IDP 最初由加利福尼亚大学旧金山分校研发，并在国内得到学者的汉化。IDP 的制订有助于导师为学生提供必要的情感和信息支持，并且使用 IDP 是提高学生在多个领域自我效能水平的有效机制，如研究技能、个人毅力、建立积极的导生关系和个人职业发展。[13]

IDP 的制订与实施是一项涉及多方面因素的重要任务。首先，需要对学生进行评估，包括对技能（综合胜任力）的评价和价值观的评价与排序。通过这一步骤，可以使学生了解自身的能力和潜力，为制订具体的 IDP 奠定基础。其次，需要撰写计划，包括制订年度计划和时间管理。计划应充分考虑医、教、研、管理和沟通等各方面的需求与目标，并设定可衡量的年度目标。最后，需要实施 IDP。将年度目标拆分为小的、可实现的目标，逐步完成每个子步骤或产出"子成果"。同时，需要注意灵活调整计划以应对不可预见的情况。在 IDP 的制订过程中，导师和研究生可以共同讨论和修改计划，确保其具备灵活性和可变性。

四、讨论

建立有效沟通是导生之间促进个人发展的关键，[14]针对研究生导师的胜任力评价是目前国内医学教育中的薄弱之处。[15]本文旨在探讨导生之间建立良好沟通关系的重要性，并结合相关评估工具和方法提出如何更好地建立高效的导生关系。通过导师胜任力评价量表（MCA），深入研究了导师在培养研究生中所需的必备能力和素质。同时，基于有效沟通方式量表（ECS）中对不同学生的沟通类型进行划分，分析了针对不同沟通类型学生的沟通方法，并提供了相应的指导策略。通过了解导师的能力以及研究生的沟通类型，为制订共同目标提供了合理而有针对性的基础。基于个人发展计划（IDP）这一重要工具，深入探讨了如何进一步帮助导师和研究生共同制订目标和计划，对构建高效的导生关系和推进医科高质量研究生人才培养具有一定的借鉴意义。

然而，需要注意的是，本文基于 MCA 分析导师应具备的个人能力，未考虑到不同资质、不同专业的研究生导师的差异性。此外，本文未对导师胜任力评价量表（MCA）、有效沟通方式量表（ECS）以及个人发展计划（IDP）三种工具的综合运用进行横断面和纵向的实证调查研究，因此其综合运用效果有待进一步验证。

参考文献

[1] 刘志. 研究生导师和学生关系问题何在：基于深度访谈的分析 [J]. 教育研究, 2020 (9)：104-116.

[2] 张存群, 谢心怡. 国外博士阶段导生关系研究的分析路径 [J]. 江苏高教, 2023 (4)：62-69.

[3] 教育部 国家发展改革委 财政部关于加快新时代研究生教育改革发展的意见 [EB/OL]. (2020-09-21) [2023-09-05]. http://www.moe.gov.cn/srcsite/A22/s7065/202009/t20200921_489271.html.

[4] 陈莉莉, 邱果. 基于教学相长原则的青年导师研究生培养模式创新探究：以地方高校文科研究生培养为例 [J]. 高教论坛, 2022 (6)：14-17.

[5] 秦莹, 屈晓婷. 基于立德树人的新时代研究生导生关系建构研究 [J]. 辽宁大学学报（哲学社会科学版）, 2019 (5)：174-178.

[6] 郭明雯, 黄可歆. 新时代研究生导师队伍建设的路径研究 [J]. 重庆行政, 2023 (3)：104-106.

[7] 林卓清, 王兆品, 沈郁, 等. 基于岗位胜任力的临床医学研究生导师评价体系构建及其应用 [J]. 中国高等医学教育, 2019 (7)：125-126.

[8] 朱俊利, 李珊. 基于德尔菲法的临床学院研究生导师评价指标体系初探 [J]. 医学与社会, 2012 (12)：89-92.

[9] FLEMING M, HOUSE S, HANSON V S, et al. The mentoring competency assessment [J]. Academic medicine, 2013, 88 (7)：1002-1008.

[10] 李玥, 张丁丁, 佟元任, 等. 临床和转化医学研究导师胜任力评价量表的汉化和信效度分析 [J]. 中华医学教育杂志, 2021 (5)：472-476.

[11] Adapted from the effective communication styles inventory scoring form CWHE [EB/OL]. [2023-09-06]. http://whecare.com/images/form.pdf.

[12] Using an Individual Development Plan (IDP): For students, postdocs and faculty [EB/OL]. [2023-09-06]. https://career.ucsf.edu/gsp/IDP.

[13] HARDY T M, HANSEN M J, BAHAMONDE R E, et al. Insights gained into the use of Individual Development Plans as a framework for mentoring

NIH Postbaccalaureate Research Education Program (PREP) trainees [J]. Journal of chemical education, 2022, 99 (1): 417-427.

[14] CYPRESS B S. Fostering effective mentoring relationships in qualitative research [J]. Dimensions of critical care nursing, 2020, 39 (6): 305-311.

[15] 金丽娇, 刘光耀, 邹婷, 等. 基于探索性因子分析的医学硕士研究生导师胜任力指标体系构建 [J]. 医学与社会, 2020 (8): 103-106, 119.

"三全育人"视域下"大土木"专业本科生导师制的探索与实践*

龙通情　林凯荣　刘梅先

摘要："三全育人"是新时期高等教育思想的重要变革。"大土木"专业人才培养过程中，以本科生导师制为依托，践行"三全育人"理念，探索建立完善的全员育人机制、开展丰富的全过程育人实践以及拓展多维度的全方位育人空间，有利于形成专任教师、管理人员、思政队伍育人合力，发挥导师制育人功能，与大类本科专业宽口径课程设置方案形成互补，落实个性化的人才培养目标，激发学生的学习力，提升学生的思想力和实践创新能力，对提升本科人才培养质量具有重要意义。

关键词："三全育人"；导师制；"大土木"

土木、水利与海洋工程专业面向现代"大土木"工程的建造、运营、管理与维护，突出多学科交叉融合特征与信息化、智能化的发展要求，以"水土交融"为特色，培养宽口径、厚基础、复合型、个性化的"大土木"工程人才。[1-2]面向教育强国背景下创新型、个性化人才培养需求，近年来，国内不少高校积极探索实施本科生导师制，[3]并在促进学生的学业发展、提升本科生培养质量等方面取得了良好的效果，[4-5]同时也遇到诸如生师比例高、积极性不足、管理体制不健全等问题。[6-8]为适应"三全育人"要求，更好地发挥本科生导师制的育人载体作用，本文简析了"大土木"专业人才培养实施本科生导师制的重要意义，进一步探讨了以本科生导师制为依托，深化落实"三全育人"理念的三个方面，即建立完善的全员育人条件保障机制，结合大学生创新训练项目（以下简称"大创项目"）、学科竞赛、实习实践、毕业论文指导等工作开展丰富的全过程育人实践，拓展课上课下、校内校外、线上线下多维度的全方位育人内涵，着力培养具有学习力、思想力、行动力的"大土木"创新人才，[9]以期为相关专业本科生导师制实

＊ 本文原载于《科教文汇》2024年第12期。

基金项目：本文系2021年广东省本科高校教学质量与教学改革工程项目（科产教融合实践教学基地建设项目01）、2023年中山大学教学质量与教学改革工程项目的成果。

施和育人工作的开展提供借鉴。

一、"大土木"专业实施本科生导师制的意义

(一) 与宽口径、厚基础培养模式互补,提升学生学习力

宽口径、厚基础是大类本科专业的重要特点,通过宽口径的课程设置可以达到通识教育的目标,但同时不可避免地面临专业课程相对传统的细分专业减少,部分课程学分学时压缩等现实问题。[10]实施本科生导师制,能够与宽口径培养模式形成互补,通过第二课堂发挥导师作用,达到因材施教和个性化培养目标。以中山大学土木工程学院(以下简称"我院")为例,学院在大学二年级落实本科生导师制,组织开展师生双向遴选确定导师。学生结合导师所在的团队学科方向,在大学三年级和四年级上学期对相应团队开设的课程模块有所侧重地学习。本科生导师制和模块化课程设置面向复合型、个性化人才培养目标,学院不再对学生进行专业或方向上的分流,一方面避免了学生投入过多的时间精力到应试上;另一方面,满足学生在学科方向和专业能力层面的提升需要。本科生导师制成为融合通识教育和专业教育的重要纽带,对提升学生的学习力具有重要意义。

(二) 落实"三全育人"的重要载体,提升学生思想力

全员、全过程、全方位育人是新时期重要的教育思想变革,也是引领培育时代新人的工作路径。[11]本科生导师制不仅仅是导师和学生之间的互动,更是实施全员参与、全过程培养和全方位育人的重要载体。通过导师、管理人员、思政队伍的协同,践行"导学"与"育人"相融合的思政育人模式,把专业思政、科研素养、团队协作、科技创新、工程报国理念等融入导学活动中,在导学过程中促进学生知识、能力、思想情感的转变和提升,实现育人目标。[12]

(三) 助力实施科研实践育人,提升学生创新力

本科生导师制的实施为学生早进团队、课题组和实验室进行科研训练创造了客观条件。[13]我院以大创项目、学科竞赛等为依托,发挥团队和本科生导师的作用,指导学生开展研究性学习和创新实践,引导学生在第二课堂实践中提升专业认知、自我认知,在具体的工作开展中实现理论水平与实践能

力的相互转化和促进，锻炼和提高学生发现问题、解决问题的能力，为培养创新型人才提供丰富的土壤。

二、本科生导师制实施的全员育人保障

（一）强化育人使命，树立共同体意识

本科生导师制的顺利实施和最大程度地发挥其育人作用，首先需要强化对"三全育人"理念的深入学习和深刻认识，提升专任教师、教学管理人员、思政队伍的育人共同体意识，形成育人合力。在院校中，专任教师相对管理人员和思政队伍人数较多，其教学、科研定位明确。管理人员包括党政领导、教研室主任、党务秘书、教学秘书、教辅人员等。在本科生导师制实施过程中，管理人员通过管理行为和服务活动，如制度建设、导师考核、经费和场地条件保障等，对育人工作产生积极的影响。[14]思政队伍包含辅导员，以及由专任教师担任的班主任、青年教师专职辅导员和优秀学生担任的兼职辅导员，等等。在本科生导师制实施过程中，思政队伍可以充分挖掘科研、竞赛、社会实践等导学活动的育人内涵，同时发挥好本科生导师作用，实现思政教育、学风建设、党团班建设、学生日常事务管理等。围绕立德树人使命，树立育人共同体意识，落实导学、管理和育人"三位一体"，是本科生导师制有效实施的重要前提。

（二）完善制度建设，提升条件保障

第一，明确师生角色和定位。本科生导师制的实施和推动需要与之相适应的制度和条件保障。完善制度建设，对于推动相关工作的有序开展、可持续改进和提升师生的满意度等具有重要意义。我院制定了《本科生导师制实施办法》，明确了导师的选定流程、导师的职责、对学生的要求以及管理体系等。通过制度先行、以制度为依据、以实践推动制度完善等，形成良好的管理体系。

第二，强化导师考核与鼓励机制。评价体系是育人工作的指挥棒，合理用好考核与激励措施能够为工作开展提供良好的抓手。我院在学校基本要求的基础上，结合学院实际制定了《教师工作量管理办法》，明确了教师担任本科生导师且考核合格后按学期予以一定的工作量认定，对于指导本科生开展大创项目、指导学生参加学科竞赛获奖的情况，按标准予以额外的工作量

认定，同时以上工作量还计入绩效考核分配中，对教师指导本科生中的投入予以认可和鼓励。对学生方面，设置"科研实训""综合训练"等开放性实践课程，学生在导师的指导下开展创新性实践、科研竞赛、社会实践等活动，以完成课程报告、过程开展情况和报告完成情况作为课程评分依据，这在较大程度上激发了学生寻求导师帮助、开展实践创新活动的主动性。此外，学生所取得的学术、竞赛和实践成果以及社会服务等是开展评奖评优的加分项，对于学生创先争优也起到了良好的引导作用。

第三，保障本科生导师制的兼容性与灵活性。本科生导师制的实施服务于"大土木"专业人才培养目标，需要与"宽口径、厚基础、复合型、个性化"人才培养定位和"水土交融"的育人理念相适应，保持一定的兼容性和灵活性。一方面，本科生导师制的固定性和灵活性相统一：固定性是指师生确定指导关系后，导师和学生应按照《本科生导师制实施办法》履行职责和义务，导师对学生负责，按要求定期开展学业指导，学生需要主动联系导师，汇报学业等；灵活性是指学生可以根据自己对不同学科方向的兴趣、个人发展规划等提出更换导师，导师也可以根据学生的表现情况向学院提出申请，建议学生更换导师。另一方面，本科生导师与项目制导师并轨，学生第二课堂开展的重要项目包括大创项目、学科竞赛、毕业论文等均需要由导师进行指导，以上各类项目的开展可以由师生双向选择，为学生提供足够的选择范围。如学院制定《本科生毕业论文/设计管理办法》，规定一位导师最多可以指导同一届5位学生的毕业论文，在选题阶段学院组织教师提供选题形成选题库，师生在双向选择的基础上确定指导关系。以上两类导师并轨和师生双向选择自由是践行"水土交融"理念的重要举措，避免学生在二年级选择某一方向的导师后，被动地局限在某一领域。学院在通过导师制支持学生发展的同时，为学生保留了充足的自主选择空间，为学生个性化发展提供了广阔的舞台。

（三）加强组织建设，形成育人合力

加强组织建设，是实施本科生导师制的重要保障，学院探索实施"学院+团队"的管理模式，融合教学与科研，在学院统筹做好制度建设的前提下，抓好组织建设，发挥团队和学生工作队伍的作用，对于实施本科生导师制具有重要意义。

团队是落实本科生导师制的重要依托。一方面，依托各团队学术研究和教学研讨职能，在第一课堂为学生提供模块化课程，强化提升学生的专业水

平；另一方面，发挥团队间学科交叉融合、优势互补作用，在第二课堂为学生提供良好的研究、实践资源。依托团队组织开展学科方向介绍、大创项目检查、毕业论文答辩等环节，对于锻炼学生实践能力，激发学术创新潜力，助力本、研贯通培养和学生升学深造，具有良好的引导作用。

推进党团班一体化建设也是保障本科生导师制实施和提升育人成效的重要保障，高年级党员、团学骨干是连接党支部—团支部—班级的重要纽带，一方面可以配合本科生导师、班主任、辅导员为学生提供思想引导、学习指导、学业帮扶等，发挥以点带面的作用，带动形成良好的班风学风；另一方面，团学组织、班级是学生自我管理的重要载体，辅导员、班主任配强学生骨干、加强班团建设有利于提升协同育人效能，让学生成为各类育人实践活动的参与者和组织者。

三、我院本科生导师制实施的全过程育人实践

（一）开展大创项目

组织本科生参加大创项目是实施本科生导师制的重要抓手，也是丰富第二课堂、提升学生创新实践能力的重要举措。我院鼓励和支持本科生参与大创项目，在项目申请前期面向教师征集充足的选题提供给学生自主选择并自由组建项目组，大创项目的导师可以是学生的本科生导师或者其他老师。项目组在导师的指导下开展科研创新实践，具体包括项目申请、中期考核、结题答辩等各个环节，以及凝练总结报告、PPT展示汇报、交流和进一步拓展发表学术论文、申请专利或参加学科竞赛等过程。目前，我院本科二年级以上学生参加大创项目的人数占比达80%，学生开展科研创新活动的氛围浓厚。

（二）学科竞赛

我院鼓励和支持本科生参加学科竞赛活动，发挥以赛促学、以赛促练作用，推动学生与其他高校师生的交流。近年来，在专业导师的指导下，学生在全国大学生工业化建筑与智能建造竞赛、全国大学生水利创新设计大赛、全国大学生结构设计比赛、广东省高校建筑信息模型应用大赛等赛事中取得良好成绩。我院于2023年承办了第十六届全国大学生结构设计竞赛广东省分区赛、2022年主办第二届广东省智慧水利创新大赛，形成了良好的竞赛

育人氛围。为支持学科竞赛活动开展，我院专门设立了结构工作室、虚拟仿真实验室等平台，选配优秀指导老师，提供专门经费支持，为学科竞赛活动的开展提供条件保障。

（三）学业指导和帮扶

促进学生学业发展是思政和管理工作的重要内容，我院注重由年级辅导员—班级班主任—学生个人导师组成的三级育人组织建设，发挥本科生导师作用，对学业困难学生开展精准的帮扶。根据导师制实施办法的要求，导师结合学生实际情况，推荐、指导学生阅读专业文献等，关心学生的身心健康和个性发展，鼓励和引导学生养成良好的学习、生活习惯，积极锻炼身体，发展兴趣爱好，参加集体活动，等等。一方面，导师的以身示范作用，对于学生树立学术目标具有很好的正面引导作用；另一方面，导师同时也是专业课的任课教师，对于学生在专业学习上遇到的困难，可以有针对性地进行帮扶指导。

（四）精细化实习实践活动

"大土木"专业具有很强的实践性，与行业企业在高速铁路、跨海工程等领域国际领先的科技创新水平和技术工程能力相比，部分课程的教学难免落后于工程实践。而限于培养方案的各类课程设置要求、实习经费、管理成本、企业接待能力等因素，带领动辄上百人的整个年级专业学生开展大量的实习教学并不现实。结合本科生导师制的实施和团队管理，可以在有限经费资源的条件下，开展更有针对性的实习实践活动。我院近年与一批行业企业开展交流合作，共建实习教学基地、拓展科技合作。学院以团队为单位组织开展"综合实习"课程教学，各位教师结合科研项目的开展，指导学生开展具体的项目调研、实验等工作。学院在相关实践活动开展的基础上，组织师生进行科普视频制作、撰写新闻报道等，发挥实践育人作用。

（五）指导本科毕业论文

本科毕业论文/设计是本科培养方案的重要环节。我院要求学生在导师的指导下，独立开展完成一定的课题研究或者项目设计。导师的有效指导和学院完善的过程管理是学生毕业论文质量的重要保障。大部分学生会选择自己的本科生导师作为毕业论文的导师，前期的指导工作对于毕业论文的素材积累，提升毕业论文水平具有一定的促进作用。根据双向选择原则，学生也

可选择其他老师作为自己的毕业论文导师,这对于培养学生多学科交叉融合视野,落实"水土交融"培养目标同样具有重要意义。在毕业论文相关工作中,除了导师和学生之间的指导关系外,学院管理人员和思政队伍在发挥毕业论文工作促进跨年级互动,形成良好的学风方面同样大有可为,如我院连续两年开展本科优秀毕业论文海报活动,促进不同年级学生的交流互动,发挥优秀毕业论文的示范作用。

四、本科生导师实施的全方位育人内涵

(一)课上、课下育人融合

实施本科生导师制是延伸育人空间,促进第一课堂与第二课堂融合的重要手段。一方面,"以知促行",通过导师的参与和指导,为学生创造丰富的第二课堂实践内容,可以促使学生把第一课堂学习的理论知识、实验技能进行转化运用,提升行动力;另一方面,"以行促知",第二课堂实践中获得的训练、遇到的困难可以促使学生对第一课堂知识的更深入把握。以本科生导师制为依托,开展大创项目、学科竞赛等第二课堂活动很好地促进了课上、课下育人的融合。

(二)校内、校外育人互补

"大土木"专业具有实践性强的特点,为了培养面向未来、引领未来、扎根中国大地建设美好家园的"大土木"工程人才,需要最大程度地开发和利用行业企业和平台资源,弥补校内实践育人支撑条件不足的短板。通过实施本科生导师制,结合大创项目和导师科研课题,带动本科生进企业,到工程现场开展调研、实践甚至原位试验等,对于丰富学生的专业认知,锻炼其实践创新能力具有重要的意义。我院依托坝道工程医院、中山大学河南研究院,基于政校企合作共建、产科教融合发展,建设土木工程学科群实践育人平台,为师生实践创新提供支撑保障。此外,与一批行业企业签订合作备忘、共建实习教学基地等,推动校内育人与校外育人资源优势互补。

(三)线上、线下育人结合

在新一轮科技革命和产业变革背景下,工程教育数字化发展成为必然趋势,传统的课堂教学模式在教学改革实践中与MOOC、虚拟仿真教学、远程

教学等教学模式不断融合发展。[15-17]同时,更广泛意义的育人实践也需要适应信息化、数字化发展要求,通过发挥本科生导师制作用,挖掘网络育人资源、传播专业科普知识和传递社会正能量等,实现育人内涵从物理空间拓展到虚拟空间。如我院微信公众号开设"师说心语"栏目,推出一系列优秀本科生导师的专访,为学生树立良好的价值引导;学院教师推出"资源与环境经济学"在线课程,上线一系列虚拟仿真实验等较好的线上课程,拓展了学生的学习体验。此外,学生在导师的指导下设计城市内涝信息实时查询 App、开展海绵城市调研和课程设计、制作科普视频、保密宣传视频、微党课视频等,不仅丰富了实践方式,也拓展了线上育人渠道。

五、总结展望

本科生导师制是实施"三全育人"的重要载体,本研究结合我院土木、水利与海洋工程专业育人实践经验,分析了本科生导师制实施的全员育人保障、全过程育人实践和全方位育人内涵。实践表明,通过导师指导、思政和管理队伍参与的一系列第二课堂实践创新活动的开展,如组织大创项目、学科竞赛、实习实践、毕业论文工作等,导师制能够与大类本科专业宽口径课程设置方案形成互补,进一步激发学生的学习力,落实个性化的人才培养目标。同时,依托本科生导师制实施,有利于专任教师、管理人员、思政队伍围绕第二课堂形成育人合力,拓展育人空间,发挥育人功能,提升学生的思想力和实践创新能力。

新时代,在本科人才培养高质量发展目标下,遵循教育规律和思政要求,结合专业实际深入践行"三全育人"理念,通过合理的制度设计、有力的组织建设,加强条件保障,着力解决导师制实施过程中遇到的困难和面临的薄弱环节,对于提升人才培养质量具有重要意义。

参考文献

[1] 林凯荣,戴北冰,刘建坤,等. 土木、水利与海洋工程概论 [M]. 广州:中山大学出版社,2021.

[2] 李克非,张建民,方东平,等. 土木、水利与海洋工程:大土木类本科宽口径培养模式探索与实践 [J]. 高等工程教育研究,2022 (3): 46-51.

[3] 刘欣,赵同刚,崔岩松. "三全育人"背景下本科生导师制的探索与实践:以北京邮电大学电子工程学院为例 [J]. 科教文汇,2022 (18): 2-6.

[4] 高传平,方东,孙华. 本科生毕业论文(设计)质量提升探索:本科生导师制的应用与创新 [J]. 高教学刊,2023(19):165-168.

[5] 花蕾,王晓东. 应用型高校本科生专业导师制培养模式探索:以同济大学浙江学院土木工程系为例 [J]. 高教学刊,2022(24):168-171,175.

[6] 吴纯新. 如何让本科生导师制"叫好"更"叫座" [N]. 科技日报,2023-06-28(006).

[7] 李卓,李健. "双一流"建设背景下本科生学业导师制的实践困境与改进策略 [J]. 高等农业教育,2023(3):20-25.

[8] 何明阳. "双一流"高校本科生导师制实施困境与对策:以K大学为例 [J]. 科技促进发展,2023(Z2):541-548.

[9] 高松. 构建多样性开放型可持续改进的人才培养体系为中国式现代化培育时代新人 [J]. 中国大学教学,2023(5):4-8.

[10] 龚思怡,尹婷婷. 大类培养模式下本科生导师制建设研究与分析 [J]. 科教导刊,2022(36):107-109.

[11] 李冰,甘凤妍. 新时代高校"三全育人"创新路径实践探索 [EB/OL]. (2023-06-28)[2024-03-11]. https://reader.gmw.cn/2023-06/28/content_36659364.htm.

[12] 杨静,孟庆东,李之红,等. 高等院校思政教育与本科生全程导师制的一体化建设研究 [J]. 科教文汇,2023(13):13-15.

[13] 尹莉,冯军兰,赵宾,等. 基于科研项目驱动的实验室型本科生导师制探索 [J]. 科教文汇,2021(35):13-15.

[14] 屈俊林. 着力建设"四支队伍"加快构建高校"全员育人"新格局 [EB/OL]. (2023-03-11)[2024-03-15]. https://baijiahao.baidu.com/s?id=1759146517734827585&wfr=spider&for=pc.

[15] 马会环. 新工科背景下信息化技术在创新型人才培养中的运用:以土木、水利与海洋工程专业为例 [J]. 教育教学论坛,2022(42):6-9.

[16] 戴北冰,赵红芬,常丹,等. "虚实结合"在土力学教学中的探索与实践 [J]. 高等建筑教育,2023(4):112-119.

[17] 俞烜,王海龙,王家彪,等. 新媒体时代下工科教学模式探索与实践:以流体力学课程为例 [J]. 高教学刊,2023(27):113-116.

着力建设具有强大凝聚力和引领力的社会主义意识形态*

钟一彪

摘要：意识形态工作是为国家立心、为民族立魂的工作，具有重要的凝聚和引领功能，是国家治理体系和治理能力现代化建设的重要组成部分。在"两个大局"加速演进的时代背景下，社会主义意识形态工作面临国际传播的话语争夺、代际传承的圈层壁垒、人际传递的话语阻滞、网际传输的多元激荡等风险挑战。为此，应统筹好意识形态国际和国内传播、组织和个人链接、线上和线下联动、传承和创新发展四对关系，牢牢把握党对意识形态工作的领导权，强化社会主义意识形态的凝聚力和引领力。

关键词：社会主义意识形态；国家治理；凝聚力；引领力

意识形态关乎旗帜、关乎道路、关乎国家政治安全。党的二十大提出要"建设具有强大凝聚力和引领力的社会主义意识形态"，2023年全国宣传思想文化工作会议上提出"着力建设具有强大凝聚力和引领力的社会主义意识形态"。这一重大命题的提出，不仅彰显了党中央对意识形态工作的高度重视，也为我们在新时代新征程上推进社会主义意识形态建设指明了方向。

一、社会主义意识形态的特征与功能

"社会主义意识形态"这一概念是由列宁首创的。他在《怎么办？》中指出"超阶级的意识形态是不存在的""或者是资产阶级的意识形态，或者是社会主义的意识形态。这里中间的东西是没有的"。[1]列宁还首创了"科学的意识形态"概念，使得"社会主义意识形态"概念从理论逻辑上真正成立。[2]

一方面，社会主义意识形态的特征。社会主义意识形态作为社会主义社

---

* 基金项目：本文系广东省2021年度教育规划课题（德育专项）"新时代高校学生工作治理体系研究"（2021JKDY002）、2021年度广东省高校思想政治教育课题"人才强国战略下高校培育时代新人的机制研究"（2021GXSZ004）的阶段性研究成果。

会的上层建筑，在引导舆论、巩固政权、促进社会进步等方面发挥着重要作用。深刻认识和把握社会主义意识形态的特征，对着力建设具有强大凝聚力和引领力的社会主义意识形态具有重要的理论意义和现实意义。第一，社会主义意识形态的人民性。社会主义意识形态的首要特征是人民性，坚持以人民为中心的发展理念，强调人民群众是历史的创造者和社会变革的决定力量。社会主义意识形态始终站在人民的立场上，反映人民的愿望和要求，维护人民的根本利益。这种人民性体现在社会主义政治、经济、文化等各个领域，是社会主义制度优越性的重要体现。第二，社会主义意识形态的科学性。社会主义意识形态以科学理论为指导，具有严密的逻辑体系。它坚持马克思主义基本原理，结合社会主义革命和建设的实践经验，不断丰富和发展自己的理论体系。社会主义意识形态的科学性，体现在对社会历史发展规律的深刻洞察和对未来社会的科学预测，为社会主义的发展提供了坚实的理论支撑。第三，社会主义意识形态的革命性。社会主义意识形态具有鲜明的革命性，这种革命性是社会主义意识形态永葆生机和活力的源泉。社会主义意识形态的革命性体现在其推动社会变革和进步的实践中，激励着人民群众为实现共产主义理想而奋斗。第四，社会主义意识形态的开放性。社会主义意识形态具有开放性，通过不断吸收人类文明优秀成果，使其得以不断丰富和发展。社会主义意识形态的开放性体现为对多元文化的包容和尊重，以及对西方文化及理论的交流和借鉴。这种开放性使社会主义意识形态能够不断适应时代变化和社会发展，形成引领力和保持先进性。

另一方面，社会主义意识形态的功能。社会主义意识形态是以历史唯物主义为世界观基础，反映无产阶级的根本经济政治利益的、自觉的、系统化的思想观念体系，具有维护稳定、推动实践、塑造形象、促进发展等功能。第一，社会主义意识形态维护稳定的功能。社会主义意识形态通过引导社会成员树立正确的价值观念和形成正确的行为准则，在增强社会凝聚力方面发挥着关键作用。这种凝聚力的提升，有助于维护社会的稳定和秩序，还为构建更加和谐、繁荣的社会奠定了坚实基础。第二，社会主义意识形态推动实践的功能。社会主义意识形态作为一种思想观念体系，在其实践向度上，可以为社会实践活动提供指导和支持，具有推动力和改造力，并"使其在中国大地上展现出强大的真理力以及旺盛的生命力"[3]。第三，社会主义意识形态塑造形象的功能。社会主义意识形态在塑造政党及国家形象、凝聚民族精神方面扮演着举足轻重的角色。它深深植根于国家的文化传统、历史脉络与民族精神之中，以无形之力彰显着一个国家的独特魅力和软实力。社会主义意识形态不仅是我国文化传承和历史经验的集中体现，更是激发民族自豪感、凝聚社会共识的重要纽带。第四，社会主义意识形态促进发展的功能。社会主义意识形态通过统一思想，为社会发展提供了强大的动力，并且通过宣传、教育和文化的方式，引导和塑造人们的思维观念，形成共同的价值观和道德规范，激发人们的积极性和创造力，进而促进社会进步和发展。

二、当前社会主义意识形态工作面临的重大挑战

党的二十大报告在充分肯定新时代十年社会主义意识形态建设的巨大成就的同时，也提出"意识形态领域存在不少挑战"，包括国际传播的话语争夺、代际传承的圈层壁垒、人际传递的话语阻滞、网际传输的多元激荡等，这也是社会主义意识形态建设亟待解决的重要问题。

首先，社会主义意识形态国际传播的话语争夺。社会主义意识形态国际传播的话语争夺是一个重要而复杂的问题，涉及不同社会制度、文化传统和价值观念的交流、交融甚至交锋。当前社会主义意识形态国际话语竞争的挑战主要表现在西方话语霸权上。长期以来，西方国家凭借其经济、技术和军事优势，主导着国际话语权，形成国际话语霸权，难以轻易撼动。西方发达国家往往将西方资本主义的价值观包装成"普世价值"，通过文化交流、学术活动、大众传媒等手段大肆宣扬这种"普世价值"，尤其是善于借助突发事件进行西方价值观的渗透，鼓吹"中国崩溃论""中国威胁论"以及"中国见顶论"，严重影响了我国意识形态的国际传播，歪曲了中国的国际形象。

其次，社会主义意识形态代际传承的圈层壁垒。社会主义意识形态代际传承中的圈层壁垒，主要表现为代际沟通障碍、文化认同差异、教育资源不均三个方面。一是在代际沟通方面，老一辈与年轻一代之间存在沟通障碍，老一辈对年轻一代的思想观念、价值取向等缺乏深入了解，难以将社会主义意识形态有效传递给年轻一代。二是在文化认同方面，随着时代的变迁，不同代际之间的文化认同存在差异。老一辈坚守传统价值观，而年轻一代可能更倾向于多元化、个性化的价值追求，难免会造成对社会主义意识形态的认同度降低。三是在教育资源分配上，不同地区、不同家庭之间存在明显的不均衡现象，导致部分年轻人对社会主义意识形态的理解不够深入准确，产生价值传承的失准、失效现象，甚至还可能影响社会的长期稳定。

再次，社会主义意识形态人际传递的话语阻滞。社会主义意识形态人际

传播中的话语阻滞，是指社会主义意识形态在传播过程中发生的信息不通、理解困难或误解现象，主要源于传播者的表达能力、接受者的理解能力和传播媒介的制约三方面的影响。①传播者的表达能力是影响社会主义意识形态人际传播的主要因素。如果传播者不能准确、清晰地表达社会主义意识形态的核心内容和价值，有可能导致接受者的误解或不理解。此外，传播者的声誉和形象也会对接受者的态度产生影响。如果传播者的形象在公众眼中不好，他们传达的信息可能会受到质疑或抵制。②接受者的理解能力是影响社会主义意识形态人际传播的关键因素。由于不同人的文化背景、知识水平和价值观具有差异性，他们对相同信息的理解和接受也会有所不同。如果社会主义意识形态的传播没有充分考虑接受者的实际情况和现实需求，则会影响信息传播的效果。③传播媒介对社会主义意识形态的人际传播产生影响。尽管现代社交媒体可以打破时间和空间的限制，也存在信息过载和虚假信息泛滥等问题，这些问题往往容易干扰或阻碍社会主义意识形态的广泛传播。

最后，社会主义意识形态网际传输的多元激荡。在网络空间中，社会主义意识形态与其他各种意识形态、文化观念、价值观念等相互交织、碰撞、激荡，这种多元激荡的现象，既体现了网络空间中思想文化的多样性和复杂性，也对社会主义意识形态的传播产生了重要影响。人们可以在网络空间中自由地发表观点、交流思想，各种意识形态和文化观念都能在其中找到自己的位置。这种开放性和互动性使得网络空间成为一个多元文化的"大熔炉"，各种思想文化在其中相互激荡、交融。如此一来，网络舆论变得复杂多元。网络舆情演变过程千变万化，爆发网络舆情的诱因也错综复杂。这使得网络舆论的引导和管理变得更为困难，对社会主义意识形态的网络传播构成了挑战。此外，网络时代的信息大爆炸导致成千上万条信息涌入人们的生活，使人们无法及时、准确地辨别和接收主流意识形态的信息，还有可能会陷入"信息茧房"。这在一定程度上使社会主义意识形态的传播受到限制，导致其影响力可能减弱。

三、着力建设具有强大凝聚力和引领力的社会主义意识形态应统筹好四对关系

新时代新征程，着力建设具有强大凝聚力和引领力的社会主义意识形态应重点统筹协调好国际与国内、组织与个人、线上与线下、传承与创新四对关系。

首先,统筹好社会主义意识形态国际和国内传播的关系。统筹好社会主义意识形态国际与国内传播场域的关系,有助于确保社会主义核心价值观在国内外均发挥正向引领作用,有效维护国家意识形态安全。第一,国内传播——构筑坚实的思想基础。社会主义意识形态的广泛传播,是构筑国家文化软实力、形成全民共识的基石。通过教育体系、媒体宣传、文化活动等多渠道,持续不断地强化社会主义核心价值观的内化于心、外化于行,从而培育出深厚的文化自信与民族自豪感。这种自信与自豪,将成为我国在国际舞台上毫无畏惧地展示社会主义优越性的强大心理支撑。第二,国际传播——展现社会主义的时代魅力。社会主义意识形态的国际传播,要让世界听到中国的声音,更要让世界理解中国的理念和价值观。通过文化交流、媒体传播、国际教育等方式,积极展现社会主义在促进社会公平正义、保障人民福祉方面的卓越成就,让世界看到一个真实、立体、全面的中国形象;以开放包容的心态,积极融入国际话语体系,与不同文化背景下的思想观念进行平等对话与深度交流。第三,平衡之道——内外兼修和谐统一。在处理国际与国内传播关系时,平衡是关键。一方面,要确保社会主义核心价值观在国内外传播中的连贯性和一致性,避免因内外有别而产生误解或质疑;另一方面,要充分考虑到国际受众的文化背景、思维方式和接受习惯,以更加贴近实际、贴近生活、贴近受众的方式传递中国的声音。这就要求我们在传播策略上既要坚持原则,又要灵活多变,实现传播效果的最大化和最优化。

其次,统筹好社会主义意识形态组织和个人链接的关系。处理好社会主义意识形态组织和个人动员之间的关系是一项长期而复杂的系统工程,这就要求我们在组织层面进行高效的战略引导和资源整合,在个人层面激发其情感共鸣和行为驱动,并实现两者之间的协同配合与良性互动。第一,组织层面的战略引导与资源整合。在社会主义意识形态的传播过程中,组织应承担制定长远规划、明确传播方向、细化实施策略的重要职责。为确保社会主义意识形态能够精准地触达各个社会阶层和领域,组织不仅需要对内外部环境进行深刻分析,而且需要整合人力、物力、财力以及信息等资源,形成强大的传播合力。此外,组织应建立健全灵活高效的反馈机制,以便及时评估传播效果,进而调整策略,确保社会主义意识形态始终沿着正确的轨道前进。第二,个人层面的情感激发与行为驱动。作为社会主义意识形态传播的践行者,个体的情感认同和行为选择对社会主义意识形态的入脑入心至关重要。因为只有当个人从内心深处真正认同社会主义意识形态,并以此为行动指南,意识形态才能真正扎根于社会生活的土壤。这就需要组织通过教育引

导、文化影响和实践体悟等多种方式，实现个人对社会主义意识形态的情感共鸣和价值认同。第三，组织与个人动员的协同配合。组织应定期与个人沟通和互动，了解他们的思想状况、个人需求以及遇到的困难。与此相应，个人应积极向组织提供有效性的反馈，以便组织及时调整方法，优化资源配置。为进一步提高效率，组织还可以考虑引入先进的技术手段如大数据分析、社交媒体平台等，以更精准地把握个人需求，提高沟通的针对性和有效性。

再次，统筹好社会主义意识形态线上和线下联动的关系。为实现线上、线下的有机联动，推动社会主义意识形态在新时代的深度融合与有效传播，需要构建一个多维度的策略框架，涵盖顶层设计、数字平台发展、传播手段革新和监管体系完善等关键领域。第一，确立战略导向与协同机制。在顶层设计上，国家应制定线上、线下意识形态联动发展战略，设立清晰的短期、中期、长期目标，明确实现这些目标关键领域和重点任务。为确保战略的有效实施，应建立健全跨部门、跨领域的协同机制，推动各部门在政策制定、资源配置和项目实施等方面的高效配合。同时，对国内外意识形态动态的实时监测与分析也是不可或缺的，它能为战略规划的调整提供数据支撑，确保我国能迅速应对变化中的挑战。第二，提升数字平台的影响与能力。通过增加对新兴数字平台的投入，我们可以显著提升社会主义意识形态的传播力、引导力、影响力和公信力。此外，鼓励开发互动性、参与性强的新产品和服务，吸引更多用户的关注和参与；建立严格的内容审核和管理机制，确保平台内容的健康向上。第三，革新意识形态传播路径。为了更有效地传播意识形态，需要充分利用大数据、人工智能等前沿技术，对用户进行精准画像和内容推荐，从而提高传播的针对性和实效性；利用社交媒体、短视频、直播等新型传播平台，构建多元化、立体化的传播格局；加强与国际社会的交流与合作，借鉴其他国家或地区的成功经验，拓宽意识形态传播的国际视野。第四，强化监管与保障机制。建立健全线上线下意识形态监管法律法规体系，明确监管的主体、对象和措施；加强技术手段的研发和应用，提高监管的智能化、精准化和实时化水平；建立舆情监测和应急响应机制，确保我们及时发现和处理意识形态领域的突发事件与敏感问题。

最后，统筹好社会主义意识形态传承和创新发展的关系。妥善把握社会主义意识形态传承与创新发展之间的辩证关系，既能稳固其深层核心价值，又能灵活适应历史潮流、有效回应社会实践变革的紧迫课题。第一，深植根基：坚守社会主义意识形态的核心要义。社会主义意识形态的传承，本质上是对其深邃的核心价值、基本原理及宝贵历史经验的持续承继和深化理解。这些核心价值不仅是社会主义意识形态的立身之本,更是引领社会进步、凝聚民族力量的精神支柱。在处理传承与创新的关系时,我们必须坚持马克思主义在意识形态领域的指导地位,不容任何形式的歪曲或解构。第二,砥砺前行:以创新为引擎推动社会主义意识形态的时代化进程。面对日新月异的社会实践和深刻变化的历史条件,社会主义意识形态唯有不断自我革新、与时俱进,才能保持其理论的前瞻性和实践的指导性。这种创新应涵盖理论体系的完善、实践路径的探索、制度安排的优化等多领域多层面,使社会主义意识形态更加契合时代要求、更加贴近人民期待。第三,寻求平衡:在传承与创新之间构筑开放包容的良好生态。坚守人民立场、尊重历史与现实、强化理论与实践的互动、构建开放包容的创新生态,是推进社会主义意识形态传承与创新的应有之义。在此过程中,必须始终坚持党的全面领导,坚持以人民为中心,确保意识形态发展紧扣人民意愿、服务人民福祉。同时,创新应根植于深厚的历史底蕴和现实土壤,汲取传统智慧、回应现实需求,避免盲目或虚无的误区。

参考文献

[1] 中共中央马克思恩格斯列宁斯大林著作编译局. 列宁选集:第1卷[M]. 北京:人民出版社,2012:19.

[2] 李烨红. 社会主义意识形态概念确立的历史考察与当代启示[J]. 学校党建与思想教育,2015(4):89-91.

[3] 侯欣. 新时代中国共产党提升意识形态引领力的主要经验[J]. 思想理论教育导刊,2022(9):71-76.

社会主义核心价值观的养成路径初探*

阮映东

摘要：养成，蕴含着培育和践行在内的所有教育理念。核心价值观养成，是通过外在要求和自我学养相结合的方式，在法治约束下，将社会核心价值观通过教育引导、舆论宣传、环境熏陶、文化渗透、典型引领等实践活动，融入主体思想深处，进而自觉外化为实践行为的动态过程。本文主张围绕学习领会、法治约束、社会生产实践三大养成路径，进一步实现社会主义核心价值观从认同到自觉的飞跃，使社会主义核心价值观能够充分发挥其内化于心、外化于行的思想政治教育功能。

关键词：核心价值观；养成；路径

习近平总书记指出："核心价值观养成绝非一日之功，要坚持由易到难、由远及近，努力把核心价值观的要求变成日常的行为准则。进而形成自觉奉行的信念理念。"[1]"把社会主义核心价值观融入法治建设、融入社会发展、融入日常生活"，[2] 社会主义核心价值观的养成需要经历一个漫长的动态过程。"一种价值观要真正发挥作用，必须融入社会生活，让人们在实践中感知它、领悟它，在落细、落小、落实上下功夫。"[3] 社会主义核心价值观的养成是外在要求和自我学养的有机共同促成，是在法治约束下，将社会核心价值观纳入人们的社会生产和精神生产的实践活动，如教育引导、舆论宣传、环境熏陶、文化渗透和典型引领，将其融入主体思想深处，进而自觉外化为实践行为的动态过程。要充分把握新时代社会主义核心价值观养成的内涵要求，深入拓展社会主义核心价值观的养成路径，稳步推进并使之成为人们日常生活的基本遵循。

一、在学习领会的过程中养成社会主义核心价值观

我国先哲的思想为新时代社会主义核心价值观的养成提供了学习实践理

---

* 本文原载于《广西教育学院学报》2023 年第 3 期。
　基金项目：本文系 2022 年度广东省高校党建研究课题"新时代落实高校意识形态工作责任制研究"（2022BK100）的阶段性成果。

路。古人有云"合抱之木,生于毫末;九层之台,起于垒土;千里之行,始于足下。"[4]意思是说,粗壮的大树是从幼苗长起来的;高耸的楼台,筑起于每一堆泥土;漫长的行程,是靠脚下一步一步开始走出来的。

新时代社会主义核心价值观的养成,首先要主动引导青少年树立勤学的志向。社会主义核心价值观的养成就是要依托学习、加强学习。古人说:"学如弓弩,才如箭镞。"[5]意思是:学问的根基就如弓,人的才能如箭,只有在厚实的学识基础上才能更好地发挥才能。勤学不仅体现出一种学习态度,它更是一种学习方法,是一种由内而外的状态,心有所向,行有所指。人们只有在勤学中才能习得真学问,悟得真道理,才能充分地将社会主义核心价值观深刻地内化于心、外化于行。在当下知识经济的时代,知识是财富增值的主要手段。我们正处在信息井喷式生产的时代中,不保持继续学习的态势就无法适应社会的变化与发展,不继续学习就无法在这样的知识经济竞争中得以存续。鲁迅先生就曾说:"哪里有天才,我是把别人喝咖啡的工夫都要用在工作上的。"[6]新时代青少年社会主义核心价值观的养成,关键在学习。青少年是祖国的未来和希望。"少年智则国智,少年富则国富,少年强则国强,少年进步则国进步。"[7]要实现中华民族的伟大中国梦,既要依靠我们这一代,更要依靠下一代接班人。青少年是祖国的未来,我们必须积极教育和引导广大青少年对社会主义核心价值观的理解和认同,帮助他们从小树立起正确的世界观、人生观和价值观,树立远大的志向、培育美好的心灵。诸葛亮曾说:"非学无以广才,非志无以成学。"[8]学习是人们获得不断进步的动力源,也是青少年树立社会主义核心价值观的重要路径。

习近平总书记强调:"好学才能上进。中国共产党人依靠学习走到今天,也必然要依靠学习走向未来。我们的干部要上进,我们的党要上进,我们的国家要上进,我们的民族要上进,就必须大兴学习之风,坚持学习、学习、再学习,坚持实践、实践、再实践。"[9] "全党同志特别是各级领导干部都要有加强学习的紧迫感。"[10]习近平总书记向全党同志强调学习重要的讲话精神,也被视为对作为社会主义建设事业接班人的全国青少年的鞭策,广大青少年要不断拓展学习的广度与深度,追求知识的广博精深,兼收并蓄。对待学习,既要夯实专业知识,又得拓展基础理论;既须立足当下,又得放眼未来;既要钻研书本知识,也要注重实践探索,在理论钻研与实践探索中形成核心竞争力,练就看家本领。

青少年社会主义核心价值观的养成,要靠我们引导他们掌握科学有效的学习方法。学习方法是获取知识并达到学习目的的一种手段和行为方式。学

习方法主要体现出了一个学习者的思维水平,同时对学习者的学习成效产生较为深远的影响,一种好的学习方法会让行为者事半功倍,而一种不恰当的学习方法则使行为者事倍功半,这就要求学习的行为者要正确处理好学与思的关系。"学而不思则罔,思而不学则殆。"[11]这就要求青少年在学习的过程中要学会独立思考与善于进行分析。因此,广大青年只有在学中思、在思中学,学思并进,长期坚持以社会主义核心价值观为人生标尺,牢牢把握正确的世界观、人生观、价值观这把总钥匙,才能求得真知,做出无悔青春的正确选择。

作为我国强基固本的基础工程,培育和践行社会主义核心价值观,覆盖面涉及每一个社会成员。目前,由于社会因素、学校教育、家庭教育及个人习惯与多元文化等诸多影响,部分青少年并没有形成清晰的社会主义核心价值观,更无法真正把握住社会主义核心价值观的核心要义,这种现象严重地阻滞了社会主义核心价值观的养成,不利于国家和社会的长久发展。因此,新时代社会主义核心价值观的养成,要从每一个社会成员勤学开始,在全社会营造靠真学问才能成功的理念和氛围,共同推动社会主义核心价值观的养成。

二、在法治约束的过程中养成社会主义核心价值观

新时代中国特色社会主义法治精神的内涵完善与丰富离不开社会主义核心价值观的融入与补充;同时,社会生活中的法治实践活动又能对社会成员产生严格的约束作用,对个人的行为规范与价值观念的养成提供规范和导向。孔子说:"不学礼,无以立。"[12]良好的社会氛围取决于组成社会的每个主体的具体言行,关键点在于知行合一。为构建良好的环境,应在社会生产生活交往的过程中、在依法治国的国家治理实践中,将法治精神与社会主义核心价值观有机地结合起来,把社会主义核心价值观贯穿于各个方面,积极落实社会公德、家庭美德、个人品德教育,培育文明、和谐、平等、公正、诚信、友善等基本道德观念,这些社会主义核心价值观的养成路径都离不开社会主义法治建设的完善,离不开依法治国实践中的践行约束。

2016年底,中共中央办公厅、国务院办公厅印发了《关于进一步把社会主义核心价值观融入法治建设的指导意见》,明确提出了将社会主义核心价值观全面融入法治建设的顶层设计,并且确立了运用法治来全面推动社会主义核心价值观深植人心的基本方略。[13]法律不是空洞的文本,而是蕴涵着

一个社会对于社会成员个人品行的最低要求与发展期望。也就是说，在推动社会发展的过程中，依法治国的战略与社会主义核心价值观的提出在内在逻辑上具有高度的统一性。在我国新时代中国特色社会主义法治建设的过程中融入社会主义核心价值观，为构筑社会主义核心价值观养成的重要途径提供了重要的保障。在法治实践的过程中通过以法律的强制力和约束力为基础，推动社会主义核心价值观对于社会成员个体行为的引导，内化于心、外化于行，有助于凝聚全体人民对社会发展理想的共识，为实现中国梦提供强大价值引导力、为实现中华民族伟大复兴提供文化凝聚力、为实现中国特色社会主义的胜利提供精神推动力。在法治建设中培育和践行社会主义核心价值观，意味着把社会主义核心价值观有机地、充分地融合于法治实践的全过程，并且在法治实践过程中形成社会主义价值导向，以良政善治为基础，为社会主义核心价值观的外化奠定坚实可靠的制度保障。法治约束与社会主义核心价值观内在逻辑上的统一的外在表现形式，就是要将社会主义核心价值观贯穿于法律法规的"立""执""司""守"的各环节全过程之中，彰显出社会主义核心价值观在科学立法、严格执法、公正司法和全民守法的导向力和凝聚力。

首先，科学立法是法治约束与社会主义核心价值观相结合的起点。坚持以民为本、立法为民的价值取向，在尊重社会治理价值规律的基础上，全面地推动社会主义核心价值观入法入规，以此达到合法性和合理性。只有在法律文本所体现的法治精神中融入了社会主义核心价值观，社会成员才能在社会生活中养成与之相符合的行为规范和思想认同。社会主义核心价值观不是一组简单而又僵硬的文字，而是具有丰富内涵与实践意义的社会共识，是全体社会成员对社会发展期望的一种高度凝练与表达。它既与中华优秀传统文化一脉相承，是中华民族智慧的结晶，也是国家治理实践中与时俱进的经验总结与提升。从古至今，"道德"与"情理"是作为制定法令法规的基本依据，全面推动社会主义核心价值观融入法律法规之中，就是要高度扼要地把社会主义核心价值观进一步地厘析转化为法治实践中明确的法律法规，运用这些高度刚性的富具约束力的法律条文架构起理念与实践之间的桥梁。这既符合立法的科学要求，也是社会期望的一种转换表达。

其次，严格执法是法治约束与社会主义核心价值观相结合的中继环节，是二者由理论进入国家治理实践的具体展现。法律得不到有力执行就会丧失尊严，失去信任。严格执法是社会治理中对底线和尊严的最后守护，必须贯彻平等、公正、和谐等"善治"原则。在国家治理实践过程中的严格执法，意味着必须秉承公平、公正、平等的基本立场，意味着必须消除特权、不偏不倚，意味着消解社会矛盾追求社会和谐。严格执法，既坚守法治的底线，也体现法的威严，但它不是冰冷的行为，对社会成员来说，严格执法也应当是一场场有血有肉、入情入理的法治教育实践，这意味着在严格执法过程中务必善于运用各种手段和方法，积极把握社会心态，积极化解社会各类矛盾，积极引导人们合理合法地表达利益诉求，让社会主义核心价值观在社会治理的过程中得到更好的培育和践行。

再次，公正司法是法治约束与社会主义核心价值观相结合的保障环节。公正司法是展现法治精神的重要体现，要求民众广泛积极参与并要求执法严格按规则施行，体现的是社会的公平正义，同时展现出司法的民主化和专业化相互结合的重要意义。只有完全保证司法活动在公开透明的环境中运行，才能从真正意义上实现法律效果和社会效果的相统一，才能真正实现司法的形式正义与实质正义的相统一。同时，公开透明的司法环境是提升司法公信力的关键因素，全面开展公正司法也是体现国家进行社会主义核心价值观全面建设的底气所在。只有在每一个司法过程中在每一件司法案件中让人民群众感受到正义与公平，才能使社会主义核心价值观真正地深入人心。公正司法既是司法工作的理念，更是司法工作的基本原则，司法工作者必须严守法治底线，做到充分的说情论理。只有坚守公正司法，才能使社会群众在对新时代社会主义核心价值观认同的基础上携手力促法律秩序和自然秩序的和谐。因此，公正司法体现了对社会主义核心价值观的价值评价，同时保证这种价值的判断非个人化，从而防止司法者滥用自由裁量权，保障司法环节中社会主义核心价值观的充分呈现。

最后，全民守法是法治约束与社会主义核心价值观相结合的最终旨归，是我国进行新时代社会主义法治文化建设的核心。全民守法的实现意味着社会主义法治精神得到弘扬，是社会环境、文化氛围、精神境界得到实质提升的结果。全体人民对于法律的遵循与法治实践的拥护程度所体现的就是对社会主义核心价值观的认同程度，也是个体品质是否提升的集中体现。法律本身蕴含道德基础，只有在执法过程中体现价值导向，在司法环节对公平正义加以维护，才能促使社会成员形成信法、守法、用法、靠法的法治意识，才能使新时代社会主义法治精神真正地深入人心。全民守法是内在道德认同的自律与外在法律约束的他律共同作用的结果，是社会主义核心价值观在人民群众中内化的道德认同延伸外化的行为规范，将有力地促进社会法治的不断完善。全民守法是实现依法治国与社会主义核心价值观完美结合的价值旨归。

三、在社会生产实践的过程中养成社会主义核心价值观

马克思指出"人是一切社会关系的总和"[14]。生产劳动使人成为现实的人,生产实践是人所特有的本质属性。社会生产实践是社会主义核心价值观养成的重要途径,也是检验社会主义核心价值观养成情况的重要标尺。

社会主义核心价值观是在养成过程中结合人们的社会生产实践落实到位的,不能大而无当,要"抓小""抓细"。要准确把握社会主义核心价值观的传播规律,严格坚持大处着眼、小处着手的方式方法,一切都从个人开始做起,带动社会层面;从积小善到为大善,从积小德到成大德。同时,要通过积极的宣传教育,让人们不断地感受到社会主义核心价值观在现实生活中与大家的距离并不遥远,让社会成员认识到社会主义核心价值观其实就在现实的生活生产交往之中。"人皆可以为尧舜"[15],要积极宣传各种关于崇德向善的人物事迹,让人们真切地感受到好人好事是社会的主流,并通过这些正面宣传帮助人们树立起身体力行、弘扬真善美的思想导向,摆脱那些"世风日下人心不古"之类感叹的负面影响。要引导人们坚持从每一件小事做起,从具体行为入手,通过孝老爱亲、积善成德、敬业奉献、见贤思齐等具体行为来传播正能量,让社会主义核心价值观变成社会主流。

以德育为核心的教育实践是社会主义核心价值观养成过程中的重要社会生产实践。古人曰:"德者,本也。"[16]这强调了道德修养是作为人的根本,崇德修身是做人做事的首位。"国无德不兴,人无德不立。"[17]如果一个国家没有德行,那么就不可能实现兴旺发达。蔡元培先生指出:"若无德,则虽体魄智力发达,适足助其为恶。"[18]如果一个人没有德性,即便体魄强健、聪明绝顶,这些能力也只会助他做坏事。道德修养不管对国家,还是对个人,都意义重大,其中强调的就是道德修养对个人修身立业以及对国家长治久安的重要性。习近平总书记强调:"德是首要、是方向,一个人只有明大德、守公德、严私德,其才方能用得其所。"[19]青年核心素质体现便是道德素质,只有养成高尚道德品质,才能克服困难、抵御诱惑、战胜挫折,在未来的工作中担当起历史重任。学校是为党和国家培养人才的机构,因此,培养什么样的人、怎样培养人、为谁培养人是进行青少年社会主义核心价值观教育的核心问题。要在教育实践中实现青少年道德建设的中心主旨,在劳动实践中锤炼青少年的高尚品格,通过教育帮助他们养成讲道德、守公德的道德自觉自律,培养出立志报效祖国、服务人民的大德。青少年学生只有立志

高远、立足平时，注重品德修养和道德实践，才能真正担起历史赋予的重任。"同时，还得从小事做起、管好小节开始起步"，"踏踏实实修好公德、私德，学会劳动、学会勤俭、学会感恩、学会助人、学会谦让、学会宽容、学会自省、学会自律。"[20]

　　道德意识及道德行为的相互作用形成了道德品质的"养"，而"养"是一个社会生活过程中的实践范畴，要通过家庭的引导、学校的教育以及社会的启迪等各个方面的协同合力作用来达成目标。新时代社会主义事业的建设过程，不断凝练出核心价值观所倡导的基本要求，从实践的要求回归理论的探索再到实践的检验，都离不开现实的社会生产实践，不论是知识生产、文化生产、经济生产还是政治文明生产都紧紧地回应着时代的要求、回应着社会主义核心价值观的价值遵循。核心价值观的"养"，需要将这些理念观点要求都融入青少年的日常生活、学习和工作的各个场域中，并且使之有效地转化成青少年的道德情感和道德信念，同时养成鲜明的荣辱观、是非观和善恶观。应当重视广大青少年的道德养成教育。纵观过往，我国在青少年道德修养教育上较多地使用灌输式的教育手段以及运用道德说教等被动的教育方式，对道德行为习惯的主动养成没有太多的关注，因此，青少年的道德养成教育实效甚微。想要提高青少年的道德养成实效，应要求青少年从小事做起、从身边做起，这样才能实际提高青少年的道德实践能力。道德实践和道德实践能力并不是彼此割裂的，二者相辅相成、相互促进。道德实践能力是实现青少年道德实践的物质承载，道德实践则是道德实践能力得以检验的标尺。道德实践的开展会因道德实践能力的培养和加强而得以推动；同时，道德实践能力会因为道德实践的重复检验而得以提升。从一定意义上说，一切道德活动和道德行为都是主体在一定道德规范影响下追求一定道德价值的实践过程。因此，必须把道德实践作为道德修养的根本，并通过提高道德实践能力尤其是自觉践行能力来促进道德教育实践。要根据青少年的具体实际开展内容丰富形式多样的道德实践活动，深入地把新时代社会主义核心价值观进一步地细化和生活化，使其更加贴近青少年生活、学习和工作的具体要求和实际行动，使青少年在实践中体味生活、感悟道德、磨炼意志，努力做到知行合一。在社会主义核心价值观养成的社会生产实践中，要加强培育青少年的文化自觉。文化自觉主要是指在一定的文化历史圈子中生活着的人对他们所在的文化持有的自知之明，而且对于这些文化的发展历程和发展方向有着深刻、理性的认识。换句话说，文化自觉就是文化的一种觉醒、反思与创建，并且这种觉醒、反思和创建的动力是来自文化内部的，不是外部压力所

施加的。费孝通先生曾说:"文化自觉是一个艰巨的过程,首先要认识自己的文化,理解所接触到的多种文化,才有条件在这个已经在形成中的多元文化的世界里确立自己的位置,经过自主的适应,和其他文化一起,取长补短,共同建立一个有共同认可的基本秩序和一套多种文化都能和平共处、各舒所长、联手发展的共处守则。"[21] 由此可见,文化自觉乃当代道德教育、思想政治教育实践的必然使命。"道德教育是一种文化性存在,道德教育的本意就是传承文化。"[22] 当前的文化环境呈现出来的是一种全球化与多元化并存的特性,那么,青少年的道德教育就应当具备文化自觉的意识。要通过对青少年的文化自觉的培养,引领其增强道德意识,提高道德觉悟。同时,更要着力培育青少年对本土文化的深刻理解、对传统文化的批判继承以及对外来文化的兼容并包。要大力加强青少年的中华优秀传统文化教育,从中汲取丰富营养,筑牢青少年学生学思践悟社会主义核心价值观的文化基础和思想根基。

总之,新时代社会主义核心价值观的养成,是外在要求和自我学养的有机结合、共同促成,在法治约束下,将社会核心价值观纳入人们的社会生产和精神生产的实践活动,将其融入主体思想深处,自觉外化为实践行为的动态过程。要充分把握其内涵要求,深入拓展社会主义核心价值观的养成路径,稳步推进并使之成为人们日常生活的基本遵循,在社会生产实践和精神生产实践的过程中,增强历史主动,培育文化自觉,使社会主义核心价值观能够发挥其内化于心、外化于行的思想政治教育的功能。

参考文献

[1] [3] [9] [10] [17] [19] [20] 习近平谈治国理政:第1卷[M]. 北京:外文出版社,2018:174,165,407,403,168,173,173.

[2] 高举中国特色社会主义伟大旗帜为全面建设社会主义现代化国家而团结奋斗[M]. 北京:人民出版社,2022:44.

[4] 老子[M]. 饶尚宽,译注. 北京:中华书局,2018:161.

[5] 司空图,袁枚. 诗品集解·续诗品注[M]. 郭绍虞,集解,辑注. 北京:人民文学出版社,2006:155.

[6] 鲁迅. 鲁迅全集:第20卷[M]. 北京:人民文学出版社,1973:663.

[7] 梁启超. 少年中国说[M]. 北京:中国画报出版社,2014:8.

[8] 诸葛亮. 诸葛亮集[M]. 北京:中华书局,1975:57

[11][12] 论语［M］. 陈晓芬. 译注. 北京：中华书局，2016：16，228.

[13] 中共中央办公厅　国务院办公厅印发《关于进一步把社会主义核心价值观融入法治建设的指导意见》［EB/OL］.（2016-12-15）[2023-03-18]. https://www.gov.cn/xinwen/2016-12/25/content_5152713.htm.

[14] 中共中央马克思恩格斯列宁斯大林著作编译局. 马克思恩格斯选集：第一卷［M］. 北京：人民出版社，2012：139.

[15] 孟子［M］. 万丽华，蓝旭，译注. 北京：中华书局，2016：266.

[16] 张凤娟. 大学·中庸·礼记［M］. 呼和浩特：内蒙古人民出版社，2007：26.

[18] 高平叔. 蔡元培教育论著选［M］. 北京：人民教育出版社，2011：78.

[21] 费孝通. 反思·对话·文化自觉［J］. 北京大学学报（哲学社会科学版），1997（3）：15-22，158.

[22] 董海霞. 当代中国道德教育的文化自觉［J］. 山东社会科学，2012（1）：58-62.

基于综合评价法的高校本科生党员发展标准体系[*]

阮映东　李敏智

摘要： 高校本科生党员发展工作是新形势下高校党建工作的重要内容，尤其是 2021 年 4 月中共中央印发了修订后的《中国共产党普通高等学校基层组织工作条例》，对进一步完善高校本科生党员发展标准体系提出了新的要求。本文梳理了当前高校本科生党员发展标准上存在的问题，并根据党章规定和相关文件精神，提出运用综合评价法优化高校本科生党员发展标准体系，对于提高本科生党员发展工作质量和效果进行了有益的探索。

关键词： 综合评价法；高校本科生；党员；标准体系

随着我国经济社会的快速发展，党员队伍也不断壮大，党员队伍已发展逾九千多万，而"据教育部高等教育司司长吴岩介绍，中国建成了世界最大规模的高等教育体系，在学总人数达到 4430 万人，高等教育毛入学率从 2012 年的 30%，提高至 2021 年的 57.8%，提高了 27.8 个百分点，实现历史性跨越，高等教育进入了普及化发展阶段，有更多的人能获得接受高等教育的机会"[1]，高校生源呈现出数量充足但素质参差不齐的特点。因而，严把党员"质量关"、规范高校本科生党员发展工作①成为新时期高校党建工程中的一项重要任务。高校党组织必须高举马克思主义理论伟大旗帜，以习近平新时代中国特色社会主义思想为指导，增强"四个意识"、坚定"四个自信"、做到"两个维护"，全面贯彻党的基本理论、基本路线、基本方略，全面贯彻党的教育方针，坚持教育为人民服务、为中国共产党治国理政服务、为巩固和发展中国特色社会主义制度服务、为改革开放和社会主义现代化建设服务，坚守为党育人、为国育才，培养德智体美劳全面发展的社会主

---

[*] 本文原载于《广东教育（高校思想教育探索）》2023 年第 1 期。
　　本文在广东省高校党建研究会本科分会 2021 年年会论文评比活动中获评一等奖。
① 党员发展工作中的"发展"，有广义与狭义之分。广义的发展，指的是包括培养、考察、接收、转正等一系列程序；狭义的发展，指的是党支部接收预备党员的环节。本文所指是后者，即狭义的发展。

义建设者和接班人。本文结合中共中央印发的修订后的《中国共产党普通高等学校基层组织工作条例》和笔者多年来的一线从业实践，针对当前高校本科生党员发展工作的现状进行分析，指出其存在的主要问题，并对以综合评价法优化高校本科生入党标准体系进行有益探索。

一、规范高校本科生党员发展工作的必要性

大学生党员是党的新鲜血液和党的伟大事业的继承者，是建设社会主义的中坚力量。[2]当前，我国高校都相当重视本科生党员发展工作，也取得了一定的成效、积累了一定的经验。但进一步推动高校本科生党员发展工作在更加程序化、规范化的轨道上运行，仍具有一定的必要性。

（一）规范高校本科生党员发展工作是党和国家的一贯要求

我党历来重视对青年的培养，并对其寄予厚望。这种精神和意志在党的十八大报告中得以进一步强化，如"中国特色社会主义事业是面向未来的事业，需要一代又一代有志青年接续奋斗"。2004年中共中央、国务院发布的《关于进一步加强和改进大学生思想政治教育的意见》，明确要求"高等学校党组织要高度重视学生党员发展工作，坚持标准，保证质量，把优秀大学生吸纳到党的队伍中来"。2021年4月，中共中央印发了修订后的《中国共产党普通高等学校基层组织工作条例》。由此可见，只有规范地发展高校本科生党员，才有可能做到"把优秀大学生吸纳到党的队伍中来"，真正贯彻好党和国家的决策部署。

（二）规范高校本科生党员发展工作是高校践行育人职责的应有之义

规范高校本科生党员发展工作不仅有利于学生党员增强党性修养、发挥其先锋模范作用，也有利于充分发挥高校党组织的政治优势和组织优势，为巩固党的执政基础、推进党的建设新的伟大工程提供重要支撑。[3]理论上讲，高校本科生党员是大学生中的精英集体，能体现高校中政治最坚定、精神状态最良好、学力最佳等各种先进要素，这也是高校本科生入党意愿强烈的重要原因。据中组部统计数据显示，近年来高学历和高校本科生党员、青年党员在党员队伍中的比例稳步增长。截至2021年12月31日，中国共产党员总数为9671.2万名，其中学生党员为305.2万名……2021年共发展党

员为 438.3 万名，其中发展学生党员为 176.5 万名。[4] 换言之，高校每年发展高校本科生党员人数均超全国发展党员总数的 40%，高校学生已成为党员队伍新鲜血液的重要来源。在这种情况下，只有建立更规范化、更程序化的高校入党工作机制，才能满足和顺应大批量优秀高校本科生入党的客观需求，为优秀高校本科生向党组织靠拢提供畅通有效的渠道和人性化的服务，彰显择优入党的公平正义。

（三）规范高校本科生党员发展工作是党员队伍源头治腐的重要举措

清正廉洁是共产党人的本色。但由于现代物质文明建设的日新月异与精神文明建设的相对滞后，我党近年来的反腐倡廉面临极大挑战。党的十八大报告指出"这个问题解决不好，就会对党造成致命伤害，甚至亡党亡国"，这种严苛提法是我党有史以来第一次写进党代会报告文本。要做到惩防并举、注重预防，就必须高度关注高校本科生新党员这个占新党员 1/3 的庞大群体，做到关口前移，在大学这个入党审查相对薄弱的时期紧紧把住门槛。反观现实，部分高校本科生在入党时，受到配合学业发展、提升政治积累、方便就业和社交等多种外因影响，功利性比较强，入党动机不纯。这样的高校本科生往往能力较强，却由于缺乏党性信仰，出社会最容易被腐蚀。从这个意义上讲，规范高校本科生党员发展工作，是拒腐防变工作关口前移的有效延伸，关系到保持党的队伍纯洁性和先进性的大局。

二、高校本科生党员发展工作存在的主要问题

当前，制约高校本科生党员发展工作规范化、程序化的主要问题有三类：一是考察高校本科生党员发展的标准不够全面；二是考察高校本科生党员发展的标准基本全面，但实际操作性不够强；三是考察高校本科生党员发展的标准基本全面，操作性基本具备，但实践中把握不够严格。

（一）考察高校本科生党员发展的标准不够全面

其一，仅看重政治表现。过度看重学生的党员属性，基本忽略其高校学生属性，认为政治素养是唯一的关键因素。只要学生能熟读党章、熟悉党的政策方针，入党表现积极，便能发展，而不考虑学生的综合素质和能力。

其二，仅看重学习成绩。与前一条相反，过度看重高校学生的学生属

性,而忽略其党员属性,将成绩视为评价的唯一指标,认为高校本科生的第一要务是学习,如果学习成绩优异,即便其他方面的表现并不突出也可以作为发展对象。学习成绩是可以量化的,容易判断、识别,因此出现以学习成绩排名作为入党先后排序的现象。

其三,仅看重社会工作。这是以偏概全的又一典型。目前高校为本科生提供了不少社会工作的平台,包括学生干部、学生助理等岗位,热衷参加社会工作的学生大多态度积极,人际关系好。基层党务工作者对此类学生有较深的印象,发展党员时往往优先考虑他们。

(二)高校本科生党员的发展标准操作性不够强

有些高校为考察本科生党员发展特别制定了标准,综合考虑了政治表现、学习成绩、社会工作等因素。但因为没有具体的操作方法、缺乏细化的参照指标或评价标准模糊不精确等,使得标准流于形式。譬如某高校的标准是要求入党态度积极,但既没有对"积极"作定量规定,如递交申请书次数等;也没有定性描述,如公开场合向组织口头表达意愿等;还缺乏操作上的刚性,如入党态度从哪几个方面去考察,哪些人可以对该生的入党态度作出评价等,均没有详细的规定。这样,主管入党工作人员的随意性和自由裁量权就相当大,既容易滋生灰色地带,又容易造成工作失误。

(三)对高校本科生党员的发展标准把握不够严格

有的高校尽管制定了较为全面的本科生党员的发展标准,也兼具可操作性,但执行者思想上的不重视、考核者对党务管理者在发展高校本科生入党方面绩效考核的"重数、不重量",导致实际执行中对党员标准把握不严。他们中有的为了追求数量而忽视质量;有的为了减少发展党员工作中的矛盾,还有的认为高校本科生年纪轻、历练少,有这样或那样的问题是可以理解的,可先发展再教育,诸如此类不同的想法、诉求和观念,导致不同程度地降低了高校本科生党员发展的标准,甚至出现在校期间只要递交了入党申请书就能发展成为党员的现象。

对此,解决问题的切入点和关键在于,要综合考量新时期新形势下高校本科生党员入党工作,因地制宜地整合和重构标准,形成一套"硬约束"和"软控制"体系,以此带动入党申请者和考核者有规矩可循,最大程度地减少自由裁量空间,从而提升发展高校本科生入党工作的规范性。

三、基于综合评价法构建高校本科生党员发展体系的可行性分析

综合评价法作为近年来比较受欢迎的绩效评估和管理办法,被广泛应用于企业、事业单位和各种社会组织。其核心是强调对各种评价维度和要素进行整合,形成考评者、被考评者以及监督者多方认同的标准,从而调动各方的积极性,提升执行标准的效率和刚性。其主要特点有:一是设置分类指标,对不同的对象设定不同的、与之相匹配的标准,注重整体标准和个性标准有机结合,定量标准和定性标准的有机统一。二是注重动态调整,标准实施前,施、受双方经过沟通,达成共识和认可。对于其中定性标准的一些变量要素,接受方可以根据自身实际情况提出动议,从而争取更客观、更公正的评价。三是强调多向进行,指标体系完全公开、透明执行,所以施予考核者必须接受考评者或第三方的监督,这就为提升和改进工作效能打下良好基础。对照综合评价法的这些特点,高校本科生党员发展工作可以参照执行,以克服当前不规范的积弊。

(一)入党标准择取上采取分类指标

随着我国出生率的不断下降,高考学生人数从 2009 年开始呈现下降的趋势,与此同时,高考平均录取率却在逐年上升。这就在一定程度上导致了高校录取分数线下降、高等教育门槛降低,最终造成高校生源的构成产生变化。高等教育生源背景的不同,直接导致学生对学业和社会认知的差异。以笔者所调研的学生来源结构为例,城市背景的学生占 76%,农村背景的学生占 24%,家庭收入介于 6000 元/年到 720000 元/年之间,分布点非常离散。不同经济基础家庭支撑下的学生的生活情况也不尽相同——经济条件最好的学生,可以拥有两台笔记本电脑,在学校附近租住高级公寓;而经济条件最差的学生,平均每天生活费不足 10 元。这些学生的心理状态、对学业以及社会的认知和态度必然不同。因此,对于这些家庭背景、价值判断分布高度离散的学生群体,在入党标准择取上完全可以采取分类指标。

(二)根据实际情况进行动态调整

改革开放以来,我国的经济、文化快速发展,学生的学习生活也随之丰富,其课堂之外的活动也日趋多样。比如,2010 年广州市举办第 16 届亚运

会，全市抽调了大批高校本科生担任志愿者，这些志愿者在维护会场秩序、文明引导、后勤保障等各方面都发挥了重要的作用。亚运会结束后，一部分学校的辅导员和学生提出，在遴选优秀干部、三好学生时应该将这些社会服务经历纳入考核体系中，并最终获得校方采纳。这就是一个典型的动态调整过程，由被考核者提出，最终得到考核方的认可，成为大家都认可的考评标准。既然在优秀干部、三好学生等评比工作中可以实施动态调整，那么在本科生党员发展工作中，也完全可以参照综合评价法予以实施。

（三）考评、引导、监督多向进行

随着社会的发展、进步，人民的权利意识也不断提升，为在考核中建立更广泛的信任，高校本科生党员发展的考评工作可以在多方相互信任的基础上开展。

换言之，就是在考核工作中应建立相互之间更广泛的信任，同时考核活动本身也必须接受公平公正的考验。从这个意义上讲，入党考评活动就演化成多向进行的活动，学生党支部以及学生党员干部对入党积极分子进行考评；教师等党务工作者对考评活动的公正性进行引导；同时，包括入党积极分子在内的学生群众，以及院系、平行行政机构等第三方的监督力量，也对教师党务工作者的组织引导进行评价。这样，在多向并行状态下，既能彰显指标的公正、确保考评工作在阳光下进行，也能给党务工作者最好的保护。

从以上三方面论证可见，引入综合评价法来规范高校本科生党员发展工作是具有现实可行性的。

四、基于综合评价法优化高校本科生党员发展标准体系的路径

基于综合评价法优化高校本科生党员发展标准体系，通过三个基本环节贯穿整个过程并最终形成一个完整、封闭的体系，这三个基本环节即谁来评、评什么、怎么评。

（一）谁来评——基于评价主体的考察

在高校本科生党员发展的整个工作程序中，学生是第一主体，但根据综合评价法的多向进行原则，所有环节的相关人员都应该在其中充当角色。那么，这个评价主体的范畴，应包括学生自评、培养人评价、辅导员评价、班主任评价、党支部成员互评、群众民主评议等方面。

一是学生自评。高校本科生党员发展工作中的学生自评环节虽然所占权重不是很高，但却也是整个工作流程中不可或缺的环节。自我评价往往会由于主观扬长避短心理夸大优点或文过饰非而影响到评价的真实度，所以这个评价内容应主要集中于提供学生自己的客观信息，如以往的经历、学习的成绩、参加的活动、取得的荣誉等，这些内容最好能够量化，减少信息的模糊性；而且，作为入党考评的基本背景，自评分数的权重不宜太高，设在5%左右比较合理，最高不宜超过10%。

二是培养人评价。按照党章规定，学生在成为入党积极分子之后，党组织指定一至两名正式党员担任其培养联系人。学生从入党积极分子到发展对象再到被党组织接收为预备党员的过程中，均需定期向培养联系人汇报自己的思想动态及各方面的表现。这些入党培养人往往承担着一定的信用担保或培养责任。因而，培养人应当履行对入党积极分子进行评价和培养的义务。从重要性和相关性程度来判断，这一环节所占权重设定在15%～20%区间较为合适。

三是辅导员评价。辅导员专职从事学生思想教育和行为管理工作，是高校学生事务的一线工作者，是基层党务工作者，负责指导学生进行支部建设。辅导员的定位是高校本科生成长成才的引路人和知心朋友，在日常的教育和管理中与高校本科生密切接触。因此，辅导员可以对发展对象是否已经成熟，是否可以发展为党员进行综合把握。从重要性和相关性看，这一环节的权重设定为10%较为合适，而考虑到辅导员多与入党培养人身份重合，此分数或可与入党培养人评价分数进行整合，整合后的评价分数权重至少应达到20%。

四是班主任评价。班主任与辅导员同为高校学生事务管理一线工作人员，一般由专业任课老师担任，能对学生在专业领域内的学习能力和科研能力及平时的学习态度、学习成效等进行科学而客观的评价。考虑到班主任的角色是学习导师（且绝大部分由任课老师担任），应当主要在学习板块进行评价，而该评价应以客观、量化的分数作为评判标准最合适。由于高校本科生的主要职责还是学习，所以分数权重不能太低，加之有量化的分数作为参考，科学性和准确性较高，所以这一环节的权重应大于辅导员评价，取20%～25%是较合适的区间。

五是党支部成员评价。由拟发展对象所在党支部的成员听取其汇报，由入党联系人及群众给出意见评价，由支部结合综合评价对发展对象的表现作出判断。因党支部的评价反映的是对入党积极分子的整体接纳意向，当入党

积极分子成为预备党员后,就相当于正式成为党支部的一员,所以支部评价的重要性显而易见。因此这一环节的分数权重应大致与班主任评价持平,即设置在20%~25%的区间。

六是群众民主评议。评价主体主要包括发展对象同班级、同宿舍,或是在社会活动中一起工作的学生。这些学生与发展对象朝夕相处、身份相同,对发展对象的思想行为等各方面有着清晰的认识。这一环节反映的是"多对一"的考评,往往最能体现一个人在集体中的角色定位和日常表现。因此,为有效发挥这一环节的作用,参评群众的基数要大,分值权重也要大,甚至可以将其设定为所占权重最大的因子,宜设置在30%~35%。

(二)评什么——基于评价内容的思考

依据综合评价法中分类指标和动态调整原则,评价内容应该体现多个导向,包括政治、业务、素质、特殊贡献等方面,并且区分不同的优秀入党分子类型,从而凸显现实中的优秀入党分子,并将其吸纳进党组织。根据学生的表现,可将优秀入党分子划分为四个大类:一是表现为学业突出类,二是表现为政治先进类,三是表现为特殊贡献类,四是表现为均衡发展类。每一类都具有不同的内容权重因子,但均应该包括以下四项评价内容。

一是政治素养。政治立场坚定,坚决拥护党的领导,拥护党的路线、方针、政策,在重大问题上坚持原则,与党中央保持一致。入党动机纯正。积极参加理论学习和党组织活动。认真参加入党积极分子培训班的学习并顺利结业。思想政治理论课程成绩优良。每个季度向培养考察人汇报自己的思想状况,每学年向党组织递交思想汇报不少于四篇。本人及直系亲属、主要社会关系政历清白。

二是业务能力。因高校本科生的业务能力主要体现在学业领域,所以需要考察其学习态度是否端正,考试成绩是否优良,有无考核不通过的科目等。此外,培养对象还需积极培养创新能力,积极参加集体活动以及科研竞赛等。

三是综合修养。道德品质优秀,积极参加社会活动,包括学生干部工作、勤工助学工作、社会公益活动以及其他社会实践。积极参加集体活动,有较强的集体意识。团结同学、助人为乐、群众基础好,无群众反对的突出问题。

四是公民素质。该项内容主要体现为遵纪守法,无任何违法违纪记录,充分体现当代高校本科生风范,无违规记录,无通报批评记录等。

以上是评价的基本内容，不同类别的入党积极分子要依据权重因子区别对待：第一，对于学业突出类入党积极分子，应以业务能力为主要指标，明确规定学习成绩的量化标准，如位于班级的前几名，总分不低于某个分数线等。同时，配合综合修养作为辅助指标，政治素养和公民素质作为次级指标，规定可量化的底线指标，如明确无政治污点或不良记录的刚性标准。这样就可以确保把一部分高度专注于学习、学业优秀但社会生活经验相对不够丰富的优秀学生党员积极分子吸纳到党组织中来。第二，对于政治先进类入党积极分子，应以政治素养为主指标，如担任团组织机构（如团中央、团省委、团市委、校团组织）或学联机构的职务，或作为代表参与了相应的大型活动、有先进表现等。同时，由于这类分子性格外向、行动力强，应配合综合修养作为辅指标，以业务能力和公民素质作为底线要求的次指标。这样就可以为政治活跃、立场坚定、表现较好的学生提供入党渠道，同时拒绝不学无术的投机者。第三，对于特殊贡献类入党积极分子，应以综合修养为主指标，即专注考察其在某个领域中的特别作用，典型例子是代表国家参加奥运会、亚运会等大型赛事的运动员，因见义勇为等事情在社会上受到广泛关注的标签式公众人物等。同时，配合政治素养为辅指标，以业务能力和公民素质为底线要求的次指标。这样，可以对一小部分非主流的优秀入党积极分子打通向党组织靠拢的通道。第四，对于均衡发展类入党积极分子，应平均分配各指标的权重因子，不作指标的主次排列，但要始终确保把关的严格性，要在政治素养、业务能力、综合修养和公民素质等指标中，都要明确底线指标。这样，可以将那些各方面都符合入党条件要求，但在各方面都无明显亮点的学生吸纳到党组织中来，同时确保不会降低高校本科生的入党门槛。

由此可见，分类入党标准的设定，实质上是对入党的基本条件进行不同权重的搭配组合，从而不拘一格降人才。值得一提的是，各类标准要紧紧把住次指标的底线要求，这样才能确保高校本科生入党的择优率，贯彻"坚持标准，保证质量，改善结构，慎重发展"的方针，达到优化高校本科生党员发展标准工作的目的。

（三）怎样评——基于评价流程的分析

一是制订出台考评方案。中央对发展党员有原则性的规定，比如《中国共产党发展党员工作细则》涉及各个环节的明确要求，可以说高校本科生入党的总体框架是固定的。但在这个刚性的框架内，可以对高校本科生入

党考评方案进行细化、具体化，以考评授受双方的互动和方案微调促成共识，这也是综合评价法的亮点所在。因而，评价流程的第一步，就是要科学地制订考评方案：由高校党务工作者根据一般化的评价细则拟定初步方案，考评方案可以是提纲挈领式、骨干结构式的，然后召集管辖范围内的学生干部开会，公布初步方案，要求阅读方案并动员征求意见。征求意见采取书面形式，规定在一定期限内完成，注明逾期不反馈视为无意见。在约定期限到达后，梳理意见和建议，对照初稿进行优化、调整和完善。然后，再将优化后的方案下达学生干部，约定在一定期限内予以确认。这个时间应大大短于第一次征集意见的时限，重在知会和获得认同。第二次优化方案完成后，应以召集管辖范围内全体学生大会的形式或公开发布的形式，将方案下达到每一位学生，并第三次征集意见。在这次征集意见的基础上，形成对方案的第三次完善。在制订考评方案这一环节中，有以下三个关键点需重点把握：其一是逐步征得认同，即先争取少数人的认同（如学生干部），然后再逐步扩大争取范围，不断吸纳意见并形成共识。这样做既有利于化难为易，确保争取到大多数人的支持，也有利于激发和扩大高校本科生的参与度，让学生在逐步深化接触中了解、掌握相关规则情况。其二是采取递进的方式，不断接近最终的方案，践行了民主协商和妥协的精神，大大减少了标准在以后执行中的阻力。值得一提的是，为了确保递进不至于沦为无序的争执，各次征求意见的时间应该呈递减态势，各次征求的完善修改幅度也应该呈递减态势。其三，这一环节的考评方案，应该将前述的"谁来评"以及"评什么"内容都囊括在内，建立可靠的执行基础。

二是组织实施考评方案。严格按照方案推进党员发展工作，应遵循以下流程：由学生递交入党申请书并给予自评；由培养人根据其表现进行评价；由辅导员或班主任进行评价；由群众进行评价；最后，按照规定召开党支部会议，完成党支部成员评价。在执行过程中，关键是实施考评方案的刚性配合和补充出台考评方案的弹性。具体说来，一旦方案得以确定，在本评价周期之内都不应该再作修改和调整，必须根据次序、围绕内容严格地执行（包括有些可能失之偏颇的约定），这样才能确立程序的规范性和组织的公信力。另外，为了进一步强化刚性，还可以采取一些事先约定的强硬方式，比如在群众评价环节，除了要求群众依循常例发表意见之外，还可以随机发放书面问卷，被抽中的群众要强制发表意见，不能沉默或弃权。特别是在党支部成员评价这个环节，必须遵守标准、严肃形式、严守纪律，严格按照党章及发展党员的工作细则执行。

三是检验和提升方案。依据各个环节的权重,计算分数,得出结果。入党积极分子成为预备党员后,按规定执行一年的考察期。在考察过程中,着重审察预备党员的书面学习心得体会及其实际表现,不断对前述各个环节多权重分数进行调整。如果在考察期内,分数已经低于既定的底线标准,就要延长考察期。对于顺利通过考察期的预备党员,则转为正式党员。此时党务工作者应总结在本评价周期内的评价标准的失真度,提出对本评价周期内发展党员工作标准的优化改进意见,并将之纳入下一个评价周期的初步方案制订中。这一环节关键在于客观审视评价周期的标准,固化、强化合理部分,调整、剔除不合理部分,并使之体现到后续的评价中。由此可见,综合评价法经由高校本科生入党标准体系这个载体,连通了高校本科生入党的起始和结尾工作,构建了高校本科生入党工作的完整程序。

参考文献

[1] 孙亚慧. 高等教育:从大众化到普及化 [N]. 人民日报海外版,2022-05-30 (09).

[2] 王本成. 构建高校学生党员先进性建设量化考核体系研究 [J]. 学校党建与思想教育,2018 (12):39-40,48.

[3] 张静,杨明光,杨克欣,等. 论高校学生党员队伍的先进性建设 [J]. 思想教育研究,2006 (9):25-28.

[4] 中华人民共和国中央人民政府. 中国共产党党内统计公报 [EB/OL]. (2022-06-29) [2022-10-26]. http://www.gov.cn/xinwen/2022-06/29/content_5698404.htm.

论美好生活观的思想政治教育价值及其实现[*]

王天琪

摘要: 新时代美好生活是中国特色社会主义的美好生活,是人民共建共享的美好生活,是美美与共的美好生活。思想政治教育视野下,新时代美好生活观具有感悟中国共产党的初心使命、凝聚同心共筑中国梦磅礴伟力和推动建设更加美好世界的价值意蕴。新时代美好生活观的思想政治教育价值实现需要实践推进和理论武装的双重驱动。树立正确价值观、劳动观和文明观,发现、创造和共享美好生活,是实现其思想政治教育价值的重要路径。

关键词: 美好生活;思想政治教育价值;价值

人类千百年来始终追求更加美好的生活,共产主义运动的最终目的是为全体人民谋幸福,"在那里,每个人的自由发展是一切人的自由发展的条件"[1]。中国共产党继承了共产党人的一贯追求,始终把全心全意为人民服务作为根本宗旨,"把人民对美好生活的向往作为奋斗目标"[2]。挖掘和阐释美好生活观的内涵及其思想政治教育价值,既有助于拓展思想政治教育的研究视野,也有利于夯实新时代党的群众基础。

一、新时代美好生活观的三重向度

美好生活既表达了生活的合目的性,又彰显出生活的合规律性。[3] 新时代美好生活观从国内和国际、理念和实践对美好生活的内涵做了深刻阐释,框定了新时代美好生活的价值属性、实践旨归和文明意蕴。

(一) 美好生活是中国特色社会主义的美好生活

美好生活有广义和狭义之分。从广义角度看,对美好生活的向往是人类

---

[*] 本文原载于《思想政治教育研究》2023 年第 6 期。
基金项目:本文系国家社科基金重点项目"新时代高校思想政治教育话语体系创新研究"(21AKS022);教育部高校思想政治理论课教师研究专项重大课题攻关项目"新发展阶段思政课教育教学规律、学生认知规律和接受特点研究"(21JDSZKZ04)成果。

的共同追求;从狭义角度看,美好生活不是别的国家、别的时代的生活,是新时代中国特色社会主义的美好生活,与中国特色社会主义道路、制度、理论和文化密切相连。中国特色社会主义道路是中国共产党人带领亿万人民艰难摸索出的、适宜中国国情的、实现人民美好生活的必经之路。中国特色社会主义理论体系以科学之声回应时代之问,新时代新征程必须以习近平新时代中国特色社会主义思想为指导,为建设更加美好的生活提供科学指南。中国特色社会主义制度为实现人民美好生活搭构基础框架,它将根本制度、基本制度和重要制度有机结合,保障经济、政治、文化、社会、生态领域有序发展,其稳定性与优越性保证了美好生活的实现。中国特色社会主义文化是中华民族文化精华的传承发展,既溯源悠久,又与时俱进,为人民迈向美好生活提供了广袤的精神家园,为实现人民美好生活提供了丰富精神滋养。

(二) 美好生活是人民共建共享的美好生活

习近平总书记指出:"我们的人民热爱生活,期盼有更好的教育、更稳定的工作、更满意的、更可靠的社会保障、更高水平的医疗卫生服务、更舒适的居住条件、更优美的环境,期盼孩子们能成长得更好、工作得更好、生活得更好。"[4]我国社会主要矛盾已经转化为人民日益增长的美好生活需要和不平衡不充分的发展之间的矛盾。矛盾的出现意味着存在现实的问题,作为现实的问题,我国社会主要矛盾的转化意味着美好生活由理想正转变为现实,我们迈上了追求更加美好的生活的台阶。美好生活要在实践中丰富,不断向纵深展开和跃升。在新时代,我们将从物质文化相对单一的生活向"更加全面"的美好生活拓展,我们将从相对基本的保障向"更加高级"的美好生活跃升。新时代就是全国各族人民团结奋斗,逐步实现全体人民共同富裕,享有更加多样、全面和更高水平的美好生活。

(三) 美好生活是美美与共的美好生活

对美好生活的向往是超越阶级和时空的共同心声,是人类恒久的共同理想,但是由于历史文化、发展阶段的不同,对美好生活的期待不完全一样。习近平总书记指出:"各国之间的联系从来没有像今天这样紧密,世界人民对美好生活的向往从来没有像今天这样强烈,人类战胜困难的手段从来没有像今天这样丰富。"[5]古丝绸之路是先辈对美好生活的向往,"一带一路"建设则承载着当代人对美好生活的追求,是人们不断追求美好生活促进历史不断发展的当代体现。中国顺应世界多极化、经济全球化、社会信息化和文化多样化的时代潮流,提出构建人类命运共同体。人类命运共同体突破了传统的国际关系格局,为创造人类共同的美好生活贡献了中国智慧。同时,中国始终坚持和平共处五项原则,积极参与推动全球治理体系变革,努力构建有利于人类共享美好生活的新型国际关系。

二、新时代美好生活观的思想政治教育价值意蕴

新时代美好生活观坚持马克思主义的立场、观点和方法,与西方学者关于美好生活的论述相比有巨大的超越。新时代美好生活观植根于现实的社会生活,突破西方学者将美好生活抽离于社会实践的局限;立足于现实的人,突破了西方学者将美好生活置于抽象的人的局限;服务于人类的美好未来,突破了西方美好生活论析的狭隘价值视野。思想政治教育视野下,新时代美好生活观具有感悟中国共产党的初心使命、凝聚同心共筑中国梦的磅礴伟力和推动建设更加美好世界的价值意蕴。

第一,感悟中国共产党的初心使命,把广大群众更紧密团结在党的周围。习近平总书记指出:"带领人民创造美好生活,是我们党始终不渝的奋斗目标"[6],"要坚持人民主体地位,顺应人民群众对美好生活的向往"[7]。对党员干部而言,人民对美好生活的向往是使命担当,是全心全意为人民服务的具体体现;对全体人民而言,美好生活是社会理想和个人理想的有机统一,是对未来的美好期待和坚定信心。带领人民创造美好生活,这是党的使命和责任;顺应人民对美好生活的向往,这是人民对党的殷殷期待。"带领"强调内在的使命,"顺应"强调外在的呼声。作为内在使命,党对人民追求美好生活心愿的高度重视是坚持人民至上的生动表达,体现了人民追求的至上性、人民利益的至上性、人民地位的至上性、人民力量的至上性,因而党始终得到全体人民的坚决拥护;作为外在呼声,中国实现了从站起来、富起来再到强起来的阶梯式飞跃,人民在不同时期对美好生活的向往逐步实现,清晰地映照出了中国共产党是以人民为中心的使命型政党。因此,体现党的初心使命的美好生活追求是中国共产党可敬可亲可信的具体体现,既有利于全体党员坚守初心使命,也有利于提升全体人民对党的拥护和爱戴。新时代新征程中,人民对美好生活的需求有了更高的要求和更深刻的时代内涵。面对内在的使命和外在的呼声,我们必须不断推进党的建设新的伟大工程,保证党自身的先进性、纯洁性,让党始终成为时代先锋、民族脊梁,始终成为具有其他政党难以比肩的吸引力和战斗力的马克思主义执政党。

第二，焕发更为强烈的历史主动精神，凝聚同心共筑中国梦的磅礴力量。习近平总书记指出："以人民为中心的发展思想，不是一个抽象的、玄奥的概念，不能只停留在口头上、止步于思想环节，而要体现在经济社会发展各个环节。"[8]也就是说，社会主义现代化建设不是与人民日常生活相脱离的"去生活化"发展。当富强理想初步实现之后，人民的基本生活有了保障，生存性的需求在人民生活中的份额占比缩小，追求更全面、更幸福的生活状态占比增大。相应地，社会主义现代化建设就需要由更加注重"生产"转换为更加注重"生活"，由注重经济总量、经济指标到注重人民生活质量、人民的获得感，由注重满足物质利益、保证基本生活水平到注重精神文化需求、全面提升生活质量的转变。因此，人民对美好生活的向往是全体人民共同的心声和愿望，与人民切身利益息息相关，这是新时代新征程中凝聚人心、克服困难的基础和关键。党的十八大以来，我国人民的前进动力更加强大、奋斗精神更加昂扬、必胜信念更加坚定，展现出中国特色社会主义现代化建设的强大生机和活力。在新的历史起点，我们擘画出了美好生活的宏伟蓝图，需要更好地激发全体人民的历史主动精神，让全体人民以更强烈的历史自觉投入到中国梦新长征的伟大实践中。

第三，展现人类文明发展新形态，推动建设更加美好的世界。人类作为一个休戚与共的共同体，美好生活不仅是中国人民的向往，也是世界人民的愿望体现。但是，从当前世界格局看，冷战思维、零和博弈、适者生存大行其道，其结果是"全球最富有的1%人口拥有的财富量超过其余99%人口财富的总和""对很多家庭而言，拥有温暖住房、充足食物、稳定工作还是一种奢望"[9]。显然，这愈发与人类对美好生活的向往和追求相矛盾，国际贸易战频发、地区局部战争从未停止、恐暴恶性事件发生率上涨、破坏世界和平的因素膨胀，因此实现美好生活的路途任重道远。中国所言的美好生活不同于西方国家标榜的"美好生活"。一方面，美好生活是广泛而真实的美好生活，其享受主体广泛，人民是美好生活的创造者和享有者。而西方"美好生活"的享有对象主体狭窄，集中在占人口少数的资产阶级，这是局部的美好，而不是广泛的美好。另一方面，美好生活超越了人的片面发展的缺陷，也超越冷战思维、零和博弈、适者生存等传统逻辑。这不仅是中国人民对未来理想生活状态向往的总体概括，还是人类共同体彼此之间平等和谐、积极向上的全面自由发展。因此，中国所倡导的美好生活价值意蕴突破了阶级壁垒和地域壁垒，具有普遍性、前瞻性。对此，中国已经在行动，在中国特色社会主义伟大实践中精准地把握人民对美好生活的新期待，努力建设人

民的美好生活,为建设人类美好生活提供了中国方案,展现了人类文明新形态的生机活力与美好前景。

三、新时代美好生活观的思想政治教育价值实现

新时代美好生活观蕴含独特的思想政治教育价值,但是这种潜在的价值还需要转换为现实的价值。由潜在的价值转换为现实的价值需要实践推进和理论武装的双重驱动。历史已经证明了中国特色社会主义道路的正确选择,中华民族伟大复兴已经不可逆转,我们正坚定不移地推进这一历史任务,因此加强新时代美好生活观理论武装是不可或缺的路径。

(一)培育正确的价值观,发现美好生活

美好生活是主观和客观的统一。丰裕的物质条件和丰富的精神条件是美好生活的必要前提和基础。其实不管是在哪个历史发展阶段,美好的事物始终存在,但是即使在丰裕的物质条件和丰富的精神条件下,主体却不一定能感受到生活的美好。美好生活离不开一定的客观条件,但也离不开主体的内在价值尺度。美好生活不是让人盲目听从或者简单适应外部世界的一种消极状态,而是需要高度的文化自觉。

一是正确认识美好生活本身。美好生活是一个涵容度很广且恒议恒新的概念,基于不同立场、不同视角有不同的理解。要坚持马克思主义的立场、观点和方法,把握美好生活的发展性、全面性和历史性。美好生活不是静止的已成状态,也不是未来的终极状态,而是现实与理想的统一,是不断创造更加美好的生活;美好生活不是低水平的、低级趣味的生活,而是不断向更高水平跃升、健康向上的美好生活;美好生活不是物质富有、精神贫乏,而是物质生活和精神生活协调发展且随时代发展而发展的美好生活。在新的历史起点上,以中国式现代化全面推进中华民族伟大复兴的过程就是物质文明和精神文明协调发展、人与自然和谐共生的惠及全体人民又促进世界和平发展的创造更加美好生活的过程。

二是正确认识个人与社会的辩证关系。人的本质"在其现实性上,它是一切社会关系的总和"[10]。人是社会的人,社会是人们交往的产物,是人类社会的共同体。因此,个人与社会的关系问题是把握美好生活的重要着眼点。"解放生产力,发展生产力,消灭剥削,消除两极分化,最终达到共同富裕"[11],是社会主义初级阶段建设美好生活的题中之义。在这个阶段中,

个人利益和社会集体利益在根本上是一致的，但是社会集体利益不是个人利益的简单相加，是带有根本性、全局性、长远性的利益，是个人的根本利益和长远利益。也就是说，全体人民的美好生活追求和个体的美好生活向往之间难免会发生矛盾，这些矛盾有的是可以缓和、化解的，有的则可能会有冲突。个人应当以大局为重，坚持社会集体利益高于个人利益，因为社会集体利益的实现最终也是为了更好地实现个体利益，从而促进个体美好生活的实现。

三是培养不卑不亢的价值智慧。不同境遇下不同主体之间的客观条件不同，即使在同样的客观条件下，不同的主体也有不同的理解和体验。在主体的交流和比较中，如果只是从表面进行简单比较，就可能产生"百事不如人"的自卑心态，或者产生"本自圆成，不自外求"的自大心态。不管是自卑心态还是自大心态，都很难让主体感受到生活的美好。人是社会性的存在，不同主体之间的比较是必然存在的，在美好生活的比较中做到不卑不亢，离不开主体的价值定力，也就是主体遵循的根本价值尺度。价值尺度建立在对过去、现在和未来的穿透性的认识基础上的准确定位，确立了主体的自主能力和自主定位。如果主体确立了健康合理的价值尺度，那么其解码生活能力也是健康合理的，即使客体条件相对弱势，也可以体悟到生活的美好。

（二）确立科学的劳动观，创造美好生活

新时代人民美好生活需要在广度上日益拓展和水平上不断跃升，这就需要全体人民的共同奋斗。全体人民的共同奋斗过程就是在劳动中实现超越获得深度幸福的过程，就是劳动成果更高层次更公平惠及全体人民的过程。

一是劳动就是美好生活。习近平总书记指出，"奋斗本身就是一种幸福"[12]。劳动是主体力量对象化的过程，确证了主体的本质力量，验证了主体的理想意图，由此实现了主体自我完善和自我超越。这不是消费性的浅层幸福，是增值性的、自足性的深度幸福。劳动不仅实现了自我完善和超越，而且为社会创造了价值，为推动人类文明进步添砖加瓦，并得到社会的尊重与认可。马克思说："经常赞美那些为大多数人带来幸福的人是最幸福的人。"[13]因此，劳动不仅是推动社会发展的手段，也实现了主体的自我完满，从这个意义说，作为手段与目的有机统一的劳动过程就是收获美好生活的过程。在私有制社会，剥削阶级对劳动价值存在种种误区。在西方有观点认为，思辨的生活才是美好的生活。这既没有完整把握劳动的丰富内涵，也没有摆脱剥削阶级意识形态的局限。

二是劳动创造美好生活。劳动创造了人本身，创造了辉煌的人类历史，是一切幸福的源泉。美好生活不是祈求天上掉下馅饼的美好愿望，"必须弘扬勤劳致富精神，激励人们通过劳动创造美好生活"[14]。一方面，美好生活的关键在于建设。中国式现代化就是坚持和平发展、劳动创造美好生活，强调通过全体人民自力更生、辛勤劳动创造高度的物质文明和精神文明。同时，坚持按劳分配为主体，坚持多劳多得、优劳优得，在初次分配中不断提高劳动报酬的比重。另一方面，建设的要义在于共建共享。如果没有共建就不能创造先进的、丰富的文明成果，就不能共享先进而丰富的文明成果。共享发展的前提是共同劳动、共同付出，而不是一代人劳动一代人享有或者一部分人劳动一部分人享有的分立状态。新时代美好生活是在党的领导下全体人民通过共同劳动创造出来的、共同享有的美好生活。

三是正确认识劳动异化现象。劳动异化是私有制社会出现的问题，有劳动产品的异化、劳动过程的异化、人类本质的异化和人与人关系的异化等不同表现。在社会主义初级阶段，在一些领域一定范围内仍然存在劳动异化的现象。这种现象会让人感觉到劳动是手段而不是目的，也可能看到劳动价值没有充分体现的个别现象，从而感觉劳动与美好生活之间只是一种弱相关的关系。这是发展中的问题，也必然在发展中解决。党的二十报告明确强调了"增加低收入者收入""规范财富积累机制""消除影响平等就业的不合理限制和就业歧视"，等等。[15]面向未来，随着中国式现代化的深化和拓展，劳动异化的现象将逐步消除，劳动对社会发展和个体发展的价值将充分实现。

（三）涵养人类命运共同体意识，共享美好生活

人类命运共同体是关于世界发展的新的整体性概念，是具有前瞻性和超越性的人类文明观。习近平总书记指出："我们生活在同一个地球村，应该牢固树立命运共同体意识。"[16]理论上，人类命运共同体意识可以分为社会心理层面的人类命运共同体意识和社会意识形式层面的人类命运共同体意识。[17]前者侧重于理念性的感性层面，后者侧重于实践性的理性层面。

一是涵养社会心理层面的人类命运共同体意识。这是共生共享共担当的认知、情感和行为倾向。共生揭示了人类社会相互依存的整体性，是共同体成员紧密团结的纽带，是人类命运共同体意识形成的基础；共享是让不同国家、不同阶层、不同人群共同分享，是构建人类命运共同体的价值方向，是催生人类命运共同体意识的关键；共担当是人类不仅要彼此分享权利和利益，也意味着要共同担当风险和义务，这是构建人类命运共同体的必然要

求,是人类命运共同体意识的升华。社会心理具有集体性和弥漫性,是社会成员表现出的普遍的、一致的心理特点和行为模式。社会心理层面的人类命运共同体意识通过社会舆论和社会成员的社会感受表现出来,容易在相互感染和相互暗示中产生模糊的、潜在的和情绪性的影响,是美好生活建设的社会心理支持系统。

二是涵养社会意识形式层面的人类命运共同体意识。这是人类社会发展规律及其趋势的理性层面和实践层面的认识。从国际上看,要坚持普遍性和特殊性的统一。人类命运共同体意识包含的基本精神存在于各个民族国家,彼此都希望人类实现美好生活,但是由于不同的文化传统、不同社会制度和不同发展阶段,不同民族国家需要解决的具体问题不同,选择实现美好生活的道路也不同。从国内看,要坚持民族性和世界性的统一。经济一体化发展并没有消除国与国的区别,随着中国式现代化的全面推进,西方国家的打压围堵愈加激烈,我们要敢于斗争、善于斗争。同时,中国坚决反对丛林法则和零和博弈的思维与做法,始终站在人类文明进步的一边,"在坚定维护世界和平与发展中谋求自身发展,又以自身发展更好维护世界和平与发展"[18]。因此要坚持互利共赢、和而不同的理念,培育立己达人、开放包容的大国心态,在正确看待中国与世界的互动中创造美好生活。

参考文献

[1] 中共中央马克思恩格斯列宁斯大林著作编译局. 马克思恩格斯选集:第3卷[M]. 北京:人民出版社,2012:422.

[2][4][5][6][7][8][9][14][15][18] 习近平. 习近平著作选读:第1卷[M]. 北京:外文出版社,2023:17,60,590,37,438,438,557,369,39,19.

[3] 吴宁宁. 新时代美好生活的契约伦理意蕴及建构探赜[J]. 思想政治教育研究,2020(5):146-151.

[10] 中共中央马克思恩格斯列宁斯大林著作编译局. 马克思恩格斯文集:第1卷[M]. 北京:人民出版社,2009:501.

[11] 邓小平. 邓小平文选:第3卷[M]. 北京:人民出版社,1993:373.

[12] 习近平. 在北京大学师生座谈会上的讲话[M]. 北京:人民出版社,2018:12.

[13] 中共中央马克思恩格斯列宁斯大林著作编译局. 马克思恩格斯全

集：第1卷［M］．北京：人民出版社，1995：459．

［16］习近平．习近平谈治国理政：第1卷［M］．北京：外文出版社，2018：330．

［17］叶险明．作为复杂意识体的"人类命运共同体"意识初探［J］．理论与改革，2021（2）：24．

以强烈的历史主动精神奋进新征程*

王天琪

摘要：辩证唯物主义和历史唯物主义是党把握百年未有之大变局时紧紧依靠的理论武器，党的二十大报告中同样强调了坚定历史自信和增强历史主动精神的重要性。弘扬历史主动精神在于我们要发挥人的主观能动性，牢记历史主动的根本动力，坚守人民至上的政治立场，掌握历史主动的实践要求，并以昂扬奋进的姿态迎接新时代、新征程。

关键词：辩证唯物主义、历史唯物主义、历史主动精神

历史主动精神是我们党在认识和把握历史规律基础上自觉能动地改造社会历史精神状态的高度凝练。习近平总书记在党的二十大报告中强调："全党同志务必不忘初心、牢记使命，务必谦虚谨慎、艰苦奋斗，务必敢于斗争、善于斗争，坚定历史自信，增强历史主动，谱写新时代中国特色社会主义更加绚丽的华章。"[1]党的二十大报告中的一系列重要观点、重要论断、重大战略部署，充分彰显了百年大党坚定的历史自信和高度的历史主动，充分体现了新时代中国共产党人强烈的责任担当。历史主动精神蕴含着马克思主义立场、观点和方法，学习贯彻党的二十大精神、以高度的历史主动精神奋进新征程，必须深刻理解历史主动精神的基本内涵和实践路径，为全面建设社会主义现代化国家、全面推进中华民族伟大复兴提供强大精神力量。

一、坚持尊重历史规律的科学精神，掌握历史主动的理论武器

党的二十大吹响了全面建设社会主义现代化国家、全面推进中华民族伟大复兴的奋进号角。当前，世界之变、时代之变、历史之变正以前所未有的方式展开，唯有用科学的理论武器深刻把握、科学遵循历史规律，才能廓清思想迷雾、照亮奋斗前路。在百年奋斗中，我们党始终坚持运用辩证唯物主

---

* 本文原载于《南方日报》2023 年 5 月 15 日第 A12 版。

义和历史唯物主义，尊重历史发展客观规律，大力推进马克思主义中国化时代化，不断深化对共产党执政规律、社会主义建设规律和人类社会发展规律的认识。党的二十大报告明确提出"以中国式现代化全面推进中华民族伟大复兴"[2]的中心任务，阐释了"中国式现代化"的本质特征和本质要求，深刻体现了我们党对现代化发展的一般规律、社会主义现代化发展的普遍规律和中国特色社会主义现代化建设的特殊规律的认识。

马克思主义是认识世界、把握规律的强大思想武器，"拥有马克思主义科学理论指导是我们党坚定信仰信念、把握历史主动的根本所在"[3]。习近平新时代中国特色社会主义思想坚持运用辩证唯物主义和历史唯物主义，坚持把马克思主义基本原理同中国具体实际相结合、同中华优秀传统文化相结合，开辟了马克思主义中国化时代化的新境界。奋进新征程，就是要坚持用习近平新时代中国特色社会主义思想观察时代、把握时代、引领时代，系统、具体、历史地分析社会运动及其发展规律，辨明我国发展的历史进程、历史方位和历史规律，把握历史发展规律和大势，始终掌握历史主动，持之以恒推进中国特色社会主义事业发展。

二、坚持人民至上的政治立场，掌握历史主动的根本动力

人民群众是生成历史主动精神的基础，唯物史观将人作为历史的主体与创造者，把实现人的自由和解放作为历史的最终目的。习近平总书记指出："人民是历史的创造者"[4]，我们共产党人任何时候都不要忘记这个历史唯物主义最基本的道理。"在百年奋斗中，我们党遵循顺应历史大势，发扬历史主动精神，始终与人民同呼吸、共命运、心连心，坚持人民主体地位，尊重人民首创精神，依靠人民创造历史伟业。"坚持人民至上"成为我们党百年奋斗的一条宝贵历史经验。在发挥人民主体作用基础上实现好人民根本利益是历史主动精神的必然要求和重要内容，在党的二十大报告中，"人民"成为关键词、高频词，提出的"坚持人民至上""坚持以人民为中心的发展思想"，充分体现了我们党对于人民群众是历史创造者的根本立场的坚守。

新时代十年来伟大变革和成就的实践证明，习近平新时代中国特色社会主义思想是来自人民、为了人民、造福人民的理论，是为人民所喜爱、所认同、所拥有的理论。奋进新征程，就是要坚持习近平新时代中国特色社会主义思想的根本立场，始终坚持人民主体地位，尊重人民首创精神，践行以人民为中心的发展思想，走好新时代党的群众路线，抓住新时代社会主要矛盾

的变化，以高质量发展着力解决发展不平衡不充分问题和人民群众急难愁盼问题，坚定不移走共同富裕的道路，凝聚起心往一处想、劲往一处使、事往一处做的磅礴伟力，团结带领全国各族人民不断为美好生活而奋斗。

三、坚持无私无畏的斗争精神，掌握历史主动的实践要求

历史主动精神是在历史进程中通过伟大实践斗争产生的，即通过发挥实践主体的自觉能动性，把握历史大势、掌握历史规律，在改造客观世界的同时改造主观世界。弘扬历史主动精神关键在于作为历史主体的人充分发挥主观能动性，自觉肩负历史责任，主动担当历史使命。在百年奋斗中，我们党在伟大实践斗争中把握历史主动，敢于直面矛盾问题和困难挑战，主动引领历史进程，斗争精神贯穿于中国革命、建设、改革各个时期，党的百年奋斗史就是一部伟大斗争史。党的二十大报告将"务必敢于斗争、善于斗争"作为"三个务必"之一，彰显了我们党新时代掌握历史主动的清醒和坚定。

社会是在矛盾运动中前进的，有矛盾就会有斗争。习近平新时代中国特色社会主义思想立足时代之基、回答时代之问、引领时代之变，具有敢于斗争、善于斗争的鲜明品格，集中体现了我们党敢于斗争、敢于胜利的决心与勇气。奋进新征程，就是要不断提高运用习近平新时代中国特色社会主义思想应对重大挑战、抵御重大风险的能力和水平，将历史主动的内在精神转化为认识和改造世界的伟大力量，以历史主动精神把握新的伟大斗争的历史特点，制定正确的理论、路线和方略，发扬斗争精神，主动迎接越来越复杂的风险考验，以清醒自觉的主动状态推动工作开展和事业发展，战胜前进道路上的一切艰难险阻，不断夺取新时代伟大斗争的新胜利。

四、坚持顽强拼搏的进取精神，掌握历史主动的昂扬状态

勇于开拓进取、推动历史前进是历史主动精神的昂扬状态。习近平总书记强调："唯有精神上站得住、站得稳，一个民族才能在历史洪流中屹立不倒、挺立潮头。"[5]在百年奋斗中，我们党在内忧外患中诞生、在历经磨难中成长、在攻坚克难中壮大，不论多少次面临困难和挫折，都以其特有的性质、立场和价值追求，始终保持永不懈怠的进取精神，深刻改变了近代以后中华民族发展的方向和进程，深刻改变了中国人民和中华民族的前途和命运。党的二十大报告中深刻总结："中国人民的前进动力更加强大、奋斗精

神更加昂扬、必胜信念更加坚定,焕发出更为强烈的历史自觉和主动精神,中国共产党和中国人民正信心百倍推进中华民族从站起来、富起来到强起来的伟大飞跃。"[6]

历史从来不会青睐犹豫者、不会眷顾彷徨者,只有踔厉奋发、奋楫笃行,才能把握历史主动。习近平新时代中国特色社会主义思想具有实践性的鲜明理论品格。奋进新征程,就是要把习近平新时代中国特色社会主义思想的真理力量,释放在造福人民的伟大实践中,坚定与各种问题难题作斗争的意志,时时处处保持只争朝夕、积极有为的奋斗姿态,迎难而上、知难而进,一步一个脚印把党的二十大作出的重大决策部署付诸行动、见之于成效。

五、坚持胸怀天下的崇高精神,掌握历史主动的宏大格局

胸怀天下就是以宽广的世界视野、深刻的历史眼光、博大的人类情怀和坚定的历史担当,站在人类社会进步和世界历史发展大局的高度,正确认识和处理我国同外部世界的关系。马克思主义"为人类求解放"的崇高理想与中华优秀传统文化"天下为公"的独特情怀结合,造就了中国共产党胸怀天下的精神品格。在百年奋斗中,中国共产党始终将国家、民族乃至人类的命运联系在一起,更加坚定地站在历史正确的一边,站在人类进步的一边。党的二十大报告中明确要"坚持胸怀天下",强调"推动构建人类命运共同体,创造人类文明新形态""为解决人类面临的共同问题作出贡献"。

习近平总书记指出:"一个国家能不能富强,一个民族能不能振兴,最重要的就是看这个国家、这个民族能不能顺应时代潮流,掌握历史前进的主动权。"[7]习近平新时代中国特色社会主义思想以世界眼光关注人类前途命运,从人类发展大潮流、世界变化大格局、中国发展大历史正确认识和处理同外部世界的关系。奋进新征程,我们必须坚持以习近平新时代中国特色社会主义思想为指导,准确把握两个大局的规律性、互动性,洞悉历史大势,增强历史主动,从历史长河、时代大潮、全球风云中分析演变机理、探究历史规律,提出因应的战略策略,增强工作的系统性、预见性、创造性。

参考文献

[1] 习近平. 习近平著作选读 第1卷[M]. 北京:人民出版社,2023:1-2.

[2] 习近平. 习近平著作选读 第1卷［M］. 北京：人民出版社，2023：18.

[3] 习近平. 习近平著作选读 第1卷［M］. 北京：人民出版社，2023：14.

[4] 习近平. 习近平著作选读 第1卷［M］. 北京：人民出版社，2023：186.

[5] 习近平. 习近平著作选读 第2卷［M］. 北京：人民出版社，2023：347.

[6] 习近平. 习近平著作选读 第1卷［M］. 北京：人民出版社，2023：13.

[7] 习近平. 习近平著作选读 第1卷［M］. 北京：人民出版社，2023：435.

高校党建品牌创建的全流程模型探索
——基于品牌理论*

靳祥鹏　庞伟　陈泽曼

摘要：创建党建品牌是高校党组织提升组织力的重要方式，也是促进党建工作和业务工作融合的重要抓手。在品牌理论视角下，党建品牌的创建是系统而长期的过程，需要分阶段逐步推进。高校党建品牌创建全流程模型从品牌战略、品牌组合、品牌资产、品牌管理和品牌关系五大阶段入手，层层递进。首先挖掘专业特色，结合育人目标形成宏观品牌；之后通过横向和纵向联动，完善品牌体系；再通过线上线下协同宣传，增强品牌效应；通过发挥支部战斗堡垒和党员先锋作用，扩大品牌影响；最后通过加强考核，提高品牌质量。通过阶段性的精准施策，最终形成兼具影响力和美誉度的品牌体系。

关键词：高校党建；党建品牌；全流程

一、研究背景

高校肩负立德树人的重要使命，高校基层党组织在为党育人、为国育才中具有重要作用。党建工作和业务工作需要相融相促，以高质量党建引领高质量发展。高校基层党组织作为高校党建的战斗堡垒，重任在肩，需要探索如何提升组织力，使组织发挥政治、教育、服务功能，凝聚党员力量，建设组织阵地。

面对提升组织力的重要命题，众多党组织以创建党建品牌的方式激发组织的凝聚力和号召力。党建品牌一方面反映了组织的特色亮点和精神风貌，另一方面也推动党员强化信念与提升站位，为组织凝心聚力提供支持。但在实际运用中，党建品牌的创建却并非一蹴而就，存在着理念淡薄、价值偏

---

* 基金项目：本文系中山大学2022年度党建理论与实践研究课题"品牌理论视角下的党建品牌全流程构建模式"成果。

低、推广力弱、效果不佳等诸多问题。党建品牌的创建亟须形成科学合理的规划，将理论和实际相结合，使品牌建设落实落地。

回溯党建品牌创建的本源，党建品牌的创建在借鉴企业品牌理念的基础上结合了党建工作的特点，其创建机制更为复合深层，需要以科学理论为基础，对实际情况充分调研后设计方案。与企业品牌建设的目的不同，党建品牌的创建目标是突出党组织的工作特色，凝聚党员队伍，并作为党建工作和业务工作相融相促的重要抓手。因此，党建品牌需要自成体系，并且具有较强的辐射力度。应以系统性、全局性的视角，在宏观层面提高站位，提高对创建高质量党建品牌的重视程度；在微观层面，应注重细节，精细打磨每一个创建环节，从设计思路、完善方案、执行运营、更新反馈等流程，全方位把握品牌建设的实效。

基于上述背景，本文以管理学中的品牌理论为理论基础，结合基层党建工作经验，设计品牌创建的全流程模式。全流程模式充分规划了品牌从战略定位到体系完善的建设过程，也构建了增强品牌效应、扩大品牌影响、加强质量管理的清晰路径。以模型为基础，以实践案例进一步丰富内容，形成兼具共性和个性的品牌创建方案，为高校科学有效开展党建品牌建设提供参考。

二、文献回顾

前人的文献为本文的研究提供了理论参考。部分学者主要关注建设路径。郭济汀认为，高校党建品牌的建设必须围绕三条原则，即围绕发展、彰显特色和把握规律，关注价值、文化和个性，建设路径主要为强化品牌意识、明确品牌定位、实施项目运作和塑造品牌形象。[1]孔川将经济学中的品牌理论融入党建品牌建设过程中，从生命周期的视角出发，认为高校党建品牌创建可以分为初创期、成长期、成熟期和衰退期。高校应根据每个阶段的特点采取相应的品牌建设措施。[2]杨尧均、章嫱华认为，高校基层党建品牌应以协同化的思维推进建设，构建"党建+N"的模式，培育新路径和新品牌，通过夯实协同机制、创新资源活力和量化考核体系，增强品牌的影响力。[3]郭灼以校园文化为党建品牌建设的新载体，通过传承创新校园文化，发挥文化的思想引领作用，与基层党建工作融合。[4]

而部分学者则主要关注党建品牌建设存在的问题。刘树鑫、陈思认为，高校基层党建品牌建设面临内部、外部的问题，内部存在教条主义和形式主义的问题，外部存在与社会发展不相适应的问题。[5]方凤玲等认为，目前高校基层党建工作在独特性、持续性、价值性和标识性上还存在提升空间，应当立足专业、着眼长远、围绕使命、打造特色。[6]

前人的研究大多从高校实践的角度总结经验，鲜有从品牌理论的视角出发，探索如何将品牌理论运用于品牌创建的过程，并以此为基础提出实践路径。本文将以品牌理论为核心，构建品牌建设全流程模型，在时间维度上，覆盖品牌建设"从无到有、从有到优"的全过程；在空间维度上，涵盖品牌规划体系、传播体系、资产体系、管理体系等，进一步丰富现有研究。

三、理论模型

（一）理论来源

1931年，麦克尔·罗伊提出品牌经理制，将"品牌"的概念和建设内容具象化。此后的品牌理论历经了古典品牌理论、现代品牌理论和当代品牌理论三大进程，不断深化研究。卢泰宏等对西方品牌理论的发展脉络进行了详细梳理，阐明品牌创建在各个阶段的不同主题。[7]根据卢泰宏和周志民[8]的研究，品牌理论的演进主要分为五个阶段，分别为品牌识别、品牌战略、品牌资产、品牌管理和品牌关系。五大阶段的研究分别就品牌建设中的不同重点进行分析，使得品牌从单一到多元，从基础规划到体系联动。本文结合五大阶段的理论，设计了党建品牌创建全流程模型（如图1所示），为党组织创建特色鲜明、辐射范围广的品牌体系提供思路。

（二）模型概述

在第一阶段"品牌识别"中，重点关注品牌定位、品牌内涵和品牌元素，确立整体品牌规划。高校基层党组织应以为党育人、为国育才作为品牌定位，围绕定位挖掘内涵。品牌内涵应以国家战略和社会发展为导向，体现党建工作对业务工作的引领作用。品牌元素应挖掘学校方针和学科专业特色，体现品牌的独特性。

在第二阶段"品牌战略"中，在整体品牌之下打造多个子品牌，形成完整的品牌体系，实现从"品牌"到"品牌化"的跨越。子品牌可以通过品牌组合水平联动，也可以通过品牌层级垂直联动。子品牌根据品牌的供、需两方特点，根据组织工作性质和受众特点，分层分类进行设计。品牌数量的增加不仅可以提升供给方的影响力，也可以更全面地覆盖需求方。

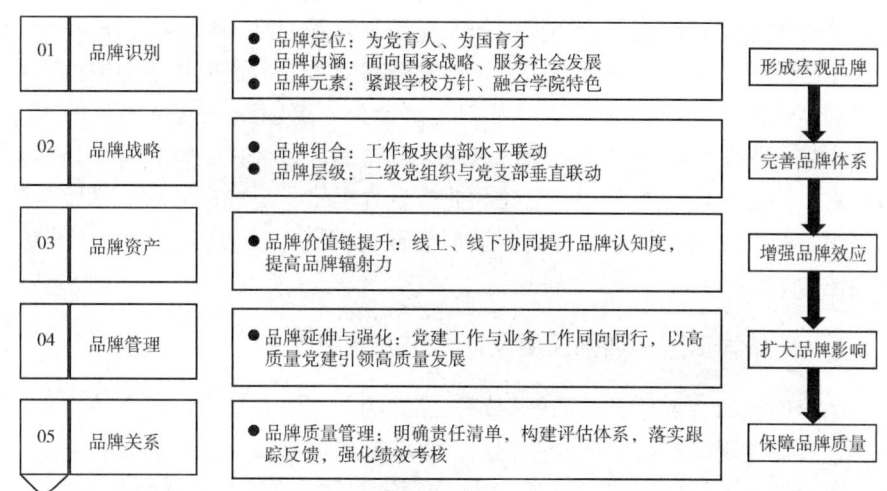

图1 党建品牌创建全流程模型

在第三阶段"品牌资产"中,针对宏观品牌和子品牌进一步提升价值链。党建品牌资产体现在认知度和影响力,需要通过线上、线下传播渠道协同提升。线上渠道可利用"两微一端"等新媒体宣传活动风采,建立师生对品牌的认知和联想;线下渠道通过文化建设将品牌活动融入师生生活,促进师生对品牌活动的了解和认可。

在第四阶段"品牌管理"中,通过延伸与强化品牌,突出党建工作在学院全盘工作中的引领作用。在党员发展及教育管理上设计层层递进的培养活动,快速培养红色有生力量。在学院工作模块上发挥教师、行政、学生党员在工作岗位上的示范引领作用,联动教学科研系统、行政管理系统和学生工作系统,提升工作效能,凝聚群众力量,扩大品牌影响力。

在第五阶段"品牌关系"中,以质量管理确保品牌活动执行有力。品牌关系的成功与否取决于受众的满意度和信任度,因此维护品牌关系的关键在于提升品牌质量。品牌的维护需要明确领导班子和负责人的责任,列明清单,构建指标清晰的品牌专属评估体系,落实活动长期跟踪反馈机制并动态调整,强化活动绩效考核体系,不断提升活动质量,强化品牌效应。

四、实践方案

接下来,笔者以所在单位中山大学微电子科学与技术学院的实践案例为

例,分析党建品牌创建全流程模型如何应用于院系实际工作中。微电子科学与技术学院致力于培养集成电路设计和制造高级人才,研究国家急需的自主产权的高性能芯片,确立了"厚基础、重能力、求创新、强应用"的人才培养定位。学院学科建设服务于国家重大战略和区域经济发展,需要培养爱国爱党、铸芯报国的人才,对党建和业务融合提出了更高的要求。学院自建院伊始,便以党建品牌创建全流程模型为理论基础,全力构建"红色微电"品牌体系。

(一)品牌识别:加强顶层设计,挖掘品牌内涵

品牌创建的首要任务是品牌识别,品牌的识别既要体现高校立德树人的本质,又要体现院校特色和专业特点。学院面向国家重大战略需求,面向区域社会经济发展,确定"为谁培养人、培养什么样的人、怎样培养人",并将其凝练为有辨识度的学院品牌,之后关注品牌定位、品牌元素和品牌内涵。品牌定位是品牌选择发力方向的过程,即学院希望通过建构学院品牌所达到的目标。品牌元素是组成品牌的若干要素,内在要素是学院发展的核心文化,外在要素是学院的形象标识和文化符号。品牌内涵则是在确定了品牌定位、品牌元素之后,对品牌进一步进行扩充,形成清晰的文化理念。

学院的发展是服务于国家战略大局的,需要培养爱国爱党、敬业奉献、能力过硬的科技人才,因此从顶层设计上建构"红色微电"党建品牌。以"红色微电"为核心,设计品牌定位、品牌元素和品牌内涵。"红色微电"品牌以"为党育人、为国育才"作为品牌定位,围绕定位挖掘品牌元素和内涵。学院以国家战略和社会发展为导向,全力培育爱党报国、敬业奉献、能力过硬的创新人才。结合建设目标,凝练"红色、专业、高效"三大核心理念为品牌元素。在此基础上突出红色基因,将其延伸为"红色芯脏""红色芯片""红色芯人"三大品牌内涵,为每一位师生塑造"红色芯脏",创造中国印记的"红色芯片",培育堪当社会主义建设者和接班人的"红色芯人"。

(二)品牌战略:横向联动品牌组合,纵向延伸品牌体系

在建构整体的宏观品牌之后,需要切实制定具体的品牌战略。学院的组织体系是纵横交错的四梁八柱,而品牌不仅可以突出每个组成部分的特色,还可以通过横向联动和纵向延伸,提升品牌的成效。学院以"红色微电"品牌为战略指导,在宏观品牌下打造多个子品牌。子品牌从全面育人的理念

出发，以不同层次的教育方式开展活动，形成理论和实践结合的育人模式。

品牌组合横向联动，从思想引领、文化熏陶、理论学习、实践学习等方面开展品牌活动。在思想引领方面，举行新生入学宣誓仪式，为微电人植入红色基因；邀请党委书记讲"思政第一课"，为学生导读习近平总书记重要讲话精神、党的重大会议精神、党史经典等。在文化熏陶方面，开展红色文化素质拓展活动，以校史校情为土壤弘扬爱国精神；举办红色诗文诵读比赛，在诗文作品创作与表演中厚植精神土壤。在理论学习方面，以支部为单位开展"党课荟萃"活动，组织支部成员轮流讲党课，每日一学、每周一讲，畅谈感悟；开展"读一本红色经典"活动，鼓励支部成员利用假期时间，深入阅读经典著作，从书籍中汲取精神养分。在实践学习方面，组织师生赴革命先辈故居重温入党誓词，激发精神动力；组织具有专业特色的主题党日活动，与行业龙头企业开展支部共建活动，相互交流党建经验和行业发展前景，使参加者在坚定信念的同时增强实践能力。

品牌体系纵向联动，党委和各支部设计一体贯通、相互衔接的活动。党委建立党员研修中心，充分发挥党建引领的作用，推动党建工作规范化创新化，通过"思想教育—实践活动—调研反馈—总结调整"的路径，形成党建特色方案。党员研修中心指导各个支部开展工作，作为党员学习的"加油站"，指导各支部开展"党员先锋岗"活动，鼓励全体党员在各自岗位上创优争先。各党支部根据成员构成设计子品牌，扎实为群众办实事。教师党支部组织党员走进中学开展集成电路科普讲座；行政党支部组织行政人员开展学工教务专项咨询日活动；学生党支部组织优秀党员开展"升学深造和职业规划"经验交流会，以及志愿服务活动。各支部表现突出的党员将作为学院的先锋模范被推选至党委以起到榜样示范作用。

（三）品牌资产：线上、线下协同传播，增加品牌影响力度

在执行品牌战略之后，需要增强品牌资产，让师生形成深刻清晰的感知。党建品牌资产体现在认知度和影响力层面，需要通过线上、线下传播渠道协同提升。在对外宣传上，党建品牌文化作为学院文化的重要组成部分，体现着学院的育人理念，能进一步丰富学院的形象；在对内宣传上，党建品牌知名度的提高有利于吸引更多师生认同品牌，提高其参与活动的积极性，促进学院凝聚力的提升。

线上渠道以学院微信公众号作为主阵地，作为学院的主要展示窗口和文化传播载体，结合"专业微电""体育微电""文化微电"等理念，通过榜

样宣传、动态新闻报道、自主设计栏目等，展现学院风貌，服务于人才引进、党建引领、学生培养等工作的推广和报道，确保出稿速度快、新闻质量高。公众号以学生喜闻乐见的图文并茂形式，迅速发布学院新闻动态。活动前发布预热推送，活动后及时报道，形成完善的活动宣传体系，扩大活动的影响力。截至2022年底，学院官微累计发布2500余篇推文，阅读量超过25万人次，师生好评率达90%以上。既有"微电党课荟萃""党员先锋岗承诺践诺"等红色教育系列推送，又有"微电名人堂""微电学海"等专业科普系列推送，涵养多样化的文化底蕴。

线下渠道通过环境文化、制度文化和行为文化建设将红色文化融入师生生活，促进师生对党建品牌文化的了解和认可。打造"红色微电"形象视觉体系，学院官网配色、学院文化衫、文创产品均以红色为主色调，在设计上采用"电路纹"等专业元素。各个班级均以"芯"为名，由班级自主设计班名和班旗，如"曜芯""璨芯"等，展现微电人的理想情怀。在学院办公区设置微电特色标语和微电文化长廊，营造微电人的专属空间。制定文明宿舍公约、学风建设倡议等，引导学生形成严格自律的习惯，自觉形成良好的行为规范。

（四）品牌管理：强化品牌辐射力度，党建与业务同向同行

在提高品牌影响力之后，需要进一步加强品牌管理，通过延伸和强化品牌，推动党建工作和业务工作同向同行。党建品牌作为有力载体，不断增强辐射力度，将党建工作的覆盖范围覆盖至学院各项业务工作。在品牌管理过程中，需要充分发挥支部的战斗堡垒作用和党员的先锋模范作用，建立一支思想坚定、能力过硬的党员队伍。

在党员先锋模范作用上，关键在于保障党员的数量和质量。学院在党员发展及教育管理上以"红色力量金字塔"模式形成全周期培养，以马克思主义学习小组、党章学习小组、青马学堂、党校培训和党员教育为五大层次，对学生分层分类并进行阶段性培养，形成红色力量培育链条，自下而上逐步培育具备坚定信仰的合格党员。马克思主义学习小组首先为全体学生凝心铸魂，进行基础的理论知识教育；党章学习小组按照小组研讨的模式，进一步引导学生读原著、学原文；青马学堂遴选表现突出的入党积极分子，通过青马读书会、外出参访红色教育基地等，让学生深化感悟；党校培训严选严培，规范入党程序，学院通过这一红色力量培育链条为党支部输送一批又一批又红又专的精英人才。

在支部战斗堡垒作用上，充分发挥教师、行政、学生党员在工作岗位上的示范引领作用。各支部联动学院各大工作板块，建立党员与学院其他师生"一对多"的联系模式。教师支部选任思想政治素质水平高、教学科研能力强的党员担任支部书记，发挥"双带头人"的作用；党员带头落实课程思政，将思政之"盐"融入教学科研体系。行政支部党员提升党性修养，将学习成效转化为工作效能，努力提高服务质量。学生支部党员积极参与学生工作，推选优秀党员担任学生组织干部。以各支部联动教学科研系统、行政管理系统和学生工作系统，发挥党建工作对业务工作的引领作用。

（五）品牌关系：加强质量管理，完善制度保障

在完成上述建设过程后，需要以品牌关系作为保障，以制度建设为提高学院品牌质量的抓手。学院对品牌活动执行严格的立项制度和考核制度。活动的立项首先由执行的组织提出，由学院党委审核，党支部具体跟进指导。在活动执行过程中，严格进行台账记录。在活动完成之后，通过问卷调研参与者的体验感、好评度及改进建议等，帮助活动执行者调整方案，使活动更符合受众需求。截至 2022 年 12 月，已修订学院制度规范 10 册，共计 20 万字，覆盖了学院各项品牌活动的执行全过程。

五、结语

高校党建品牌创建全流程模型从品牌识别、品牌战略、品牌资产、品牌管理和品牌关系五大阶段入手，多措并举形成系统科学的品牌体系。首先形成宏观品牌战略，确定品牌定位；之后通过横向和纵向联动，完善品牌体系；接着以线上、线下协同宣传的方式扩大品牌影响力，提高师生的认可度，增强品牌效应；再以党建工作作为牵引业务工作的力量，发挥支部堡垒作用和党员先锋作用，联动学院工作各大系统，扩大品牌影响；最后通过完善的考核制度，保障品牌活动落实落地落细。

党建品牌是基层党组织凝心聚力的关键所在，是党组织工作的价值传播载体。党建品牌的创建应久久为功，以习近平新时代中国特色社会主义思想的内涵为滋养，不断总结提高，彰显品牌特色；逐步融合业务，凝聚师生力量。高校要以开拓创新的思维优化党建工作模式，以品牌建设赋能组织建设，打造充满活力的新时代党组织。

参考文献

[1] 郭济汀. 高校党建工作品牌化建设探析 [J]. 思想理论教育, 2014 (4): 74-77.

[2] 孔川. 高校党建品牌的生命周期与创建路径研究 [J]. 扬州大学学报（高教研究版）, 2022 (5): 77-84.

[3] 杨尧均, 章嫦华. 高校基层党建工作品牌化协同建设实践探索 [J]. 高校辅导员学刊, 2020 (5): 66-70.

[4] 郭灼. 校园文化视阈下高校基层党建工作品牌化建设 [J]. 学校党建与思想教育, 2020 (15): 31-33.

[5] 刘树鑫, 陈思. 高校学生基层党建工作品牌研究：存在的问题及对策 [J]. 教育教学论坛, 2016 (33): 29-30.

[6] 方凤玲, 黄绍华, 毛霞. 高校基层党建工作品牌建设的实践理路 [J]. 学校党建与思想教育, 2020 (12): 38-40.

[7] 卢泰宏, 吴水龙, 朱辉煌, 等. 品牌理论里程碑探析 [J]. 外国经济与管理, 2009 (1): 32-42.

[8] 卢泰宏, 周志民. 基于品牌关系的品牌理论：研究模型及展望 [J]. 商业经济与管理, 2003 (2): 4-9.

高校班集体建设与培育时代新人研究[*]

曲翔　彭雪婷

摘要： 高校班集体作为学校进行教学活动的基本单元，承载着培育时代新人的重要职责，这也对高校班集体建设提出了更高的标准和要求。高校应结合学校发展和学生成长实际，充分发挥班集体在思想引领、文化涵育、服务成长、育人导向等方面的功能，引导学生树立坚定的理想信念，培育和践行社会主义核心价值观，实现德智体美劳全面发展，勇于担当民族复兴大任。

关键词： 新时代；高校班集体；时代新人；功能

党的十九大报告明确提出，要以培养担当民族复兴大任的时代新人为着眼点，强化教育引导、实践养成、制度保障。高校肩负着为党育人、为国育才、培育时代新人的重要使命与责任。高校班集体是学校进行活动的基本单元，也是促进学生全面发展的重要组织载体，[1]需要直接回应如何培育时代新人这个重要课题。作为极具创新性的系统工程，培育时代新人也对高校班集体建设提出了更高的标准和要求。高校应结合学校发展和学生成长实际，充分发挥班集体在思想引领、文化涵育、服务成长、育人导向等方面的功能，发挥班集体在涵养集体主义意识和凝聚集体主义精神方面的独特作用，引导学生树立坚定的理想信念，培育和践行社会主义核心价值观，实现德智体美劳全面发展，勇于担当民族复兴大任。

一、培育时代新人对高校班集体建设提出了更高的标准和要求

马克思认为，人的本质是"一切社会关系的总和"[2]。人才培养只有放在社会实践中才能真正实现。班集体作为学校进行教学活动的基本单元，承担着开展思想政治工作、教育教学与管理服务等职责，对时代新人的培养和高校日常工作的推进都发挥着重要作用。在新时代，高校班集体建设要充分

---

[*] 本文原载于《学校党建与思想教育》2021年第21期。

考虑时代新人的标准和要求。

（一）高校班集体建设要有助于引导时代新人树立坚定理想信念

理想之光不灭，信仰之光不灭。习近平总书记指出："青年的理想信念关乎国家未来。青年理想远大、信念坚定，是一个国家、一个民族无坚不摧的前进动力。"[3]教育学生学习马克思主义理论知识、坚持正确的政治方向、坚定理想信念，是高校班集体建设的首要任务。理想信念是时代新人成长成才的"方向标"，是他们安身立命的根基与力量源泉。高校班集体建设要有助于培育时代新人，就必须站在理想信念的制高点上，不断增强思想引领力，厚植学生的思想理论根基，引导学生增强"四个意识"、坚定"四个自信"、做到"两个维护"，强化学生对党的政治认同、思想认同、理论认同、情感认同，促使他们将"小我"理想与中华民族伟大复兴的"大我"梦想相结合。

（二）高校班集体建设要有助于引导时代新人培育和践行社会主义核心价值观

习近平总书记指出："青年的价值取向决定了未来整个社会的价值取向，而青年又处在价值观形成和确立的时期，抓好这一时期的价值观养成十分重要。"[4]在新时代，为面对世界百年未有之大变局，应对纷繁复杂的价值观念和社会思潮冲击，构筑中华民族共有精神家园，高校在培育时代新人的过程中，应通过班集体建设引导学生积极培育和践行社会主义核心价值观，正确认识个人与他人、个人与社会、个人与国家的关系，不断提高思想道德素养和科学文化水平。

（三）高校班集体建设要有助于促进时代新人德智体美劳全面发展

习近平总书记在全国教育大会上提出，要坚持中国特色社会主义教育发展道路，培养德智体美劳全面发展的社会主义建设者和接班人。高校要将中共中央、国务院《深化新时代教育评价改革总体方案》的要求与精神融入班集体建设之中，引导学生坚持以德为先、能力为重、全面发展，坚决克服"五唯"倾向。通过创新德智体美劳过程性评价办法，完善综合素质评价体系，从德才兼备、家国情怀、责任担当、综合素质等多维度进行考量，促进时代新人全面发展。

（四）高校班集体建设要有助于培养时代新人的责任与担当精神

习近平总书记在清华大学考察时强调："广大青年要肩负历史使命，坚定前进信心，立大志、明大德、成大才、担大任，努力成为堪当民族复兴重任的时代新人，让青春在为祖国、为民族、为人民、为人类的不懈奋斗中绽放绚丽之花。"中华民族伟大复兴面临着很多困难与挑战，前进的道路不会一帆风顺，时代新人必须以高度的责任意识与担当精神直面困难、迎接挑战，主动担当实现中华民族伟大复兴的光荣责任，始终与党和人民同心同向同行。高校班集体建设要结合"百年未有之大变局"的时代背景，引导学生将个人奋斗的青春梦和中华民族伟大复兴的中国梦相融合，心系国家前途与民族命运，勇担时代重任，在奋斗中敢于担当、锤炼本领、增长才干。

二、高校班集体建设在培育时代新人中的功能与作用

班集体不是简单的组织设置，而是具备内生动力的社会群体，其本身就是不可替代的教育元素，由辅导员、班主任、任课教师和学生共同组成。高校应当努力探索，充分发挥班集体在思想引领、文化涵育、服务成长、育人导向等方面的独特功能。

（一）充分发挥高校班集体的思想引领功能

习近平总书记在全国教育大会上强调，思想政治工作是学校各项工作的生命线，各级党委、各级教育主管部门、学校党组织都必须紧紧抓在手上。思想政治教育功能是我国高校班集体独有的特征。"辅导员、班主任是大学生思想政治教育的骨干力量，辅导员按照党委的部署有针对性地开展思想政治教育活动，班主任负有在思想、学习和生活等方面指导学生的职责。"[5]高校班集体建设要始终抓牢思想政治教育，充分发挥班集体的思想引领功能，为全员、全过程、全方位育人提供实施途径。高校可以借助班级管理、班级活动等具体工作，不断强化班集体在团结、组织、教育学生等方面的作用，更好地调动学生的主动性和创造性，引领学生听党话、跟党走。

（二）充分发挥高校班集体的文化涵育功能

高校班集体文化以校园文化为背景，是内部成员共有的信念、价值观、态度的复合体，它是通过开展实践活动而创造出来的物质和精神财富的总

和。[6]高校班集体是学校活动的载体，也是促进学生全面发展的重要组织载体，主要通过辅导员、班主任指导和带动学生开展自我教育、自我管理和自我服务，充分发挥学生主体作用。高校班集体建设深度融合于学生学习、生活的方方面面，很容易形成独特的班集体文化。班集体文化是一种文化环境和精神氛围，它产生于班集体自身，又反作用于班集体中的每一名成员。高校班集体文化建设应充分融入中国梦的文化底蕴，弘扬优秀传统民族精神和与时俱进时代精神，让爱国主义、集体主义、社会主义的价值取向成为主流，[7]在时代新人培育中积极发挥凝聚、鼓励等作用，强化学生的"主人翁"意识，提高学生参加班集体建设的积极性、创新性，涵养集体主义意志，凝聚集体主义精神，以文化人。

（三）充分发挥高校班集体的服务成长功能

高校班集体具有体量小、组织性强、灵活性高及直达学生的特点，是发挥学生朋辈力量、实现学生自我成长的重要平台，是高校落实"三全育人"的重要抓手。高校班集体建设应始终围绕学生、关照学生、服务学生，把握学生成长发展需要，发挥服务学生成长的功能。中共教育部党组于2017年印发的《高校思想政治工作质量提升工程实施纲要》明确提出了"十大育人体系"，并指出高校班集体要充分发挥延展课堂教学、组织管理课外科研训练和社会实践活动、优化校风学风、丰富和净化网络内容及空间、开展人文关怀与心理疏导、健全自律公约、提供靶向服务、实现精准资助和学生自助、团结凝聚师生等重要作用。

（四）充分发挥高校班集体的育人导向功能

高校开展班集体建设，应充分发挥其育人导向功能：引导学生树立正确的政治方向、价值取向、学术导向；帮助学生养成心怀天下的理想抱负、革故鼎新的科学精神、锐意进取的创新意识和严谨求实的科研作风；教育学生在实践中增长才干、树立家国情怀、涵育大学精神、润泽师生心灵、塑造师生品行、引领社会风尚；指引学生树立网络思维、提高网络文明修养，积极创作优秀网络文化作品，宣扬主旋律，传播正能量，夯实网络育人阵地；着力培育学生理性平和、积极向上的健康心态，大力营造治理有方、管理到位、风清气正的育人环境；开展"导学、促学、奖学、助学""四位一体"育人工作，在关心人、帮助人、服务人中教育引导学生养成自强不息、诚实守信、知恩感恩、矢志奋斗的优良品质。

三、高校班集体发挥培育时代新人作用的实现路径

高校要充分发挥班集体的功能，将立德树人根本任务落地落细落实，探索培育时代新人的路径，适应新时代全员育人、全过程育人、全方位育人的要求。高校班集体建设应重点深化党团班一体化建设、打造思想政治教育第二课堂、建立健全班集体的制度规范、营造追求卓越的班集体文化、建设班集体网络阵地。

（一）深化党团班一体化建设

党团班一体化是为落实"以党建带团建、以团建促班建"而形成的党支部、团支部和班级一体化建设运行机制。班集体建设是实现党团班一体化的基础。班级建设要从思想引领一体化、组织建设标准化、班级活动规范化切入，加强党团组织在班级中的建设，推动党团班育人工作融会贯通，提高班集体的向心力和战斗力。一是思想引领一体化。党支部和团支部是高校发挥思想引领作用的最重要的育人组织，高校应通过党团班一体化建设将党支部和团支部融入班级建设之中，使之成为班集体开展思想引领工作的核心。党团班一体化可以充分发挥党团班组织团结、教育学生的作用，促进"大思政"格局下不同群体思想政治教育的融会贯通，为"三全育人"提供实施途径。二是组织建设标准化。班集体要规范班级干部设置，建设标准化班委会。一个班级可以规范设置班长、副班长、组织委员、学习委员、文艺委员、宣传委员、体育文员、生活委员、劳动委员（兼任心理委员）等多名学生骨干，同时推动条件成熟的班级实施党支部书记兼任班长、团支部书记兼任副班长的制度，促进党支部和班委会组织架构的有机融合。三是班级活动规范化。长期以来，很多高校的党支部、团支部、班级未能协同运行、联合发力，导致班级活动开展出现时间零散、内容重复、形式单一、效果参差等问题，未能充分发挥组织育人作用。高校应建立规范化的班级活动机制，以推动学生德智体美劳全面发展为指导思想和组织原则，整合规范党团班活动，确保活动开展有章可循、有规可依。可以通过内容统筹、分层推进的方式，每月在固定时间召开专题组织生活会，同时各团支部也开展相应的团组织生活，推动全员参与，深化教育效果。

（二）打造思想政治教育的第二课堂

一是注重实践教学。培养时代新人要求高校思想政治教育在空间和时间上有所突破，把实践教学作为思想政治理论课的重要延伸。高校班集体可以详细制定第二课堂培养方案，对班集体日常思想政治教育活动进行梳理整合，如结合主题班日活动、党章学习小组等形式深入开展思想理论学习。二是推动马克思主义自主学习计划。高校应利用班集体积极推动马克思主义自主学习从"少数骨干"向广大学生全覆盖，从集中性教育向经常性教育转化，建构一个与思想政治理论课目标一致、相互衔接、密切配合的马克思主义学习教育工作体系。高校班集体可开展"红色经典"系列读书活动，组织马克思主义学习专题讲座，鼓励学生通过个人研读、小组分享等方式，深度解剖经典内涵；亦可结合学科专业特点开展参观学习、志愿服务、社会实践等学习活动，将理论学习与实践活动相结合，让学生在实践中深入领悟马克思主义。三是为学生打造特色学习平台。要充分发挥学生理论社团的动员作用和理论学习骨干的引领作用，深化"学生马克思主义理论研修班""青年马克思主义者培养工程"等品牌建设，全面建立"青马学堂"等特色学习平台。依托高校班集体搭建各级各类学生骨干培训平台，着力培养一批对党忠诚、信仰坚定的优秀青年学生理论骨干，带动广大学生自主学习马克思主义。

（三）建立健全高校班集体的制度规范

切实可行的制度规范是班集体建设的必要前提，也是强化班集体建设的重要内容。一是以制度规范作为行为规范教育的重要抓手。班集体是重要的育人组织，要充分依靠制度发挥行为规范作用。高校班集体要以制度促规范、以细节促提升，进一步制定、修订学生管理工作制度文件，巩固规范学生日常行为管理的基础。要通过制度规范强化学生的行为底线意识，引导学生志存高远、积极向上。二是以制度规范保证班集体建设井然有序。班集体的建设与运行应在制度规范之内，应建立完善班集体组织制度机制，使班集体每项工作有章可循、有规可依，确保班集体建设落地生根、开花结果。三是以制度规范明确育人导向。高校班集体创新建设评价机制、完善过程性评价办法、建立综合素质评价体系，既有助于引导学生德智体美劳全面发展，又为学生提供了衡量进步的指标，具有激励与提醒作用。

（四）营造追求卓越的高校班集体文化

高校应充分发挥班集体的文化浸润功能，注重培育学生成长成才的良好班风学风，营造追求卓越的班集体文化氛围，通过喜闻乐见、内涵丰富、形式多样的班集体文化建设活动，在潜移默化中实现以文化人。一是注重学生的思想素质提升和精神成长。高校班集体可以通过开展主题教育，集体讲座、社会实践等方式，组织学生开展理论学习讨论、国情社情观察、脱贫攻坚帮扶、绿色中国实践等主题活动，引导学生在活动中提升思想素质、促进精神成长。二是培育优良学风。高校班集体应根据学生个人发展的需求与特点，着力发挥教师、朋辈以及学生党员等群体的协同作用，整合学习资源，提升学生的学习能力，促使他们掌握学习方法、激发学习兴趣。三是坚持育心与育人相结合。应打通"学校—学院—班级—宿舍"四级联动的心理危机预防及心理健康教育体系。在高校班集体建设中充分发挥心理健康教育教师、辅导员、班主任以及心理委员等朋辈心理互助员的作用，规范开展心理健康教育与咨询服务。积极开展学生同伴心理互助活动，推广朋辈互助项目，将育心与育人有机融合，促进学生的心理素质与思想道德素质、科学文化素质和身体素质协调发展。四是充分发挥体育、美育在班集体文化建设中的作用。高校班集体要积极开展各项文体活动，鼓励学生养成良好的体育锻炼习惯，引导学生自觉提高审美能力和人文素养，同时在活动中加深学生对班集体的认同感与归属感，凝聚班集体共识。五是搭建实践教育平台。高校班集体要结合学科专业特色，响应时代号召，围绕精准扶贫、粤港澳大湾区建设、健康中国等国家发展战略，深入乡村、社区、街道、基层学校等为学生搭建实践教育平台，突破原有的实践活动局限，拓展实践方法和渠道，让实践教育更具吸引力和活力。

（五）建设高校班集体网络阵地

当前，网络已经成为学生获取信息、交流讨论的最重要平台。网络社群不再是简单的数字化产物或现实社群向网络的延伸，而是一种"实体"化的存在，呈现出多样化的特点，如游戏社群、综艺社群、运动社群、各种专业社群、交友社群等。每个人在不同的网络社群中可能表现出不同的个性特征、语言特征、行为特征，甚至表现出不同的精神特征。同时，网络社群的发展受经济文化发展的影响，呈现出不同地域发展不均衡的趋势。高校班集体建设要科学把握时代性，强化基于网络社群的班集体建设。一是充分利用

"两微一端"等大众网络社群,探索符合新时代青年学生身心发展特点与接受规律的班集体建设内容与方式,提升班集体建设实效。二是打造虚拟班级,推进班集体建设与信息网络技术相融合,强化线下、线上班级协同管理。将班集体文化建设向网络空间延展,形成线上、线下互通,现实、虚拟一体的网络文化空间。三是加大管理力度,引导学生合理利用网络社群,主动开辟班级建设网络阵地。要充分调动学生骨干在网络社群中开展工作的积极性和主动性,发挥学生朋辈群体在网络社群中的教育引导作用,建立一支敢发声、能发声、会发声的网络文化骨干力量。

参考文献

[1][5][6] 冯刚. 大学生思想政治教育工作概论[M]. 北京:北京师范大学出版社,2021:93,100,103.

[2] 中共中央马克思恩格斯列宁斯大林著作编译局. 马克思恩格斯选集:第1卷[M]. 北京:人民出版社,2012:135.

[3] 习近平. 在纪念五四运动100周年大会上的讲话[N]. 人民日报,2019-05-01(01).

[4] 习近平关于青少年和共青团工作论述摘编[M]. 北京:中央文献出版社,2017:125.

[7] 冯刚. 探索思想政治教育发展的内生动力[M]. 北京:人民出版社,2017:95.

以"七个有力"为导向的医科研究生党支部建设实践与探索*

李敏盈　黎琳　黄舒恒

摘要：习近平总书记高度重视高校党的建设，《中国共产党支部工作条例（试行）》对党支部工作作出全面规范。《关于高校党组织"对标争先"建设计划的实施意见》要求基层党支部要做到"七个有力"。近年来，中山大学光华口腔医学院·附属口腔医院研究生第三党支部以"七个有力"为导向，多措并举开展支部建设，入选全国百个研究生样板党支部并顺利通过验收。本文基于支部建设实践与观察，分析医科研究生党支部建设的关键点，并结合该支部建设经验，综合研究提升医科研究生党支部建设质量的有效策略与路径。

关键词：研究生党支部；七个有力；PDCA 循环；双融双促；医学生

党的基层组织是确保党的路线方针政策和决策部署贯彻落实的基础，习近平总书记高度重视高校党的建设，对高校党建工作提出"重心下移、资源下沉、强化功能"的要求。《中国共产党支部工作条例（试行）》对党支部工作作出全面规范。《关于高校党组织"对标争先"建设计划的实施意见》要求基层党支部要做到"七个有力"。医科研究生是国家医学发展的重要生力军，党支部是开展医科研究生思想政治工作的战斗堡垒和引领广大医科研究生的重要阵地。本文聚焦立德树人，结合中山大学光华口腔医学院·附属口腔医院研究生第三党支部以"七个有力"为导向开展支部建设的实践经验，探索开展医科研究生党支部建设的有效策略与路径。

一、以"七个有力"为导向分析医科研究生党支部建设的关键点

《关于高校党组织"对标争先"建设计划的实施意见》提出基层党组织

---

* 本文在 2023 年广东高校思想政治工作优秀论文征集活动中获评优秀奖。

建设要做到"七个有力",具体包括教育党员有力、管理党员有力、监督党员有力、组织师生有力、宣传师生有力、凝聚师生有力、服务师生有力。对标"七个有力"的要求,结合医科研究生党支部日常工作实践,可发现党支部建设存在以下关键点。

(一) 教育党员有力:如何结合学科特点丰富教育内容与教育形式

研究生科研压力较大,其中医科研究生除了科研工作外,大部分还需兼顾临床、实验工作。因此,部分研究生党员存在理论学习时间不足、学得不够深入、对于理论学习兴趣不大等问题。如何把党建工作与立德树人有机结合,根据研究生党员的成长特点开展教育活动,是值得思考的重要问题。另外,支部学习与教育活动如何科学有效"加餐",如何丰富支部教育活动形式,为研究生的临床、科研工作"赋能",也是医科研究生党支部的重要工作内容。

(二) 管理党员有力:如何做到科学规范实现常态、长效

首先,部分医科研究生党员存在重业务、轻党建的倾向,加上临床、科研工作繁忙,有时候对于党建活动参与积极性较低。其次,支部内党员因细分研究方向、所在课题组实验安排有所差异,有时候组织生活出勤率难以保证。最后,医科研究生党员对于党务管理工作不够熟悉,导致存在党务工作效率较低、不够规范等问题。因此,如何把支部党员的日常表现与支部管理有机结合,强化制度建设,形成一套完整的党员"教育、管理、考核、创优"机制,是医科研究生党支部管理工作需要重点思考的内容。与此同时,负责支部管理工作的支部委员会需加强自身建设,发挥带头作用,不断提升履职能力,包括提高党建业务水平、理论知识水平。

(三) 监督党员有力:如何通过党建引领强化医风、学风

医科研究生大多将走向临床、科研岗位,因此,从内容上看,在开展纪律教育与监督工作时,需充分结合其学习与工作特点,融入医德医风以及学风建设内容,引导医科研究生党员坚守优良医风与学风,并发挥先锋模范作用带动身边的同学;从形式上看,需充分丰富纪律教育的形式,真正做到警示教育入脑入心。

（四）组织师生有力：如何形成合力推动研究生学业发展

严格落实"三会一课"制度，医科研究生党支部需确保支部组织生活常态化、多样化，以提升支部组织生活的质量、提高支部党员参与组织生活的积极性。其中，立德树人是医科研究生党支部党建工作的重要主题，如何通过支部工作与活动，促进医科学生学业发展，推动党建与科教工作双融双促，是支部所面临的重要课题。

（五）宣传师生有力：如何宣传典型促进示范引领

从宣传内容看，医科研究生党支部原来的宣传内容比较单一，局限在活动通讯稿，缺乏凝练总结以及对于先进党员事迹的挖掘；从宣传途径看，支部原来的宣传平台比较单一，主要是向医（学）院党建公众号投稿。宣传是党支部凝聚人心、树立品牌的重要手段，党支部应自觉承担起举旗帜、聚民心、育新人、兴文化、展形象的使命任务。如何充分结合医科研究生党员的学习与生活，通过丰富宣传内容与形式，扩大宣传途径，以树立先进典型，发挥示范引领作用，是党支部宣传工作的重要课题。

（六）凝聚师生有力：如何团结协作带动整体进步

医科研究生党支部作为战斗堡垒，需充分发挥其作用，除了提升自身建设，还需积极服务广大师生，通过解决实际问题来提升师生的归属感、获得感。对于研究生党支部而言，如何通过支部建设推动党团班一体化建设，如何带动本科生党支部，如何打破课题组、年级等局限，促进不同年级党员、团员之间互帮互助，推动整体进步，亦是值得关注的内容。

（七）服务师生有力：如何发挥专业特色开展服务

《"健康中国2030"规划纲要》指出，推进健康中国建设，要坚持预防为主。作为医科研究生党支部，立足专业特色，把科普作为服务人民群众的重要着眼点。如何创新科普形式、丰富科普内容，使党建与科普有机融合，促进相关活动发挥实效，也是支部活动的重点。

二、基于 PDCA 循环开展党支部建设并持续提升建设质量

PDCA 循环是指将质量管理分为 Plan（计划）、Do（执行）、Check（检

查）和 Act（处理）四个阶段，在质量管理活动中，要求把各项工作按照做出计划、计划实施、检查实施效果，然后将成功的纳入标准，把不成功的留待下一循环去解决。党支部建设是一个循序渐进、持续提升的过程，可运用 PDCA 循环提高党支部建设水平和效率。本文研究对象中山大学光华口腔医学院·附属口腔医院研究生第三党支部，以"七个有力"为导向开展支部建设，以 PDCA 循环方式持续提升支部建设质量。

（一）P（计划，Plan）：做好顶层设计，制订支部中长期与年度建设计划

党支部坚持以习近平新时代中国特色社会主义思想为指导，坚持立德树人，以实现"七个有力"为目标导向，根据上级党委要求，对照先进党支部标准，广泛征求党员意见、建议，制订支部中长期建设计划。在每一年度开始，支部根据最新要求制订年度工作计划，明确重点工作、特色活动等内容。相关计划由支部委员会制订，并在党员大会上进行审定。

（二）D（实施，Do）：实施综合举措，提升党支部建设水平

除了完成各项"规定动作"，支部对标"七个有力"，结合医科研究生党员的特点，实施综合举措，开展各类特色活动，有效提升党支部的建设水平。

第一，教育党员有力——开展互动式教育与沉浸式教育。在互动式教育方面，一是严格落实"三会一课"制度，一以贯之用习近平新时代中国特色社会主义思想凝心铸魂，深化落实"第一议题"学习制度，围绕建党百年、党的二十大报告精神、主题教育等开展专题学习，在阅读原著原文的基础上，组织分享交流会、知识问答竞赛等活动，有效强化学习的深度和成果。二是开设"青马学堂"，高质量开展理想信念教育，邀请医（学）院科教党支部书记、国家级高层次引进人才计划入选者陈泽涛研究员和中组部援藏干部秦伟医生等优秀教师党员为研究生党员们讲党课，共开展 30 余次。教师党员们充分结合自身从医从教以及开展科研工作的经历，教育党员守初心、担使命。系列党课以教师党员主讲与支部党员访谈相结合，由支部党员轮流担任访谈主持，充分发挥其主动性。在沉浸式教育方面，一是开展实地参观，组织支部党员前往参观广州起义烈士陵园、中共三大会址、广州起义纪念馆等红色教育基地；二是组织主题观影，组织支部党员观看《建党大业》《建国伟业》《长津湖》《志愿军》等热门红色电影以及沉浸式话剧

《1927永远的红色》，观看后支部党员通过座谈会、撰写心得并线上展示等方式开展交流。

第二，管理党员有力——提升支委履职能力并优化日常管理模式。一是提升支委自身履职能力，支委会积极参加校、院两级的党建相关业务培训，提升党员档案检查、"三会一课"落实、组织生活开展等业务水平。另外，支部书记参加院党委组织的红色教育研讨班，代表支部在全校的党建工作会议、医科院系杏林党建工作会议等分享经验，进行交流，以学习交流持续锤炼自身党性修养，提升履职能力。二是优化支部日常管理激励模式，创新使用党员党建足迹记分卡，对支部党员建言献策、参与支部活动组织工作及组织生活出勤率等进行记录，并将其纳入支部评奖评优的参考因素，有效动员支部党员发挥主观能动性，一同策划更贴合口腔医学研究生党员特点的支部活动，同时提升支部活动参与度、出勤率，整体提升组织生活质量。

第三，监督党员有力——以党建活动强化医德医风建设。一是支部积极开展纪律教育学习月活动，邀请学院纪委书记结合医风、学风建设讲授纪律教育课。二是通过支部书记讲解相关规定、组织观看警示教育片、参观廉洁教育馆等持续深化教育效果。三是以全国性交流活动提升教育效果。支部党员连续多年积极参与全国口腔医学生医德医风论坛组织工作。该论坛吸引北京大学、四川大学、上海交通大学、空军军医大学等口腔知名院校学子参与。

第四，组织师生有力——党建活动与科教工作相融合。支部充分发挥战斗堡垒作用，组织、服务、凝聚师生，支部内党员一一结成互助对子或互助小组，共同开展理论学习，开展交流，解决学习与生活上的困难、疑惑。开展"早鸟计划"。支委会动员支部党员广泛调研身边研究生同学在科研方面的重点、难点、痛点，围绕文献阅读、实验方法、统计技巧等科研方法收集相关内容，对应邀请院内相关教师为有学习困惑的研究生开设专题讲座或线上答疑解惑。

第五，宣传师生有力——注重挖掘凝练并扩大宣传渠道。从内容方面看，支部宣传不再局限于单一的刊发活动通讯稿，更增加了挖掘支部中先进党员案例，并对系列党建工作进行总结凝练。从宣传渠道看，支部除了积极向医（学）院党建公众号投稿，更积极向《中国研究生》、中山大学党建等公众号投稿。

第六，凝聚师生有力——积极开展支部共建与结对互助。支部积极推动党建与学科融合，把握学科交叉发展新趋势，支部积极与学校材料学院、公

共卫生学院等相关学科党支部开展共建,举办包括联合党日活动、线上线下讲座等活动。支部党员发挥先锋模范作用,与本科生党支部、其他年级研究生党支部以及学生团员等开展结对互助。结对以需求为导向,力求打破年级、课题组限制,充分发挥研究生党员带动本科生党员、带动身边的团员,一同加强理论学习,一同解决学习和生活困惑的示范带头作用。

第七,服务师生有力——立足专业特色提供科普服务,落实"健康中国"战略。支部党员所组建的口腔科普团队,聚焦口腔疑难病、常见病,为校内师生以及校外人民群众提供最接地气的口腔科普宣教。在线上,支部党员们通过医(学)院公众号,参与制作口腔科普图文、科普视频,推广口腔健康知识;在线下,支部党员们参与口腔科普图书的编写与出版工作,并在学校校园内或前往老人院、中小学、社区等开展口腔健康科普宣教活动。

支部党员积极开展健康口腔"中国行"活动,前往多地开展口腔科普宣教,足迹覆盖广东梅州、连州等地以及广西、西藏、新疆等少数民族自治区,服务近30余万人次。支部党员除开展口腔科普讲座、义诊与咨询、涂氟防龋等活动外,还赠送口腔科普图书、口腔健康用品等,在部分偏远地区更走村入户送上口腔健康服务。近一年,支部党员还到了"中山大学"号科考船和位于帕米尔高原上的红其拉甫国门,分别为船员和边防官兵开展口腔义诊与科普宣教。支部党员所参加的系列口腔健康科普志愿活动,获得团中央"三下乡"优秀品牌项目、广东省志愿服务铜奖、"益苗计划"——广东省志愿服务项目大赛省级示范项目、广东省大学生暑期社会实践活动一等奖等荣誉。

(三) C(检查,Check):对照计划及时检查建设成效

支部及时对照计划,检查建设成效。在支部内,通过每季度的党员大会向支部党员汇报年度工作及支部中长期规划推进情况;通过谈心谈话等广泛听取党员对支部建设的意见、建议,并及时改进。在支部外,广泛开展学习与调研,对照先进党支部查找差距,学习先进经验,加强对支部建设的过程管理,切实提升支部建设工作成效。

经过多年建设,党支部建设成果丰硕,多名党员分别获得校级、院级优秀党员称号,党支部先后获得校级"最佳党日""先进党支部"等荣誉,入选全国"百个研究生样板党支部"并顺利通过验收。党支部建设也有效促进了党员的学业发展,支部内多人次获得研究生国家奖学金、广东省优秀研

究生等荣誉，并在高水平期刊以第一作者发表系列论文。

（四）A（处理，Act）：紧跟最新要求持续提升支部建设质量

在此阶段，主要总结行之有效的支部建设经验，并将之纳入常态化支部管理举措中，加以持续实施和细化完善。另外，紧跟上级关于支部建设的最新要求，不断提升建设水平。同时，持续根据党员提出的意见、建议，及时动态调整支部工作计划，确保达到持续提升支部建设质量目标。

三、启示与思考

中山大学光华口腔医学院·附属口腔医院研究生第三党支部以"七个有力"为导向，基于实践经验，探索出了医科研究生党支部建设的有效策略与路径，相关启示与思考概括如下四点。

（一）善用资源，丰富支部教育活动

善于运用身边的红色教育资源，如用好身边的红色教育基地、红色电影资源，丰富党员学习的内容与形式；善于运用支部党员资源，发动支部党员一同策划与组织形式多样的支部活动，或在支部策划活动前充分调研党员需求，倾听党员意见、建议，确保组织生活实现教育目的；善于调动教师资源，邀请身边的优秀党员教师参与到研究生支部活动中，以实现其言传身教的带动引领作用。

（二）落实制度，强化支部组织管理

支部组织管理方面涉及"三会一课"、党员发展等制度，为使得制度落实更为有效，可考虑抓"关键人"和"关键事"。抓"关键人"可提升支委会成员的理论水平与履职能力，整体带动提升支部的组织管理水平；抓"关键事"，主要记录党员参与支部组织生活出勤情况、参与策划组织支部活动情况等，并将相关日常表现纳入支部内评优的重要参考。通过落实制度，强化支部组织管理。

（三）着眼需求，促进党建学科融合

促进党建与学科双融双促，一方面，着眼于不同学科的研究生成长成才的需求，开展党建与教学、科研相融合的活动，实现党建与业务"双提

升";另一方面,着眼于人民群众的实际需求,发挥学科特点与优势,开展科普等活动,切实做到守初心、担使命,为人民群众做实事。

（四）久久为功，持续提升党建质量

党支部建设并非一蹴而就，支部应制定中长期建设规划与年度工作规划，同时紧跟支部建设最新要求，及时补充更新内容，并通过征求党员意见、建议，对照建设计划与成果等方法，总结经验，调整建设举措，方可持续提升支部建设质量。

参考文献

[1] 汪琪,陈晨子."党建+"理念下高校研究生党支部创新路径研究[J]. 南方论刊, 2023（11）：54-56.

[2] 亓彦伟,权灿,张贝思. 研究生党建"双创"工作的实践探索及启示[J]. 学校党建与思想教育, 2023（20）：24-27.

[3] 陈银秀,李宇辉,陈惠珍. 医学院校研究生思想政治教育问卷调查及对策探讨[J]. 中国高等医学教育, 2023（10）：142-144.

[4] 以政治建设为统领,不断加强研究生党建和思想政治工作[J]. 中国研究生, 2023（7）：24-31.

[5] 任燕茹,苏伟,张洋洋,等. 医科高校附属医院研究生党建与业务工作相融合的机制探索[J]. 现代医院, 2023（3）：365-367,409.

[6] 叶晓宪. 立德树人理念下医学院校研究生党支部的建设与实践[J]. 科教文汇（中旬刊）, 2021（8）：41-43.

[7] 陈云,张立亚,吴雪梅,等."党团班"三位一体模式在医学研究生思想政治教育中的应用探讨[J]. 中国现代医生, 2020（5）：152-154.

[8] 戚钰. 医学高校临床学院研究生党总支建设的探索与思考[J]. 卫生职业教育, 2022（8）：15-17.

[9] 赵婧媛,贾越. 医教协同条件下的医科院校研究生党建工作研究[J]. 中国现代医生, 2017（36）：138-140,146.

[10] 谭淑仪,梁剑芳,孙海涛. 医科院校研究生党支部构建模式[J]. 科教导刊（中旬刊）, 2015（8）：71-72.

[11] 房良,马静,李扬. 新时代研究生党支部建设的实践探索：以北京林业大学"全国高校百个研究生样板党支部"为例[J]. 北京教育（德育）, 2023（Z1）：44-47.

[12] 何璟炜, 晏京. 全面推进研究生党建工作内涵式发展, 立体提升新时代思政育人质效 [J]. 中国研究生, 2023 (7): 32–37.

"00 后"大学生的思政教育工作创新模式研究[*]

韩青诺　何梓燕

摘要："00 后"作为一个群体已经步入大学。他们以显著的时代性群体特点给高校思想政治教育工作提出了新的机遇和挑战。高校思想政治教育工作者应从立德树人的根本任务出发，遵循思想政治教育工作规律、教书育人规律和学生成长规律。要把高校思想政治教育工作做好，就必须分析探讨"00 后"大学生的特征，针对目前高校思政教育存在的问题，提出符合"00 后"大学生特点的思想政治教育工作模式，同时提升大学生思想政治教育的质量和水平，最终提高人才培养质量。

关键词："00 后"大学生；高校思政教育；创新模式

近年来，大学生群体已从"95 后"逐步向"00 后"过渡，这一全新的时代特征势必对大学思想政治教育形式及内容提出新的机遇和挑战。高校思想政治工作者应遵循思想政治工作规律、教书育人规律和学生成长规律，围绕已经迎来第一批真正意义上的"00 后"大学生这一新的挑战开展施教育人工作。要把思想政治教育做好，就必须分析探讨"00 后"大学生的特征，创新大学生思想政治教育模式，切实促进"00 后"大学生的成长发展，提升高校思想政治教育的水平和质量。

一、"00 后"大学生的特点

"00 后"指 2000 年 1 月 1 日—2009 年 12 月 31 日出生的中国公民。他们出生时，正是我国独生子女计划生育政策的实施时期，因此，"00 后"以独生子女为主。"00 后"大学生成长在 21 世纪，物质生活较为优越。他们的成长期与中国 WTO 周期叠合，他们生长在移动互联网和内容大爆炸的科技环境下。在家庭关系中，"00 后"独享着父母的爱，拥有更平等的话语权，能够自由表达自己的想法。"00 后"一代独特的成长环境，造就了他们

---

[*] 本文原载于《科教导刊》（下旬）2020 年第 15 期。

这一代独特的个性特征——具有浓厚的个人主义色彩，强调自我意识和主观感受。"00后"实际上从出生开始就伴随互联网成长，对于他们而言，互联网已不仅仅是一种"媒体"，而是一整套的生活方式，他们的学习方式、认知方式很大程度上受到互联网的影响，常通过互联网接受思想文化和了解社会时事热点。"00后"所处的成长时代文化更加多元化，因此这一群体受外界环境的影响更为明显，在价值观念上表现得更为多元。

二、目前高校思想政治教育存在的问题

（一）思想政治教育队伍力量薄弱

高校思政教育是各类校园活动、主题班会、谈心谈话、社会实践、学术科研竞赛等的载体。高校各类活动可以将思政教育内容有机融入，润物细无声地将积极思想传递给学生，以此达到思政教育的目的。高校辅导员的主要职责是进行思想引领即思想政治教育。在实际工作中，由于高校人员编制限制，辅导员大部分时间和精力都集中在从事大量的学生日常事务工作，难以保证开展高质量的学生思想政治教育工作，因此影响了思想政治教育的实效性。

（二）思想政治教育方式和内容较为传统

"00后"是在互联网快速发展时代背景下成长起来的一代，他们既有大学生的共同特点，也有着特殊的时代发展烙印。"00后"成长的时代和社会环境，使得他们更加依赖网络和电子产品。高校思想教育因传统课堂载体的重单向、重理论等特点，通常采用单一的"灌输式"教学法，同时，在思政理论课的教学中，由于本科生人数多，高校一般采取上大课的方式，一堂课通常容纳100~200人，任课教师很难组织分组讨论或教学，致使思政理论课的效果不理想，无法提高学生学习的积极性。与此同时，教育内容缺乏时代性，使得大学生思想政治教育缺乏实质性作用。

（三）思想政治教育各载体整体性功能分化

高校思政教育队伍主体包括共青团干部、思想政治理论课教师、辅导员、班主任、导师等。这支队伍应当各司其职、发挥合力对大学生进行思政教育。但在实际工作中，主要由辅导员和班主任承担大学生思政教育的工

作。辅导员在学生培养过程中更多的是负责学生思想政治教育，日常事务管理，党支部、团支部，以及班级建设、心理疏导等方面的工作，教育引导学生关心的热点、焦点问题。班主任虽也会从事一些学生思想政治教育的工作，但主要进行教学工作，同时负责班级的管理。辅导员与班主任思政教育职责的分工不太明确，既存在"空白部分"，又存在"公共部分"，致使大学生思政教育难以发挥教育队伍整体的合力作用。

三、"00后"大学生的思政教育的创新模式

（一）加强思政教育队伍建设

思政教育队伍是思政教育的组织者和实施者，在育人过程中起到非常重要的作用，那么思政教育队伍需要充分发挥辅导员、班主任、学生管理干部三个队伍的合力。一是在培养过程中一定要强化思政课教师以及班主任在思政教育中的主体地位和责任。班主任在学习生活中经常接触到自己的学生，也是最了解学生的思想动态的。班主任进行思想教育，同时提高自身的师德师风建设，以高尚的师德来影响学生，将思想政治教育融入日常教学中，充分发挥班主任的思想引领作用。二是充分发挥学生党员以及干部的核心模范作用，党员以及学生干部作为学校与学生之间的沟通桥梁，其作用不可忽视。他们传播正能量，为高校思政教育起到正确的导向性作用。

（二）发挥第一课堂思政主阵地优势

课堂是高校思政教育的主阵地，该如何发挥第一课堂主阵地优势，以形势政策课为例，作为高校的必修课，该课程本可以将社会热点、国内外形势通过学生讨论等方式丰富课堂教学、提升教学效果。但形势政策课一般由辅导员兼职授课，而且课时较少，难以发挥思政主阵地优势。要增加思想政治在大学生中的实效性，更需要广大一线教师在第一课堂中发挥思政教育的浸润作用和辐射作用，不断加强学生思政专业理论学习，提升政治理论素养，利用网络及时、全方位地获取学生信息，与"00后"大学生保持信息更新同速度，保持掌握具有时代特征和广泛性的思政教育信息。

（三）改进"00后"大学生思政教育方法

"00后"大学生存在性格行为独立、注重交流平等、有意愿表达真实想

法、心理素质偏弱等特点。第一，高校的思政课与团体辅导相结合，同时转变教学方式使灌输式的教学转变成沉浸式教学，激发学生的学习热情和主观能动性。团体辅导内容如适应性教育、爱国主义教育、自我认知、人际交往等主题均有助于"00后"大学生实现主动教育和自我教育有机结合，达到思政教育的目的。第二，教育和自我教育有机结合，实现思政教育的目的。发挥教育者的主导作用以及"00后"大学生的能动性，自我教育程度是衡量思政教育有效的标志，大学生本身已具有一定的专业理论基础、较强的思辨能力，可以使自我教育的自觉性和主动性大大提高，并且有利于拓展大学生思政教育内容、增强大学生思政教育实效性。第三，加强社会实践教育。将专业理论学习在社会实践中运用，积极组织参加各类社会实践活动，在社会实践中夯实专业理论、提升自我。

（四）将心理教育融入思政教育内容

心理教育有利于保障大学生心理健康发展以及自我发展。本科阶段的培养是以学术为导向，学生在校阶段的科研压力会因临近毕业而逐步增大，因此，高校必须要顺应学生的发展规律，及时关注学生在关键时间点、关键发展阶段的心理动态，将思政教育与心理健康教育有机结合，为学生成长提供支持和保障。学生完成在校期间的学业科研后，最终还是要进入社会、回报社会和国家。因此，高校对大学生的思政工作要思路创新，融入大学生的规划发展中去，让大学生在学习专业知识的同时，要思考如何能够更好提高专业和科研能力，回报祖国，实现自我发展。

（五）运用互联网社会型网络创新

社会型网络给"00后"大学生思政教育带来了机遇和创新。第一，丰富了思政教育内容。信息的共有共享是社会型网络社区的特点之一，这种交流模式为"00后"大学生提供了及时、源源不断、丰富而鲜活的信息。第二，拓展了学与教信息的获取方式。采用"00后"大学生感兴趣的获取信息方式，如通过文字、图像、视频等，进行思政教育传播，使教育效果得到提升。第三，聚焦于关注点，更具针对性和实效性。通过观察"00后"大学生的思想状况和关注点，更具针对性和实效性地进行教育引导。

参考文献

[1] 江海. 试论思政教育向通识教育的转变 [J]. 教育评论，2016

(5): 131-134.

[2] 佘双好. 大学生代际特征对思想政治教育的影响及发展趋向 [J]. 思想教育研究, 2014 (9): 8-15.

[3] 杨素祯, 侯雁伶. 当前高校辅导员工作存在问题及对策 [J]. 中国电力教育, 2010 (34): 31.

[4] 沈壮海, 王启刚, 段立国. 中国大学生思想政治教育发展报告2016 [M]. 北京: 北京师范大学出版社, 2017.

[5] 陈华巍, 王贵新, 刘国军. 新媒体视域下大学生思想政治教育有效路径论析 [J]. 思想教育研究, 2016 (3): 82-86.

粤港澳大湾区建设背景下的大学生思想政治教育工作探索[*]

黄婧　徐述腾

摘要：粤港澳大湾区建设是中国实施"一带一路"国家倡议、推动经济高质量发展、促进全面对外开放和构建新型区域合作与一体化发展进程中的重要探索，也是保持香港、澳门长期繁荣稳定的重大决策。如何在粤港澳大湾区建设背景下，做好高校学生思想政治教育工作，引导大学生把个人理想和国家发展战略有机结合起来，积极投入粤港澳大湾区建设中具有重要的时代意义。文章论述了粤港澳大湾区建设背景下大学生思想政治教育工作存在的问题，并结合粤港澳大湾区的相关政策提出了工作途径和方法。

关键词：粤港湾大湾区；大学生；思想政治教育工作

推进粤港澳大湾区建设，是以习近平同志为核心的党中央作出的重大决策，是习近平总书记亲自谋划、亲自部署、亲自推动的重大国家战略，是新时代推动形成全面开放新格局的重要举措，也是推动"一国两制"事业发展的新实践。[1]

一、粤港澳大湾区建设背景梳理

2015年3月，在《推动共建丝绸之路经济带和21世纪海上丝绸之路的愿景和行动》这一重要文件中，"粤港澳大湾区"的概念首次被明确提出；2016年3月，"粤港澳大湾区"被纳入国家十三五规划；2017年3月，国务院政府工作报告中首次出现"粤港澳大湾区"的表述；2017年7月1日，香港回归20周年之际，习近平总书记亲自见证国家发展和改革委员会与粤港澳三地政府签署《深化粤港澳合作　推进大湾区建设框架协议》；2018年10月，习近平视察广东时强调要把粤港澳大湾区建设作为广东改革开放的

---

[*] 本文原载于《高校学生工作研究》2022年第1期。

本文在2021年广东高校思想政治工作优秀论文征集活动中获评二等奖。

大机遇、大文章,抓紧抓实办好;2019 年 2 月,《粤港澳大湾区发展规划纲要》正式出台。[2]

二、大学生思政工作的重要意义

随着社会经济的不断发展和人民物质生活水平的逐步提升,新时代学生们获取知识的渠道不断增加,获取信息的方式更加便捷,世界上各种文化及思潮不断地冲击着大学生们的思想,不同文化、思想和价值观的激荡,对许多世界观、人生观、价值观尚在形成期的大学生产生了较为重要的影响。而思想政治教育作为学生认识世界的重要指导,则显得尤为重要,做好高校思政工作可以在以下四个方面帮助当代大学生成长成才,实现人生价值。

(一)引导学生坚定远大理想信念

思想政治教育可以帮助当代大学生更加深入地了解国家和社会发展,使其将个人的发展前途与国家、社会的需要相结合,从而树立远大的人生理想,并为之不懈奋斗。而历史文化教育是高校思政教育的重要部分,学习、传承和发展中华民族五千年灿烂文化是中国人民文化自信的源泉,学习党史是当代青年学生培养艰苦奋斗品质的精神养分,学习新中国史、改革开放史及社会主义发展史是当代青年学生深入理解中国特色社会主义道路是历史必然选择的重要依据。[3] 通过引导学生在学习实践中逐步探索中华民族的历史发展脉络,在中华民族优秀的历史文化中不断汲取精神力量,从而摆脱迷茫,树立远大的人生理想。[4]

(二)帮助学生树立正确的"三观"

思想政治教育可以引导当代青年学生形成正确的世界观、人生观、价值观,在网络信息高速发展的今天,互联网上信息泛滥,各种低俗、恶搞、负能量的信息和价值观充斥在大学生群体中间,一系列如"内卷""躺平""摆烂"等消极或错误的价值观念正悄然成为青年学生生活中的热门词汇。高校思政教育可以通过采取丰富多样的形式,如将线上学习和线下实践相结合,逐步打造具有自身特色的主流文化输出阵地。把党的先进理念和方针及时传递给青年学生,通过榜样学习、追寻红色足迹等活动为学生们提供理想信念的动力基础,促使大学生能够从现实的迷茫中走出来,激发其学习动力,引导学生对新时代下经济社会的发展进行思考。

(三) 指引学生肩负时代历史使命

随着中国全面建成小康社会目标的实现,新时代青年学生的物质生活日益丰富充盈,而物质生活水平的提升使得新一代青年学生从小备受家庭和社会的呵护,在一定程度上缺乏独立生存的能力,也缺少艰苦奋斗、努力拼搏的动力。思想政治教育是指引新时代青年学生自觉肩负起时代使命的关键指引。通过开设形势与政策、劳动教育、大学生就业指导及生涯规划等课程,可以帮助大学生较为准确地认识所处的社会环境和形势,从国家和社会的实际需要出发,做好对大学生活和未来职业生涯的规划。

(四) 涵养学生自觉厚植家国情怀

在新的历史条件下,大学生的科学文化兴趣发展得到了较好的物质保障、有了自由发挥的空间,但与此同时,青年学生的集体主义、奉献精神和家国情怀的养成成为思政教育的重点与难点。高校思政教育应当通过对马克思列宁主义、毛泽东思想、邓小平理论、"三个代表"重要思想、科学发展观、习近平新时代中国特色社会主义思想等科学理论进行解读,让学生们深入学习这些思想的精髓,从而坚定理想信念、端正学习态度、明确学习目的、养成良好的道德文化素质,自觉维护集体、社会和国家利益,涵养家国情怀、践行奉献精神,心怀"国之大者",为国家富强、民族复兴、人民幸福贡献力量。

三、粤港澳大湾区建设背景下大学生思政工作存在的问题

改革开放以来,随着"一国两制"政策的实施,粤港澳大湾区作为改革开放的窗口,经济建设取得了重大成就,但是粤港澳大湾区高校的思想政治教育却并未完全跟上经济腾飞的步伐,这种思想政治教育发展和经济发展的落差会导致青年学生容易被误导。

(一) 粤港澳大湾区高校学生需加强对国家战略的宏观认知

国家关于粤港澳大湾区建设的一系列方针政策赋予了广东新的重大机遇、重大平台和重大使命,这些政策具有宏观性、基础性和普遍性的特点,对于青年学生来讲如缺乏具有针对性的解读和引导,加之岭南文化悠久浓厚的商业精神深植于居民生活的方方面面,会使粤港澳大湾区的青年学生在一

定程度上更注重自身的发展,缺少对国家重要战略的宏观认知。粤港澳大湾区高校应通过扎实有效、结合实际的思政教育,引导学生认识国情、理解国策,将个人发展和粤港澳大湾区建设融为一体,以更加宏观的视野去做好职业生涯发展规划。[5]

(二)粤港澳大湾区高校学生需进一步提升集体主义精神

粤港澳大湾区作为中国改革开放的南大门,是中国最开放的城市群之一,然而在经济开放和包容的同时,这里也成为西方资本主义国家文化和意识形态重点渗透的地方。部分青年学生在错误价值观的影响下,会产生过于看重个人利益的思想,集体主义观念薄弱。维护国家繁荣稳定发展和推动新时代中国特色社会主义发展离不开集体主义精神力量的发挥,粤港澳大湾区建设背景下的高校思政教育要紧密围绕立德树人的根本任务,着重加强高校学生的爱国主义教育、集体主义教育和新时代中国特色社会主义教育,引领大湾区高校青年学生树立正确的价值理念,增强民族向心力和凝聚力。

(三)内地高校与港澳高校之间缺乏充分有效的沟通交流

由于港澳地区特殊的历史背景,以及与内地不同的行政管理体系,因此,港澳地区高校的发展理念及发展模式都与内地高校差异较大。近些年,受一系列错综复杂的国际形势以及新冠疫情的影响,原本联系密切的内地高校和港澳高校之间缺乏深入交流,这也为粤港澳大湾区高校的思政工作带来了新的挑战。为了加快建设粤港澳大湾区人才高地,为粤港澳大湾区建设提供充足和可靠的人才支持,要利用地域优势,加强粤港澳大湾区高校间的合作交流,增进港澳学生与内地学生的情感联系,提升港澳学生的国家认同和文化认同。

四、粤港澳大湾区建设背景下大学生思政工作的途径和方法

为了从根源上解决粤港澳大湾区经济发展水平与思想政治教育水平之间的落差,必须不断加强粤港澳大湾区高校思政教育工作,培养一批能够以把粤港澳大湾区建设成国际一流湾区为己任,能够扎根服务于大湾区建设的各行各业,能够提升大湾区的整体凝聚力和向心力,能够为国家发展大局贡献力量的新时代青年。

（一）坚持为党育才，把学生党建和思政工作紧密结合

习近平总书记在高校思想政治理论课教授座谈会上指出，办好中国的事情，关键在党。中国共产党立志于中华民族千秋伟业，要培养一代又一代拥护中国共产党的领导和我国社会主义制度、立志为中国特色社会主义事业奋斗终生的有用之才。青年学生是祖国的未来、民族的希望，因此高校的学生党建工作和思政工作是一个密不可分的整体。大学生的成长成才应该是学生党建工作的驱动力，学生党建也应该是大学生成长成才的灯塔，高校应扎实做好学生党建工作，把党建和思政紧密结合，同部署、同谋划、同推进。

一是做好推优入党，让优秀的青年成为党员。高校应建立校、院、班全覆盖的青年马克思主义学习体系，深入学习马克思主义理论和实践，遴选最优秀的人成为入党积极分子，吸引优秀的青年学生积极加入党组织。

二是抓好学生党员教育工作，让每个学生党员都成为一面旗帜。通过学生党员引领带动广大学生坚定中国特色社会主义理想信念，坚持党的宗旨，发扬党的优良传统。

三是抓好学生党支部工作，让每个党支部都成为一个战斗堡垒。学生党支部是提升思政工作质量的组织保障，要打造学习型党支部，高质量高标准开展好党史学习教育，追寻红色记忆、赓续红色基因，让每一个学生党支部都成为学习贯彻习近平新时代中国特色社会主义思想的阵地。

（二）深化"三全育人"，开拓粤港澳大湾区思政教育新渠道

"三全育人"综合改革是加强改进新形势下高校思想政治工作、全面落实立德树人根本任务的战略举措。粤港澳大湾区高校应把思想政治工作贯穿教育教学全过程，多措并举推进全员、全过程、全方位育人落地见效，开拓思政教育新渠道。

一是汇聚合力，选优配强辅导员队伍，推动专业教师和党政管理人员的协同育人。高校的辅导员队伍往往都是学生思政工作的主力军，思政工作本质上是做人的工作，要始终围绕学生、引导学生，不断提升学生的思想觉悟和文化素养。辅导员从事一线学生工作，每天直面学生的学习生活，能够直接听到学生的呼声，掌握学生的思想动态。但辅导员往往囿于繁重琐碎的事务性工作，会忽视或缺少与学生在思想和专业学习方面的交流；而且大部分辅导员与所负责的学生专业并不对口，无法有效地将思想引领和学业规划结合起来，单纯地开展思政工作显得比较生硬。因此，可从高校的青年教师党

员队伍中挑选优秀教授、副教授担任一定时长的专职或兼职辅导员工作,这些青年教师与学生年龄相仿、专业相近、经历相似,可以与学生在思想、学业方面进行更充分的沟通,真正实现对学生的思想引领、价值引领和学术引领。

二是畅通渠道,探索"大思政"育人体系,构建"浸养熏育"的课程思政体系。高校要不断加强课程思政建设,拓宽思政工作主渠道,形成涵盖"课程思政""第二课堂思政""科研训练思政""实践实习思政"的全方位思政育人体系。各学科可根据自身情况,优化课程设置,培育课程思政示范课程,研究推广方法,修订教学大纲,完善教学设计,加强教学管理,打造思政元素的"浸养熏育",厚植学生的家国情怀、理想道德情操,实现思想政治教育与知识体系教育的有机统一。

三是构建体系,打造分类、分层、分阶段的第二课堂体系,推动思政教育精细化、脸谱化。第二课堂是高校思政工作的主阵地之一,而第二课堂体系的设置必须遵循学生的成长规律,根据学生不同阶段的身心发展特点,有针对性地开展教育引导,使育人的各项工作覆盖到学生从进校到毕业的全过程。例如,面向大一学生开展"起航计划",旨在使其快速适应大学生活、点亮学习动机、打基础、养兴趣;面向大二学生开展"领航计划",旨在明确学业规划、入轨道、跟导师、进项目;面向大三学生开展"护航计划",旨在阔视野、重交流;面向大四学生开展"导航计划",旨在凝成果、谋发展。各阶段教育各有侧重、有机衔接,均紧扣国家和社会的发展需要与各专业的培养目标,形成精细化、脸谱化的思政教育体系。

(三)培养学生的责任意识和担当精神,鼓励学生投身于粤港澳大湾区建设

《粤港澳大湾区发展规划纲要》提出要打造粤港澳大湾区教育和人才高地。2021年9月,习近平总书记在中央人才工作会议中指出要加快建设世界重要人才中心和创新高地,可在北京、上海、粤港澳大湾区建设高水平人才高地,为2035年基本实现社会主义现代化提供人才支撑,为2050年全面建成社会主义现代化强国打好人才基础。未来,粤港澳大湾区建设亟须大批人才,而人才必须通过教育去培养。粤港澳大湾区高校必须未雨绸缪,着力培养德智体美劳全面发展、具有爱国爱港爱澳精神和国际视野的社会主义合格建设者和接班人。

一是通过开设形势与政策课,积极宣传国家战略和粤港澳大湾区政策。

个人的成长成才离不开国家和社会的大环境，了解和掌握国家重要政策、宏观战略以及区域经济社会发展方向，可以让学生全面正确认识党和国家面临的形势与任务，正确理解党的路线、方针和政策，激励学生通过专业学习投入到国家的战略规划中，积极主动地加入粤港澳大湾区的建设。

二是加强价值引领，培养学生的责任意识和担当精神。大学生的责任意识和担当精神不仅是国家、社会对未来人才的期待，同时也是大学生个体成长发展的需求。高校可通过组织公益服务、志愿活动让青年学生近距离地感受社会，从最深处激发大学生的社会责任感和担当精神。

三是涵养家国情怀，引导学生牢记"国之大者"。《礼记·大学》有言："物格而后知至，知至而后意诚，意诚而后心正，心正而后身修，身修而后家齐，家齐而后国治，国治而后天下平。"这句话是关于人生理想和志趣的经典言论，一方面强调一个人要想立德于天下，就要为国效劳；另一方面又指出，要想报效和治理国家，则应从修养自身做起。这充分说明家国情怀是中华传统文化的精髓所在，高校应讲好中国故事、展现大国重器、树立时代楷模，引导广大青年立大志、明大德、成大才、担大任，厚植家国情怀"价值底色"，牢记"国之大者"，推动青年学生在粤港澳大湾区建设的时代洪流中奋发有为。

（四）推动粤港澳大湾区高校的交流合作，加强港澳学生国情教育

《粤港澳大湾区发展规划纲要》要求推动粤、港、澳三地教育合作发展，并明确"支持粤港澳高校合作办学，鼓励联合共建优势学科、实验室和研究中心。充分发挥粤港澳高校联盟的作用，鼓励三地高校探索开展相互承认特定课程学分、实施更灵活的交换生安排、科研成果分享转化等方面的合作交流"。[6]粤港澳大湾区高等教育资源丰富，随着三地高校互认学分等一系列政策的发布落实，大湾区高校之间交流合作将更加密切，港澳学生赴大湾区内地高校长期求学、短期交流的人数将会逐步增加。由于历史文化等特殊原因，港澳学生往往缺乏对内地的认识了解，国家意识淡薄，缺乏民族认同感。因此，粤港澳大湾区的内地高校要尤为重视港澳学生的国情教育，引导港澳学生树立正确的历史观、民族观、国家观、文化观，厚植其文化根基，增强其家国情怀，培养坚定的爱国者和优秀的文化使者。

一是开设以中国优秀传统历史文化为载体的课程。加强港澳学生对中国历史特别是中华人民共和国历史、中国共产党历史的了解，引导港澳学生树立"历史是最好的教科书"的意识，努力营造"学史、知史、懂史、讲史"

的良好氛围。

二是组织港澳学生国情调研社会实践活动。大部分港澳学生对于祖国的自然景观、历史遗迹有着较大的兴趣,高校应以中华文化为切入点,组织学生走出校园、深入社会,亲身体验改革开放和社会主义现代化建设的伟大成就。

三是开展学生党员和港澳学生一对一结对子学业帮扶工作。部分港澳学生文化课基础相对薄弱,可能存在学业困难的问题,可通过组织学业成绩优秀的学生党员和港澳学生一对一结对子进行学业帮扶,这既解决了港澳学生面临的实际难题,又润物细无声地发挥了优秀学生党员的思想引领作用。

参考文献

[1] 习近平在广东考察. [EB/OL]. (2018 – 10 – 25) [2020 – 03 – 02]. https://www.gov.cn/xinwen/2018 – 10/25/content_5334458.htm.

[2] [6] 中共中央 国务院印发《粤港澳大湾区发展规划纲要》[J]. 中华人民共和国国务院公报, 2019 (7): 4 – 25.

[3] 石亚玲. 大学生理想信念教育研究: 1978—2018 [M]. 北京: 光明日报出版社, 2020.

[4] 冯永龙. 思政心语: 大学生思想政治教育的理论与实践 [M]. 北京: 中国城市出版社, 2020.

[5] 张议方. 粤港澳大湾区建设背景下的高校思政教育与安全稳定工作 [J]. 决策探索 (中), 2019 (5): 7.

网络环境下大学生思想政治教育挑战与应对策略研究

俞陆军

摘要：构建全面的网络综合治理体系，营造清朗的网络空间，对国家网络治理至关重要。无论是深入理解网络环境中的动态关系，还是积极推动社会变革，都需要对网络环境下大学生思想政治教育三对互动关系进行分析，即网络技术与网络文化互嵌、网络主体与网络客体互动、虚拟实在与现实实在的互塑。在探讨大学生网络思想政治教育的应对策略时，我们必须从教育者的角度出发，深入研究主体主导结合机制、主客互动机制、虚实融合机制。

关键词：网络环境；思想政治教育；挑战；对策

一、引论

恩格斯说过："全部哲学，特别是近代哲学的重大的基本问题，是思维和存在的关系问题。"[1]构建健康且丰富的互联网内容，建立全面的网络综合治理框架，营造清朗的网络空间环境，是国家网络治理的核心任务，因此，大学生在网络环境中的思想政治教育也应以这一目标为指导原则。随着人类步入信息化时代，我们的生存和发展面临着前所未有的挑战，这些挑战往往源于人类实践活动的复杂性与多样性，以及对这些活动规范建立的滞后所引发的潜在危机。"在网络思想政治教育中，网络只是改变了思想政治教育主客体的存在方式及主客体相互作用的方式，并没有改变思想政治教育主客体存在的事实，网络思想政治教育仍然存在着思想政治教育的主体和客体。"[2]无论是深入理解人际关系的动态变化，还是致力于改造世界，我们都需要对网络环境下大学生思想政治教育中的三对互动关系进行细致分析。

二、网络环境中高校思想政治教育的挑战

(一) 网络技术与网络文化的互嵌

信息技术革新推动了互联网的蓬勃发展,这一进程不仅重塑了传统的经济、地理和社会文化格局,还在全球化的大背景下引发了权力结构的重组、议事规则的变革、话语权的转移,以及治理模式的更新。数字化平台为信息接受者提供了一种与传统媒体相比更便捷的即时活动传播渠道。这些途径体现了互联网的数字化特性、网络化趋势和移动化优势。由于信息渠道途径工具能扩大、放大政治观点的解释力量和内在影响空间,软实力的获得不仅依赖于政治文化和文化价值理念全球化,而且依靠万物互联的互联网渠道工具和技术。互联网技术的进步与互联网文化的表达紧密相连,它们彼此相互依存,需要明确界定各自的功能和主导地位。曼纽尔·卡斯特认为:"技术系统是社会的产物,社会生产的形成是文化的,因特网也不能例外。"[3]互联网的创造者们本身所具有的文化背景反过来塑造了媒体本身。互联网软件,尤其是其源代码的开放性和可自由修改的特性,为技术创新提供了合作和知识自由流通的基础,推动了技术的持续进步。"无处不在的新技术和媒介及其负载的五光十色的广告和娱乐性内容,将人们一一召唤到消费者的主体立场上,并使他们接受将零散的外观、风格和外在功能作为社会身份象征的消费哲学。"[4]

以苹果公司拒绝对涉恐苹果手机进行解密的争议事件为例,深入分析互联网技术对个体自由文化的影响。2015 年 12 月 2 日,在美国加利福尼亚州圣贝纳蒂诺郡发生了一起致命的恐怖袭击,造成多人遇难。面对警方要求协助解锁涉案苹果手机的请求,苹果公司以保护客户隐私为由,坚决拒绝配合,这一决定立即引发了公众的热议。苹果公司认为警方的要求超出了法律赋予的权限,侵犯了企业权利,担忧这将导致用户隐私的泄露和加密系统的破坏。此事件凸显了自由与约束之间的复杂关系,这是西方社会长期以来存在的矛盾在互联网时代的体现。

诚然,这是众多案例中的一个,它并不代表美国政府和企业界在价值观上根本的对立。互联网作为信息社会的核心驱动力,创造了一个去中心化的、开放的、不受单一控制的空间。在这个空间中,除了那些掌握服务器的主导者外,无人能够全面主宰网络技术的发展。互联网技术的包容性和开放

性赋予了网民在交流与共存中的实体自由和精神自由。无论是加入或退出网络社区、发表观点、传播信息，还是选择性地放弃某些信息，人们都享有广泛的自由。同时，互联网技术的本意在于提升生活质量，并引导人们回归到一个更真实、更贴近人性的状态。大数据、云计算、虚拟现实等前沿技术的发展，为人们提供了多样化和个性化的服务，激发了人们的潜能、智慧以及社会参与的热情，为网民在时间、地点、兴趣和价值观上提供了更多选择自由。然而，事与愿违，互联网在赋予人们精神自由的同时，也无形中给人类的心灵带来了束缚。这一现象促使我们深思网络空间自由发展与网民的国家认同之间的矛盾张力，同时也激发了我们对互联网技术、伦理道德以及国家认同之间复杂关系的探讨。

（二）网络主体与网络客体的互动

"在现代哲学发生认识论转向的背景下，主体和客体的区分也是从认识论上出发的。从事认识活动的人类称为主体，在认识活动中主体所认识的对象称为客体。"[5]网络社会作为一种新兴的社会形态，与传统物理世界相比，展现了主体间关系和主客体关系的新特点。在网络社会中，网络主体以一系列的社会关系为前提条件，并在各种社会关系的互动中形成各自的子社会关系系统。网络社会中的个体在一系列社会关系中形成，这些关系构成了他们独特的网络社会关系系统。网络主体对网络客体的能动性体现在他们可以在网络空间中自由地表达和互动，而不受身体在场与否的限制。这种互动是超时空的，与传统的面对面互动相比，具有连续性且也更加灵活。

网络主体在与网络客体的互动中展现出主动性。在现实世界中，主体与客体的交流是直接且面对面的，参与者以真实身份出现，其出身、职业等背景在交往中自然流露出来。而在网络空间，主体的表现形态则有所不同，个体能够轻松购置虚拟装扮，不仅简单易行，而且极具吸引力。在网络空间中，主体的身体缺席，其社会地位、角色等都有可能被隐匿，使得网络中的主、客体关系显得变幻莫测、流动性强、充满虚拟性，甚至角色之间的位置可能互换。网络主体间的互动超越了时间和空间的限制，与现实世界中局限在同一时间和空间的互动形成对比。在网络实践中，主体不仅是自然存在的，也是精神和文化社会性的体现。主体必须具有身体和思考能力，否则就不能称之为主体。因此，网络主体具有真实性。网络主体在讨论问题时，其身体和心灵是真实相连的。因此，网络主体与客体之间的关系是复杂而多维的。

网络主体与客体之间的交互共享是网络社会的一个重要特征。随着互联网的普及，信息的自由传播和共享成为可能。知识的非竞争性和非排他性为共享提供了理论基础。互联网技术的兼容性，天然具有公益性和利他性。网络技术的普适性和兼容性，本质上蕴含着公共利益和利他主义精神。互联网科学技术的无私和开放，能满足人类多样化的利益追求和价值期望。"虚拟性审美活动的主体一定是虚实交融的主体，虚实交融成为虚拟性审美活动主体的新的特性，它表明虚拟性审美活动主体的活动范围已从现实世界拓展到虚拟世界。"[6]"互联网+"概念的提出，进一步推动了网络技术与日常生活的深度融合，使之成为提升民生福祉、推动社会共享的重要力量。共享的理念不仅涵盖了共同构建网络环境、平等享受网络交流机会，还保障每个人自由进出网络世界的权利。

网络主体对客体信息的认知认同是网络交往的一个重要方面。网络交友超越了外貌和身体特征的限制，更多地关注心灵的交流。网络主体在网络空间中的身份是符号化的，他们需要通过互动和交往来实现自我认同。这种认同不仅涉及网络时代主体的自我认识和定位，还关系到主体在网络生存中的自我调适和提升。

（三）虚拟实在与现实实在的互塑

虚拟社会作为现实社会的一种镜像，其存在激发了我们对于虚拟实在与现实实在之间关系的思考。互联网作为一种技术实体，其本身具有不可否认的真实性。

虚拟实在并非无根之水，它基于一定的现实和基础而存在。在互联网平台上进行的虚拟互动，是由真实个体之间发生的真实联系，不应简单地因为其流动性和不确定性就被认为缺乏真实性。虚拟实在的存在是基于符号化的媒介中介，但其背后是由具有身体和思想的人所主导的。

虚拟实在是一种数字存在，包括了人们在网络平台上的互动和留下的痕迹。随着虚拟现实技术的发展，人们可以在虚拟世界中获得沉浸式的体验，这种技术虽然不是实体，但已经成为社会进步的标志。虚拟现实技术的发展进一步催生了混合现实技术，它将现实场景信息融入虚拟环境中，实现了虚拟实在、现实实在和人之间的交互。这种技术的发展不仅拓宽了现实社会的主体性，也给现实主体的异化创造了可能。这项创新技术将现实世界的场景信息整合进虚拟环境中，通过交互反馈机制，实现了虚拟与现实的无缝对接，为用户带来真实的体验。随着虚拟世界的诞生和发展，它不断地影响和塑造着现实世界，同时不断地被现实世界所影响和改变。现实世界的主体性在虚拟技术的辅助下得到扩展和丰富，而虚拟技术也为现实主体提供了变化的可能性，改善与异化并存。虚拟实在与现实实在之间存在着密切的联系，但网络实在并非现实实在的简单复制，也不是完全的虚构。虚拟实在的本质是一种动态且独特的存在，它代表了现实世界的数字化映射和抽象化表达。

三、网络环境下大学生思想政治教育的对策

（一）主体主导结合机制

习近平总书记在学校思想政治理论课教师座谈会上指出："要坚持主导性和主体性相统一，思政课教学离不开教师的主导，同时要加大对学生的认知规律和接受特点的研究，发挥学生主体性作用。"[7] 网络思想政治教育的主导主体机制形成需要考虑一些因素。网络思想政治主体角色的发挥容易产生权威主体的缺乏，会导致网络思想政治教育核心网络中的主体之间缺乏普遍可接受的教育规则与规范，进而产生教育制度失效问题。网络思想政治教育主导的核心要素是为网络思想政治教育过程中各个网络教育主体设定一个产生信任的教育规则，如果国家主导失落，将容易产生削弱信任和整合的机制。但要防范发生网络思想政治教育主导主体借助协商讨论不成，产生教育价值冲突，形成系统性全面性的共识障碍。

网络思想政治教育主导与教育主体的关系本质不是说网络思想政治教育主导者与教育主体之间绝对平等和利益分享，而是在教育地位不平等的前提下开展教育主体之间的一种高效的自愿的、直接的引导性和合作性。主导与主体的关系就如统治与治理的关系，网络思想政治教育根据自身的特点提出主导主体模式就是要发挥统治和治理各自的优点。

（二）主客互动机制

网络空间的出现，是教育信息时代到来的标志。它在拓展人类的教育空间的同时，深刻地改变着教育者之间、教育者与受教育者之间、教育与环境之间的关系，给教育带来了一个全新的时代。互联网作为一种强大的媒介，催生了全新的网络思想政治教育沟通与互动平台，产生了教育互动的新模式。互动与规则之间的关系为互动在规则指引下产生，又在互动规则遵循中进一步完善提升互动行为。互动是思想政治教育的基本特质，也是网民日常

社会生活的重要方面，互联网互联互通，最大化人的互动可能与能力。

网络思想政治教育启动的网络对话机制，存在管理型的对话、协商型的对话和参与型的对话：管理型的对话就是在党和政府的主导下，利用相关的技术工具进行的联系沟通；协商型的对话就是在政府价值指导下，网络利益相关者协商行动，合作建立在协商基础上的决策，尤其是重视意识形态的"手段－目的"的技术化转换。[8]网络思想政治教育的对话途径，可以让师生在过程中发现真理，找到自信，也即可以让思想和真理在人与环境结合中、在动态对话中自然呈现发现所思之物的逻辑及存在的意义。

网络对话可以选择兴奋、厌倦、过时三个角度的网络教育内容吸引网民。网络教育的特点在于实时、人人连接，能让对话有趣、深刻、美妙、精彩，但由于网络社群的公共性、业余性，以及非客观性和非专业性，有可能扭曲真理、权力，还有可能受原有网民的社会背景影响，失去网络面对面的感觉。"对话过程呈现显著的双向渗透性，对话双方，即'受话者'与'发话者'，在言语交换的初始阶段就相互预判对方的反应。"[9] "用对话的形式可以辨明真理。两位对话者并不知道真理在哪里，其实真理却已经在那里，两位对话者绕着真理转，并被真理所引导。"[10]只有通过网络教育者与受教育者的交往，只有了解教育的本性，才能获得真理性的知识。

运用现代化的教学软件，将教学内容更加形象化呈现，同时辅之以学生为中心模式的转变（学生由被动接受改为主动参与，并积极思考），可以提高学生的道德判断和道德选择能力。"有充分的证据显示，主动学习使学生对所学内容更感兴趣，而且能增强记忆。学生们通过使用信息（甚至娱乐）能够更好地吸收知识，而不是被动地接受它。"[11]

（三）虚实融合机制

在智能时代，"人的生存方式发生了革命性的变化：人们不仅可以借助各种电子设备模拟再现经验体验，还可以设计从未经历过的新体验；不仅可以借助数字孪生技术复制已有的身份，还可以对自己希望扮演的新身份进行编辑加工；不仅可以自由出入于虚实融合时空，还可以参与新时空的生产"。[12]作为一个教育所基于存在的核心——教育主体、客体——人，他们之间的互动是以语言符号的形式进行的，而非日常社会中的面对面的教育，教育双方主体性似乎已被数字化的符号所替换，而成为虚拟的教育双方。网络信息方式中的教育双方已不再居于某个时间、某个地点上，不再享有物理世界的特殊身份与地位，再不能从这一特殊时空地位进行理性推算。在网络媒介的教育实践中,教育者和受教育者"如今是在漂浮着,悬置于客观性的种种不同位置之间,不同构型使主体随偶然的不确定性情境而重建"[13]。因此,网络教育是一个人、教育、网络形成共生的虚拟生态系统,它消除了教育的距离,隐匿教育双方的身份,降低了教育的成本,拓宽了网络教育的空间场域,提高网络教育的效果。

面对教育中的难题和争议,我们应以学生的语言能力和学习兴趣为出发点,精心策划教学内容,确保内容与教材的政治指导性、知识拓展性和学生的定制需求相匹配。通过设定一系列权威议程主题,深入挖掘教育题材,我们能借鉴传统教学的标准和流程,有效解答师生关注的理论和现实问题,从而显著提升对话教学的质量。依托精品课程论坛和虚拟社区等平台,我们应精准推送精选内容,教师需要增加主题帖的数量,有效组织讨论,并及时作出回应。同时,我们应该规范管理"灌水型"发帖和跟帖,消除无效内容,从而提高在线互动的活跃度和数量。在教学过程中,我们需要强化问题导向、弘扬改革创新精神,针对对话教学的不足取得实质性的改进。要敏锐地辨别学生的利益诉求和不同利益主体的需要,把握各种问题的界限,并进行归类和区分,有针对性地开展教育工作。通过团结积极分子、分化消极因素,争取中间群体,我们期望构建一个更加和谐有效的教育环境。

参考文献

［1］马克思,恩格斯. 马克思恩格斯选集:第4卷［M］. 北京:人民出版社,1995:223.

［2］骆郁廷. 论网络思想政治教育的主体与客体［J］. 马克思主义与现实,2016(2):1-7.

［3］卡斯特. 网络星河:对互联网、商业和社会的反思［M］. 郑波,武炜,译. 北京:社会科学文献出版社,2007:41.

［4］贝斯特,科尔纳. 后现代转向［M］. 陈刚,等,译. 南京:南京大学出版社,2002:127.

［5］李珍. 意识难题与"主体—客体"存在模式［J］. 学术研究,2015(9):20-25,159.

［6］龚婷. 论虚拟社会中审美主体与审美客体的演变［J］. 贵州社会科学,2017(12):93-98.

［7］习近平主持召开学校思政课教师座谈会强调:用新时代中国特色社会主义思想铸魂育人贯彻党的教育方针落实立德树人根本任务［N］. 人

民日报,2019-03-19(02).

[8] 田凯,黄金.国外治理理论研究:进程与争鸣[J].政治学研究,2015(6):47-58.

[9] WOLD A H. The dialogical alternative: Towards a theory of language and mind [M]. Oslo: Scandinavian University Press, 1993: 10-45.

[10] 雅斯贝尔斯.什么是教育[M].邹进,译.北京:生活·读书·新知三联书店,1991:12.

[11] 塞勒.移动浪潮:移动智能如何改变世界[M].邹韬,译.北京:中信出版社,2013:202.

[12] 夏德元.虚实融合社会的内容生成逻辑与人类自身再生产[J].南京社会科学,2023(7):94-104.

[13] 波斯特.信息方式:后结构主义与社会语境[M].范静哗,译.北京:商务印书馆,2000:25.

提高新时代高校理工科研究生党支部建设实效性路径探索*

陈凌　李晓洁

摘要：高校理工科研究生党支部是国家培养科技前沿和关键领域高层次人才重要的育人阵地和思想引领阵地。面对新时代对高校理工科研究生党支部建设和发挥作用提出的新的更高要求，如何提高理工科研究生党支部建设质量，强化党支部战斗堡垒作用成为高校党建工作重要而迫切的问题。本文通过分析高校理工科研究生党支部建设面临的新形势新要求和存在的问题，从立足点、关键点、突破点和落脚点等方面探索了提高高校理工科研究生党支部建设实效性的路径。

关键词：新时代；理工科；研究生；党支部建设；实效性

习近平总书记在中央人才工作会议上强调，当今世界的综合国力竞争，说到底是人才竞争。他指出，党的十八大以来，党中央深刻回答了为什么建设人才强国、什么是人才强国、怎样建设人才强国的重大理论和实践问题，提出了一系列新理念新战略新举措。首先是坚持党对人才工作的全面领导。高校理工科研究生作为未来推动科技创新、国家事业发展的主力军之一，他们的政治素质、能力水平直接关系到国家发展、民族复兴。在此背景下，国家对高校党建工作提出了更高的要求。然而，由于研究生教育和研究生群体的特殊性，理工科研究生党建工作一直是我国高校党建工作中的难点与薄弱环节。面对新时代对高校研究生党支部建设和发挥作用提出的新的更高的要求，如何加强高校理工科研究生党支部建设，切实发挥研究生党支部在研究生群体的思想引领作用成为高校党建工作的重点任务。

---

* 基金项目：本文系 2020 年度广东省高等学校党的建设研究会 2020 年党建研究课题"新时代高校理工科研究生党支部建设和作用发挥模式探索"（2020BK042）成果。

本文在 2021 年广东高校思想政治工作优秀论文征集活动中获评三等奖。

一、精准把握新时代高校理工科研究生党支部建设工作的新形势和高要求

（一）党建工作全面加强，对高校理工科研究生党支部工作提出新要求

习近平总书记在党的十九大报告中指出，中国特色社会主义进入了新时代，我们党一定要有新气象新作为。他强调，党支部要担负好直接教育党员、管理党员、监督党员和组织群众、宣传群众、凝聚群众、服务群众的职责，引导广大党员发挥先锋模范作用。随后，中共中央先后印发《中国共产党支部工作条例（试行）》《中国共产党党员教育管理工作条例》《中国共产党普通高等学校基层组织工作条例》等条例，对新时代高校党支部建设、党员教育和管理等工作提出明确的要求：《中国共产党支部工作条例（试行）》强调，要把党支部建设放在更加突出的位置，加强党支部标准化、规范化建设，不断提高党支部建设质量；《中国共产党党员教育管理工作条例》强调，必须把党员教育管理放在更加突出的位置，建设一支信念坚定、政治可靠、素质优良、纪律严明、作用突出的党员队伍；《中国共产党普通高等学校基层组织工作条例》明确要求学生党支部应当加强思想政治引领，筑牢学生理想信念根基，引导学生刻苦学习、全面发展、健康成长。在此背景下，如何加强党员的教育和管理，提高党支部的建设质量，切实发挥党支部的战斗堡垒作用是高校党建工作面临的一项重要而紧迫的任务。

（二）研究生教育改革发展全面深化，研究生党支部建设和作用发挥面临新挑战、新机遇

2020年7月，习近平总书记对研究生教育工作做出重要指示，强调要推动研究生教育适应党和国家事业发展需要，坚持"四为"方针，瞄准科技前沿和关键领域，深入推进学科专业调整，提升导师队伍水平，完善人才培养体系，加快培养国家急需的高层次人才，为坚持和发展中国特色社会主义、实现中华民族伟大复兴的中国梦作出贡献。2020年9月，教育部、国家发展和改革委员会、财政部联合印发《关于加快新时代研究生教育改革发展的意见》，从加强思想政治工作、对接高层次人才需求、深化体制机制改革、全面从严加强管理、切实加强组织领导等多个方面就加快新时代研究生教育改革发展提出意见。该意见还明确提出,要提升研究生思想政治教育水平,提高研究生党建工作水平,强化党组织战斗堡垒作用,选优配强研究生党支部书记,充分发挥研究生党员的先锋模范作用。高校理工科研究生党支部作为培养科技前沿和关键领域研究生重要的思想引领阵地,作为培养国家急需的高层次人才重要的育人阵地,要在改革发展导向下应势而为,充分发挥引领、推动和保障作用。

二、高校理工科研究生党支部建设的现状和问题

(一)党员群众对支部缺乏归属感、认同感,党支部战斗堡垒作用不明显

研究生党员、群众对研究生党支部的归属感、认同感,是党支部战斗堡垒作用的基本体现。目前,因理工科研究生教育以导师为主导的特殊性,理工科研究生除了低年级有集中课程外,其他大部分时间主要在实验室开展项目研究,再加上研究生群体具有年龄结构跨度大、构成多元、思想较为成熟、独立、偏重自我价值的实现等特点,[1]研究生群体参加集体活动积极性普遍不高,对班级团支部、党支部等集体观念不强,研究生党员、党支部在学生群体中发挥先锋模范和战斗堡垒的作用不明显,发挥作用的意识不强,党支部存在感较弱,党员、群众对支部普遍缺乏归属感、认同感。

(二)组织生活缺乏活力和创新,党员思想建设成效较差

理工科研究生党支部组织生活普遍缺乏活力和创新,存在着形式单一和内容固化等问题。组织生活形式主要以理论学习为主,理论性强、相对枯燥,存在着走形式、理论说教多、联系实际少的问题,[2]与其他社团活动相比,内容形式均缺少吸引力、活力和创新。此外,理工科研究生群体需要承担更大的社会责任和心理压力,普遍存在着重学术、轻思想的现象。研究生党员自主学习理论知识的意识较为薄弱,缺少学习理论的思维方式,理论学习没能做到入心入脑。长此以往,许多研究生抱着应付任务的心态对待组织生活,缺乏参加支部活动、工作的积极性,支部党员思想建设成效不突出。

(三)缺乏队伍建设意识,党员发展工作落后

将优秀的学生吸收进党组织队伍,是基层学生党支部的重要任务。高校

理工科研究生由于特定的思维特点，对于党的理论知识缺乏理解、归纳整理和提炼能力，难以形成知识体系，政治学习深度不够，看问题本质、辨识能力有限，价值观念容易出现复杂化和多样化，其入党意愿普遍比人文社科的学生低。此外，由于理工科研究生党支部队伍建设意识普遍较为薄弱，对发展高质量党员工作的重要性认识不够，缺乏主动开展入党启蒙教育的意识，未能在日常工作中主动将优秀的学生吸收进党，且党支部的存在感较弱，导致一些有入党意愿的研究生不知如何入党，发展党员工作比较被动。以笔者所在的高校二级党组织为例，近年来，尽管学院党委尝试通过多种方式努力加强在研究生群体中的党员发展工作，但研究生党支部党员大部分仍为入学前发展的党员，新发展研究生党员占研究生党员总数的比例不高。

（四）党员数量大，学习分散，支部设置难以适应新要求

从研究生党员的数量看，研究生群体中党员数量大，有的高校研究生党员占比超过40％；[3]从理工科研究生的学习特点看，研究生教育以导师为主导，研究生由于研究方向、指导老师、实验室等的不同而形成了分散的学习方式，再加上科研任务繁重，同学之间缺乏沟通和交流。从研究生党支部设置情况看，常见的研究生党支部设置方式主要有"横向"建制和"纵向"建制两类："横向"建制以年级或班级为基础，支部成员相对固定，有利于党团班一体化和党建带团建工作，但也存在着党支部稳定性差、活动较难组织等缺点；"纵向"建制以专业、系、研究所、科研团队或科研方向为基础设置党支部，有利于科研交流，研究生党员科研方向接近、实验室靠近，方便组织生活的开展，支部稳定性高，有利于优良传统的传承，但容易造成某些支部人数太多而某些支部人数太少，存在支部书记和委员不敢管师兄师姐、组织生活流于形式等弊端。

三、提高高校理工科研究生党支部建设实效性的路径探索

（一）抓实立足点：扎实推进高校理工科研究生党支部标准化、规范化建设

一是优化研究生党支部设置。针对研究生特点，把研究生党支部优化设置与研究生培养方式相结合，按照"党的组织覆盖、党的工作覆盖"和"支部有活力、党员起作用"要求，合理地在科研团队、学术梯队等基础上探索设立研究生党支部。针对研究生的特点，把研究生党支部优化设置与研究生培养方式相结合，在最大限度上发挥基层党支部的凝聚力和战斗力，确保党的组织全覆盖、党建工作更务实。以笔者所在单位理工科研究生党组织为例，自2017年起，学院党委就把研究生党支部建在研究所（含科研团队）上，党支部成员所在实验室集中且相对熟悉，甚至大部分成员同在一个科研团队，既便于支部工作开展和党员之间的交流，又为促进支部党建工作与研究生培养工作"双融双促"提供了有效基础保障。二是要抓实研究生党支部工作规范化开展。各理工科研究生党支部上级党组织要加强一线指导、坚持精力下沉，利用二级党组织委员联系党支部制度、常态化开展调研等方式深入基层党支部了解掌握真实情况；以问题为导向，定期开展理工科研究生党支部建设工作研讨，研究对策，从制度层面抓实党支部规范化建设，强化党的一切工作到支部的导向。以笔者所在单位党组织为例，围绕个别党支部存在着"三会一课"落实不到位、党建工作记录不规范等问题，学院利用基层党建月度检查、基层党建年度考核等相关制度，每月定期组织开展党支部组织生活记录检查，每学期定期组织党支部组织生活记录互查，每年年底开展一次党支部书记年度述职考核工作，以常态化检查及时发现、整改各基层党支部建设中存在的突出矛盾和问题，逐步推动理工科研究生党支部规范化建设，做到一个一个支部提升、一个一个阵地巩固。

（二）把握关键点：充分发挥"火车头"作用，选强配齐党支部委员，构建理工科学生党员干部队伍培训体系

火车跑得快，全靠车头带。理工科研究生党支部书记、委员的思想政治素质和党建工作水平直接关系到党支部建设质量，因此要把抓好研究生党支部干部队伍建设作为研究生支部建设的重要着力点，注重选育结合、价值引

领。一要选优配强理工科研究生党支部委员会，特别是党支部书记。要把选强配齐党支部书记、委员作为高校理工科研究生党支部建设的关键点，校、院两级党组织需要从上至下对理工科研究生党支部干部队伍加以关心和支持，在党支部书记和支部委员的选优配强方面加大力度。二要加强学生党员干部的培训力度，构建适合理工科研究生党员的干部队伍培训体系，加强研究生党员干部的工作能力提升，提高研究生党员干部的思想觉悟、党性修养，使研究生党员干部带好头，做好表率、示范，扎实推进各项工作。

（三）找准突破点：充分发挥研究生导师党员群体对研究生支部建设的作用

研究生导师储备和掌握了大量高水平的专业研究成果，在教学科研中发挥着重要的引领作用；同时由于每位研究生导师所负责的研究生数量有限，学生与老师之间的接触时间更长、距离更近、交流更多，一般意义的师生关系也往往演变成了更亲近、更融洽、更和谐的师徒关系，对学生潜移默化的作用也更为突出。研究生党支部建设是一个系统工程，要贯彻"三全育人"的要求，加强对研究生导师开展思想政治工作，充分发挥理工科研究生导师的潜心育人、言传身教作用，深化专业教育与思想政治教育的有机融合；同时引导教师党支部、党员研究生导师结合研究生培养发展的特点，通过加强与研究生党支部的交流、帮助、共建，加强与研究生党员的交流、指导、协作，充分发挥教师党支部和党员教师的思想引领作用和示范作用。

（四）立足党建育人"落脚点"，推动党支部建设与理工科研究生培养双融双促

党的十八大以来，以习近平同志为核心的党中央基于对世界局势的敏锐洞察和深刻分析，提出了"百年未有之大变局"重大论断。我国发展的内部条件和外部环境正在发生着深刻、复杂变化，高校理工科研究生由于长期埋头于科技知识的学习和研究，思想、理想信念容易受多元的社会思潮影响。因此，作为培养国家急需高层次人才的重要阵地，高校理工科研究生党支部应立足于党建育人"落脚点"，把党支部建设与研究生培养中心工作相结合，充分发挥支部的思想引领作用。一是拓宽理工科研究生党员理论学习范围。党支部活动应不仅包括理论学习，还应该积极创新、引导研究生提升独立思考的能力，培养他们的创新、竞争和团队等精神，这对提高理工科研究生党员综合素质将起到良好的作用。如鼓励党支部带头协办和参加校内外

的学术前沿交流，或积极开展专业实践活动，做到理论学习和科研、实践结合，激发研究生自身能动性，从而使研究生主动拓宽学科领域范围、优化知识结构，还能激发他们立志高远，瞄准科技前沿和关键领域，主动担当民族复兴重任。二是将党支部建设与理工科研究生发展需求相结合。如引导理工科研究生党支部结合研究生发展需求，创新组织生活方式，定期开展经验分享等活动，在有效协助解决研究生在科研、学习、生活等方面问题、促进学生发展的同时，进一步增强党支部的凝聚力。三是指导理工科研究生党支部结合专业特点，开展品牌化建设。以笔者所在单位党组织为例，自2018年起，学院党委利用每年4月15日全民国家安全教育日、网络空间安全宣传周的契机，指导网络空间安全研究所研究生党支部立足专业特色，进一步推动党建工作与专业学习深度融合，打造"国家安全宣传月"等党建品牌活动。该品牌活动从线上到线下，从大学走进中学，从知识展览到趣味游戏，从科普讲座到知识竞赛，形式多样、内容丰富，在有效有力地向广大师生科普国家安全知识、网络空间安全知识的同时，进一步增强了支部的凝聚力，深化了对支部党员的教育成效、对学院广大研究生的思想引领。

参考文献

［1］徐国亮，刘松. 高校研究生班级建设与导师制相结合的探索研究［J］. 思想理论教育导刊，2017（12）：150–152.

［2］王南甫，黄旭. 理工科高校研究生党支部工作有效性研究：以重庆某高校为例［J］. 党建研究，2021（2）：81–83.

［3］钱嫦萍，戎思淼，张攀. 新时代高校研究生党建工作的科学内涵与机制优化［J］. 学校党建与思想教育，2020（10）：41–43.

基于初级卫生保健"5C"理念 探索新时期高校"三全育人"特色培养模式的思考*

王皓翔 范瑞泉 王燕芳

摘要："三全育人"即全员育人、全过程育人、全方位育人，是新形势下高校加强思想政治工作、全面落实立德树人根本任务的战略举措。公共卫生在"健康中国 2030"建设中具有重要的引领作用。本文描述了围绕"健康中国 2030"的战略需求，基于初级卫生保健"5C"理念，以社区慢性病防治为切入点，将高校思想政治工作有机融入慢性病防治协同育人的实践教学改革研究，借助"高校—企业—社区"的健康管理产学研思路，探索实践有全科医学与公共卫生学科交叉特色的"三全育人"培养模式。

关键词："三全育人"；"5C"理念；培养模式；教育改革

"三全育人"即全员育人、全过程育人、全方位育人，是新形势下高校思想政治工作和全面落实立德树人根本任务的重要战略举措。[1]以习近平同志为核心的党中央提出，要坚持把立德树人作为高校思想政治工作的中心环节，贯通教育教学的全过程，实现"三全育人"，努力开创我国高等教育事业发展新局面。[2]"三全育人"理念的提出，为教育部关于高校需"坚持服务需求、成效导向"，"提高创新型、复合型、应用型人才培养质量"的指导思想明确了探索方向。[3]公共卫生与预防医学学科在"健康中国 2030"建设中具有重要的引领作用。在新发传染病疫情常态化防控的背景下，慢性非传染性疾病（以下简称"慢性病"）仍是我国及全球重大公共卫生与健康问题之一。《"健康中国 2030"规划纲要》提出，以基层为重点，以改革创新为动力，预防为主，把健康融入所有政策。[4]本文围绕"健康中国 2030"战略需求，基于初级卫生保健"5C"理念，以社区慢性病防治为切入点，将

---

* 本文原载于《全科医学临床与教育》2023 年第 7 期。

基金项目：本文系 2021 年度广东省高校思想政治教育课题——重点课题项目"'健康中国'战略背景下以慢病健康管理复合型创新人才培养为导向的高校'三全育人'新模式研究"（SC-NUKFZD002）成果。

高校思想政治工作有机融入慢性病防治协同育人的实践教学改革研究，借助"高校—企业—社区"健康管理产学研思路，探索有全科医学与公共卫生学科交叉特色的"三全育人"培养模式。

一、基于初级卫生保健"5C"理念，探索协同育人实践

（一）初级卫生保健"5C"理念与慢性病健康管理

《中国防治慢性病中长期规划（2017—2025年）》指出，预防为主是慢性病防治的基本原则之一，应推动由疾病治疗向健康管理转变，建立预防、治疗、康复、健康促进等一体化的慢性病防治体系。初级卫生保健的公平性、团结一致、服务的普遍获得性、多部门联合行动、赋能及社区参与的价值观和原则，是加强卫生系统的基础，也是我国卫生健康服务体系核心组成部分，在慢性病预防、合理治疗及社区康复中均具有重要作用。

初级卫生保健服务以"5C"理念为核心特征，即首诊性（first Contact）、连续性（Continuity）、协作性（Coordination）、综合性（Comprehensiveness），及以家庭为中心、以社区健康需要为导向（Community orientation and family-centeredness）的五大特征。首诊性强调初级卫生保健作为医疗卫生服务系统的基础。基层医疗卫生机构家庭医生团队作为医疗卫生系统"守门人"，是医疗卫生系统转诊流程的起始环节。连续性强调初级卫生保健提供长期延续的医疗服务，与患者建立长期关系，更好满足患者的期望和需要；通过建立固定、长久、密切的关系，实现全生命周期的整体照顾。协作性强调初级卫生保健统筹、整合各层次医疗卫生服务的协作开展，包括医疗、保健、护理、精神等服务的协作，让患者享有从生理到心理的全方位医疗卫生服务。综合性强调初级卫生保健提供综合全面的医疗卫生服务，包括并不限于疾病防治、健康咨询、常见多发病与心理健康问题；提供适宜有效的干预和预防服务，促进居民身心健康。以家庭为中心、以社区健康需要为导向强调初级卫生保健关注医疗卫生服务需求未得到满足的社区居民群体，并努力优化社区卫生资源配置，促进社区内居民的医疗卫生服务需要得到满足。服务的提供应全面考虑服务对象的生理、心理、社会、文化等社会环境背景，具有适应不同健康心态、行为和人际沟通方式的能力。

（二）初级卫生保健"5C"理念与高校思想政治工作

初级卫生保健"5C"理念既是社区慢性病防治下的健康管理理论基石，又与高校的思想政治工作特点紧密契合。在思想理论教育工作方面，高校青年教师专职辅导员作为思想政治教育和管理工作"第一线"骨干力量，身兼组织者、实施者、指导者等多重角色。作为学生成长的领路人，扮演着思想价值引领主导者和"守门人"，这体现了初级卫生保健的首诊性特征。在围绕学生、关照学生、服务学生方面，高校辅导员通过主动深入教室、走访宿舍和日常活动场所，与学生建立长期、持续和紧密的联系，第一时间发现和处理潜在的高风险问题，成为学生可以依赖和依靠的教师榜样模范，这体现了初级卫生保健的连续性特征。在学风建设工作方面，高校辅导员在学生立体成长过程中，通过与学生导师协作、与科研和教学团队协作、与学术组织和机构协作，统筹协调和指导学生开展课外科研实践，营造优良的学风和浓厚的学习氛围，这体现了初级卫生保健的协作性特征。在立德树人工作方面，高校辅导员秉承学生政治思想的领航者、学习成才的指导者、人生发展的引导者等初心定位，全方位多角度支持学生在精神、学习、生活等方面的立体成长。同时，辅导员也是全方位引导学生综合素质和思想道德水平提升的实践者，通过引导学生关注国家战略和社会民生需求，积极投身基层、投身西部和祖国最需要的地方建功立业；通过提高学生的政治觉悟使其正确认识时代责任和历史使命，面向国家重大战略需求服务国家和区域经济社会发展，这体现了初级卫生保健的综合性与社区导向性的特征。

（三）初级卫生保健"5C"理念与健康管理产学研培育模式

基于初级卫生保健"5C"理念，以社区慢性病健康管理为切入点，构建"高校—企业—社区"的健康管理产学研培育模式，有助于解决当前多数高校采用的传统分学科类别教学模式带来的学科视角单一、与实践环节缺少交叉融合的弊端，实现高校人才培养、企业发展、社区人群健康的三方合作共赢。

在这个可持续发展的过程中，辅导员作为学生"思想价值引领"的主导者和课外科研活动的指导者，将高校思想政治工作有机融入慢性病防治协同育人的实践，实现全员育人、全程育人、全方位育人的培育目标，培养具有国际视野、家国情怀、满足国家与社会需求的高素质公共卫生拔尖创新人才。这一特色模式的构建包括三个阶段。第一阶段"产"，即通过合作企业在基层医疗卫生机构的资源投放,结合现有家庭医生签约服务人群(首诊性),在高血压患者群体中构建慢性病患者的社区信息化防治与健康管理教学实践研究随访队列(连续性)。第二阶段"学",即通过基于校园的课堂教学环境,打通初级卫生保健相关学科壁垒,帮助学生充分掌握社区慢性病防治的理论知识,为研究与实践能力训练奠定技能基础。第三阶段"研",即通过社区教学实践开展课外科研活动指导,组织学生参与高血压患者群体中多重慢性病患者的健康管理监测,了解掌握如何利用信息网络技术,提升慢性病防治效率和水平,拓展初级卫生保健服务渠道和丰富服务内容(协作性和综合性);同时开展社区居民主动健康和健康管理获得感的评价,培养学生将理论知识应用于实践问题的能力,激发学生积极投身于基层为社区群众做实事的社会主义建设思想政治觉悟(社区导向性)。

二、以"三全育人"为抓手,推进产学研融合下的实践培养

全员育人,强调全员协同参与,统筹育人资源(如共建实践基地、科教及产学研协同育人),整合实践资源、拓展实践平台,建立多种形式的社会实践、创业实习基地。全程育人,强调过程管理,深入挖掘、提炼课程教学内容蕴含的思想政治教育元素和承载的思想政治教育功能,坚持价值引领,推进红色文化和中华优秀传统文化教育与时代精神培育有机融合。全方位育人,强调贯通学科体系、教学体系、教材体系、管理体系等,实现思想教育、道德浸润、能力拓展、精神激励的有效融合。

(一)打造"高校—企业—社区"的全员育人平台

首先,立足高校。在过去九年间,通过广东省高等教育教学改革项目、校级教学改革研究和教学质量工程项目的实施,构建了以全科医学理论为基础的《慢病初级卫生保健(核心通识)》完整课程体系及配套资源支撑,形成系统协同效应。在基于校园的课堂教学环境中,教学内容从宏观上介绍慢性病及其卫生服务需求、初级卫生保健思想理念和发展环境与历程;从微观上以社区常见慢性病如高血压、糖尿病、血脂异常等为例,内容涵盖全球流行状况、疾病负担、危险因素、人群干预及评价、社区慢性病防治的国际经验等;同时,从理论角度介绍慢性病初级卫生保健涵盖的基本方面,包括社区建设、服务基本模式、人力资源、互联网管理以及初级卫生保健下的常用

方法与技术等。通过立足高校课堂教学，确保学生充分掌握社区慢性病防治理论知识和实践技能，为高素质拔尖创新人才的学术视野培养奠定技能基础。

其次，借助企业。利用互联网时代下的信息化健康管理手段和工具，如项目负责人与本土企业合作开发的七健科技"智能健康"模式（借助"互联网＋高血压管理"技术）、"粤家医"模式（借助智慧家庭医生签约服务及慢性病管理一体化平台技术）、百家医道"一云三端"模式（借助远程监护动态健康指标监测与云平台全闭环慢性病管理技术）、闻心科技"可穿戴多参数"生命体征监测技术等社区应用，帮助学生充分接触互联网科技，了解信息网络技术与新兴健康产业的融合应用，充分发挥学生创新性与主观能动性，设计和开展社区健康管理监测方案与效果评价，为高素质拔尖创新人才的培养奠定应用基础。

最后，依托社区。通过项目负责人作为广东省卫生健康委员会广东省城乡家庭医生式服务专家指导组成员、广东省紧密型县域医共体建设监测工作专家指导组成员，以及作为副会长参与筹划成立广东省基层卫生协会青年骨干分会的过程，组建覆盖广东省珠三角地区7家公共卫生及基层医疗卫生机构科研协作核心团队，建立社区实践教学基地。在依托社区获当地政府立项开展的健康促进及慢性病随访管理技术工具试点应用中，帮助学生打通初级卫生保健相关学科壁垒，让学生以多学科视角全方位了解慢性病及多重慢性病流行现状，以及高风险人群的社区慢性病防治现况；通过对实施效果的随访与观察，掌握科研思路及方法，激发学生在健康管理以及初级卫生保健相关领域的兴趣和潜质，并为高素质拔尖创新人才的家国情怀培养奠定实践基础。

（二）打造健康管理各环节的全程育人支撑

在健康管理实施前，通过制订实践手册，指导学生结合自身兴趣自拟问卷题目，对患者对象进行问卷调查及小组访谈，了解在我国推进以基层医疗卫生服务为核心的医疗改革背景下，基层医疗卫生机构如何利用社区平台，以全科医生团队式服务开展社区健康管理。通过选题和问卷设计，使学生在实践过程中思考和养成道德与人文关怀的意识。在健康管理对象的纳入过程中，学生可在临床一线骨干指导下，具体学习如何进行临床检查，并可参与体格、体脂检查，血/尿常规及空腹血液生化检验的生物医学指标采集。在健康管理干预跟踪过程中，学生经过规范化培训，可扮演"健康管理员"

助理的角色，参与数据资料录入，并通过远程动态健康指标监测设备进行跟踪随访。这一实践过程有助于学生融会贯通全科医学、临床医学、公共卫生、流行病学、卫生管理、护理学、社会医学等多学科专业类别知识，为提升科研创新能力夯实跨学科基础。

学生在专业理论知识学习的基础上，可进一步理解通过慢性病管理模式的探索与创新来提高大众对疾病谱以及慢性病的认知，以及促进健康管理和预防疾病水平的提升对落实医药卫生体制改革的关键意义。通过对健康信息采集、健康检测、健康评估、个性化照管、健康干预等重要手段的综合运用，以及对生活方式相关健康危险因素的持续改善和全面管理，也可帮助学生进一步打通健康管理相关学科知识壁垒，并对医学、人文、经济等不同学科专业知识进行融会贯通和孵化拓展。

（三）打造资源融合的全方位育人特色

在"企业—社区"资源融合方面，合作企业为社区家庭医生团队服务人群中纳入慢性病防治队列人群的签约患者免费发放便携、智能、易操作的远程动态健康指标监测设备，并进行问卷调查和免费体检，以收集患者的个人基本健康信息，建立个人健康档案和个人血压数据库，利用设备 SIM 卡中的通用分组无线业务技术系统将采集到的患者体征数据实时汇总到后台的信息数据库。健康管理员可以通过后台对患者的健康数据进行统计、分析和管理，实时质控数据信息，及时为患者提供健康服务和健康指导。当血压数据异常时，健康管理员进行电话随访并将其及时分流对接到家庭医生服务团队。全科医生通过健康管理平台，实时接收并处理健康管理员推送的患者体征数据，并在平台上做出诊断。这一过程同时可促进和加强学生对使用者数据隐私保护等的法律法规意识。

在"高校—企业"资源融合方面，通过课堂教学结合社区实践教学，有助于学生对医学、人文、经济与社会发展等不同学科门类的知识进行融会贯通和延伸拓展，拓宽学科视野；同时在公共卫生与预防医学专业培养大环境下，为学生在"促进互联网与健康产业融合，发展智慧健康产业"方面的个性化兴趣爱好和发展需求搭建学生创新创业与社会需求的对接平台，创造学生与国家及社会需求对接的机会。

三、以社区慢性病防治为切入点，探索"三全育人"培养模式的思政意义

基于初级卫生保健"5C"理念的高校"三全育人"实践教学改革，以社区慢性病防治为切入点，[5]面向"健康中国2030"战略需求，借助"高校—企业—社区"健康管理产学研思路，将高校思想政治工作进行有机融入，在知识领域、能力领域、情感领域的三大方面，实现产学研融合下的多重慢性病防治"三全育人"培养目标。在知识领域培养方面，帮助学生理解初级卫生保健原理和方法，了解慢性病特别是多重慢性病带来的挑战，提高对疾病谱以及慢性病相关内容的认知。在能力领域培养方面，帮助学生掌握社区慢性病的防治思维方法和基本技能，培养逻辑思考能力、情景思维能力、交流表达和团队协作等能力。在情感领域培养方面，引导学生了解慢性病的初级卫生保健防治模式，培养对慢病初级卫生保健的兴趣与热情，通过卫生健康领域的多学科协作助推"健康中国2030"与"中国梦"的实现，为爱国主义信念赋能。这一实践过程集中体现了全员协同参与、价值引领、学科体系贯通的"三全育人"鲜明特点。在共建实践基地开展产学研协同育人过程中，有效整合实践资源：在科研实践过程中，通过强化对家庭医生签约服务的认识，深入感受"健康中国2030"在卫生健康领域取得的显著成就；在打造《慢病初级卫生保健（核心通识）》完整课程体系及配套资源支撑过程中，实现社会主义核心价值观的思想浸润、能力拓展和创新激励的有效融合。

学生通过走进社区、走进基层、走进人群，切身实地感受我国基层医疗卫生体系的不断发展和完善为人民群众卫生健康水平带来的巨大提升；感受习近平新时代中国特色社会主义思想转化为推进改革发展稳定和党的建设等各项工作的实际行动；感受红色文化的党性力量、感悟红色精神的信仰力量和共产党人精神追求的信念力量，以及实现预防疾病、增进居民健康、延长居民寿命、提高居民生命质量的决心力量；加强高校学生作为社会主义建设者和接班人，对中国特色社会主义理论体系的坚定理想信念，坚守共产党人的精神追求，坚固红色支柱和思想动力源泉。

参考文献

[1] 教育部办公厅. 关于开展"三全育人"综合改革试点工作的通知

[EB/OL]. (2018-05-25) [2022-09-12]. http://www.moe.gov.cn/srcsite/A12/moe_1407/s253/201805/t20180528_337433.html.

[2] 教育部,中共中央组织部,中共中央宣传部,等. 教育部等八部门关于加快构建高校思想政治工作体系的意见 [EB/OL]. (2020-04-22) [2022-08-28]. https://www.gov.cn/zhengce/zhengceku/2020-05/15/content_5511831.htm.

[3] 中华人民共和国教育部. 教育部关于加快建设高水平本科教育全面提高人才培养能力的意见 [EB/OL]. (2018-10-08) [2022-08-24]. http://www.moe.gov.cn/srcsite/A08/s7056/201810/t20181017_351887.html.

[4] 新华社. 中共中央 国务院印发《"健康中国2030"规划纲要》[EB/OL]. (2016-10-25) [2022-08-28]. https://www.gov.cn/zhengce/2016-10/25/content_5124174.htm.

[5] 国务院办公厅. 国务院办公厅关于印发中国防治慢性病中长期规划(2017—2025年)的通知 [EB/OL]. (2017-02-14) [2022-08-28]. https://www.gov.cn/zhengce/zhengceku/2017-02/14/content_5167886.htm.

浅探高校学生骨干群体的理想信念提升与内生动力激发的路径*

王燕芳　蓝丹红　陈霞

摘要： 本文从新时代高校学生骨干队伍存在的主要问题出发，分析产生学生骨干出现的"不想干"和"不会干"的原因，并结合学生干部培养的实践探索，提出以学生骨干读书班为抓手，采取"学员讲微党/团课+小组研讨+专家专题讲座+现场体验教学+社会实践应用"的"五位一体"高效学习模式，坚定学生的理想信念，激发学生内在动力，提升履职能力，打造理想信念坚定、业务能力过硬、工作作风优良的学生干部队伍。

关键词： 学生骨干；理想信念；内生动力；路径

一、问题提出

青年强则国强。青年有信仰，国家有力量，民族有希望。习近平总书记在庆祝共青团成立100周年大会上指出："时代总是把历史责任赋予青年。新时代的中国青年，生逢其时、重任在肩，施展才干的舞台无比广阔，实现梦想的前景无比光明。""在新的征程上，如何更好把青年团结起来、组织起来、动员起来，为实现第二个百年奋斗目标、实现中华民族伟大复兴的中国梦而奋斗，是新时代中国青年运动和青年工作必须回答的重大课题。共青团要增强引领力、组织力、服务力，团结带领广大团员青年成长为有理想、敢担当、能吃苦、肯奋斗的新时代好青年，用青春的能动力和创造力激荡起民族复兴的澎湃春潮，用青春的智慧和汗水打拼出一个更加美好的中国！"[1]

高校学生骨干是指在高校党团班或学生组织中担任学生工作的骨干力量，他们扎根青年，团结青年，是高校实现学生自我管理、自我教育和自我

---

* 本文在2023年广东高校思想政治工作优秀论文征集活动中获评优秀奖。
基金项目：本文是教育部人文社会科学研究专项任务项目（高校思想政治工作）"新媒体环境下西方社会思潮对95后大学生的影响及对策研究"（17JDSZ3049）的阶段性成果。

服务的主要组织者与实施者，在高校的学生教育管理工作中发挥着重要的作用。[2]加强学生骨干队伍建设，发挥学生骨干的朋辈力量和头雁效应，以点带面做好青年学生思想政治教育工作，是高校思想政治教育工作的重要内容。

现阶段高校学生骨干大多为"00后"青年。他们是网络时代的原住民，他们在新媒体时代长大，思想活跃，对新鲜事物的接受能力很强，有更为强烈的自我表达意识。他们更加自信自强、富于思辨精神。然而，新时代的中国青年（包括高校学生干部队伍）也面临各种社会思潮的现实影响，不可避免会在理想和现实、利己和利他、小我和大我、民族和世界等方面遇到思想困惑。他们在学习和工作上内生动力缺失的问题较为普遍，其主要表现可以概括为"不想做"和"不会做"。具体而言，有部分学生干部缺乏远大的理想，缺乏工作主动性和创新性，出现推诿工作、拖延症严重、工作落实不到位，或者只求完成工作不求工作质量等情况。因此，如何提升学生的理想信念，最大限度地激发其内在动力，调动学生骨干的积极性、主动性和创造性，打造政治素养过硬、业务能力过关、服务学生用心的学生干部队伍，是落实立德树人任务、提升学生工作质量的关键。

二、原因分析

根据笔者的观察、重点访谈和分析，学生骨干"不想做"和"不会做"的问题成因既有个体动因，又存在现实困境，主要的原因有以下四点。

第一，信仰之基不牢，内生动力不足。习近平总书记深刻指出，"火热的青春，需要坚定的理想信念"，并寄语青年要做"有理想、敢担当、能吃苦、肯奋斗的新时代好青年"[3]。共产主义远大理想和中国特色社会主义共同理想是不可或缺的精神之"钙"，然而现在有不少学生骨干的理想信念教育缺失，对党史的学习停留在表面，对马克思主义原著、原文和原理的重视不够，思想政治理论素养有待提高。因此，学生骨干未能充分认识到新时代中国青年的使命，更没有将小我融入大我的担当奉献意识，反而存在功利化的价值取向。有的学生未能端正思想动机，把担任学生骨干当作目的，只为了在申请入党、评优评先和综合测评加分中获得一些"好处"。[4]当完成了基本工作或工作出现难题时，一些学生骨干会出现消极怠工、畏缩不前的情况。

第二，业务能力较弱，工作韧性欠缺。目前我们的学生骨干多为低年级

学生,实践经历普遍较少,如何真正发挥好学生骨干引领、管理、服务青年同学的作用,对于学生骨干的业务能力水平有比较高的要求,包括统筹协调、组织策划、研判决策、管理执行、沟通交流等多方面能力。据笔者观察,目前大部分学生存在工作方式方法稍显单一和稚嫩、工作分配和任务执行效率不高、沟通协调能力不强、效果不佳等问题。除此之外,若在工作过程中遇到较大的困难或出了错漏,有的学生自我调节能力不足、迎难而上的工作韧性明显不足,很难从中冷静下来吸取教训、总结经验,寻求解决问题的办法,有的学生甚至开始自我怀疑、打退堂鼓。

第三,工作投入不足,经验传承缺失。受学制和学习任务的影响,现在学生骨干担任学生干部的时长通常为 1～2 年,如果没有接受系统化、集中化的培训,很难在短时间内提升能力、积累经验。这个问题在研究生会和学生会组织中尤为突出,由于这两个组织每年都会进行换届,人员流动性大[5],工作往往低水平重复,难以沉淀经验、打造品牌。学生骨干容易出现"做一天和尚敲一天钟"的心态,只要做满任期、拿到相应的证明即可,缺少主动谋事创新的积极性。

第四,制度激励有限,正面效应不够。及时的反馈与评价是对学生很好的激励。影响学生骨干积极性的机制包括干部考核制度、评优评先制度、综合测评加分制度等,其中最为基础的是对学生骨干工作表现的考核制度。如果没有学生干部考核、学生参与服务评价等机制约束,就极易在学生骨干中滋生"做不做都一样""做多做少都一样"等消极心态,并由此衍生出"不想干"的消极行为。在考核的基础上,应根据岗位职责和工作表现给学生骨干予以相应的加分或表彰,以此激励更多学生骨干向优秀看齐。目前院校对学生骨干考核机制的重视程度不够,[6]机制不完善,很多工作不好量化,且碍于人情关系的影响,同学间互评往往都会打很高分、不够客观,导致考核流于形式。

三、措施与路径

党中央对高校的党团组织寄予厚望,希望"党的青年组织永远站在理想信念的高地上,用党的科学理论武装青年,用党的初心使命感召青年,用党的光辉旗帜指引青年,用党的优良作风塑造青年"[7]。要改变学生干部"不想干"和"不会干"的现状,就要加强学生干部队伍的培训,帮助学生树立坚定的理想信念,提升青年的时代责任感和履职能力。结合学生干部队

伍的实际，笔者团队探索性地举办了四期"学生骨干读书班"，培训学员132人次。读书班选择优秀学生骨干为培训对象，每期用2～3个月的时间，通过学员讲微党/团课、小组研讨、专家讲座、社会实践等方式，变学生听为学生讲，有效地促进了学生骨干认真研读马克思主义经典著作，深入学习领会习近平总书记系列重要讲话，并将理论学思行贯通，运用于社会实践中，使学生骨干在学习和实践中坚定了理想信念、提升了干事创业的激情。实践证明，"学生骨干读书班"较好地破解了学生骨干队伍存在的问题。

（一）学员讲微党/团课：读原著、学原文、悟原理

美国教育学家埃德加·戴尔在1946年提出的学习效果金字塔理论显示，听讲这种传统学习方式的学习效果最低，通常在两周以后学生能记住的内容仅有5%；而主动学习、团队学习和参与式学习等自主学习方式，则能使学习效果达到50%以上。通过积极讨论、"边做边学"或"实战演练"的实践学习方式，学习效果可以达到75%。学习效果最好的学习方式是"传授"，通过传授别人知识，自己能够对知识本身有更深入的理解。[8]因此，我们改变以往理论学习的被动听为主动讲。"原原本本读经典、认认真真悟原理"，每期读书班我们精心挑选经典理论著作，由指导老师集体领学，做党课示范导读，每次课安排5～6位学员自己学、自己讲，以"微党/团课+小组讨论"的形式分享学习成果，所有学员分期分批轮流上台、讲授"微党/团课"，党委书记、党委副书记或团委书记、团委副书记点评总结，通过"领学+自讲+讨论+点评"的形式，化被动学为主动学，最大程度地发挥学员的主观能动性，学思践悟，提高学员的政治判断力、政治领悟力、政治执行力。

培训始终把提升学生的政治能力放在首位。学生骨干读书班结合党史学习教育和习近平新时代中国特色社会主义思想主题教育，将马克思主义经典著作、习近平总书记系列重要讲话，以及《"健康中国2030"规划纲要》《努力实现高水平科技自立自强》《"十四五"国民健康规划》《共青团中央2023年工作要点》等与学员专业和工作密切相关的内容纳入读书班的主体课程和重点内容，组织学员读原著、学原文、悟原理，有效促进参训学员用党的创新理论武装头脑、指导实践、推动工作，引导学生骨干坚定理想信念，自觉把个人理想融入党和人民的共同奋斗之中，在担当中历练、在奋进中成长，为高水平公共卫生学院建设蓄势赋能。

（二）专家专题讲座：思维拓展与业务能力提升

读书班坚持务实管用，着眼干什么学什么、缺什么补什么，以精准化培训提高学生的专业认知，积极响应国务院《"健康中国2030"规划纲要》的实施，满足我国大健康产业快速发展对于健康管理人才的迫切需求。通过调查研究，将学生骨干培训与业务需求相结合，有针对地安排培训内容，邀请专家学者开展专题讲座，讲座内容包括科学研究、专业素养、党团班建设等方面，坚定参训学生理想信念，为健康中国的实现贡献力量。比如，邀请党委学生工作部领导、校团委的老师、党委宣传部老师、"全国党建工作样板党支部"书记、优秀学生会成员等专家和优秀学生骨干，讲授"如何进一步落实'党团班一体化'""青年学生干部的基本素养""如何做好宣传工作""全国样板党支部培育经验分享"等专题讲座，既讲业务，也教方法，更新知识、提升本领、锤炼作风，为推动下一步工作提供了理论指引、思想源泉和不竭动力。

（三）现场实践锻炼：在实践中检验学习效果

学生骨干读书班的内容坚持理论与实践相结合，特别加入了实践锻炼作为精准培训的重要渠道，达到"以学促干"的培训效果。每期读书班选择1~2个实践点进行现场学习，采取沉浸式的现场教学，提升学生的理想信念和思想素质。比如组织第一期读书班学员到深圳参观"大潮起珠江——广东改革开放成果展"，使学员深刻领悟改革开放政策对我国发展的作用，珍惜现在的美好生活。组织第二、第三期学员去陈心陶科学家纪念馆学习，加深学员对公共卫生工作、对人民健康生活的价值的理解，学习科学家认真严谨、以人民生命为中心的理念。组织第四期学员登上"中山大学"号科考船和天琴中心测距站，让学员们感受到心怀"国之大者"，不畏困难、追求卓越的科研精神。此外，还组织学生骨干进行暑期"三下乡"社会实践活动、健康卫士在行动系列活动、我在家乡做科普活动，带领同学们在学校和社区开展营养膳食宣传、慢性病科普、传染病防治科普等活动，将专业所学运用到社会实践中，突出实战化培训，切实提升本领能力，帮助学员在实践中体悟专业魅力，提升用习近平新时代中国特色社会主义思想的世界观和方法论解决现实问题的能力，检验学理论的效果。

浅探高校学生骨干群体的理想信念提升与内生动力激发的路径

（四）严格管理班级：全程指导，自我管理

学生骨干读书班由学院党委副书记和团委书记、团委副书记全程跟班学习和指导；读书班由团委书记、团委副书记担任班主任指导班级建设，实行学生自我管理的模式。从学员中选拔产生班委（班长、学习委员、纪律委员、宣传委员、生活委员），按照人数比例分成4～6个组，每个组设一位组长。所有的课程学习安排均由班委和组长组织开展。从借课室到海报设计、主持、课件和作业收集等，全部都是学员自行完成。班委自主管理、自我服务，并制订执行严格的考勤管理制度，确保培训效果。学员们十分珍惜宝贵的"充电"机会，尽管平时工作或学习繁忙，但还是克服困难，在"日常模式"下，强档开启了"学习模式"，确保培训有质量、有实效。培训结束后，每位学员都须提交作业，并根据出勤和学习任务的完成情况进行考核，对考核合格的学生发放结业证书，将表现优秀的学生评为优秀学员，及时给予反馈评价，激励参训的学员。

四、实践成效

以学生骨干读书班为载体抓好学生骨干的教育培训，使学员将读书班所学转化为干事创业的热情和能力并在转化过程中感悟思想的伟力，达到多维度育人效果。读书班以"头雁"引领催生"雁阵"效应，在调动学生骨干积极性方面取得显著成效，解决了学生骨干"不想做""不会做"的消极作风。

（一）学习成果

在学生骨干读书班，学院汇编了目前已经结束的读书班的学员学习PPT、读书报告，制作了总结视频。学员们累计形成了132份读书报告，录制了132条微党/团课视频、4条读书班总结视频。微党/团课视频经学院党委审核后用于学生党支部、团支部、学生马克思主义学习小组的党/团课。学员在新冠疫情期间主动参与各项抗疫志愿服务，疫情结束后学生们总结流调志愿服务工作经验，编写《流行病学调查信息处理技术》（2023年12月出版）。学员还将抗疫故事结集成册，编印了《我的抗疫手记》，这些都为后续开展思想政治教育提供了现成而丰富的案例和素材。

（二）育人效果

学生干部的工作主动性和工作效率明显提升，从原来的等老师布置任务，到自己主动思考、调研并筹划开展工作，结合青年学生的成长需求创新性地开展了"提灯启思，照亮研途"研究生学术沙龙、"食刻相伴，共叙卫来"师生午餐会、"身轻如燕，心若止水"强身养心项目、"脆皮青年养生局"健康科普课堂等系列活动，深受师生们的欢迎。学生骨干坚定理想信念，模范先锋见实效，全体学生骨干读书班成员在新冠疫情期间积极主动参与了流调志愿服务，为广州市各级疾控疫情防控贡献力量，获评为我校大学生年度人物（团队）。三年来，学院团学组织建设取得新突破，连续三年获评"中山大学五四红旗团委"，并于2023年获评"广东省五四红旗团委""中山大学校标杆团委"。20级2班团支部被评为学校标杆团支部。通过学生骨干读书班培养的学生骨干中，1人获评中国青年志愿者优秀个人、4人入选海珠区抗疫先锋榜、1人获评校级"大学生年度人物"（全校10人）、18人获评校级优秀共青团员、4人获评校级优秀共青团干部。

五、经验与思考

学生骨干读书班旨在促进学生骨干坚定理想信念，提升履职能力，锤炼理想信念坚定、业务能力过硬、工作作风优良的学生干部队伍，为高水平公共卫生人才培养提供有力保障。这是学生骨干教育培训的有益探索，也是激发学生干事创业热情的有力举措。这一模式具有以下三个方面的指导意义。

一是创新学习模式，调动学员学习积极性。根据学习效果金字塔理论，我们采取学习效果较好的传授、积极讨论、"边做边学"或"实战演练"等团队学习、主动学习和参与式学习方式开展学习活动，形成了"学员讲微党/团课＋小组讨论＋专家专题讲座＋现场体验教学＋社会实践应用"的"五位一体"高效学习模式。每期读书班还由指导老师集体领学，做党课示范导读，学员自己学、自己讲，以"微党/团课＋小组讨论"的形式分享学经典的学习成果，党委书记、院长、党委副书记或团委书记点评总结。通过"领学＋自讲＋讨论＋点评"的形式，化被动学为主动学，最大程度地发挥学生的主观能动性，原原本本读经典、认认真真悟原理，学思践悟，提高学员的政治判断力、政治领悟力、政治执行力和理论水平。

二是精心策划实践培训，夯实理想信念培育基础。理想信念教育最终要落脚到新时代青年奋发有为的报国行动,鼓励学生骨干要"用脚步丈量祖国大地,用眼睛发现中国精神,用耳朵倾听人民呼声,用内心感应时代脉搏"。学院于2021年起在广州、东莞、江门等地的乡村、社区、社区卫生服务中心建立了6个社会实践(劳动教育)基地,每年依托基地开展全民营养周、长洲岛义诊、新港街道营养科普小组、防艾周活动、建设街义工行动等健康科普活动30多场,受益群众超过130万人次,成为学生骨干读书班的重要实践平台。

三是树好旗帜、做好表率,充分发挥学生骨干的榜样示范力量。学院将学生骨干读书班与发展党员、选拔人才结合起来,把真正想干事、能干事、干成事、干好事的优秀学生骨干选出来作为典型,在青春的赛道上引领广大青年学生奋力奔跑。有很多学生骨干在经历了读书班的历练培养后,政治上积极要求进步、思想上逐渐成熟、行动上坚持以党员的标准要求自己,纷纷积极向党组织靠拢,通过党组织的考验,光荣地成为中国共产党员。不少学生骨干经过读书班的学习培训,提升了综合素质和能力,干事更成熟,发挥了头雁作用,被评为优秀学生干部或优秀个人,所带领的党/团支部也获得各类先进集体称号,有效提升了学生骨干队伍的凝聚力、战斗力和先进性。

参考文献

[1][7] 习近平在庆祝中国共产主义青年团成立100周年大会上的讲话[N]. 人民日报, 2022 – 05 – 11.

[2] 林宇晖. 关于高校学生干部队伍建设的思考[J]. 教育探索, 2010, (12): 75 – 77.

[3] 习近平: 高举中国特色社会主义伟大旗帜 为全面建设社会主义现代化国家而团结奋斗——在中国共产党第二十次全国代表大会上的报告[N]. 人民日报, 2022 – 10 – 26.

[4] 吴小军, 郭锋萍. 高校思想政治教育与学生干部自我管理能力的提升[J]. 江苏高教, 2019, (09): 116 – 120.

[5] 石国亮. 高校学生干部工作的理论思考[J]. 思想教育研究, 2008, (01): 56 – 59.

[6] 石超. 高校辅导员学生骨干培养工作探讨[J]. 教育教学论坛, 2020, (05): 71 – 72.

[8] 彭晶, 张鑫明. 高效课堂 效在何"方": 学习金字塔理论对建筑制图教学的启示[J]. 教育教学论坛, 2016, (13): 169 – 170.

高校学生党支部规范化建设的路径初探*

王燕芳

摘要：加强党的基层组织建设，关键从严抓好落实，加强党支部标准化、规范化建设。笔者针对目前党支部规范化建设中存在的问题，结合实践探索，提出加强支部规范化建设的四条路径。

关键词：高校学生党支部；规范化建设；路径

习近平总书记在党的十九大报告中指出，中国特色社会主义进入新时代，我们党一定要有新气象新作为，关键是党的建设新的伟大工程要开创新局面，而基层党建工作是党的建设新的伟大工程的重要组成部分。[1]"欲筑室者，先治其基。"基层党组织是党执政大厦的地基，地基固则大厦坚，地基松则大厦倾。习近平总书记在全国教育大会上强调："各级各类学校党组织要把抓好学校党建工作作为办学治校的基本功。"[2]全面推动高校基层党建工作，推动基层党组织发挥战斗堡垒作用，广大党员师生发挥先锋模范作用，是新时代加强高校党建工作的重要任务。党支部是党的基础组织，是党在社会基层组织中的战斗堡垒，是党的全部工作和战斗力的基础，担负着直接教育党员、管理党员、监督党员和组织群众、宣传群众、凝聚群众、服务群众的职责。加强基层党组织的建设，首先要从党支部抓起。2018年7月3日，习近平总书记在全国组织工作会议上发表重要讲话时指出，要加强党的基层组织建设和规范化建设。

2018年10月28日，中共中央颁布了《中国共产党支部工作条例（试行）》[3]，第一次以"条例"的方式对党支部建设提出规范性要求。这一条例是贯彻落实习近平新时代中国特色社会主义思想，加强新时代党支部建设的重要制度成果，为推动党支部规范化建设提供了依据和权威指引。对照《中国共产党支部工作条例（试行）》的要求，我们发现目前党支部建设不规范是高校学生党支部较为普遍突出的问题。笔者结合对基层学生党支部的

---

* 本文在广东省高校党建研究会本科分会2019年年会论文评选中获评二等奖。

调研情况，以及支部建设的要求和实际情况，提出党支部规范化建设的四条路径。

一、优化组织设置，选强配优支委是支部规范化建设的基础

组织设置不合理是造成党支部工作不规范的其中一个重要原因。《中国共产党支部工作条例（试行）》第二十一条规定，党支部委员任期一般为3年。但在有些党支部尤其是本科生党支部面临一些困难。根据条例，年满18周岁的青年才能申请入党，同时只有通过5个阶段25个流程的入党培养教育过程，才能成为符合担任支委的正式党员，学生经历这一流程后通常已经到大三下学期或大四了，往往任期不足3年就因毕业面临支委换届，这也使学生支部较多出现支委每年换届的情况。还有一些以年级为单位设置的两年制硕士生支部、高年级本科生支部也会普遍存在支委任期不足3年就全部人员毕业、支部撤销的问题。因此，要规范党支部的工作，结合专业和学科特点合理设置党支部就变得十分重要。中山大学近几年在优化组织设置上也做了有益的探索，比如文科院系本科生和研究生按专业进行纵向设置支部，理工科院系把支部设在实验室、教研系所，由教师党员担任支部书记，从根本上解决了支委任期不足的问题，取得较好的效果。

俗话说，"火车跑得快，全凭车头带"。党支部书记就是火车头，带动支部这列火车向前进。选强党支部书记、建强支部班子，是提升支部工作质量的有效途径。选择党支部书记和支委要坚持政治标准，坚持德才兼备、以德为先，选派忠于党的事业、政治素质好、群众基础好、服务意识强、负责担当、会管理的党员同志担任支部书记，选择政治素质强、团队合作意识强、群众基础好、有一定专长、具有活力的同志担任支委，构建结构合理、分工合作的班子，齐心协力共同建设好支部。

二、明晰党务指引，强化队伍培训是支部规范化建设的关键

规范党支部工作，有章可循、有章必依是前提。党的十八大以来，党中央从严治党，重视基层党组织的建设，出台了不少党内法规和相关工作指导意见，相应的各级教育系统党组织也出台了细化的实施办法和工作要求，但由于发布的时间不同、发布的主体不同、面向的对象也不同，因此比较零散地分布在不同的部门，也没有统一的汇编和体系。为便于支部更全面地了解

和掌握政策，上级党组织应梳理与党支部建设相关的党内法规和指导性意见，汇编成册，方便基层党务工作者在工作中随时查阅。学校党组织部门和各二级党委也应结合单位的实际情况，总结梳理和制定完善党支部各相关工作的制度、流程和要求，制作清晰的、直观的、具体可操作的、具有权威指引性的支部工作指南，方便支委和党员能随时自学并在工作中参照并执行。比如笔者在担任校党委组织部专职组织员期间，主笔编印了《中山大学发展党员工作流程和模板》、2019年3月至7月间组织全校专职组织员结合党内法规和上级规章编印了《党支部工作手册》，明晰党支部工作的各项规范和流程，大大规范了发展党员工作和党支部工作，受到基层党支部的广泛好评，并取得了立竿见影的效果。

按照《中国共产党支部工作条例（试行）》的有关规定，党支部每一届支委任期3年，有些学生党支部，由于毕业等原因，任职时间往往不足3年。加上每年都有新党员加入到支部，因此学生支部党员普遍流动性大，新加入的党员对党的政策和党务不熟悉，在一定程度上影响了支部工作的规范性。这就要求上级党组织对党支部书记、支委和普通党员进行经常性的培训，提升党支部书记和支委的思想素质、责任意识和党务水平，帮助他们更好理解和把握党务工作的具体要求和流程，便于工作的规范开展。除了面向普通党员的日常党性和党史教育外，还要就全体党员都要参与的党务工作，比如对发展党员的流程、标准等进行培训，使每一位党员都提高认识，熟悉党务，规范正确地开展工作。

三、丰富组织生活，创新方法载体是支部规范化建设的法宝

《中国共产党支部工作条例（试行）》中对"三会一课"等组织生活的召开频次和要求都有明确的规定。在党支部建设中，支部组织生活单一、实效性不强是比较突出的问题。在党支部的组织生活中，最常见的是上传下达式地学习文件、布置任务、落实精神的单一方式。党员教育也多习惯于说教和灌输，支部书记和支委多唱主角，普通党员多做听众和观众，组织生活模式僵化。要激发党员参与积极性，提升党支部规范性和活力，必须创新组织生活方式。支委要结合党员的特点和需求，精心设计组织生活的主题、环节、方法和内容，切实转变自上而下的单向直通式的组织生活形式，尝试书记与党员的角色转换，努力调动普通党员的参与意识，增强普通党员的发言权，使每位党员在组织生活上都有收获、有感悟、有归属感，使党员乐于参

加支部活动。

变革"会议室式"的上传下达的单一组织生活方式,依托现代技术和师生喜闻乐见的方式,变单一为多样,变古板严肃为生动活泼,变走过场为走心暖心,提升组织生活的感染力。在这次国家教育行政学院组织的培训中,我们参加了北京理工大学马克思主义学院现场教学活动,他们将教学内容、党课与VR技术结合起来,开展虚拟仿真教学,变枯燥的文字、图片的解说为身临其境的真感受、真体验,让学生从感官到心灵均受到触动,更深入地理解党史,体会到当今幸福生活的得之不易。我们学校也在党建形式上做了一些有益的探索,比如编排中大"红色三部曲"——《中山情》《笃行》和《奋斗的岁月》原创系列戏剧,以中大师生在不同历史时期的奋斗故事为线索,回溯中大人百年报国历程。如《笃行》将抗日战争时期的那段中大师生"学习不忘革命,革命不忘学习"的家国情怀以话剧的形式表现出来,感动了在场的师生。通过开发校园红色元素拓展活动,让学生在定向越野和素拓的过程中加深对我校红色基因、红色建筑和革命伟人的了解,寓教于乐。此外,还举办红色诗文朗诵比赛、"向党而歌"诗文创作大赛、红歌拉歌比赛、"见字如面"红色书信朗读比赛、"我和我的祖国快闪读"等生动活泼的活动,开发了微党课、"漫话党史"等影音视频,受到广大师生的喜爱,取得良好的教育效果。

四、具体教育内容,贴近党员实际是规范化建设的动力

开展组织生活的目的是使主题和内容入脑入心,增强党员的党性、使命感和责任感。教育内容不仅要来源于党和国家的重要文件精神,也要来源于党员的实际生活实践。教育家陶行知先生曾提出"生活即教育"的观点:可由此反观生活实际的教育,才是落到实地的教育。党员的教育要能打动党员的心灵,使他们真信真懂,入脑入心,党员教育的内容就需引进其生活中存在的种种鲜活实例,用身边人讲好身边事,影响身边人,引导党员关注社会、反思自身,逐步在生活体验中内化教育内容。比如,请援藏的党员师生回来说援藏经历和所感,请支教的党员讲述自己的志愿之路,请入伍参军获军功的学生讲自己的选择与家国情怀,让心灵感染心灵、让生命感动生命。

党员教育的内容还需与业务和专业结合起来,不搞"两张皮",比如,在党员教育中融入专业思想和专业学习,使党员能把党组织生活与个人的学习发展结合起来,而不是孤立地把组织生活作为一种额外的任务和负担。比

如,中山大学法学院的学生党支部与著名律所的党支部进行共建活动,联合开展党日活动,学生在双方交流中体会到法律人如何坚持原则和底线,维护法律的公正。再比如,充分利用"学习强国"App的资源,组织学生党员观看"法治中国说——大检察官说"专栏节目,从大法官的视角品读法治的进步,一起探讨民生话题,传播法治理念,使法学生在观看中既学习了法律知识,提升了法律素养,也树立了依法治国、维护公平正义、廉洁奉公的理念。

重视和加强党支部建设,是马克思主义政党的鲜明特征。党中央要求各级党组织必须认真贯彻落实新时代党的组织路线,把党支部建设放在更加突出的位置,加强党支部标准化、规范化建设,不断提高党支部建设质量。作为高校党务工作者,我们要多探索研究党支部建设的重点和难点问题,创新思路和方式方法,增强党支部的活力和凝聚力,提升党支部的实效性,把党支部建设成为宣传党的主张、贯彻党的决定、团结动员群众、推动改革发展的坚强战斗堡垒。

参考文献

[1] 习近平. 决胜全面建成小康社会 夺取新时代中国特色社会主义伟大胜利:在中国共产党第十九次全国代表大会上的报告 [N]. 人民日报,2017-10-28 (01).

[2] 坚持中国特色社会主义教育发展道路 培养德智体美劳全面发展的社会主义建设者和接班人 [J]. 党建,2018 (10):4-6.

[3] 中共中央印发《中国共产党支部工作条例(试行)》[EB/OL]. (2018-11-25) [2019-01-12]. https://www.12371.cn/2018/11/25/ARTI1543146320637564.shtml.

新时代高校党建育人价值意蕴及实践路径优化研究*

赖艳彬　彭雪婷

摘要：党建作为高校基础性工作是高校育人的重要组成部分。高校党建育人是提高高校党建质量的必然选择，是增强高校思想政治教育实效的迫切需要，是培育时代新人的时代要求。党建与育人的"合成"具有内在的逻辑根基，它有自己独特的价值意蕴和实践路径："党建"是高校育人的政治和组织保证，是育人的重要载体；而"育人"则是高校党建工作的根本目标。进入新时代，高校党建育人要以分层、分类、分众为原则，坚持需求导向、问题导向、效果导向，完善组织体系、教育体系和实践体系建设，发挥对学生凝聚、导向、规范和教育的功能。

关键词：党建育人；价值意蕴；实践路径优化

以习近平同志为核心的党中央高度重视高校党的建设，先后作出一系列重要论述，深刻阐明了加强高校党建工作的方向性、根本性问题，为推进高校党的建设提供了根本遵循。在全国高等学校党的建设工作会议上，习近平总书记指出，办好中国特色社会主义大学，要坚持立德树人，把培育和践行社会主义核心价值观融入教书育人全过程。高校党建作为基础性工作是高校育人的重要组成部分。党建育人是提高高校党建质量的必然选择，是增强高校思想政治教育实效的迫切需要，是培育时代新人的时代要求。进入新时代，高校党建育人要从中国式现代化的角度去推进与拓展，以分层、分类、分众为原则，坚持需求导向、问题导向、效果导向，完善组织体系、教育体系和实践体系建设，发挥对学生凝聚、导向、规范和教育的功能，为实现培养担当民族复兴大任时代新人的重要目标作出新的贡献。

一、高校党建育人的基本内涵

习近平总书记明确指出："加强党对高校的领导，加强和改进高校党的

---

* 本文在2022年广东高校思想政治工作优秀论文征集活动中获评优秀奖。

建设，是办好中国特色社会主义大学的根本保证。"[1]这指明了高校党建引领育人的重要作用。教育部印发的《高校思想政治工作质量提升工程实施纲要》强调，把高校党的建设与教育引领结合起来，强化高校党组织的育人职责。2021年，中共中央印发修订的《中国共产党普通高等学校基层组织工作条例》，明确立德树人是高校党组织的根本任务。

"党建育人"是一个整合概念，由"党建"和"育人"构成。传统的研究中，两者虽时有"耦合"，但大多是分属不同的范畴进行讨论。在实际操作中，也缺乏有效联合工作机制，存在诸多"空场"或交叉领域，教育过程衔接不够，平台联动不强，出现"断点"现象，等等。党建和育人事实存在内在的关联，育人是高校的根本任务，也是高校党建的重要内容和根本目标。党建育人的"合成"具有内在的逻辑根基，它有自己的理论蕴涵。

（一）"育人"是高校党建工作的根本目标

"育人"是高校党建工作的根本目标，它是高校党建不同于其他组织党建工作的最显著特征。落实立德树人根本任务，是新时代贯彻党的教育方针的时代要求，是教育坚持和发展中国特色社会主义的核心所在。人才培养是高校的根本任务，是高校的中心工作。"围绕中心、服务大局"是中国共产党多年党建工作的重要建设思想和宝贵历史经验。高校党建工作要以"立德树人"为切入点，依据党的性质和任务，以培育和践行社会主义核心价值观为中心，站在党和国家事业发展的战略高度，做好立德树人、培养社会主义事业的合格建设者和可靠接班人。

（二）"党建"是高校育人的政治和组织保证，是育人的重要载体

新时代高校育人的首要问题是"培养什么人、怎样培养人、为谁培养人"。我国高校是党领导下的中国特色社会主义高校，肩负着培养一代又一代拥护中国共产党领导和中国社会主义制度、立志为中国特色社会主义事业奋斗终身的有用人才。强化高校党建工作，加强党的全面领导，将党建融入立德树人的全过程、内嵌到办学治校的制度体系中，为人才培养奠定思想、政治和组织基础。"党建"也是育人的重要载体，它是培养发展学生党员的基本单位。高校党建通过深入开展思想政治教育，夯实严密组织发展程序、创新体验实践活动等营造育人环境，创设育人平台。

(三) 高校党建育人的特点和优势

高校党建育人与其他育人方式不同，它具有以下两个特点。一是明确的针对性。党是根据自己的纲领和章程，按照民主集中制组织起来的统一整体。中国共产党作为一个政党组织，它有自己的性质宗旨、目标任务，在这个组织中的每一名党员，都要有信仰、有组织、有纪律。党建育人，首先就是要按照党的要求，去锻炼人、培养人、塑造人。二是很强的融合性。高校育人，党建是魂。党建育人的渠道广、载体多，融入师生的生活、工作和学习中，起耳濡目染、潜移默化的作用。高校党建工作，能够恰如其分地蕴含在高校育人的全过程之中。三是严明的规范性。新时代高校党建以《中国共产党普通高等学校基层组织工作条例》为基本遵循。党员发展有严密的发展程序，对正式党员、预备党员、入党积极分子等人员言行有明确的约束和规范；党员教育有完整的教育体系和学习制度等。高校党建育人的优势在于充分发挥党建主体责任，将党的政治优势、思想优势和组织优势，转化为立德树人、铸魂育人的内在动力。

中国共产党具有鲜明的政治品格和政治优势。充分发挥党的领导政治优势，是我们党百年奋斗最宝贵、最根本的历史经验。党的领导政治优势可以确保党统揽全局、协调各方，确保全党令行禁止、步调一致，真正把立德树人根本任务落实到教育方方面面、体现在育人各个环节，汇聚起人才培养的合力。高校党建在思想政治工作中居于中心位置，中国共产党始终坚持以马克思主义为指导，始终坚定理论自信、强化理论武装、保持理论自觉，把马克思主义基本原理同中国具体实际相结合、同中华优秀传统文化相结合，不断推进马克思主义中国化时代化，与时俱进推进党的理论创新，为高校育人提供思想保证。党建具有严密的组织规范和完善的程序要求，起着凝聚性的功能效力。

二、高校党建育人的现实意义

高校党建育人是提高高校党建质量的必然选择，是增强高校思想政治教育实效的迫切需要，是培育能担当民族复兴大任的时代新人的时代要求。

（一）高校党建育人是提高高校党建质量的必然选择

新时代党的建设突出强调要"不断提高党的建设质量"，这其中部分原

因是存在"就党建抓党建"体内循环的现象,党建成效不高。高校党建育人,聚焦"立德树人"根本任务,围绕人才培养中心工作,是提高高校党建质量的必然选择。

高校是人才培养的重要场所。高校党建要以历史的视角、现实的观察、理论的维度,深刻认识将立德树人作为高校工作的出发点和落脚点,是必然选择,更是义不容辞的职责使命;高校党建质量的提升要围绕中心、主动而为、积极谋划,把育人成效当作党建工作的衡量标准。从具体工作实践上看,目前大部分高校党建工作和育人工作仍分属两个工作系统,存在较为明显的工作边界,导致教育效能的损耗。高校党建育人基于党建和育人的融合,致力于弥合党建与育人的"缝隙",解决党建工作"自转""空转""虚转"现象,能有效破解党建工作的实际难题以及党员发展、培养、管理过程中重数量轻质量、重过程轻内容、重形式轻结果的现实困境,从而实现提升党建质量的目的。

(二)高校党建育人是增强高校思想政治教育实效的迫切需要

长期以来,基层思想政治教育是一个复杂的现实难题,也是一项重要的学术议题。2021年7月12日,中共中央、国务院印发《关于新时代加强和改进思想政治工作的意见》,明确指出"要提升基层思想政治工作质量和水平"。[2]高校党建育人是提升思想政治教育工作质量和水平的有益探索,有助于解决制约思想政治教育提质增效的实践难题。高校党建作为思想政治教育的重要途径,是凝聚、引领、服务学生的主阵地,发挥着对学生凝聚、导向、规范和教育的功能,高校党建与思想政治教育相结合,是提升育人质量的重要途径。

青年大学生在成长成才的过程中,在政治上、思想上有追求进步的需要,同时面临全球化意识形态领域的挑战和西方政治文化思潮冲击;深受社会转型以及信息化和网络化的影响,精神变得"空心",行为变得"偏执"。思想政治教育要借助学生党建平台帮助青年大学生用马克思主义的立场、观点、方法走出迷惘,助推个人全面发展,增强思想政治教育的实效。

(三)高校党建育人是培育能担当民族复兴大任的时代新人的时代要求

党的十九大报告提出了"培养担当民族复兴大任的时代新人"[3]的战略任务。培养时代新人,是党和国家站在社会发展新的高度,面对实现中华民族伟大复兴的历史任务和新时代人才培养新的要求。习近平总书记指出，"要以培养担当民族复兴大任的时代新人为着眼点，强化教育引导、实践养成、制度保障。"[4]培养时代新人面临理想信念教育与社会实践、科学文化知识与能力提升、"理想的意图"与责任担当的矛盾，培养"有理想、有本领、有担当"的时代新人过程中需要立足社会现实，用中国共产党人精神谱系滋养新人。时代新人应以坚定的理想信念筑牢精神之基，以马克思主义理论武装自己的头脑，不断提升政治素养，真心热爱和坚决拥护中国共产党，扎根中国大地，造福社会，奉献国家。高校党建育人是人才培养的重要抓手和有效途径，需要直接回应如何培育时代新人这个重要课题。

三、高校党建育人的实践路径优化

高校党建育人要基于"人"为内核，遵循学生成长发展规律和教育规律，结合高校学生的基本特征与时代境遇，从思想引领、行为规范、学业发展、风险治理、工作机制、质量评估等方面构建和优化党建工作体系，实现高校党建工作由以"事"为中心向以"人"为中心的优化升级。高校党建育人要以分层、分类、分众为原则，坚持需求导向、问题导向、效果导向，强调"全员、全过程、全方位"对学生的凝聚、导向、规范和教育的功能，完善组织体系、教育体系和实践体系建设。

（一）组织体系

党的力量来自组织。抓好党的组织体系建设、严密党的组织体系，是马克思主义政党的优势所在和力量所在。《中共中央关于党的百年奋斗重大成就和历史经验的决议》在总结百年来党的建设重大成就时指出："党不断健全组织体系，以提升组织力为重点，增强党组织政治功能和组织功能，树立大抓基层的鲜明导向，推动党的组织和党的工作全覆盖。"[5]高校党建育人，首要是突出政治功能，提升组织力。一方面要加强内涵建设，提升内生动力，以标准化建设为抓手，做好最基础、最基层、最基本的工作；另一方面，高校党建育人的核心是育人，组织建设要以培育人才为关键。

第一，以政治功能建设为中心。党的二十大报告"提出和落实新时代党的建设总要求，以党的政治建设统领党的建设各项工作"[6]。《中国共产党支部工作条例（试行）》要求弘扬"支部建在连上"光荣传统，落实党要管党、全面从严治党要求，全面提升党支部组织力，强化党支部政治功能。

高校党建育人具有自己的特殊性，在育人指向上承担着重要的政治使命和政治功能，高校党建组织体系建设的目标是贯彻党的政治主张，政治功能是第一位。组织建设首要的是突出政治功能，坚守"为党育人，为国育才"的使命。

第二，以标准化建设为抓手。高校党支部应当"保证监督党的教育方针贯彻落实，巩固马克思主义在高校意识形态领域的指导地位，加强思想政治引领，筑牢学生理想信念根基，落实立德树人根本任务，保证教学科研管理各项任务完成"[7]。组织体系建设过程中突出标准化、规范化，通过规范性的要求，发挥制度化要素，强化组织育人的实效，将立德树人根本任务落细落实。

第三，以培育人才为关键。党建工作根本上说是做人的工作，组织体系建设要服务于育人目标，以"学生成长为中心"。在具体实施过程中，高校党建育人应注重全面分析和把握育人要素、育人机制等各方面的相互联系、相互作用。一方面，要优化资源配置的结构，考虑不同类型党支部的特点，充分发挥教师党支部、学生党支部的特色优势，通过机制的优化联结、资源的有效整合、优势的互相补充，形成党支部组织育人的整体优势，从而构建组织协同育人机制。另一方面，高校党建育人要强化党团班组织关联、年级学科专业的协同，将组织优势转化为发展优势、引领优势，形成党建带团建、党建促班建的良好局面；构建以党的建设为核心的纵横体系，实现高校党建育人目标，突显党建育人特色，形成党建育人品牌。

（二）教育体系

高校党建育人教育体系建设，要基于党建工作特点，将教育内容融入具体的工作中，一是要树立"大党建"工作观，落实"三全育人"，推进"五育并举"；二是要遵循党建工作规律、教育规律和学生成长规律；三是要提高教育的针对性，加强分类指导和因材施教。

第一，落实"三全育人"，推进"五育并举"。高校党建育人要树立党建工作大队伍观，全面统筹办学育人各领域、教育教学各环节、人才培养各方面的育人资源和育人力量。着重提升党支部书记理论水平、履职能力；提高党务工作者业务能力，激发党员党性意识。高校党建工作要积极引导带领广大教职员工理解党的建设目标、融入党的建设过程、参与党的建设工作，找准契合点，推动知识传授、能力培养、素质提升与理想信念、价值理念、道德观念的教育有机结合，真正将全员育人、全程育人、全方位育人落到实处，发挥出党建育人的强大功能。

第二，遵循教育规律和学生成长规律。在教育过程中，大学生成长经历了几个不同的发展阶段，而不同阶段的主要矛盾及由此产生的成长特点亦各不相同。如大一新生的适应问题、大二学生的意识觉醒问题、大三学生的"分流"问题、大四学生的压力问题，共同构成了大学生成长的完整过程。党建教育过程要针对不同阶段进行专门化安排。在内容体系上，要将党建中所蕴含的育人元素进行提炼、转化、整合，在知识逻辑、实践逻辑和价值逻辑三个维度上对党建育人活动进行统筹设计，努力做到不刻意、不牵强、不冲突，在党建活动中将价值塑造进行恰当嵌入和一体化融合。只有在具体理性认知过程中获得正向的、积极的主观情感体验，让学生克服认知阻力、心悦诚服，才能触动灵魂。

第三，加强分类指导和因材施教。针对不同性质群体，培养方式要结合群体性质，有所侧重。针对不同层次群体，培养内容形成不同特色。例如，对入党申请人、积极分子、发展对象、预备党员、正式党员的培养工作，应结合群体特点，形成不同特色的教育内容。针对不同能力群体，增强培养效果。总体而言，要基于分类、分层、分众的原则，形成针对性和系统性的内容，全方位贴近并引导学生的学习、生活、思想。

（三）实践体系

坚持理论和实践结合是党的教育方针的重要内容。实践是党员先进性教育的重要途径之一，也是高校党建育人的重要依托。高校党建育人要以增强学生表率意识和服务意识为导向，不断增强党组织的"存在感"、增强青年学生的"获得感"。

第一，增强表率意识。马克思指出："个人怎样表现自己的生活，他们自己也就怎样。"[8]高校党建育人的实践体系建构首要的是强化党员意识，让党员在各种集体事务中发挥模范带头作用。依托班集体、团支部、宿舍等平台提升党员的责任意识、服务意识、看齐意识。系统开展"引领工程"的实践活动，涵盖理论学习宣传员、基层组织建设指导员、学风建设标兵、青年志愿服务之星等，发挥先进典型的示范和引领作用。

第二，提升服务意识。马克思认为："人作为主体是通过他自身的实践活动来参与和接受客观的影响，从而获得主体自身的发展。"[9]高校党建育人要以开展党的群众路线教育实践活动为重要契机，通过社会调查、社会实践、志愿服务等实践活动，让青年学生走出校园，走入基层、服务群众，关

注社会,关注民生,强化学生的服务意识和综合素质的提高。

习近平总书记在全国教育大会上强调,党的十八大以来,要围绕"培养什么人、怎样培养人、为谁培养人"这一根本问题,全面加强党对教育工作的领导,坚持立德树人根本任务,加强学校育人实效。高校要坚持中国特色社会主义教育发展道路,夯实党对高校全面领导,深刻领会党建育人的价值意蕴,强化党建育人,为培养德智体美劳全面发展的社会主义建设者和接班人作出新贡献。

参考文献

[1] 习近平. 用新时代中国特色社会主义思想铸魂育人 贯彻党的教育方针落实立德树人根本任务 [N]. 人民日报,2019-03-19(02).

[2] 中共中央、国务院印发《关于新时代加强和改进思想政治工作的意见》[N]. 人民日报,2021-07-13(1).

[3][4] 习近平. 决胜全面建成小康社会 夺取新时代中国特色社会主义伟大胜利——在中国共产党第十九次全国代表大会上的报告(2017年10月18日)[N]. 人民日报,2017-10-28(4).

[5] 中共中央关于党的百年奋斗重大成就和历史经验的决议(2021年11月11日中国共产党第十九届中央委员会第六次全体会议通过)[N]. 人民日报,2021-11-17(6).

[6] 习近平. 高举中国特色社会主义伟大旗帜 为全面建设社会主义现代化国家而团结奋斗——在中国共产党第二十次全国代表大会上的报告(2022年10月16日)[N]. 人民日报,2022-10-26(2).

[7] 中共中央印发《中国共产党支部工作条例(试行)》[EB/OL]. (2018-11-25)[2022-10-12]. http://www.gov.cn/zhengce/2018-11/25/content_5343236.htm.

[8] 中共中央马克思恩格斯列宁斯大林著作编译局. 马克思恩格斯选集:第1卷[M]. 2版. 北京:人民出版社,1995:67.

[9] 黄济. 教育哲学通论[M]. 太原:山西教育出版社,1998:385.

高校学风建设在思想政治教育中的实现路径*

蒋滔　余立人

摘要：优良学风对于青年大学生成长成才具有重要意义，是高校落实立德树人根本任务、促进青年大学生全面发展的重要保障。但目前高校学风面临着应试教育思想根深蒂固、"卷"文化和"唯"文化盛行等问题。思想政治教育作为高校学风建设的动力之源，指引着高校学风建设的前进方向，直接影响着高校学风建设的效果。因此，要通过加强高校基层党组织、教师队伍、精神文明和班集体建设，对青年大学生开展思想政治教育，让优良党风、教风、校风和班风共同促进青年大学生形成优良学风。

关键词：高校学风建设；青年大学生；思想政治教育

中国特色社会主义进入新时代，社会基本矛盾的变化、复杂多变的国际形势、新冠疫情的冲击等都对高校人才培养提出了更高的要求。高校以立德树人为核心，以培养德智体美劳全面发展的社会主义合格建设者和可靠接班人为根本任务。高校的培养对象是青年大学生，青年大学生的知识能力水平和综合素质决定了国家未来发展的动力和发展的可持续性，而学习是青年大学生提高知识能力水平和综合素质的主要途径，也是青年大学生最基本的活动方式及活动特征。

一、加强高校学风建设的必要性和重要性

从中国历史长河来看，"学风"一词最早源于《礼记·中庸》，意指"广泛学习、详细求教、谨慎思考、踏实实践"；从中国共产党的百年奋斗历程来看，"学风"一词最早在毛泽东的《整顿党的作风》中出现，他提出

---

* 本文原载于《创新与创业教育》2024 年第 1 期。

基金项目：本文系 2023 年度中山大学党建理论与实践研究课题"新建院系党建工作问题与对策研究"（76240 - 11230013）成果。

本文在 2022 年广东高校思想政治工作优秀论文征集活动中获评优秀奖。

要"反对主观主义以整顿学风"。[1]高校的"学风"主要是指学生学习的风气，是学生学习目的、学习兴趣、学习态度、学习方法的总和，是汇集了学校、教师、管理部门、学生本人的综合体现。习近平总书记曾指出，"高校的校风和学风，犹如阳光和空气决定万物生长，直接影响着学生的成长发展"。[2]

（一）高校学风直接影响人才培养质量

对于青年大学生的培养，除了需要学校本身的硬实力外，也需要软实力的支撑，其中就包括良好的学风。高校学风是高校在长期办学过程中形成的独特氛围，是高校精神文化的一部分，具有不可替代性和传承性，对学生具有直接而深远的影响。

第一，优良的学风塑造优良的品格，能促进青年大学生全面发展。"为什么学，怎么学"是青年大学生在学习上面对的主要问题，优良的学风能帮助学生更好地发挥主观能动性去思考这些问题，引导学生更明确自己的学习目的，找到更适合自己的学习方法。优良的学风本身就是一种校园文化氛围，在这种氛围下求学问道，会大大增加青年大学生的学习积极性和学习效果。学风好了，更多的是影响青年大学生的思维方式和处世之道，让他们对自身品德、学业进步、健康体魄、艺术素养和实践探索均提出了更高的要求，从而促进自身德智体美劳的全面发展。第二，优良的学风作用于教学和管理，能促进教、管、学相长。从马克思主义唯物辩证法的联系观来看，事物间的联系是多样且普遍的，联系的根本内容就是事物间的相互作用。这就表明，高校学风并不是独立的，而是相互作用的产物。在优良学风的影响下，青年大学生的综合素质更高，这对教师教学能力和教学水平的提高也起到了很好的推动作用。因为"要给学生一杯水，老师要有一桶水"，杯子越大，桶就要更大。同样，综合素质高的青年大学生群体，也给高校管理人员和管理部门带来了更大的挑战。如何让管理更好地服务于青年大学生的成长，成为高校管理水平提高的内生动力。与此同时，教学能力和管理水平的提高又能更好地服务于人才培养，促进优良学风的形成。第三，优良的学风引导价值取向，能优化高校教育生态。近年来，互联网的发展、通信工具的普及和多元文化的冲击让高校成为重要的舆论阵地，青年大学生的价值观受到一定影响。优良的学风可以减少青年大学生的浮躁之风和盲目竞争，让他们在多元环境下既可以保持内心的独立，又可以有效吸收先进文化和理念。从深层次来说，优良的学风影响的是青年大学生的精神修养，能引导他们形成正确的价值走向,帮助他们坚持理性地学习和思考,净化高校氛围,从而形成风清气正的教育生态。

(二)目前高校学风存在的问题

一方面,应试教育思想根深蒂固。从封建时期的"科举制"到现在的中考、高考制度,都有着应试教育的身影。应试教育下,考试成绩是衡量学习能力和努力的标准。中考和高考是适应中国国情的比较公平的人才选拔机制,应试教育在其中起到了重要作用,但高校更加侧重素质教育。在中学,"考高分"成了学生的学习动力和学习目标,"为考试而学"或许可以让基础教育的质量得到保障,但很难发挥学生的主体性作用。[3]很多学生进入大学之后,依旧保持着应试教育思维,主要表现在以下三个方面。第一,学习动力不足。学习动力是推动青年大学生自发学习最根本的因素。很多大学生在高中便产生了一种"考上大学即轻松"的惯性思维,他们在高中非常努力,唯一目标就是考高分读好大学。由于他们将高考看得过于重要,一旦这个目标实现,便会进入一种放松状态,缺乏深层次主动学习的力量。第二,学习内容狭窄。受应试教育的影响,很多大学生依旧处于"老师教什么就学什么,考试考什么就学什么"的状态。他们大多只学课本上的内容,只学要考试的内容,缺乏对知识的广泛涉猎和追求真理的渴望。第三,学习偏向形式化。相比于中学,大学的时间安排较为自由,老师授课的时间和内容有限,更多时候需要学生自己去学习和总结。但学生在期末临考突击的现象屡见不鲜,只要突击考试的成绩不是很差,便会继续"纵容"这种行为,很多学生在考试过后就将学习内容忘了,并没有真正学懂弄通所学知识。另外,"刷题"依旧是检验学习效果的重要方式,很多学生会做题,但不会举一反三,更不会运用所学知识解决科研以及生活中遇到的实际问题。

另一方面,"卷"文化和"唯"文化盛行。学习"内卷"成为高校越来越普遍的现象。"内卷"是一种假性学习,是限制青年大学生高质量发展的陷阱。[4]青年大学生在"内卷"下的非理性竞争,主要表现在"面面俱到"和"与时间赛跑"。所谓"面面俱到",指的是青年大学生想让自己达到其所认为的"全面发展",在过度理解"人无我有,人有我优"的情况下,青年大学生将自己的时间和精力分配在很多事情上,但一个人的精力是有限的,一旦超出个人能力所承受的范围,只会事与愿违。这也是很多大学生表现出"很累""很无奈"但又"什么都做不好"的重要原因。"与时间赛跑"指的是青年大学生为了获取更多资源而将时间安排得非常紧凑细致,要么过分压缩自己的娱乐、休息等时间用于做其他事情，要么增加做同一件事情的时间，或者二者均有。这种过度忙碌会让学习效率降低，并给周围的人营造一种"非常努力"的感觉，无形之中给周围的人带来紧迫感，慢慢地会让越来越多的人加入这场"与时间的赛跑"，从而进入一种劣性循环。另外，"唯成绩""唯奖项"的风气也在青年大学生群体中盛行，成绩和奖项成了很多大学生评价自己和他人学习效果的首要标准，也成了其自身的学习目的，他们片面地追求成绩的高低，提高自己的应试能力，陷入了"成绩好奖项多就是优秀学生"的认识误区。盲目竞争和攀比会让他们减少自己和他人的有效交流时间，也容易滋生自我中心意识和嫉妒心理。

二、高校学风建设和思想政治教育的逻辑关系

习近平总书记在全国高校思想政治工作会议上强调，要"把思想政治工作贯穿教育教学全过程""坚持不懈培育优良校风和学风"[5]，从而明确了高校学风建设和思想政治教育之间的关系。

（一）思想政治教育是学风建设的动力之源，指引学风建设的前进方向

高校学风建设的主要目的在于培养青年大学生形成不竭的学习动力、坚韧的学习毅力和科学的学习方法，其中起根本性和决定性作用的还是学习动力。青年大学生的学习动力主要来源于个人理想信念、价值取向和家国情怀，而这正是开展思想政治教育的主要切入点。同时，高校要坚持社会主义办学方向，培养担当民族复兴大任的时代新人，首要工作便是加强对青年大学生的思想政治教育，要始终围绕"培养什么人、怎样培养人、为谁培养人"这一根本问题开展立德树人工作，始终坚持"为党育人、为国育才"的初心使命。因此，高校优良学风必须是符合社会主义核心价值观的学风。另外，高校优良学风并不是一朝一夕能形成的，在长期的过程中，高校学风会在不同阶段受到不同价值观的冲击和影响。这些价值观就像大河的支流，一条条汇入主干道，主干道决定大河的前进方向和前进距离，支流会慢慢被内涵和同化，形成更为宽阔的主干道，这个主干道就是民族精神和时代精神相统一的中国精神。要在青年大学生群体中弘扬中国精神，思想政治教育是首要抓手。通过对青年大学生开展理想信念教育、爱国主义教育、社会主义核心价值观教育，引导并激励他们自觉将个人理想融入国家和社会发展之

中，主动明确个人使命和责任担当，并以此推动自身学习，通过思想政治教育解答"为什么学"的问题。另外，思想政治教育是高校马克思主义宣传教育的重要途径，让青年大学生在唯物主义视域下学习认识世界和改造世界的方法，明白事物发展和运动规律，建立马克思主义世界观、人生观和价值观，并以此指导个人实践，形成科学的学习方法，让思想政治教育解决"怎么学"的问题。

（二）学风建设是思想政治教育的实践载体，能够提高思想政治教育的开展成效

面对新形势新挑战，要加快高校思想政治工作体系建设，加强时代新人培育。[6]同时，高校思想政治教育只有坚持守正创新，才能实现更高质量的发展。[7]习近平总书记指出，"思想政治工作从根本上说是做人的工作，必须围绕学生、关照学生、服务学生"[8]。可以看出，要真正发挥好高校思想政治教育的作用，既要将思想政治教育落细落实，具体到每一个学生，也要发挥好思想政治教育载体的功能，努力创新思想政治教育的形式和内容。首先，高校学风建设主要围绕青年大学生，以世界观、人生观、价值观、道德观、法制观、学习观等为内容开展教育工作，帮助他们树立远大理想、掌握科学理论方法，并以此指导学习实践，最终将其培养成高素质的社会主义建设者和接班人。因此，无论在对象、内容、形式、目的上，高校学风建设和思想政治教育都有着很强的一致性，这是在学风建设中开展思想政治教育的理论支撑。其次，在"三全育人"背景下，高校学风建设有了很多发力点和支撑点，能充分调动各方优势，逐渐形成网格化育人模式。相关制度，第一课堂和第二课堂教学、实践活动，班级、团支部、社团组织、学习小组、宿舍、网络等学风建设平台都是开展思想政治教育的重要载体，这是在学风建设中开展思想政治教育的平台支撑。再次，高校学风建设以培养青年大学生的优良学风为目的，旨在在青年大学生群体中形成"我要学""我会学"的学习氛围。良好学习氛围一旦形成，就会提高思想政治教育在青年大学生群体中的接受度和覆盖面，让思想政治教育成为日常学习的一部分，这是在学风建设中开展思想政治教育的氛围支撑。最后，高校学风建设会强化教育功能，促进青年大学生全面发展，这就使得在学风建设中开展思想政治教育的效果可视化。优异的学习成绩、良好的精神面貌、积极的生活态度等都能让青年大学生感受到思想政治教育带来的育人效果，从而提高思想政治教育在青年大学生群体中的认可度与亲和力。另外，随着时代的进步、多元文化

的影响,青年大学生的思想道德素质发展也受到一定的冲击,但学风建设是亘古不变的主题,适应时代需求的学风建设也在不断推动着思想政治教育向前创新发展,这是在学风建设中开展思想政治教育的效果支撑。

三、思想政治教育引领高校学风建设的方法路径

"方向"是高校学风建设的首要问题,坚持社会主义办学方向的高校优良学风必须在思想政治教育的引领下方可实现。以思想政治教育引领高校学风建设,可以从基层党组织、教师、校园文化、班集体四个方面入手,研究党风、教风、校风、班风对学风的重要作用。

(一)加强基层党组织建设,以党风引领学风

回顾中国共产党的百年历史,党始终代表青年、依靠青年,坚持做青年成长成才的引路人。[9]高校党的基层组织是确保包括党的教育方针在内的党的各项方针政策、决策部署能够在高校贯彻落实的"最后一公里",是直接联系、团结、教育、服务师生的重要桥梁纽带,在青年大学生的培养中有着基础性和根本性的作用。在高校,党组织和党员的作风形象,直接影响着青年大学生的"三观"形成以及立德树人的成效。因此,要加强高校党的基层组织建设,以优良党风引领青年大学生,自觉形成优良学风,充分发挥党组织在育人中的首要作用。

第一,要将政治建设摆在首位,筑牢马克思主义意识形态主体地位。党的政治建设是党的建设总体布局中的"灵魂"和"根基",是党的根本性建设。青年大学生在意识形态领域尚处于发展期,容易受到多种因素的影响,高校要贯彻落实党的教育方针,落实立德树人根本任务,必须通过基层党组织紧紧抓住青年大学生意识形态的主动权、引导权。高校基层党组织要旗帜鲜明地讲政治,发挥好把方向、管大局的重要作用,让习近平新时代中国特色社会主义思想入脑入心,让党中央决策部署落细落地落实,要帮助青年大学生树立崇高信仰、筑牢理想信念之基,并引导青年大学生将爱国情、强国志转化为努力学习的内生动力。第二,要紧抓基层党组织作风建设,发挥党员先锋模范作用。作风问题说到底是党性修养问题,是基层党组织、党员在师生群众眼里最直观的印象,代表着高校基层党组织的凝聚力和战斗力。通过开展作风建设专题民主生活会、开展党员先进性纯洁性教育、开展批评与自我批评等,构筑高校基层党组织坚实战斗堡垒。每一位师生党员都要树立

"一面镜子、一面旗帜、一个标杆"的理念，充分发挥好先锋模范作用。要将"德"和"才"作为重要标准，严把发展学生党员的入口端，提高高校基层党组织党员发展质量，增加"品学兼优""德才兼备"在青年大学生群体中的感染力和认可度。第三，要融入学生日常，扩大基层党组织的服务力和覆盖面。"密切联系群众"作为党的三大优良作风之一，在高校可以得到充分体现。帮助青年大学生树立远大梦想、坚定理想信念、解决急难愁盼，正是高校基层党组织践行全心全意为人民服务根本宗旨的具体表现。高校基层党组织要将党建工作更多地融入学生的日常学习生活，将党建和学生需求相结合，了解学生、走进学生，将学生的急难愁盼放在工作的重要位置。高校基层党组织可以通过党课、主题党日活动扩展党建覆盖面，让青年大学生积极参与党建活动，策划组织"我为青年办实事"活动，帮助青年大学生解决学业上的困难，充分发挥基层党组织的育人作用，让服务学生学习生活、解决学生急难愁盼的工作常态化、长效化。

（二）加强教师队伍建设，以教风培育学风

《荀子》云"国将兴，必贵师而重傅"，既表达了教育对于一个国家发展的重要性，也表达了教师对于教育的重要性。高校教师是青年大学生成长的引路人，是落实立德树人根本任务、培养担当民族复兴大任时代新人的主力军，肩负着为党育人、为国育才的艰巨使命。习近平总书记曾指出，"教师是教育工作的中坚力量，有高质量的教师，才会有高质量的教育"[10]。高质量的教师不仅体现在教师的学术科研能力上，也体现在教师的思想政治素质、道德修养和行为作风上，因此，"要把师德师风建设摆在首要位置"[11]，以优良教风培育青年大学生，逐渐形成优良学风，用优秀的人培养更优秀的人。

第一，要建立师德师风考核评价机制，让师德成为教师行为准则的底线。关于高校师德建设，教育部出台了一系列文件，为高校教师师德师风建设提供了标准和指引。高校应当在此基础上建立自己的师德师风考核评价机制，将教师师德师风建设落到实处，将师德师风作为教师聘用、晋升和评优评先的首要标准；要落实好师德底线思维，划好师德失范"红线"，并将师德失范行为纳入"一票否决"制。另外，要加强对高校教师师德师风教育和监督，通过对教师的纪律教育、科研诚信教育、理想信念教育等提高教师的思想政治素质和道德修养，鼓励青年教师入党，牢固树立"四有好老师"在青年大学生心中的形象和地位，让青年大学生"亲其师，信其道"。

第二,要加强课程思政建设,在思想政治教育中形成教学相长。高校教师要成为中国特色社会主义道路的拥护者和践行者,要成为社会主义核心价值观以及中华民族优秀传统文化的弘扬者和传播者,要成为青年大学生锤炼品格、增长才干、奉献祖国的培养者和引导者,课程思政是必要抓手。课程思政是指将思想政治教育融入专业课教育,将思想引领和知识传授相结合,实现德育和才育相统一。高校课程思政的践行主体就是高校教师,育人者先育己,高校教师只有不断加强自身学习,主动提高个人政治站位,深入理解"为谁培养人、怎样培养人、培养什么人"这一教育的核心问题,深刻领会党和国家的教育方针政策,才能在课程思政建设中发挥主力军作用。通过在专业课程中融入思想政治元素,构建思想政治育人新格局,提高青年大学生的责任担当和家国情怀,增加青年大学生对党和国家政策方针的情感认同,让专业课程教育更有针对性和实效性。

第三,要将科学研究落实到人才培养,做新时代的"大先生"。培养学生是高校教师的重要职能,除课堂教学外,科学研究也是重要抓手。高校教师的科学研究应坚持"四个面向",服务国家重大战略需求,让科学研究成为促进国家经济发展、维护人民生命健康的重要推动力量,不要做"高大上"的科学研究,要做"接地气"的科学研究,让青年大学生在教师的科学研究中激发爱国报国的志向,提升对学习和科学研究的兴趣。要多搭建高校教师和青年大学生沟通联系的桥梁,依托创新创业项目、学科竞赛等载体,鼓励青年大学生早进课题组、早进实验室,鼓励青年大学生升学深造。高校教师要坚持"四个相统一",走近学生,关爱学生,帮助他们解决困惑,在"传道""授业""解惑"的过程中成为青年大学生成长成才的引路人。

(三)加强高校精神文明建设,以校风涵养学风

党的十九大报告指出:"没有高度的文化自信,就没有中华民族伟大复兴"[12]。文化自信是更基础、更广泛、更深厚的自信。青年大学生正处于拔节孕穗期,将中国传统文化、民族精神、社会主义先进文化融入青年大学生的学习生活,让文化自觉和文化自信为青年大学生筑基补钙。高校精神文明是社会主义精神文明的重要组成部分,是社会主义先进文化的重要组成部分,是青年大学生学习生活的文化环境和精神涵养来源。因此要加强高校精神文明建设,以优良校风涵养青年大学生,间接形成优良学风,让校园精神文明为青年大学生提供更持久的力量。

第一，要发挥校园文化的育人功能。高校校园文化是青年大学生学习生活的基础环境，对青年大学生具有环境熏陶、潜移默化、精神感染的作用，能在无形之中影响青年大学生价值理念、思维特点和学习态度的形成。因此，要充分挖掘校园文化中的思想政治育人素材，坚持校园文化特色化、个性化、创新化发展。中华文化源远流长、博大精深，每个高校都有自己的校史校训、校园环境、建筑风格，这些都包含着大量的思想政治教育元素。帮助青年大学生了解学校建设的初心理念、学校发展过程中的筚路蓝缕、老一辈革命家和优秀校友的艰苦奋斗精神以及校园环境和建筑体现出的文化底蕴，让青年大学生在坚定校园文化自信的过程中主动继承先烈遗志、发扬优良传统。

第二，要发挥新媒体的导向作用。信息化已成为时代发展的主流，网络信息技术的发展给青年大学生开阔眼界、汲取信息、日常娱乐创造了有利条件，直接影响着青年大学生的意识形态、价值取向、生活方式和学习状态，因此要以新媒体为重要工具，对青年大学生进行主流意识形态引导，端正青年大学生的思想观念和行为作风。通过各种新媒体平台，以青年大学生喜闻乐见的形式开展时事政治教育和理想信念教育，弘扬社会主义先进文化、社会主义核心价值观、伟大民族精神和时代精神。同时，加强对新媒体平台的监督和管理，建立一支高素质的新媒体工作队伍，引导青年大学生提高对虚假信息的甄别意识和甄别能力，坚决抵制不良信息，并利用新媒体平台对网络舆论进行监测，始终把握、坚持正确的舆论导向。

第三，要发挥多载体的协同合力。在"三全育人"背景下，高校精神文明建设的载体丰富、形式多样，能够全方位全过程地融入青年大学生的日常学习生活，做到润物无声的效果。除了第一课堂的直接教育外，第二课堂的灵活性和丰富性也为精神文明建设提供了广阔的平台。因此，要加强精神文明在青年大学生日常党日活动、团日活动、班级活动、社团活动、体育活动、文艺活动、科技活动、实践活动、志愿活动中的导向作用，挖掘高校精神文明的普遍性和内涵性，提高高校精神文明的广度和深度。高校精神文明建设不仅仅是学校对学生的单方向输出，更要充分发挥青年大学生在高校精神文明建设中的主体性和能动性作用，让青年大学生讲好高校精神文明故事，做高校精神文明的建设者和传播者。

（四）加强班集体建设，以班风带动学风

班集体是传统教学的基本单位和大学活动的主要载体，也是青年大学生

进行自我教育、自我管理、自我服务的重要组织。[13]作为高度组织化的集体、开展思想政治教育的主要依托单位、打通教育管理服务学生"最后一公里"的重要抓手，班集体对于时代新人的培育具有重要意义。一个积极向上、纪律严明、团结互助、学风优良的班集体，对于青年大学生的成长成才具有正面引导作用，对于青年大学生德智体美劳的发展具有全面促进作用。因此要加强班集体建设，以优良班风带动青年大学生，主动形成优良学风，让班集体在育人过程中发挥战斗堡垒作用。

第一，要处理好制度化和人性化的关系。高校班集体的组织架构、管理机制、制度体系是高校通过班集体开展学生教育管理和学生自我管理的重要基础。高校班集体制度建设可以体现在民主和法治两个方面：民主是让班集体成员共同参与班级管理和事务决策，法治是在国家、学校、学院的相关规章制度下建立班集体自己的规章制度。其具体制度建设内容包括优化班集体学生干部选用标准、完善班集体议事决策流程、规范班集体学生日常言语行为等。但制度需要建立在人性基础之上，青年大学生具有很强的可塑性，在教育管理方面既需要"管"，也需要"理"，要让青年大学生在班集体中既能感觉到制度的约束，也能体会到人性的温暖，真正做到制度化建设、人性化管理。

第二，要处理好共性和个性的关系。班集体共性是班集体表现出的统一性和整体性，是班集体在长期建设过程中形成的文化氛围、价值理念和学习风气；班集体个性是班集体成员的独特性和差异性，是青年大学生在班集体中展现自身价值和存在的重要途径。班集体个性组成班集体共性，班集体共性影响班集体个性的形成。同一班集体的学生无法避免地会存在性别、身体、家庭、地域、习俗、性格、经济、成绩等多方面的差异，因此在班集体建设中，要充分尊重学生的差异性，充分关注学生的特殊性，充分保护学生的隐私性，充分体现朋辈互助功能，充分发挥优秀学生的先锋模范、标杆示范作用，以培养积极向上的班集体为目的开展思想政治教育，让班集体个性促进共性的发展，让班集体共性促进个性的完善。

第三，要处理好第一课堂和第二课堂的关系。作为高校教学的基本单位，班集体是开展第一课堂的主要依托，思政课程和课程思政是在第一课堂中开展思想政治教育的主要形式，也是让青年大学生接受思想政治教育最直接的方式。同时，高校主要通过班集体开展第二课堂中的思想引领、学术科技、体育竞技、文化艺术和劳动实践等活动，这是高校推进"五育并举"的重要举措，也是培育时代新人的重要阵地。由此可见，班集体的第一课堂和第二课堂均是以培养德智体美劳全面发展的社会主义建设者和接班人为目的的，因此，在内容、时间、形式上要形成科学规划、有效错位、无缝衔接、优势互补，让思想政治教育贯穿班集体的第一课堂和第二课堂全过程，让班集体在发挥引领力、凝聚力、服务力的过程中形成高站位、高统一的思想共识、情感共鸣和行为共振，促进青年大学生成长成才。

参考文献

［1］毛泽东选集：第 3 卷［M］.北京：人民出版社，1991.

［2］习近平首次点评"95 后"大学生［N］.人民日报，2017 - 01 - 03（02）.

［3］高瑞雪.格特·比斯塔的教育理论在中国应试教育中的分析及现实意义［J］.教育现代化，2019（82）：203 - 205.

［4］苑津山，幸泰杞."入局与破局"：高校学生内卷参与者的行为逻辑与身心自救［J］.高教探索，2021（10）：123 - 128.

［5］［8］习近平.把思想政治工作贯穿教育教学全过程　开创我国高等教育事业发展新局面［N］.人民日报，2016 - 12 - 09（01）.

［6］中共中央国务院印发《关于新时代加强和改进思想政治工作的意见》［N］.人民日报，2021 - 07 - 13（01）.

［7］冯刚.论新时代高校思想政治工作守正创新［J］.上海交通大学学报（哲学社会科学版），2021（5）：31 - 40.

［9］冯刚.青年永远是党和国家事业的希望与未来［J］.思想政治教育研究，2021（4）：10 - 12.

［10］［11］习近平在看望参加政协会议的医药卫生界教育界委员时强调：把保障人民健康放在优先发展的战略位置　着力构建优质均衡的基本公共教育服务体系［N］.人民日报，2021 - 03 - 07（01）.

［12］决胜全面建成小康社会　夺取新时代中国特色社会主义伟大胜利［N］.人民日报，2017 - 10 - 19（02）.

［13］冯刚.改革开放以来高校思想政治教育发展史［M］.北京：人民出版社，2018.

泰勒的课程编制原理视域下的人工智能专业思政元素提炼逻辑与路径*

陈陟　余建兴　余立人

摘要：本文基于课程思政解决"育人"与"育才"脱节问题的逻辑起点，面向人工智能本科专业建设课程思政的理论与实践需求，在泰勒课程编制原理的视域下分析了人工智能专业课程思政的思政元素提炼的逻辑与路径。本研究认为，思政元素进入专业课程也要经历明确思政元素所蕴含的目标、融入学习经验的选择与组织过程，以及在课程评价中体现三个步骤。人工智能专业提炼出的思政元素除具有思政元素的共性特征外，其蕴含的目标需体现学科交叉与融合特点，选择与组织学习经验时需充分体现系统观以及协同合作，对思政元素进行评价需要重视形成性与总结性。

关键词：课程思政；人工智能专业；泰勒原理

在百年未有之大变局以及第四次科技革命加速演进的背景下，人工智能技术已成为世界各国经略的战略制高点。全国 35 所高校于 2019 年 3 月 25 日获批开办人工智能专业，掀起人工智能专业的建设热潮。略早于人工智能专业的出现，2017 年 6 月教育部"高校思想政治理论课教学质量年上海调研片会暨高校'课程思政'现场推进会"在复旦大学召开，同年"课程思政"首次写入教育部文件《高校思想政治工作质量提升工程实施纲要》，吹响了建设课程思政的号角。课程思政与人工智能专业都是新时代高等教育发展的战略举措，推动两者发生化学反应既是理论要求，更是现实需要。如何提炼人工智能专业丰富的思政元素成为亟待解决的问题。本研究从课程论的理论视角出发，探索在人工智能专业中提炼思政元素的逻辑。课程论的经典理论之一当推拉尔夫·泰勒的课程编制原理，它是课程建设的经典范式，能为提炼思政元素提供框架。本研究首先在泰勒的课程编制原理视域下探讨课程思政元素提炼的关键内涵，然后，梳理我国人工智能专业思政元素的特

---

* 本文在 2021 年广东高校思想政治工作优秀论文征集活动中获评一等奖。

点，以及提炼思政元素时面临的主要问题，最后提出提炼人工智能专业思政元素的逻辑与路径。

一、泰勒原理视域下的思政元素分析

（一）泰勒原理的基本内涵与机制

泰勒被誉为"现代课程之父"，他在20世纪30—40年代提出了课程评价的原理以及课程编制的原理，被公认为现代课程研究的经典范式。[1]泰勒提出课程与教学的基本原理的社会背景是20世纪30年代席卷美国、波及世界的经济大萧条，彼时美国失业率激增，大多数中学生毕业后既找不到工作，又读不了大学，如何调整中学的课程与教学成为当时美国教育界面临的紧迫问题，而泰勒的原理为如何让课程建设面向社会经济发展需求提供了方法，为美国学校课程改革尤其是美国中学阶段的课程改革提供了指南。

泰勒提出的关于课程编制的原理（以下简称"泰勒原理"）可概括为以下四个基本问题。其一，学校应力求达到何种教育目标？其二，如何选择有助于实现这些教育目标的学习经验？其三，如何有效地组织学习经验？其四，如何评估学习经验的有效性？从这四个基本问题出发，泰勒阐发了课程编制的四个步骤，即确定目标、选择经验、组织经验、评价结果。其中，确定目标成为泰勒原理最大的创新点，人们将确定教育目标主要来源的分析模式的设计归功于泰勒，该模式由"来源"与"筛子"构成，泰勒认为课程的目标主要汇聚自"对学生的研究""对当代社会生活的研究"以及"学科专家的建议"三个来源，之后还需经过两道筛子即"教育哲学"及"学习理论"。当课程目标确定后，教师再根据目标选择提供哪些学习经验，以及如何组织这些学习经验，最后检验这些学习经验是否起作用。[2]

（二）思政课程的基本内涵

2016年12月7至8日，全国高校思想政治工作会议召开，习近平强调高校思想政治工作根本在于做人的工作，中心环节在于立德树人，核心在于提高人才培养能力，并提出对思想政治工作的五点要求。[3]这成为课程思政建设的基本遵循。如何将"做人的工作"，通过课程主渠道，与提高人才培养能力联系起来，解决"育人"与"育才"脱节问题，成为理解课程思政本质的逻辑起点。

学界关于课程思政的主要观点可分为两类：第一类是"思想政治教育观"，该观点认为，其一，课程思政是一种教育理念，即将思想政治教育融入课程教学和改革的各环节、各方面，不是仅仅增设几门课程、几项活动；其二，需要全体教师参与，而非仅仅是思政课程教师；其三，要对学生产生全方位而又"润物细无声"的影响，而非仅仅是帮助学生更好地理解某个专业知识点。第二类是"思想政治课程观"，该观点认为：其一，课程思政与思政课程同向同行，相互补充、互相促进；其二，课程思政的本质是课程，既要充分挖掘各类课程的思政元素，又要遵循课程建设与教学的基本规律。[4]本研究认为，以上两类观念对于理解课程思政的本质缺一不可：如果仅关注思政课程的教育观，则无法让课程思政落地；如果仅仅将课程思政理解成为一门具体课程，则将丧失对课程思政建设方向的把握，陷入牵强附会的境地，反倒降低课堂质量。

思想政治"教育观"和"课程观"都是课程思政的基本内涵，两者共同构成课程思政的基本内核即思政元素。尽管学界对思政元素还没有形成明确的定义，但是思政元素是课程思政的内核已成为共识。本研究认为，思政元素是蕴含思想政治"教育观"和"课程观"的基本单元，可定义为集中体现课程价值观引导，而又需要被植入知识传授与能力培养过程中的课程编制要素。教育部于2020年6月印发的《高等学校课程思政建设指导纲要》将课程思政建设定义为："专业课程是课程思政建设的基本载体。要深入梳理专业课教学内容，结合不同课程特点、思维方法和价值理念，深入挖掘课程思政元素，有机融入课程教学，达到润物无声的育人效果。"[5]该定义表明思政元素贯穿于课程思政建设的全过程：其一，思政元素蕴含于专业课程的教学内容中；其二，思政元素需要深入挖掘；其三，思政元素被挖掘后又需重新融入课程教学过程中。基于以上分析，本研究认为，课程思政编制主要由"提+炼"思政元素两个过程构成：一是"提"，即挖掘思政元素，让思政元素由隐藏到显现；二是"炼"，即融合思政元素，让思政元素按照课程建设的基本逻辑又重新回到课程中，与原来的课程成为一个有机体。

（三）从泰勒原理透视思政元素的本质内涵

泰勒原理为研究"提炼"思政元素提供了新视域。首先，"提"指明确思政元素蕴涵的目标。泰勒原理中的教育目标分析模式指出，课程目标来源于"对学生的研究""对当代社会生活的研究"以及"学科专家的建议"，提炼思政元素也可从这三个方面分析：其一，锚定学生的行为变化，发掘学生情感需求。泰勒认为，学生的现状与理想常模之间的差距就是教育的需求。为了通过课程使学生满足这种需求，需要将课程目标转换为学生行为的改变。泰勒对于行为的理解既包括外显的行为，也包括内隐的"思维"与"情感"。[6]《高等学校课程思政建设指导纲要》指出"五爱"（爱党、爱国、爱社会主义、爱人民、爱集体）是挖掘思政元素的主线，因此，了解学生"五爱"的基本程度并构想学生在学完这门课程后可能提升的程度成为教师在挖掘思政元素时必须思考的问题。其二，梳理社会关切，立意未来社会需要。习近平总书记强调，科学家和科技工作者要坚持"四个面向"，"坚持面向世界科技前沿、面向经济主战场、面向国家重大需求、面向人民生命健康"[7]。"四个面向"为教师梳理社会关切提供了宏大的框架。与此同时，还需立意未来的需要。泰勒原理受到美国当时盛行的实用主义影响，认为学校有必要把精力放在当代生活中最重要的方面。[8]教师挖掘思政元素的立意需超越泰勒原理的历史局限，在未来世界中寻找更大的空间。有学者指出，一流大学要培养引领未来的人。[9]其三，超越学科视野，关注通用价值。泰勒认为，过去学科专家对课程建设的建议过于专门化，往往把学生看作将来要在这个领域从事科研的人。泰勒原理所说的，听取专家的建议是指学科专家就这门学科对一般公民有何作用提供建议，重点是探讨专业课程的一般教育功能。[10]从这个思路出发，教师需要思考所教内容与政治认同、家国情怀、文化素养、宪法法治意识、道德修养等内容的联系。从这三个方面出发，教师将获得丰富的课程目标来源，下一步需对课程目标进行收敛。

泰勒提出的"筛子"是"教育哲学"与"学习理论"。其一，用"教育哲学"消除教育目标间的矛盾。从三个源头涌现出的教育目标往往会彼此矛盾、颗粒度不一致，泰勒提出通过教育哲学过滤教育目标，他所认为教育哲学就是办学宗旨。[11]我国高等院校基本的办学宗旨是贯彻立德树人根本任务，培养社会主义建设者和接班人，在这个基本宗旨下，每所大学、每个学院、每个专业都有自己具体的人才培养目标，因此，用办学宗旨层层过滤所提出的每一个目标就能避免思政元素提炼紊乱、扰乱课程目标的情况。其二，用"学习理论"让课程目标具体化。经过第一道"筛子"后课程目标可能大而化之，无法落地。因此，泰勒认为，要将"可能期望通过学习过程使学生产生的变化"与"不可能期望产生的变化"，以及长期目标与短期目标区别开来，教师在课堂上既引导学生去达到力所能及的具体目标，又讲明这些具体目标背后的行为表征。[12]如此则能避免提炼思政元素出现"两张皮"的现象。

其次,"炼"指将思政元素融入学习经验的选择与组织过程。泰勒原理第二个重要组成是选择和组织学习经验。泰勒认为,"学习经验"不等于教学内容、教学活动,而是指学生与学习环境的相互作用,具有以学生为中心的特点。这个出发点并未降低教师的作用,相反,将教师的作用上升到构建教学环境的新高度,从平面的讲授知识点,到立体的构建学习场景。用"学习经验"替代教学内容的理念有助于教师"炼"好思政元素,因为思政元素在课程思政中的存在形态并不是轮廓分明的知识点。课程思政中的"学习经验"包括两个:其一,由专业知识点所构成的明线,这是课程思政的主体;其二,由思政元素构成的暗线,这是课程思政的升华。为了让学生达成课程思政的教学目标,教师需要构建一种经验,在这种经验中学生既能掌握专业知识,也能实践思政元素所隐含的行为,并能够从这种实践中获得满足感。

最后,让思政元素在课程评价中体现。泰勒反对把评价看作考试的同义词,认为诸如问卷、观察、交谈、样品收集、记录分析等手段都可作为评价教育目标是否达成的证据。与此同时,他认为教育评价与课程目标不可割裂,传统的专业课程评价聚焦于学生对专业知识的掌握,这不利于教师检验课程思政的成效。因此,评价课程思政是基于课程思政目标构建,以及课程思政学习经验构建这两个步骤之上的。教师需要加强与学生的交流才有可能观察到学生在"暗线"上的成长。

综上所述,在泰勒原理下提炼课程思政元素分为三步:第一步,明确思政元素蕴含的目标;第二步,将思政元素融入学习经验的选择与组织过程;第三步,让思政元素在课程评价中充分体现。

二、人工智能专业思政元素的特点以及提炼所面临的问题

(一)人工智能专业思政元素的特点

人工智能专业中的思政元素除了帮助学生塑造正确的世界观、人生观、价值观之外,还具有自己的特点。本研究从人工智能专业思政元素所蕴含的目标、人工智能课程思政学习经验的选择与组织,以及人工智能思政元素评价三个方面进行分析。

首先,人工智能专业思政元素的目标需体现学科交叉与融合的特色。其一,我国人工智能专业天然具有融合特点。2017年国务院印发的《新一代

人工智能发展规划》，提出分三步走实现我国新一代人工智能发展，明确了"要形成'人工智能+X'复合专业培养新模式"。[13] 2018年教育部印发《高等学校人工智能创新行动计划》，提出重视人工智能与计算机、控制、数学等学科专业教育的交叉融合，探索"人工智能+X"的人才培养模式。[14]其二，人工智能专业的课程结构具有典型的交叉特点。有学者指出，人工智能学科发展的根本动力源于产业链应用升级，而人工智能产业链的基础层就由软件算法与硬件两个方面构成。[15]因此，人工智能专业的课程包括计算机与自动化两个方面的核心课程，两者的共同基础是数学与物理课程。有学者指出，当前我国人工智能专业的发展还处在"嵌入计算机学科"的发展阶段，即在计算机科学与技术学科建设的基础上加入了自动化、软件工程等传统工科专业的课程，交叉特点有待加强。[16]其三，人工智能专业课程的师资学科背景多元。以全美首个开办的人工智能本科专业的卡内基梅隆大学为例，其人工智能专业的教师队伍已超过百人，来自计算机学院、哲学系、物理系等20余个院系，人数排名前五的系所分别是机器人所（56人）、语言技术所（28人）、人机交互所（20人）、计算机系（17人）、机器学习系（14人）。[17]综上所述，由于思政元素的载体——人工智能专业极富交叉与融合特性，因此，与传统专业的思政元素相比，人工智能专业思政元素所蕴含的目标需体现推动学科交叉与融合的勇气。

其次，人工智能专业学习经验的选择与组织需充分体现工程教育文化中的系统观以及协同合作。人工智能专业文化是否植根于工程教育文化，学界尚无定论，但毋庸置疑的是某些工程教育文化在人工智能领域的表现十分突出。其一，强调系统观。钱学森认为，"系统观"是科学技术的最高概括和最普世规律。[18]《新一代人工智能发展规划》也指出，发展人工智能是一项事关全局的复杂系统工程。[19]大数据智能能够帮助人类发现某些隐形关联；类脑智能需要模拟复杂的神经网络结构，构建自主适应环境的混合增强智能系统更是系统观在人工智能领域的拓展。如果说从系统的角度去分析问题是优秀技术人员和管理人员的基本素养，那么通过系统观去理解、应用、创造人工智能技术则是选择人工智能专业课程思政学习经验的重要切入点。其二，突出协同合作。《新一代人工智能发展规划》指出，人工智能是引领未来的战略性技术，是经济发展的新引擎，是社会建设的新机遇，是影响面广的颠覆性技术。[20]这一系列描述背后蕴含的基本事实是：人工智能技术可以与社会生产的方方面面结合，而且也需要与之结合。如果说产教融合、校企合作、产学研一体化是传统工科人才培养的重要模式，那么这些模式对于培养人工智能人才将愈发重要，因为，人工智能人才如果仅仅在电脑前是无法感受到时代的脉动的，将无法理解行业转型升级的逻辑，无法助力新业态的形成与壮大，更无法把握及引领未来的发展方向。因此，构建人工智能专业课程思政学习经验要更加突出其系统性，其组织方式要更加强调协同合作。

最后，人工智能专业思政元素的评价需重视形成性与总结性。有学者认为，课程思政评价体系是提升课程思政建设质量的核心环节，其基本内涵包括课程思政建设的"组织管理""专业建设""课程教学""队伍建设""学生成长"。[21]人工智能专业对思政元素的评价除了体现对"五爱"增强思想认同和情感认同外，也要呼应人工智能思政元素目标所蕴含的融合交叉，以及鼓励协同合作的学习经验。这要求：其一，要重视对过程的形成性评价。教师在学习过程中考察学生对人工智能思政元素目标的认可程度，如重点发掘学生将推动学科交叉与融合等价值导向融入自己学习过程的证据；重点收集学生参加社会实践，调研人工智能企业，参加学科竞赛等情况。其二，要从学生的成果中总结判断思政元素的提炼效果。例如，从学生的学习成果中发掘学生运用系统观的能力，以及发挥协同合作精神的证据。

（二）提炼人工智能专业思政元素所面临的问题

人工智能专业课程思政建设较传统专业相比面临特有的问题：其一，新学院新专业缺乏相关经验。新学院往往在课程质量评价上缺乏管理经验，新专业在人才培养实践上往往缺乏先例可循。其二，教师缺少建设课程思政的意识。人工智能专业的教师多为年轻教师，多为海外留学归国人员，一方面缺乏教学经验，另一方面对党和国家的了解有待进一步深入。其三，缺少对人工智能新业态的理解。人工智能是行业急需人才，较少有企业人才重返高校任教的情况，高校教师一般也缺少工业界的经历，两个群体间的人工智能人才交流不够充分也是掣肘人工智能专业提炼思政元素的因素。借助泰勒原理分析，人工智能专业提炼思政元素面临的具体问题可从三个方面分析概括。

首先，对思政元素没有"提炼"。该问题的直接表现为思政内容以知识点的方式直接进入专业课程，例如，在某节数学基础课上，教师在关于命题基本概念的章节中将"毛泽东思想与实事求是精神"作为思政元素，在课堂上直接阐述两者间的联系。通过泰勒原理分析其不妥之处主要有以下三点。其一，没有考虑学生情感的变化。学生在听到一种伟大哲学思想与一个重要数学概念间的联系时可能更倾向于思考其中的逻辑联系，很难激发学生在感情层面的波澜。其二，缺乏对社会需求的思考。哲学固然能指导数学发展，但是这停留在抽象的学理层面，上述例子很难激发学生同理心，更难启迪学生思考当下的社会需求以及未来社会的发展样态。其三，讲述毛泽东思想与实事求是精神必然需要具备一定理论基础，贸然讲解不一定能给学生传达正确的思政知识，还可能冲淡既有的教学目标。类似的情况也包括在人工智能专业的基础课程或专业课程中寻找"红色故事"，发掘其中有影响力学者的红色事迹或红色话语等，这种对思政元素的误解在年轻教师的教学中比较常见。

其次，对思政元素"有提""无炼"。该问题的直接表现为，教师虽然在专业知识的基础上挖掘了潜在的思政元素，但是带有明显的植入色彩，缺乏整体感。例如，教师为了启迪人工智能专业学生服务国家需要、服务国防，讲了图灵发明图灵机模型帮助英国破解德军密码，加速了盟军夺取"二战"胜利的故事，冯·诺依曼开发"存储程序通用电子计算机方案"帮助美国研制原子弹等例子。这些例子虽然紧扣行业领军人物的贡献，却不能让学生获得有效的学习经验去践行服务国家需要、服务国防。学生听到这些故事后在情感层面更多是认为图灵、冯·诺依曼是个天才，激发对天才的崇拜感，而非爱国情操。如果教师能够阅读当时图灵发表的论文或是冯·诺依曼的方案，从中摘除某些与课程相关的工程问题让学生去解决，再辅之以历史背景，可能会取得更好的效果。

最后，对思政元素没有评价。这个问题在课程思政建设中十分普遍。思政元素作为暗线无法通过考试检验，但考试又是当前对学生普遍的评价方式，于是教师很难对课程思政的效果进行评价，也无法反思和改进思政课程。

三、人工智能专业提炼思政元素的逻辑与路径

人工智能专业提炼思政元素需要把握人工智能专业思政元素的特点，有效避免对思政元素不"提炼"，或者"有提""无炼"，忽视思政元素评价等问题。提炼思政元素的逻辑与路径十分多元，本研究主要从泰勒原理出发进行梳理。

首先，在人工智能专业思政元素目标定位上突出学科交叉与融合。其一，从发掘学生情感需求入手，把握"五爱"主线。据笔者观察，人工智

能专业低年级本科生对人工智能伦理十分感兴趣。如何让人工智能善良,有没有坏的人工智能,人工智能会不会奴役人类,这些看似朴素、专业性不强的问题背后都隐含了学生对人工智能的情感认知,在这种情感基础上稍加引导是不难将它们升发为家国情怀的。这是某些成熟学科所不具备的优势。其二,在激荡起家国情怀的基础上,展现党、国家、社会对人工智能技术的需求与期待。将学生引导至关注"国之大者"、百年未有之大变局、第四次工业革命、产业技术升级、新业态发展等方面就能帮助学生理解人工智能技术的融合性,随着学生对人工智能基础课程与专业课程的深入学习,传达工工融合、理工融合、工医融合、人工智能与政治融合的理念都会非常自然。其三,吸收各行各业领军人物对人工智能专业的智慧。各行各业的领军人物通常都会关注人工智能,还往往从自己的学科背景或者是行业发展趋势的角度出发对人工智能进行思考。当学生接触到他们的思想时就会很自然从学科交叉的角度进一步激发对人工智能专业的情感,随之寻找到个人、社会、国家之间的情感联系。

通过从以上三个目标源头能够探测出丰富的人工智能专业的思政元素储备,下一步还要用"筛子"对目标进行过滤。其一,用专业培养目标对思政元素的目标进行初筛。有学者提出,将不同层次高校的人工智能专业与不同层次的人工智能产业链需求进行对应的观点,例如,综合性高校面向人工智能产业的基础层,侧重软件、算法、硬件的开发;工科高校面向技术层,强调图像、视觉、语音、自然语言处理等工程技术人员的培养;地方高校面向产业链应用层培养人才,如智能教育、推荐系统、智能家居等。[22]这种划分不是绝对的,其科学性有待进一步研究,但它带来的启发是人工智能专业可根据自己的定位筛出契合自己培养目标的思政元素,从而进一步发挥思政元素的作用。与此同时,人工智能专业要用好马克思主义哲学原理的"筛子"作用,邀请马克思主义学院专家参与集体备课,进一步筛选思政元素的目标。其二,遵循好学生成长规律,让思政元素的目标具体化。每个年级的工科学生都会表现出一定认知与行为的特点。低年级学生的数学知识、计算机知识积累不足,但是会从价值与情感去理解人工智能技术,因此在低年级阶段的思政元素中强调解决工程复杂问题而忽视伦理、道德、感情的激发是事倍功半;而高年级学生已经具备一定的编程和动手能力,此时不去引导学生拓展学科视野、攻克技术难题而是将焦点集中在情感激发上也很难达到好的课程思政效果。因此,在提炼思政元素时,高校学工队伍也要充分参与,帮助教师发掘"可能期望通过学习过程使学生产生的变化",让思政元素的目标合理化、具体化。

其次，在人工智能专业课程思政学习经验的选择与组织上突出系统观以及协同合作。其一，为学生构建能够体验系统观的学习经验。钱学森提出系统是"由相互作用和相互依赖的若干组成部分结合成的具有特定功能的有机整体"[23]的经典定义。学生在人工智能领域建立系统观的前提，是获得能够看到一个人工智能完整场景的学习经验。由于高校更偏重于人工智能研究，这种完整的人工智能场景是无法在高校看到的。《新一代人工智能发展规划》指出，人工智能学科离不开理论新技术以及经济社会发展强烈需求的共同驱动，[24]因此，开放、复杂、快速变化的人工智能网络必然在很大程度上收敛于社会需求，这些需求在很大程度上能够在新兴企业所立足的场景上体现，通过这种场景学生可以看到企业在把握行业发展脉动、行业标准、制造工艺等过程中形成的人工智能系统观，人工智能专业在学习经验的选择上要充分利用好人工智能企业场景的育人作用。其二，让学生能直观体验协同合作。例如，在"高级程序设计"或者"机器人原理"等人工智能专业的核心课程上使用由企业提供的代码案例、行业脱敏数据、公开的机器人图纸等教学行为能让学生感受到与企业的协同合作，这本身也属于课程思政的范畴。近年来，高校人工智能专业与知名企业共建人工智能实验室已广泛开展。其三，加强竞赛的牵引。竞赛毋庸置疑是检验学生知识与能力的"试金石"，将竞赛作为学习经验的重要组成部分无形之中培养了学生的系统观以及团队精神。

最后，在人工智能课程思政元素的评价上紧扣目标，以评促建。由于思政元素隐于专业课程中，很难就思政元素的教学效果进行逐一评价。本研究认为，评价课程思政可以考虑采用间接评价的思路，评价的目的不是与教师及学生的奖惩挂钩，而是唤醒师生参与课程思政建设的意识。其一，从参加相关活动的角度进行评价。例如，评价教师课程思政建设的情况，可间接通过评价该教师参加课程思政建设培训情况、参加相关教研活动的情况、过党组织生活的情况等。这些活动也许不能在具体思政元素的提炼上发挥直接作用，但对于激发教师建设课程思政意识至关重要。其二，从探索教学方式变革的角度进行间接评价。教师如果不拘泥于知识的单声道传递，在课堂上增加沟通与互动教学形式都可以视为参与课程思政建设的相关证据；学生如果不过于关注分数，而主动去参加竞赛、科研、第二课堂活动也同样可以视为其在课程思政上取得进步的相关证据。课程评价者再对这些证据进行分析提炼，从而对课程思政建设情况进行评价。其三，重视思政案例积累。教师在

教学过程中通过总结形成的课程思政案例可视为课程思政建设成果。学生在学习过程中表现出的学习状态的改变经过教师的记录与梳理也可视为学生学习思政元素的效果。若授课教师能够提出这些证据，则可考虑在教师评价以及学生学习成绩上予以体现，进一步激发师生参与课程思政建设的热情。总之，不能因为思政元素很难被凝练成为知识点、很难变成考试题目、很难直接在教学过程中体现而忽略对思政元素的评价。

参考文献

[1] [2] 施良方. 泰勒的《课程与教学的基本原理》：兼述美国课程理论的兴起与发展 [J]. 华东师范大学学报（教育科学版），1992 (4)：1-24.

[3] 习近平谈全国高校思想政治工作要点 [EB/OL]. (2016-12-09) [2021-11-29]. http://news.cctv.com/2016/12/09/ARTIpLqQSZCLXX17PuX-FYw3J161209.shtml.

[4] 侯勇，钱锦. 课程思政研究的现状、评价与创新 [J]. 江苏大学学报（社会科学版），2021 (6)：66-76.

[5] 教育部关于印发《高等学校课程思政建设指导纲要》的通知（教高〔2020〕3号）[EB/OL]. (2021-06-01) [2021-11-29]. http://www.moe.gov.cn/srcsite/A08/s7056/202006/t20200603_462437.html.

[6] [8] [10] [11] [12] 泰勒. 课程与教学的基本原理 [M]. 施良方，译. 北京：人民教育出版社，1994.

[7] 习近平主持召开科学家座谈会并发表重要讲话 [N]. 中国社会科学报，2020-09-14 (A01).

[9] 高松. "F计划"：培育新工科领军人才 [EB/OL]. (2021-03-29) [2021-11-29]. https://m.gmw.cn/baijia/2021-03/29/34724809.html.

[13] [19] [20] [24] 国务院关于印发《新一代人工智能发展规划》的通知（国发〔2017〕35号）[EB/OL]. (2017-07-20) [2021-11-29]. http://www.gov.cn/zhengce/content/2017-07/20/content_5211996.htm.

[14] 教育部关于印发《高等学校人工智能创新行动计划》的通知（教技〔2018〕3号）[EB/OL]. (2018-04-03) [2021-11-29]. http://www.moe.gov.cn/srcsite/A16/s7062/201804/t20180410_332722.html.

[15] [22] 张海生. 我国高校人工智能人才培养：问题与策略 [J]. 高校教育管理，2020 (2)：37-43, 96.

［16］［17］林健，郑丽娜. 美国人工智能专业发展分析及对新兴工科专业建设的启示［J］. 高等工程教育研究，2020（4）：20－33.

［18］［23］王雪，何海燕，栗苹，等. 人工智能人才培养研究：回顾、比较与展望［J］. 高等工程教育研究，2020（1）：42－51.

［21］王岳喜. 论高校课程思政评价体系的构建［J］. 思想理论教育导刊，2020（10）：125－130.

高校附属医院党建工作促进医学研究生创新能力培养探索*

李辉雁　肖莉华　匡铭

摘要： 研究生教育是我国教育体系的重要组成部分和最高层次。在国家提出"建设创新型国家"背景下，医学研究生教育肩负着把医学研究生培养成高素质创新型医学人才的重要使命。高校作为坚持党的领导的坚强阵地，研究生党建工作应该与人才培养工作深度融合，发挥促进研究生科研创新能力培养的积极作用。本文在介绍中山大学附属第一医院调研的基础上，根据新形势下研究生思想政治教育的特点和规律，探索党建工作与学科育人深度融合、促进医学研究生科研创新能力提升的工作路径。以高质量党建引领卓越医学研究生教育，为党建工作促进高素质创新型医学人才的培养提供路径参考。

关键词： 研究生；创新能力；党建工作；思想政治教育

2020年7月，教育部、国家发展改革委、财政部发布的《关于加快新时代研究生教育改革发展的意见》指出，研究生教育是国家创新体系的重要组成部分。[1]新时代思想政治教育肩负着强化研究生思想引领、发挥研究生优秀党员榜样力量、引导研究生成为担当民族复兴大任的时代新人的重任。[2]面对疫情提出的新挑战、实施健康中国战略的新任务、世界医学发展的新要求，[3]提高医学研究生的创新能力，培养拔尖创新医学人才已经成为高等医学院校的迫切和重要使命。高校研究生承担了大量的科学研究工作，毫无疑问他们已成为我国实现创新型国家建设的重要支撑力量。培养和提升研究生创新能力对于我国实现科技创新和知识创新、提升国际竞争力有着极其重要的意义。高校研究生党建是高校党建工作的重要组成部分，必须始终围绕立德树人与学生成长成才，突出为创新型人才培养服务的责任和意识。[4]因此，如何充分发挥研究生党建工作在促进医学研究生科研创新能力

---

* 本文原载于《现代医院》2022年第8期。

基金项目：本文系广东省教育科学规划课题（教育综合改革专项）（2021JKZG121）、广州市卫生健康科技重大项目（2022A031005）、2021年度广东省教育科学规划课题（高等教育专项）（GXJK339）成果。

培养中的积极作用，已成为迫切需要探讨和研究的问题。近年来，中山大学附属第一医院（以下简称"中山一院"）研究生党建工作在推进医学研究生创新教育方面开展了大量实践探索，取得了积极的成效。笔者对此进行经验总结，以期为高素质创新型医学人才的培养提供参考。

一、研究生创新能力培养的现状与问题

（一）当前我国研究生科研创新意识和创新能力不足

近年来，尽管我国研究生创新能力培养得到前所未有的重视并取得了一定程度的进步，但距离国际一流创新人才的标准还存在较大差距。[5]这种差距集中体现在很多学生进入研究生阶段后，仍未转变被动获取知识的习惯，缺乏批判精神，既不敢大胆设想又不能小心求证，更多的是墨守成规，对他人的研究方法和成果简单移植重复，缺乏原创性思维。部分研究生道德意识淡薄，为达到毕业要求，甚至东拼西凑写论文，出现造假或抄袭现象。

（二）研究生创新能力中非智力因素的培养有所忽视

2022年初，笔者在研究生导师、辅导员和研究生群体中开展了"研究生党支部建设与研究生创新能力培养"的专项调查，针对"研究生创新能力的动力来源"的调查结果显示，研究生普遍认为创新平台搭建是最重要的因素。然而，多数研究生导师却认为"坚韧不拔的吃苦精神、团结协作精神、批判性精神"是影响研究生创新能力培养的最重要因素。这在一定程度上也反映出研究生普遍对创新核心驱动力缺乏深入的认识，过分强调外在因素，忽视内功的修炼。创新能力是一种包含智力与非智力因素的综合素质体现。研究生作为高知群体，他们的智商水平是毋庸置疑的。但当前我国研究生创新能力培养更多地专注于专业能力提升，对动机、信念、意志、协作精神等创新能力所依托的非智力因素有所忽视，导致"高分低能""不敢创新"，甚至违反学术道德规范等现象层出不穷。[6]因此，是时候将研究生创新能力培养关注的重点从智力因素转移到非智力因素了。

二、研究生思想政治教育对研究生创新能力培养的促进作用

思想政治教育有助于塑造健全人格，帮助解决个体对理想、信念、世界

观和价值观的认识问题。[7] 从"研究生思想政治教育对于促进研究生创新能力培养的作用"的调查结果看,研究生导师、辅导员和研究生群体中,75.25%的调查对象认为思想政治教育对研究生创新能力培养有促进作用,但也有少部分人认为没有促进作用。针对"研究生思政教育中最需要改进和加强的环节"的调查结果显示,影响权重从高到低依次为:教育理念占78.71%、教育方法占71.78%、教育体制占61.88%、教育内容占64.85%和教育工作者的素质占47.03%。这说明,研究生思想政治教育工作还存在诸多不足,特别是在理念、方法、措施和内容等方面亟须改进,使之更贴近研究生成长和社会发展的需要。

三、探索促进医学研究生创新能力培养的基层党建工作路径

在国家提出"加快建设创新型国家"的背景下,针对部分高校附属医院党建思政工作存在"重业务、轻党建"的突出问题[8],如何发展研究生党员、如何建设研究生党支部、如何开展研究生党员教育活动、如何通过党建渠道提高医学研究生创新能力,进而为实现拔尖创新医学人才的培养提供非智力因素支持,成为当前高等医学院校研究生党建工作的重点和难点,中山一院对此进行了如下探索。

(一)按学科专业的框架设立党支部,为研究生创新能力培养开辟空间

2021年,中山一院调整过去以年级或班级为单位设立学生党总支架构的传统形式,改为按学科专业的框架纵向设立研究生党支部。不仅能够促进同一专业里不同年级的硕士、博士研究生党员充分认识和了解彼此,有利于研究生党员之间彼此分享和交流不同的见闻、技能和学术成果,易于激发出创新的火花,培育出具有原始创新性的研究;而且更加重视以党建引领研究生培养,修炼研究生的"内功",通过制定支部党建工作标准,引导全院研究生党支部对标对表开展工作;举办研究生党建骨干培训班,教育研究生党员坚定理想信念,勇攀学术高峰;开展"研究生样板党支部""一支部一品牌"优秀案例评选活动,引导研究生党支部形成"创优学优""对标争先"的良好氛围。

（二）研究生支部与教工支部同向同行，整体联动共同培养创新型人才

医院坚持党管人才，坚持"用优秀的人培养更优秀的人"[9-10]。通过成立师德师风领导小组和工作小组，出台并坚决落实师德师风管理制度，建设了一支符合新时代要求、师德高尚、业务精湛、结构合理、充满活力的高素质专业化师资队伍。研究生导师队伍中涌现出"全国优秀共产党员""南丁格尔奖章获得者""中国好医生""中国好护士""全国抗击新冠肺炎疫情先进个人""全国卫生健康系统新冠肺炎疫情防控工作先进个人""抗击新冠肺炎疫情全国三八红旗手""广东省劳动模范""广东省五一劳动奖状"等一批先锋模范。实施"双带头人"工程，临床科室支部书记100%拥有高级职称，90%兼任科室负责人，培育出"蓝帽子""温暖ICU"等特色支部。同时，中山一院推动"三全育人"综合改革，遴选了73位"又红又专"的优秀临床研究生辅导员组成了辅导员队伍，选派优秀临床研究生辅导员担任研究生党支部书记；设立了精准医学研究院党支部，加强对海外引进人才的政治引领和吸纳，让更多"最强大脑"加入到党组织中来，推进"走进研究生课题、走进研究生学习、走进研究生心灵"行动内涵建设工程。除此之外，面向国家战略需求和医药卫生领域重大科学问题，中山一院凝练出心脑血管与代谢病、肿瘤、肠道微生态与感染和免疫、医疗大数据与人工智能、器官移植与再生医学五大学科方向。研究生支部与教职工支部在以上五大重点攻关的学科方向上优化组合大团队、构建大平台、攻关大项目，引导研究生党员将心怀"国之大者"的使命担当转化为参与国家重大战略中"卡脖子"和"临门一脚"等关键核心技术攻关的实际行动。[11]

（三）改进"三会一课"制度，激发组织创新动能

中山一院切实转变教育理念，力图从根本上改变"三会一课"的表面化、知识化和形式化倾向，[12]将启发创新的理念贯穿到"三会一课"各个环节。一方面，整合"三会"学习内容和丰富会议形式。结合当前具体学科发展的新成果，积极拓展"三会"理论结合实际并指导实际的现实意义，以举办专题讲座、知识竞赛、时事报道评论等多样化形式，诱发学生的创新动机。另一方面，创新党课教学方法和手段。在注重课程教学理论性的同时，采用案例式、启发式、问题导向式等创新性教学方法，或依据"学生讲述—学生评议—教师点评"三个环节对研究生的创新能力进行最直接的

训练和提高。

(四)完善党员教育体系,强化研究生党员创新榜样作用

研究生党员是研究生中的精英,应该具有更强的创新意识和创新能力。首先,入口关本着宁缺毋滥的原则,从源头上切实保证研究生党员发展质量。每学年研究生党支部都面向新生开展"走好研途第一步"专题教育、新生入党启蒙教育、红色故事演讲比赛等系列主题教育活动,不仅促进新生快速适应新环境,提升综合素质和能力,而且从中吸收发展优秀新生党员。其次,通过完善研究生党员述职测评、学术规范与临床科研讲座、研究生学术节等专题活动,加大对研究生党员的教育与监督,同时设立专项资金,支持优秀研究生党员参加高质量的国际学术交流活动与各类研究生创新实践竞赛,进而加强研究生党员学业的评价与考核。最后,通过开展"研究生党员创新标兵""优秀毕业生"等评选工作,以先进典型激励广大的研究生,激发研究生创新的内在动力。同时以党支部为单位积极开展重温入党誓词、发出廉洁倡议书等毕业生纪律教育专项工作,引导毕业生党员扣好廉洁从业"第一粒扣子"。综上所述,通过从入口、培养和出口三个环节让研究生党员有更充分的发展空间,以切实发挥其先锋模范作用。

(五)以价值引领为支点,坚持文化育人

一方面,加强人文素质类教育。科学是无国界的,但是国家培养的人才是有国籍的,科学成果也是属于国家的。在"两个大局"交织的背景下,更需要扎根中国大地培养党和国家需要的人才。研究生党建重视发挥课程思政作用,加强医学伦理、科研诚信等职业素养教育,注重培养研究生的大局意识,弘扬"医病医身医心,救人救国救世"的医训精神和科学家精神,教育引导研究生党员心怀"国之大者",以求真务实的科研作风,锐意开拓创新。[13]另一方面,加强就业指导。从"研究生党支部提高研究生创新能力培养应采取的有效措施"的实证调查结果看,认为"加强研究生职业生涯规划教育"对研究生创新能力的培养有重要促进作用的师生占比最高,达75.74%。因此,研究生党支部结合本专业研究生的特点,通过开设专门的职业生涯规划讲座和沙龙、模拟面试、个性诊所等多种形式加大就业指导力度,帮助研究生科学合理规划自己的职业生涯和人生发展,从而使其创新目标和方向更明确。

（六）积极搭建创新平台，推进党建与业务工作"双融""双促"

针对目前研究生思想政治教育工作方法生硬死板、与研究生的特点和需求不相适应的现实，研究生党支部坚决摒弃党建与业务"两张皮"的做法，积极探索符合可接受原则和发展性原则的途径，推进党建与业务工作"双融""双促"，真正做到"润物细无声"。以导师组为中心的课题组组会是研究生了解自身相关课题新进展的重要途径，也是目前大多数导师培养研究生的主要手段之一。[14-15] 为扩展研究生的科研思维，积极为研究生搭建创新平台，本着"服务小众、学科交叉、交流交融"的原则，研究生党支部通过联合开展支部主题党日活动，使院内不同专业、不同学院相关专业联合开展课题研讨，形成了"结对共建—科研攻关—人才共育"的党建工作模式。"他山之石可以攻玉"，这种跨学科的学术交流大大丰富了党建活动内容，营造出浓厚的创新氛围，非常有利于激发研究生的创新思维，推动研究生开展原创性、前沿性、跨学科研究。[16-17] 尤其临床课题和基础课题的碰撞，是将"为科研而科研"的研究生培养模式转变成"为解决临床实际问题而科研"的重要方式。

四、成效

中山一院以高质量党建引领医院高质量发展，推动国家医学中心建设。2021年，中山一院被评为"全省公立医院党建工作示范点"，并获批第三批全国党建工作标杆院系。医院的24个党支部通过中山大学首批样板党支部创建验收，3个党支部入选2021—2022年度"对标争先"项目培育创建名单；"有温度的ICU"获全省高校基层党组织党建工作创新案例一等奖。医院党委获评中山大学2020年度"最佳党日活动"优秀组织奖，其中有4个党支部获奖。研究生党支部注重整合学科资源、将党日教育活动潜移默化地渗透到学术交流中，促使研究生的科研能力和创新意识不断提升。2020—2022年，研究生累计发表高水平论文1000余篇，获发明专利近百项，获批科研课题300余项，以上创新成果中研究生党员占比均超过70%。关于"2020—2022年医院的研究生教育质量满意度调查"结果也显示，研究生党员专业自豪感和社会责任感明显提升，职业生涯规划更加明晰，助力学科建设呈高发展态势。

五、结论

习近平总书记指出,办好我国高等教育,必须坚持党的领导,牢牢掌握党对高校工作的领导权,使高校成为坚持党领导的坚强阵地。[18] 为更好地夯实研究生党建工作、促进医学研究生创新能力培养的作用,高校附属医院研究生党支部建设工作必须树立起整体和谐发展、个性特色多样、符合创新精神的全面质量观,加强调查研究,准确把握新形势下研究生思想政治教育的规律和特点,深入探索党建工作与学科育人深度融合的工作方式和途径。特别是在学术研究方面,党的组织活动与专业学习紧密挂钩,根据专业特色开展针对性强的学术科研活动,打破学科专业壁垒,创新交叉融合机制,打造"科研型"和"学习型"研究生党支部,不断提高研究生党员的创新能力和实践能力,力求以高质量党建引领卓越医学研究生教育,培养出具有家国情怀的高层次、高素质创新型人才,助力实现健康中国梦。

参考文献

[1] 教育部,国家发展改革委,财政部. 关于加快新时代研究生教育改革发展的意见[EB/OL]. (2020-09-2) [2020-09-21]. http://www.moe.gov.cn/srcsite/A22/s7065/202009/t20200921_489271.html.

[2] 田向勇,冯兵. 实践活动推进习近平新时代中国特色社会主义思想"入脑入心"研究[J]. 思想政治课研究,2022(1):80-88.

[3] 田梗,张璐萍,张乃丽,等. 强化科研素养加国际视野培育 提升研究生培养质量[J]. 滨州医学院学报,2021(5):373-376.

[4] 华博,沈立峰,赵竹村. 高校研究生党建质量创优刍议[J]. 学校党建与思想教育,2021(20):50-52.

[5] 刘春霄,王红艳,李家仪,等. 医学院校研究生创新能力培养探索[J]. 卫生职业教育,2020(9):1-3.

[6] 康红蕾,罗国华. 研究生思想政治课教学体系构建:基于创新能力培养的思考[J]. 福建医科大学学报(社会科学版),2019(1):10-13.

[7] 张晗. 探究思想政治教育对大学生创新人格培养的促进作用[J]. 山西青年,2019(4):192.

[8] 黄泽娟,杨坤,陈小寒,等. 新时代医学院校研究生党支部活力提升"3+2+1"模式研究[J]. 文化创新比较研究,2020(1):5-6.

[9] 习近平. 构建起强大的公共卫生体系 为维护人民健康提供有力保障 [J]. 求知, 2020 (10): 4-7.

[10] 雷笑瑜, 刘德瑾, 褚振海, 等. 提升党管高层次卫生人才引育水平的思考 [J]. 现代医院, 2022 (5): 696-697.

[11] 任少波. 以高质量党建引领卓越研究生教育, 奋力培育心怀"国之大者"的时代新人 [J]. 中国研究生, 2022 (4): 13-16.

[12] 黄嫦婧, 张柯, 陈士奇, 等. 高校附属医院研究生党支部建设的调研与思考 [J]. 现代医院, 2021 (9): 1351-1353.

[13] 宋晓东. 新形势下加强高校研究生党支部建设的对策研究 [J]. 学位与研究生教育, 2017 (11): 39-42.

[14] 李晓庆. 导师参与研究生党建工作的有效机制研究 [J]. 党政论坛, 2017 (12): 30-33.

[15] 李辉雁, 王禹诺, 陈崴, 等. 基于卓越医生的研究生培养策略探讨: 以中山一院肾内科专业学位研究生培养为例 [J]. 医学教育研究与实践, 2022 (3): 303-306.

[16] 叶韧, 李一峰, 赵嘉芸. 临床医学专业学位硕士研究生培养过程满意度的调查研究 [J]. 南京医科大学学报 (社会科学版), 2019 (4): 341-344.

[17] 李转转, 吴小健, 吴珍, 等. "双一流"背景下学科交叉研究生培养模式构建的研究 [J]. 医学教育研究与实践, 2022 (1): 40-43.

[18] 习近平. 习近平总书记在全国高校思想政治工作会议上的重要讲话 [N]. 人民日报, 2016-12-09 (01).

加强医学研究生思想政治教育的方法探索
——将思政教育与专科特色结合的"四好强思政"方法[*]

陈海天　罗艳敏　王子莲

摘要：加强医学研究生的思想政治教育，一直是教学医院的思政建设重点工作。教学医院的研究生思政教育必须与教学医院专科特色充分结合。妇产科通过串联、融合、延伸等方式，将研究生思政教育与专科教育细致融合，探索出以"四好强思政"的专科特色思政教育工作新路径和有专科特色的研究生思政教育方法。

关键词：研究生；思想政治教育；专科

加强研究生的思想政治教育，特别是医学研究生的思想政治教育，一直是教学医院的思政建设重点工作。教学医院的研究生思政教育，必须与教学医院专科特色充分结合。从发展的时间纵轴审视，医学研究生的思想政治教育需要长远规划和指引；从活动开展的横轴看，思政教育需要规范和框定。在教学医院，只有坚持研究生思政教育与专科教育细致融合，建立有专科特色的研究生思政教育体系，才能有效引导研究生、管理研究生、凝聚研究生，保证党对研究生的领导有落实之处。

建立有专科特色的医学研究生思政教育体系，既是研究生思政教育的重点、难点，也是创新点。中山大学附属第一医院（以下简称"中山一院"）妇产科通过串联、融合、延伸等方式，探索出了一条以"四好强思政"（好班子、好榜样、好服务、好传承）为引领的专科特色思政教育工作新路径，建立教学医院专科思政教育新格局，激发研究生新活力。

一、"四好强思政"的背景

为深入贯彻落实习近平新时代中国特色社会主义思想和党的十九大精

---

[*] 本文在 2021 年广东高校思想政治工作优秀论文征集活动中获评二等奖。

神,深刻学习关于加强和改进新形势下高校思想政治工作的意见,领会广东省教育大会、广东省高校思想政治工作会议、学校思想政治理论课教师座谈会精神,结合"不忘初心、牢记使命"主题教育,按照新时代党的建设总要求,高校肩负着人才培养、科学研究、社会服务、文化传承创新、国际交流合作的重要使命。中山一院妇产科尝试以"四好强思政"作为专科研究生思政教育的出发点和着力点,让研究生思政工作真正融入专科工作的各方面各环节,使专科研究生培养焕发出崭新的动力。

二、"四好强思政"的做法

通过专科思政引领,切实建强专科队伍,树立优秀典型,提升服务水平,加强医学传承,推动研究生树立正确的世界观、人生观、价值观。

(一)壮大"领头雁":以"好班子"领跑专科思政教育

以"好班子"领跑专科思政教育,就是要充分发挥专科党支部战斗堡垒作用,强化专科党支部政治属性,着力配强好班长、建设好班子,努力打造一支敢担当有作为、过得硬打胜仗的专科年轻研究生队伍。

一是打造"明星支部书记"。推举优秀的党支部书记,履行好宣传学生、服务学生的职责,激发大家干事创业的热情。党支部书记不仅要医疗、教学、科研等业务水平过强,还要负起思政第一责任人的重任,把思政教育作为整体工作的重要组成部分,统筹安排,定期研究,争取当好"领头雁"。二是储备数名优秀研究生干部。坚持高标准选拔,建立优秀研究生人才库,注重从优秀研究生特别是研究生党员中择优选拔。这些研究生要以优秀共产党员的标准要求自己,切实履行党章规定的各项职责,在推动发展、服务群众、维护稳定等方面努力创造业绩,一起为专科建设发展添砖加瓦。三是发挥广大研究生的力量。注重发挥广大研究生的作用,激发他们的干事热情。强化主题培训,同步纳入培训工作规划,争取将更多的研究生发展为党员,扩大党员队伍。

(二)树立"典型人物":以"好榜样"指引研究生前进

以"好榜样"加强思政教育。一个好榜样,可以感召一群人、带动一群人、凝聚一群人,指引研究生在正确的道路上前进。

一是"标杆式"人物典型。中山一院妇产科除了有黄大年式教师队伍

成员的先进典型外,还有"组团式"帮扶和加强县级公立医院建设的优秀党员,更有奔赴武汉共同抗疫的优秀医护人员。这些典型人物诠释了什么叫作"心中有党、心中有民、心中有责",给广大研究生树立了学习的榜样和前进的方向。二是身边的榜样力量。充分发扬身边的榜样力量,在专科医护人员中挖掘和选树一批可亲、可敬、可看、可学的先进典型特别是老党员同志,以党员标兵模范引领广大研究生,号召广大研究生学习他们恪尽职守、救死扶伤的担当精神,培养和锻炼自己始终坚持实践实干实效,锐意进取、攻坚克难的品质。

(三)解决"看病难":以"好服务"提升专科形象

以"好服务"加强思政教育,就是要大力加强医学研究生的服务意识,多措并举,以思政创新引领专科形象提升。党的十八大以来,以习近平同志为核心的党中央高度重视医疗卫生事业的发展,始终紧抓人民最直接最现实的利益关切,把医疗卫生事业视为提高保障和改善民生的重要工作。[1]2014年12月,习近平总书记在江苏调研时,首次提出全民健康与全面小康的重要论述,并在2016年8月的全国卫生与健康大会上进一步强调了这一重要论述:"没有全民健康,就没有全面小康。"[2]党的十九大报告明确提出要"实施健康中国战略"。[3]具有中国特色的、优质高效的医疗卫生服务体系,事关人民群众的获得感、幸福感、安全感,是人民日益增长的美好生活需要的重要组成。因此,解决老百姓"看病难"的问题,提高专科服务质量,对加强研究生思政教育尤为重要。

一是因地制宜重服务,解决生育高峰难题。立足国情,因地制宜。二胎、三胎政策开放以后,各地迎来了新的生育高峰,而且各种高危妊娠也相应增多,无论是高龄产妇带来的糖尿病、高血压等合并症的增加,还是辅助生育技术带来的双胎、早产等并发症的增多,都对妇产科的医护人员带来了更多的挑战和要求。作为妇产科的研究生,必须从加强自身业务水平、增强服务意识、改变"医生为主体"的陈旧观念、改善病患的就诊体验等方面出发,提升专科形象。二是搭建平台强根基,参与打造"最美妇产科"团队。除了充分利用医院和互联网平台,参与专科举办的各种学习班和培训班,还可以利用多媒体拍摄相关的微电影和小视频进行多渠道报道和宣传,使妇产科的集体形象深入人民心,将中山一院打造成为在妇产科同行心中和广大老百姓眼里的"最美妇产科"团队。

（四）做好"传帮带"：以"好传承"加快研究生成长

"好传承"加强思政教育，就是通过老党员、老医护人员开展讲课和培训，发挥青年教师的创新热情，把专科研究生打造成思想政治水平过关、业务能力过硬的队伍。

一是重党性，提高思想政治水平。按照"三会一课"以及"不忘初心、牢记使命"等主题教育要求，对年轻研究生开展普遍教育。以坚定理想信念、强化政治意识、树立清风正气、勇于担当作为重要标准，推动研究生自觉对标检视。通过年长带年轻，提高思想政治水平，凝聚社会共识。

二是重师资，培养教学骨干。为了提高研究生师资团队的整体教学水平，中山一院妇产科采取了下述三条措施：第一，提高青年教师理论素养和临床技能，定期邀请各级名师进行理论知识和临床技能授课。第二，创造机会提高青年教师的教学技能，选送优秀青年教师外出学习和培训，组织并鼓励青年教师参与各种授课大赛和临床技能大赛，选派青年教师参加"欧洲医学教育联盟"临床师资培训班，等等。第三，激发青年教师的教学创造热情。鼓励和指导青年教师积极参加各种教改基金申请。为有执教热情的教师搭建交流和共同进步的平台，并形成"老—中—青"三代有机结合的妇产科师资团队，正是这一优秀的师资团队，保障了研究生教育的顺利开展，将国际上最先进、最优秀的教学方法融入临床医学人才培养体系中，凝聚了教学精英力量，获得多项省级和国家级相关教学项目，如精品视频公开课、教学创新基地等。在近10年举办的临床技能大赛中，妇产科多次取得特等奖和一等奖的佳绩，多名教官获得"优秀教官"称号。与此同时，研究生对教师理论课程和临床技能课程的反响热烈。

三是重培训，加强医疗业务能力。发挥好"基础妇产科学院"的平台作用，参考英国住院医师的培训体系及美国医学教育评监委员会（ACGME）的考核体系[4]，整合妇产科优秀的临床教学资源，采取螺旋式进阶教学课程设置，将理论与实践相结合，为研究生打造最合适的培训体系。该课程由理论课和操作课组成，由经验丰富的教授授课，在办学中坚持"'三基三严'[5]、教学相长、继承发扬"的教学宗旨：严把质量，为培养"三基"牢靠的妇产科未来医生搭建成长平台，着力培养全面性、专业性、应用性的医学人才和有临床胜任力的妇产科研究生。在课程的设置上，为培养有临床胜任力的研究生医师，进行了课程体系的重大改革，秉承三大原则：第一，"三基三严"并举，理论联系实际；第二，通识、特色结合，突出诊疗强项;第三,线上、线下互动,扩大学科影响。经过重大改革后的理论课程主要包括妊娠监测、分娩、产科并发症等10个专题;技能操作模拟课程包括妇检、产检、顺产接生等11个操作项目,以及肩难产演练、产后出血演练、子痫抢救演练3个模拟演练。

四是重创新,加快研究生成长。首先是建设理念创新。以"临床胜任力"[6]为导向,着力培养研究生的职业素养与人文精神、沟通合作能力、专业知识、临床实践能力、外语能力及教学和科研能力。其次是模式创新。进行信息化、数字化教学改革,结合妇产科特色的临床技能操作教学特长,拍摄、制作精美教学视频,同时着手编写相关教材,实施规范化、标准化临床技能教学,申请在人民卫生出版社出版系列教材。最后是成果创新。一方面鼓励教师参加以及申报校级、省级、国家级相关教学项目,如精品视频公开课、教学创新基地等项目。另一方面鼓励教学相长,教师指导研究生进行科研,积极将科研成果转化为教学素材,继而发表相关论文。研究生在创新的理念和环境中得到更多的学习和动手机会,从而实现迅速成长。

三、"四好强思政"的成效

中山一院妇产科通过"四好强思政"建设,把专科特色与研究生思政教育进行有机结合,既包含了一般意义上专科党建工作的重点,又进一步突出了思政教育的大局理念,给专科研究生教育注入了新的血液,开拓了围绕专科特色开展医学研究生思政教育的新空间。妇产科培养的研究生毕业后得到了用人单位的广泛好评,认为本单位妇产科毕业生"根正苗红",思想政治素质高、基础知识扎实、实践能力较强,并很快成为科室的业务骨干和精英力量。

(一)"好班子"强思政,打造了队伍

通过专科队伍建设,打造出了一支"干事有思路、管理有规矩、服务有真心、群众有口碑"的研究生队伍。中山一院妇产科支部连续2年被评为院级"优秀党支部"。

(二)"好榜样"强思政,指引了方向

通过树立各种典型,使研究生在学习、生活、工作等方面都有了榜样,以榜样为标杆找差距、知不足,以榜样为鞭策强决心、聚动力,以榜样为参

照明方向、循路径。

（三）"好服务"强思政，强化了初心

中国共产党员的初心是"为中国人民谋幸福，为中华民族谋复兴"[7]。中山一院妇产科服务于广大孕产妇，改善各种措施为孕产妇谋幸福，为迫在眉睫的人口结构的改变需求添助力。研究生在其中也起了重要作用。

（四）"好传承"强思政，实现了"两个引领"

医疗工作的特征决定了教学医院是知识分子汇聚一堂、业务骨干不断涌现的地方。党支部定期开展党课学习，并重视业务培训，做好研究生的党性引领和业务引领，力抓"两个引领"都要硬。例如，基础妇产科学院的课程，已经先后培养了4批结业学员，为医院和社会提供了一批思想政治水平过关、业务能力过硬的年轻医护，得到了广泛的认可。这些优秀的研究生，在参与各种级别的比赛（无论是医学人文，还是技能大赛）中也充分展现了中山一院妇产科的风采，获得了各种荣誉，这与加强思政教育密切相关。

四、"四好强思政"的启示

（一）抓专科研究生思政教育工作，必须坚持以上率下

把研究生思政教育列入支部书记工作考核、述职评议的重要内容中，要求"一把手"履行好加强思政教育的职责，推动研究生思政教育的落实。

（二）抓专科研究生思政教育工作，必须坚持榜样引领

在专科中发掘榜样，激发研究生学习榜样、汲取力量的热情，以更加强烈的使命担当，把个人的奋斗融入国家富强、民族振兴的历史进程，为实现中华民族伟大复兴贡献智慧和力量。

（三）抓专科研究生思政教育工作，必须坚持服务中心

只有紧紧抓住思政教育工作和业务工作的结合点，服务群众，方便老百姓看病，有的放矢，才能发挥先进作用、体现模范价值，才能使研究生教育改革创新工作的效果得到逐步显现；只有群众满意、群众的获得感提高，确保民情有人解、遇事有人帮，思政教育工作才是真正落到了实处。

(四) 抓专科研究生思政教育工作，必须坚持传帮带教

教学医院的研究生教育具有业务性较强的特点，因此，思政和业务需相互结合，一起学习。医生的专业性又要求其不断接受培训，且注重传承。因此，定期开展党课学习，同时重视业务培训，做好"两个引领"，是专科研究生思政工作的另一特色。

参考文献

［1］马鹏涛. 习近平关于人民健康重要论述的思想内涵及时代价值［J］. 江西理工大学学报，2021（5）：12－18.

［2］习近平谈治国理政：第二卷［M］. 北京：外文出版社，2017：370－373.

［3］习近平. 决胜全面建成小康社会　夺取新时代中国特色社会主义伟大胜利：在中国共产党第十九次全国代表大会上的报告［N］. 人民日报，2017－10－28（01）.

［4］Accreditation Council for Graduate Medical Education. ACGME competencies: suggested best methods for evaluation［EB/OL］.（2009－10－17）［2014－05－16］. http://med.ubc.Ca/files/2012/02/ACGME competencies2.pdf.

［5］赵玉沛. 从"三基""三严"谈青年外科医生的培养［J］. 中华肝胆外科杂志，2003（9）：47－48.

［6］中国住院医师培训精英教学医院联盟. 中国住院医师培训精英教学医院联盟住院医师核心胜任力框架共识［J］. 协和医学杂志，2022，13（1）：17－23.

［7］习近平：中国共产党人的初心和使命，就是为中国人民谋幸福为中华民族谋复兴［J］. 中国党政干部论坛，2017（11）：1.

以党的二十大精神推进高层次人才培养工作

——基于广东高校新疆少数民族读研深造学生视角*

亚森·不沙克　张剑

摘要：党的二十大报告指出，教育、科技、人才是全面建设社会主义现代化国家的基础性、战略性支撑，必须坚持科技是第一生产力、人才是第一资源、创新是第一动力，深入实施科教兴国战略、人才强国战略、创新驱动发展战略，开辟发展新领域新赛道，不断塑造发展新动能新优势。其中，大力推进少数民族人才培养是国家民族政策的重要组成部分，也是提升国民整体素质的必要措施和重要基础。民族地区经济社会要实现快速、持续发展，必须在高层次人才培养上下功夫。内地高校少数民族学生是民族地区干部队伍的重要来源，是促进民族团结、促进共同繁荣发展、铸牢中华民族共同体意识、奋力实现中华民族伟大复兴的重要力量，加强少数民族高层次人才培养工作更是意义深远。本文采取问卷调查和数据统计等方式对广东省15所高校的新疆少数民族学生读研深造意愿、读研深造率、读研深造校际等维度差异进行研究，旨在为少数民族学生高层次人才培养工作提出对策建议。

关键词：二十大精神；高层次人才；读研深造；少数民族学生

一、引言

2020年7月29日，全国研究生教育会议在北京召开，这是新中国成立以来首次召开的全国研究生教育会议。习近平总书记站在中国特色社会主义进入新时代、迈向建设社会主义现代化强国新征程、实现中华民族伟大复兴的战略高度，对研究生教育工作作出重要指示，强调要适应党和国家事业发展需要，培养造就大批德才兼备的高层次人才。[1]在2021年9月27日专门

---

* 基金项目：本文系2022年度广东省高校党建研究课题立项"高校少数民族高层次人才培养路径研究——基于广东高校少数民族学生研究生招考的实证研究"（课题编号：2022BK099）成果。
本文2022年广东高校思想政治工作优秀论文征集活动中获评二等奖。

召开的中央人才工作会议上,习近平总书记发表了重要讲话,强调要坚持党管人才,坚持面向世界科技前沿、面向经济主战场、面向国家重大需求、面向人民生命健康,深入实施新时代人才强国战略,全方位培养、引进、用好人才,加快建设世界重要人才中心和创新高地,为2035年基本实现社会主义现代化提供人才支撑,为2050年全面建成社会主义现代化强国打好人才基础。[2]教育部等三部委印发《关于深入推进世界一流大学和一流学科建设的若干意见》中提出,要加快培养急需高层次人才,大力培养引进一大批具有国际水平的战略科学家、一流科技领军人才、青年科技人才和创新团队。人才强国的目标,更加突出"双一流"建设培养一流人才、服务国家战略需求、争创世界一流的导向,深化体制机制改革,统筹推进、分类建设一流大学和一流学科,在关键核心领域加快培养战略科技人才、一流科技领军人才和创新团队,为全面建成社会主义现代化强国提供有力支撑[3]。在党的二十大报告中,习近平总书记一再强调:"人才是实现民族振兴、赢得国际竞争主动的战略资源。""深入实施人才强国战略,坚持尊重劳动、尊重知识、尊重人才、尊重创造,完善人才战略布局,加快建设世界重要人才中心和创新高地,着力形成人才国际竞争的比较优势,把各方面优秀人才集聚到党和人民的事业中来。"[4]这些精辟阐述和科学论断为人才培养工作指明了前进道路,我们要全面贯彻落实习近平总书记的重要指示,重点抓好人才培养工作。

少数民族大学生是我国高校学生的重要组成部分,党和国家高度重视少数民族教育工作,一直致力于减小因地区经济发展不平衡产生的教育水平差距问题。积极发挥发达地区教育资源和条件优势,帮扶和支援少数民族地区的教育发展,是缩短教育差距的重要途径。改革开放以来,在有关少数民族人才培养工作的支持和帮扶方面已经有了许多积极的探索,包括大量的硬件支持、资金投入、政策帮扶、人才培养项目等,各类举措都取得了积极的成效。自1989年以来,国家先后通过"协作计划""内高班""少数民族骨干人才计划"等各种教育政策和计划的推行,建立了相对完整的帮扶支援体系,实现了从"招进来"到"培养好"的顺利过渡。[5]研究生培养工作是国家培养高层次人才的关键环节,高校少数民族学生中的高层次人才是全国高校高层次人才的重要组成部分,当前的教育事业十分强调培养少数民族高层次人才培养工作的重要性。2002年,《国务院关于深化改革加快发展民族教育的决定》明确提出:"实施培养少数民族高层次骨干人才计划,从2003年开始,选择若干所重点高等学校面向少数民族和西部地区,采取特殊措施

培养少数民族博士、硕士人才。"[6]为加快边疆地区高素质人才的培养，教育部等5部门出台了《关于大力培养少数民族高层次骨干人才的实施方案》（教民〔2005〕11号）；自2006年首届招生以来，已为民族地区培养了3.7万余名少数民族高层次骨干人才计划（以下简称"少数民族骨干计划"）研究生，为民族地区经济社会发展提供了强有力的人才支撑和智力支撑。[7]可见，党中央高度重视少数民族人才培养工作，因为其能够大力提升少数民族和民族地区竞争力与综合实力，是民族地区实施人才强国战略的重要基础和前提，也是我国实施人才强国战略的重要组成部分。

广东高校具有丰富的办学资源优势，能够更好地服务国家发展大局，贯彻落实中央民族工作精神，积极为民族地区教育发展事业提供智力支持，大力培养了一大批少数民族高层次人才。有数据表明，目前广东各高校有3000多名来自新疆各地的少数民族学生。①抓好少数民族学生培养工作，引导其读研深造，努力成长为高层次人才，积极鼓励学生毕业后返疆干事创业，为民族地区干部队伍输送优秀人才，这是实现民族地区各项事业全面发展的重要举措。基于此背景，本文以广东高校新疆少数民族学生为研究对象，对2021年报名研究生考试的96名在校生进行问卷调查并结合广东15所高校的统计数据，研究该群体读研深造的意愿、读研深造率、读研深造中面临的问题等，以期为少数民族学生高层次人才培养工作提出对策建议。

二、广东高校新疆少数民族学生读研深造现状

本研究所选择广东高校是指广东省内具有大学本科培养资格的高等院校；本研究以我国公民户籍登记为新疆籍学生为研究对象；读研深造（考研）主要是指应届本科毕业生参加全国硕士研究生录取资格考试（包括少数民族保送研究生）。

（一）广东高校新疆少数民族学生考研报考率与成功率分析

本研究中的考研报考率是指应届本科毕业生中报名参加考研人数占应届本科毕业生人数比率；考研成功率是指考上研究生人数占应届本科毕业生报考人数的比率。本文对2021年5月广东15所高校在校新疆少数民族学生进行了统计，15所高校中，综合性大学7所，医科类大学4所，师范类大学1

---

① 资料来源：本文数据均由作者于2021年3月-5月期间前往广东各高校实地调查获得。

所，外语类大学 1 所，财经类大学 1 所，理工类大学 1 所，15 所高校的名字做了匿名处理，均以英文字母代替。具体情况见图 1 和图 2。①

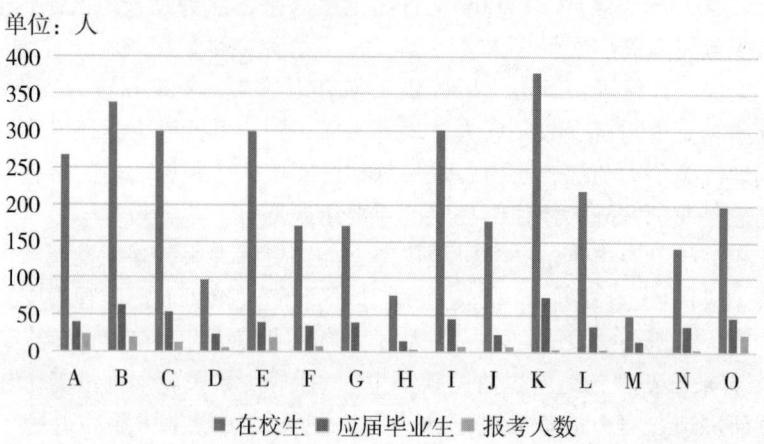

图 1　2021 年广东 15 所高校新疆少数民族学生情况

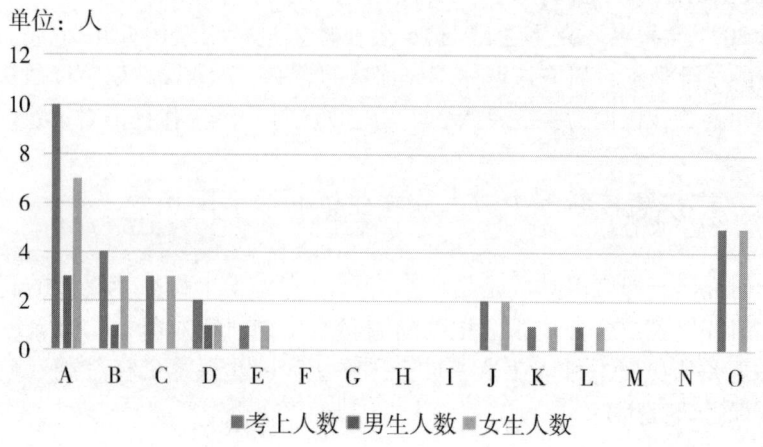

图 2　2021 年广东 15 所高校新疆少数民族学生考研情况

根据图 1 和图 2 可知，15 所高校在校新疆少数民族学生约 3000 人，其中本科应届毕业生约 500 人，报考硕士研究生人数 136 人，报考率 27.20%，成功录取为硕士研究生者 29 人，考研成功率 21.32%。根据教育部 2021 年

---

① 此表中考上人数包含了 2 名保送研究生。

的统计数据,2021 年普通本科毕业生人数 909 万人,全国统考硕士研究生报考人数 377 万人,硕士研究生录取人数 106.2 万,全国应届本科毕业生考研平均报考率约为 42%,全国考研成功率约为 28%。可见,与全国相比,新疆少数民族学生的报考率明显偏低。

(二)广东高校新疆少数民族学生考研学校和性别差异分析

1. 不同学校考研报考率与考研成功率差别较大。

我们对广东 15 所高校新疆少数民族学生的考研报考率和考研成功率进行具体分析,见图 3。

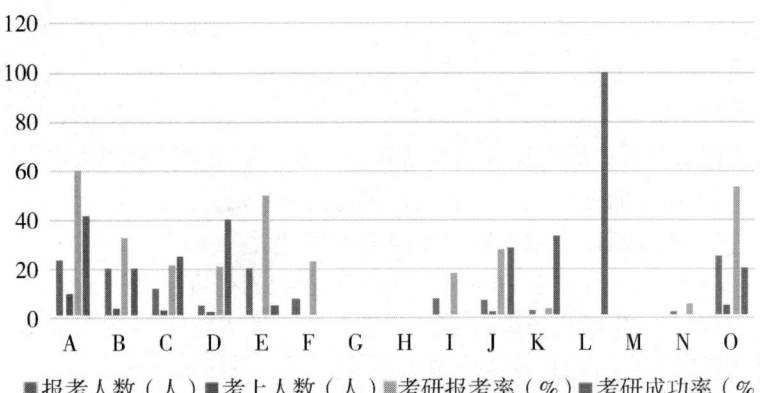

图 3　2021 年广东 15 所高校新疆少数民族学生考研报考率和考研成功率

根据图 3 可知,广东 15 所高校内,新疆少数民族应届本科毕业生中考研报考率与考研成功率差别较大。在考研报考率上,G、H 与 M 三所大学 2021 年度应届本科毕业生无一人参加考研,考研报考率最低,A、E 与 O 大学考研报考率都在 50% 左右,新疆少数民族应届本科毕业生中有约半数参加考研,A 大学考研报考率更是高达 60%。而在考研成功率上,F、I 与 N 三所大学有人报考而无一人考上;C、D、J 大学的考研成功率均大于考研报考率,也就是这三所高校参加考研的新疆少数民族学生通过全国硕士研究生统一招生的人数相对较多。而考研成功人数前三位分别为 A、B、O 大学。

2. 女性大学生考研成功人数远多于男性大学生。

表1 2021年广东高校少数民族学生考研情况

指标	在校生		应届毕业生		报考人数		考上人数	
	男	女	男	女	男	女	男	女
人数（人）	1540	1647	286	302	53	83	5	24
占比（%）	49.07	50.93	48.64	51.36	38.97	61.03	17.24	82.76

通过表1可知，2021年，广东15所高校的新疆少数民族学生共有136人参加硕士研究生考试，29人考上硕士研究生，其中女生24人，男生5人。考研成功的女生人数是男生的4.8倍。而从在校生男女比例、应届本科生男女比例来分析，男女比例基本是各占一半，但是考研报考人数中女生是男生的1.57倍，而考上人数中女生是男生的4.8倍。

3. 广东高校新疆少数民族学生报考院校分析。

本文对于2021年广东15所高校中136名报考研究生考试的新疆少数民族学生中96名学生的报考院校进行详细分析，发现绝大多数学生愿意报考其户籍或者家乡省份的高校、广东本省的高校（包括本科所在院校），具体情况见表2。

表2 2021年广东高校少数民族学生考研报考院校

指标	报考广东省内院校	报考家乡省份院校	报考其他院校
人数（人）	43	35	18
占比（%）	44.79	36.46	18.75

而在96名新疆少数民族考生中，选择报考广东省内的43人中，有29人选择了报考中山大学；在报考家乡省份大学的35人中，31人选择了报考家乡排名前三的院校；报考其他院校的也多选择的是综合实力全国排名前100名的大学。

总之，通过上文的分析，可以看出广东高校新疆少数民族学生考研情况呈现出如下特点：考研报考率和成功率偏低、男女生读研深造人数比例差距较大以及报考志愿高校集中在广东本省和家乡省份。

三、广东高校新疆少数民族学生考研中存在的问题

（一）广东高校新疆少数民族学生对国家民族优惠政策了解不够深

2004 年，教育部发布《关于大力培养少数民族高层次骨干人才的意见》。[8] 2006 年起，我国开始实施"少数民族高层次骨干人才计划"（下文简称为"少数民族骨干计划"），主要针对西部 11 省、自治区、直辖市和新疆生产建设兵团生源的大学生，其目的在于为西部省份培养一批少数民族高学历专业人才，按照"定向招生、定向培养、定向就业"的要求，采取"统一考试、适当降分"等特殊政策措施安排全国"双一流"大学招收新生，毕业后一律按定向培养和就业协议到定向地区就业（不分配工作，自选就业；如果在职就读，毕业后要回原单位工作），硕士服务期限为 5 年，博士服务期限为 8 年，经费享受中央级高校研究生的拨款政策。该计划自实施以来，因为其分数较低、限制考生生源地以及毕业后服务期限制，少数民族骨干计划考研竞争程度适当，尤其是在考研竞争激烈的当下，广东高校少数民族学生报考少数民族骨干计划的相对较少。

在本文调查访谈的 96 名少数民族考生中，只有 24 人报考了少数民族骨干计划，不足 30%。而本文通过进一步调查研究发现，大多数少数民族学生对于少数民族骨干计划政策缺乏了解。比如，广东某高校少数民族 A 同学，于 2021 年参加硕士研究生考试，其考研成绩能达到少数民族骨干计划的分数线，但由于对少数民族骨干计划相关政策了解不够深，所以与读研失之交臂。

（二）广东高校新疆少数民族学生对学校读研深造支持情况掌握不足

由于生活家庭背景因素、少数民族地区国语教师师资力量薄弱、缺乏国家通用语言文字学习环境以及考研资料多为国语等因素影响，[9] 少数民族学生在读研深造过程中面临更多的困难，需要得到学校更多的支持。本文的调查访谈结果也显示：除了学习基础薄弱以外，还有缺乏考研经验、没有较早准备、各科时间分配不合理以及缺乏固定自习室等都是考研失败的原因；超过 80% 的学生反映考研信息分享群、考研经验交流会以及考研自习室等对

于考研相关信息的了解很有帮助。个别同学在访谈中反映，在实际考研过程中，他们多是自行通过互联网搜索查找有关学校相关专业情况，但是互联网上相关信息驳杂，良莠不齐，学生难以区分和甄别。本文所涉及的广东高校都对少数民族考研学生有一定支持措施：安排固定的考研自习教室、提供考研宿舍调剂、组织考研经验交流会、图书馆购进多种考研书籍、免费的考研咨询、协助考研调剂，甚至考试期间为节省时间给考生送午饭等。而本次调查中过半数的少数民族学生对于学校的考研支持情况并不清楚。个别学生较为内向，遇到问题宁愿自己去琢磨也不愿与教师和同学交流，在精神内耗的同时渐渐打消了考研意愿。

（三）广东高校新疆少数民族学生学习基础有待加强

研究生入学考试所考门数较多，包括：公共课两门（英语与政治）和专业课两门（数学或者专业课一、专业课二），涉及的知识内容既多又难，对少数民族学生而言往往需要一到两年的充足复习时间才能顺利通过考试。在调查研究中发现，"开始复习时间晚了""准备不足""没有计划好""时间管理没做好""参加第一场考试就放弃"等是考生失利的常见原因。为了保证硕士研究生的培养质量和硕士研究生的全面发展，全国硕士研究生统一考试实行单科线和总分线两种最低线限制。同时，由于考研竞争激烈，各个学校为了争取优质生源也出台了学校的总分最低线。一般而言，学校的总分最低线都高于国家总分最低线。在实际考研录取中，所有考生必须通过了单科最低线和学校最低分数限制并排名在学校招生计划内才能被录取。本文对96名少数民族考生的调查研究发现未被录取少数民族学生被限制情况见表3。

表3　2021年广东高校新疆少数民族学生考研成绩限制情况①

分数线	学校总分线	国家总分线	政治分数线	英语分数线	专业课分数线
未过线人数（人）	47	17	13	25	29
占比情况（%）	48.96	17.71	13.54	26.04	30.21

① 数学成绩不过线者纳入专业课分数线统计人数中。

通过表3可以看出，在单科复习备考中，专业课与英语成为新疆少数民族学生考研面临的第一大难题。而未过学校总分数线的人数也接近50%。这都说明了新疆少数民族学生的学习基础有待加强，具体包括学习计划合理制订、薄弱单科加强复习、统筹安排专业课复习时间等。部分新疆少数民族学生表示其学习英语时间是从初中或者高中才开始，起步较其他学生晚，加之学校专业课、作业和实验多，复习英语时间不足，最后考研的时候就英语成绩无法达到分数线。

四、广东高校提升新疆少数民族学生读研深造率的对策

（一）不断完善优化国家民族优惠政策

我国少数民族研究生招生优惠政策是国家基于少数民族和民族地区经济社会发展普遍落后的事实，将其同研究生教育关联起来的产物，目标在于及时增补民族地区发展所紧缺的一系列少数民族高层次人才，为民族地区的发展提供强有力的引智渠道。政策制定的目的在于保障和增加少数民族学生考研深造的机会，为民族地区培养大批少数民族高层次人才，提高少数民族人才储备和比例，此项政策也将伴随民族地区对高层次人才的需求变化及学位与研究生教育的发展而不断调整和改良。其中，少数民族高层次人才的培养已然成为国家的一项重要政治任务。[10]少数民族骨干计划由教育部牵头、多部委联合实施，其录取分数较低且就读研究生期间享受财政支持的全额奖学金及一定比例的生活补贴，每年按照各大学和各省份分配名额，全国150所左右大学共招录大约4500名少数民族硕士研究生。根据教育部2021年少数民族骨干计划分配表，广东有中山大学、华南理工大学、暨南大学和广东技术师范大学四所大学参与计划名额分配，总共分配44个硕士研究生名额，而西部地区33所院校参与少数民族骨干计划分配，总共分配844个硕士研究生名额，校均25.58人，略低于全国平均校均25.81人。因此，保持西部省份地区高校参与少数民族高层次骨干人才计划的同时，加大广东少数民族高层次骨干人才计划分配名额数很有必要。

通过表2可知，广东高校新疆少数民族考生选择报考广东省和西部地区院校的人数约占80%，但是选择少数民族骨干计划的学生却不足30%。这可能和少数民族骨干计划的运行制度有一定关系。本文通过对96名少数民族考生调研发现：一方面，少数民族骨干计划发布时间存在问题。少数民

骨干计划发布时间多为每年 9 月末或 10 月下旬，不存在预报名机制。而全国硕士研究生统考的预报名工作在每年的 9 月下旬就开始。对于少数民族考生来讲，报考少数民族骨干计划会导致其后续的考试增加很多麻烦。比如本来打算报考少数民族骨干计划，但是考生志愿学校没有分配少数民族骨干计划名额。另一方面，少数民族骨干计划调剂机制存在问题。考生选择了报考少数民族骨干计划且通过审核参加了考试，考生如果未能考取志愿院校面临调剂时则只能选择少数民族骨干计划内学校调剂，且无法参与地区民族优惠政策。因此，各部门需要不断完善优化国家民族优惠政策以支持少数民族学生继续读研深造。

（二）加大学校对于新疆少数民族学生读研深造的支持力度

2015 年，教育主管部门禁止各招生单位举办或参与考研招生辅导活动。但是，通过本文的调查研究：2021 年学校外部的考研辅导机构收费价格昂贵，不到 20% 的少数民族考生报考了线上辅导课程，且参加的学生较少能坚持上完全部网课，而线上课程的效果取决于学生的自律程度，所以对于大学生来说并不好。而根据表 3 的分析，英语和专业课成为少数民族学生考研的一大阻碍。专业课中，数学又成为最大的阻碍。为此，建议学校可以在遵守教育主管部门规定的同时适当加大日常教学中大学英语、高数，甚至政治理论课程授课的力度，选拔优秀教师从事这些课程的教学，加强对于学生的课堂考核和结课考核，为学生读研深造打下较好的基础。高校还可以选拔专业课老师增设各专业课程的选修课程，为读研深造学生打下良好的专业课基础。同时，鼓励专业课老师建立专业课问题咨询线上群，为读研深造学生提供咨询的便利性。

此外，本文在对少数民族学生的调查访谈中还得知：报考学生希望学校增设考研固定自习室，解决考研复习没有固定自习位置而不得不抢座占座问题。少数民族考生还希望暑假寒假留校考研复习时能保障民族饮食习惯。同时，图 3 显示广东各高校少数民族学生的考研成功率较低，校际之间存在较大差距，这和每所学校对于少数民族学生考研的支持力度也有一定关系。本文在对 96 名少数民族学生的调查访谈中发现，来自考研成功率较高的 A、D 两所高校的 13 名学生均表示其所在学校支持考研力度较大，还专门设立通过本校考研奖励的办法。

(三)加强对新疆少数民族学生的思想政治教育,把读研深造作为学生思想政治引领方向的重要工作内容

加强和改进高校思想政治教育工作,事关党对高校的领导,事关中国特色社会主义事业后继有人,是一项重大的政治任务和战略工程。[11]习近平总书记多次强调大学生思想政治教育的重要性。2020年8月31日,习近平总书记在全国高校思想政治理论课教师座谈会上说道:"思政课是落实立德树人根本任务的关键课程。"[12]考研公共课的政治课中涉及到了思想政治教育课的核心课程,为此,以加强思政教育作为促进少数民族学生读研深造的重要抓手,结合网络培育和线下课堂等多种手段加强少数民族学生的思想政治教育。

思想政治教育一直我国教育体系当中的重要组成部分,对于学生的政治素养以及价值观念都具有积极引导作用。十八大以后,将高校少数民族人才培养与思想政治教育工作进行有效地融合是改革开放新时期教育改革的重要举措。强化高校少数民族思想政治教育与人才培养可以有效的缓解现阶段我国所存在的民族问题,对于科学应对国际范围内的民族发展态势以及民族问题都具有重要意义。一方面,针对高校少数民族学生开展一定的思想政治教育可以进一步增强他们的中华民族认同感,对于促进多民族文化融合以及民族团结都具有积极的促进作用。新时期通过对少数民族人才培养与思想政治教育进行资源整合,可以实现不同民族地区的高质量发展,缩小各民族之间的发展差距。另一方面,对少数民族学生进行思想政治教育,关乎培养什么人、为谁培养人这个根本问题,关乎国家统一和民族团结,关乎各民族文化的融合与发展。内地高校少数民族学生教育管理工作的根本任务,就是要贯彻以立德树人为根本,以理想信念教育为核心,以社会主义核心价值观为引领,加强少数民族学生的思想政治教育工作,帮助其铸牢中华民族共同体意识的思想基础,引导他们形成正确的世界观、人生观、价值观,坚定学习深造的志向,积极动员少数民族学生进行读研深造,树立服务国家、服务家乡的情感意识与责任,为党和国家民族地区发展培养新时代的建设者和接班人。

五、结论

党的二十大报告中,多次提到"人才",首次将教育、科技、人才工作

系统化一体化统筹部署,为我们向第二个百年奋斗目标进军制定了行动纲领。人才是第一资源,国家发展靠人才、民族振兴靠人才。坚持为党育人、为国育才,必须要为实现民族伟大复兴奠定坚实的人才基础。培养少数民族人才是落实"一带一路"合作倡议的重要一环,从西部大开发到"一带一路",东部地区对西部地区支援,应该从物质支援扩展到精神支援,从对西部地区的教育硬件投入深化到对少数民族人才的长期培养,这是促进少数民族地区发展的最持久、最长远受益的重要举措,其成败关乎到民族关系的团结稳定、关乎到国家民族地区的繁荣发展,关乎到实现中华民族伟大复兴。目前,改革开放和社会主义市场经济带来的机遇与挑战并存,民族地区经济加快发展的势头和发展低水平并存,边疆地区社会经济要想实现快速持续发展,必须要在高层次人才培养上下功夫。在党的正确领导下,西部边疆地区经济、社会、文化等方面取得快速发展,不断缩小与内地的差距。但少数民族高层次人才培养过程中,仍存在很多难题和困惑,因此还要从高校的少数民族学生入手,为其营造良好的学习氛围,创造良好的学习条件。

习近平总书记强调,我们党立志于中华民族千秋伟业,必须培养一代又一代拥护中国共产党领导和我国社会主义制度、立志为中国特色社会主义事业奋斗终身的有用人才。国家相关部门应逐渐理顺优化少数民族学生读研深造的优惠政策制度。各高校应积极鼓励引导少数民族学生读研深造,将读研深造与思想政治教育工作相结合,通过思想工作增强他们的责任感和使命感;通过大力开展宣传动员,提供读研深造相关的政策以及有关高校招生情况,介绍各高校专业、考研科目、命题形式、备考方法等相关知识,帮助学生在考研过程中减少失误;同时充分发挥本校优秀少数民族硕士研究生的带动作用,让学生感受榜样的力量,提升考研自信心,使他们坚定读研深造的决心,不断引导学生早动手早准备建立起较为长远的读研深造计划,为他们创造各种良好的备考条件,让少数民族学生成为助力国家民族地区繁荣稳定发展的高层次人才力量。我们应以党的二十大精神为指引,为拓展思想政治教育工作与读研深造、人才培养奠定坚实的基础,努力培养担当民族复兴大任的高层次人才。

参考文献

[1] 习近平对研究生教育工作作出重要指示强调 适应党和国家事业发展需要 培养造就大批德才兼备的高层次人才[N]. 人民日报,2020-07-30.

［2］习近平在中央人才工作会议上强调 深入实施新时代人才强国战略 加快建设世界重要人才中心和创新高地［N］．人民日报，2021－09－28．

［3］三部委印发《关于深入推进世界一流大学和一流学科建设的若干意见》［EB/OL］．（2022－01－29）［2022－03－24］．http://www.moe.gov.cn/srcsite/A22/s7065/202202/t20220211_598706.html．

［4］习近平．高举中国特色社会主义伟大旗帜 为全面建设社会主义现代化国家而团结奋斗——在中国共产党第二十次全国代表大会上的报告［N］．人民日报，2022－10－26．

［5］魏则胜主编．高校辅导员工作目标、任务与方法［M］．广州：广东高等教育出版社，2018：160．

［6］田琳．少数民族精英人才发现和培养模式研究：中央民族大学附属中学的实践与经验［M］．北京：中央民族大学出版社，2015：190．

［7］［8］教育部，国家发展改革委，国家民委，财政部，人事部．关于大力培养少数民族高层次骨干人才的意见（教民〔2004〕5号）［EB/OL］．（2004－07－08）［2022－04－25］．http://www.moe.gov.cn/srcsite/A09/moe_763/200407/t20040708_77777.html．

［9］翟玲玉．少数民族大学生汉语习得中的环境因素调查与分析：以贵州兴义民族师范学院为例［J］．文教资料，2020（01）：6－9．

［10］洪雷，等．中国少数民族研究生招生优惠政策监评体系建构［M］．北京：科学出版社，2019：10．

［11］冯刚，等．新时代高校思想政治教育学原理［M］．北京：人民出版社，2021：359．

［12］习近平．思政课是落实立德树人根本任务的关键课程［J］．求实，2020（17）．

基于教育哲学视角浅析习近平文化思想在香港青年多重认同教育中的应用[*]

沈锐　林美珍

摘要：香港人特别是香港青年的国家认同问题不仅关系到香港的长治久安，更关系到中华民族伟大复兴事业的成败。国内外在有关香港青年学生的国家认同问题相关领域开展了较为深入的研究，取得了一定的成果，但相关研究多从现实政治、社会、经济及国际关系等角度进行分析，缺乏对香港青年国家认同这一问题从个体与社会的关系这一现代性根本问题上进行思考，且实证研究较为匮乏。本文则重点关注香港青年，特别是内地港籍学生群体中的"多重认同"，并将其回归现代性问题思考语境，考察其心理学、社会学根基，并从教育哲学角度探索在文化层面解决香港青年多重认同困境的实践之路。习近平文化思想融通传统和现代、贯通历史和现实、着眼全局和长远，立足本民族、放眼全世界，以系统思维谋划文化建设，恰恰能激发个体对民族、国家及其背后文化认同的激情，更能促进青年广泛参与社会主义现代化建设，在解决港澳青年学生多元认同问题上将发挥巨大作用。

关键词：习近平文化思想；香港青年；多重认同；现代性视域；文化育人

香港作为中、西方文化交融的全球化都市，在政治上实行"一国两制"的成功实践不仅使其成为中国与世界之间的重要桥梁，也是亚洲乃至全球的重要金融、贸易和物流中心，并对国际社会产生了深远的影响。香港青年的身份认同、国家认同、制度认同等问题一直是党和国家的关注重点，也成为未来影响香港治乱兴衰的关键因素。

一、作为影响香港长治久安关键因素的青年多重认同问题

在历史层面，第一次鸦片战争后，香港开始接受英国的殖民统治，直至

---

[*] 基金项目：本文系教育部委托课题"内地高校港澳学生国家认同教育研究"（JYBZFS2021308）成果。

本文在2023年广东高校思想政治工作优秀论文征集活动中获评二等奖。

1997 年重新回到祖国的怀抱，经历了 150 余年的殖民统治。20 世纪 80 年代，中、英两国关于香港回归问题进行了多次、长时间且充满曲折的谈判，中华人民共和国政府决定于 1997 年 7 月 1 日对香港恢复行使主权。在意识到自己"大势已去"之后，英国在殖民统治香港的最后阶段进行了别有用心的政治操弄，急速推进"政制改革"，企图延续英国对香港回归后的政治影响，为香港回归祖国后民主的发展埋下了祸根，为中国对香港恢复行使主权并实行有效管治埋下了众多的"雷"，这也成为香港回归后众多社会矛盾和问题难以解决与调和的根源。[1]

在现实层面，香港近年来遭受外部势力的干预，已导致了社会某种程度上的撕裂，在许多方面香港青少年都成为社会冲突的焦点。虽然《中华人民共和国香港特别行政区维护国家安全法》（以下简称《香港国安法》）的出台在制度层面有效地维护了香港社会稳定和国家安全，及时遏制了暴力行为和外部势力的干预，但其对香港的社会和政治环境，特别是文化环境的影响还需要更长的时间才能充分发挥作用。而新冠疫情肆虐三年进一步阻碍了香港和内地的沟通交流，在一定程度上加深了两地民众的疏离感。

在个体认知层面，部分香港青少年面临着国家和本土认同的挣扎[2-3]，他们担心内地的制度、价值观和生活方式可能会改变香港的独特性。针对这个问题，需要深入理解和研究他们的认同状态。而基于现实情况，真正全面把握香港青少年的思想动向和深层次的认同认知结构对于任何内地研究机构都存在一定的困难。在广大香港青年群体中，针对我们社会主义教育体系最能直接影响的在内地高校就读的香港学生这一群体，在其个体经历中更会将香港与内地冲突和身份认同之间的张力矛盾进一步呈现。尽管关于香港学生在内地高校的研究已取得初步成果，但其在身份认同问题上的深度与广度仍有待提升。此类问题不仅仅是一个自我认知的问题，更是涉及社会接纳和文化融合的复杂议题，亟须运用社会学、心理学和哲学的理论进行探索。

在社会主义现代化建设实践层面，党的十九大报告中明确指出："铸牢中华民族共同体意识"[4]，十九届四中全会提出："加强对香港、澳门社会特别是公职人员和青少年的宪法和基本法教育、国情教育、中国历史和中华文化教育，增强香港、澳门同胞国家意识和爱国精神"，十九届六中全会提出："坚定落实'爱国者治港''爱国者治澳'。"党的二十大报告指出："面对香港局势动荡变化，我们依照宪法和基本法有效实施对特别行政区的全面管治权，落实'爱国者治港'原则，香港局势实现由乱到治的重大转折。我们全面准确推进'一国两制'实践，坚持'一国两制''港人治港'

'澳人治澳'、高度自治的方针,推动香港进入由乱到治走向由治及兴的新阶段",更强调了:"推进粤港澳大湾区建设,支持香港、澳门更好融入国家发展大局,为实现中华民族伟大复兴更好发挥作用。"[5]《新时代爱国主义教育实施纲要》也指出:"加强'一国两制'实践教育,引导包括香港特别行政区同胞、澳门特别行政区同胞、台湾同胞和海外侨胞增强对国家的认同。"高校思想政治工作关系高校培养什么样的人、如何培养人以及为谁培养人这个根本问题,事关党和人民事业后继有人这个根本大计。习近平总书记强调:"要坚持把立德树人作为中心环节,把思想政治工作贯穿教育教学全过程。"他提出:"当前形势下,办好思政课,要放在世界百年未有之大变局、党和国家事业发展全局中来看待。"[6]香港、澳门的繁荣稳定关系国家大局,其关键在于对青少年一代的正确价值引领,如何做好港澳学生的价值教育,引导他们真正实现人心回归,不仅是思想政治教育理论和实践创新的重要课题,更是关系党和国家事业大局的重要任务。

以教育的目的性来看,在育人过程中不仅要实现港澳大学生身份认同、国家认同、社会主义制度认同的三重结合,新时代更要增加其对中国共产党领导下的中国式现代化建设的事业认同。在培养爱港者的基础上,进一步培养认同理解中国式现代化、熟悉香港和内地政治体制运行模式,特别是熟悉粤港澳大湾区发展规划的引领未来的能治港者、善治港者,是时代赋予我们新时代教育工作者的重要命题。而如何结合教育规律,基于香港青少年社会心理认知规律实现身份认同、国家认同、制度认同、事业认同四个方面认同的平稳自然过渡,对于解决这一时代问题至关重要。习近平文化思想的提出恰恰为我们解决这一复杂问题提供了强大的理论支撑。

二、"流动的现代性"视域下的香港青年多重认同

香港青年学生多重认同受着现实政治的影响,但更有深厚的哲学、社会学动机。正因如此,这一问题的解决并不会随着《香港国安法》的落地、粤港澳大湾区的互通等显性政治经济形势变化,一蹴而就地解决。也正是其深层次的哲学、社会学动机,使得这一超越时代性的价值观教育问题,应该上升到价值教育层面去深入讨论研究。

多元认同中的微观个体根源是身份认同,宏观远景共识是国家认同①。

---

① 制度认同、事业认同为国家认同的不同层级表现形式。

在社会、政治和经济生活的构建过程中,身份认同作为一种广泛运用于解释个体与集体行为的概念,在社会科学领域备受关注,主要关注其内涵、功能以及多重属性。在中文语境中,身份认同包括"个体""群体同一"和"心理承认"三个关键方面,指的是个体在情感和心理层面与他人、群体或模仿对象发生一种趋同的过程。社会认知心理学层面的"身份认同"概念最早由美国发展心理学家爱利克·埃里克森(Erik H. Erikson,1902—1994)于20世纪中叶提出。在其代表作《身份认同与人格发展》(Identity and the Life Cycle)中,埃里克森在方法论上深受精神分析学派的启发,同时吸收了格式塔、社会心理学以及人类学等多学科领域的理论资源,深入探讨了精神分析范式,并将其转向社会心理学的层面,同时在其理论构建中融入了弗洛伊德的理论要素。他提出,心理发展阶段理论,以身份认同为中心,着眼于青春期这一关键时刻,旨在通过对个体在早期认同形成中所涉及的多元要素进行整合,从中追求心理一致性与连贯性。他强调,身份认同的复杂性与文化密切相关,个体所追求的一致性与连贯性在很大程度上受制于宏观层面主流文化的塑造与影响。在这一文化背景下,个体呈现出独特的个性,但他进一步强调个性的塑造常常是群体认同的产物,是个体与环境相互作用的产物。埃里克森的理论通过采纳渐进发展的线性模型,对生命周期进行划分,为深入理解个体发展与环境相互作用的复杂性提供了跨学科的理论框架。身份认同不仅仅是一种心理现象,更是一种动态变化的社会观。身份认同在社会、政治和经济构建中产生深刻影响,引发了群体和个体内在的强烈自我意识,这一意识也重塑了个体的归属感,以此明晰"自我"与"他者"的边界,从而形成了系统内部的整合、外部的排他性和防范机制的形成。[7]在人类社会发展过程中,身份认同使得社会行为主体能够明晰个体的身份、起源及未来发展方向,从而促使了个体社会化过程的有序进行。基于上述因素,身份认同呈现出高度交融性,其属性在认同主体与客体以及他者关系的不断调整中变化,呈现出个体的身份认同往往是多重身份的复合体。[8]

国家认同与19世纪中叶以来的民族国家兴起和全球文明现代化进程密切相关。从哲学、社会学的视角审视,这一概念与行为主义的兴起有密切关系。同样是在20世纪中叶,行为主义在欧美学界被广泛采用,成为政治学问题分析的主流方法,其中涵盖了对国家认同的深入研究,"国家认同"也被正式纳入行为主义关切的议题,进而被引入政治哲学领域。国家认同可以进一步延伸国民认同和民族认同两个维度,虽然学界对二者的关系也存在争论,[9]但我们仍可以在宽泛公共认知领域以"双元结构"考察视角明确国家认同概念：一方面可将其等同于国民认同来考量，即将其视为国家认同的主体，公民效忠于其客体民族国家共同体；另一方面则聚焦众民族成员对国家共同体的情感归属，强调民族自觉与国家的紧密关系，即以"赞同性国家认同"和"归属性国家认同"构成公民国家认同的"双元结构"。[10]作为现代政治当然之义的"国家"，不仅在心理学层面为个体提供安全感，同时在物质层面也是国民生命安全、生活发展的基本保证。进而国家的凝聚力、综合国力，以及国际社会的和谐发展，在一定程度上和个体的安全发展高度绑定。而国家认同作为国家合法性的主要源头，涉及国家与民族、国家认同与民族认同、公民身份与族群身份等多层面的复杂关系，这些关系又进一步反向塑造了作为认同根基的身份认同。在现代化社会多重认同结构中，反而是国家认同占据主导地位，但国家认同的基础又需要个体的身份认同来强化维护。但在现代国家建设的多元复杂形势下，无论是发达国家还是发展中国家，都面临着处于全球化时代社会转型的严峻挑战，国民的收入、教育、主观幸福感等因素影响其对国家的情感认同，个体身份认同和群体国家认同都面临着一定的冲击，很难谋求一种确定稳固的建设范式。而个体对政治信任、传统文化、社会支撑系统和政治合法性等属性的认知，也必然对国家认同产生决定性的影响。

　　香港青年的多重认同矛盾并非独特现象，而是在全球化时代普遍存在的情境。基于教育哲学的视角，本文聚焦文化在身份认同与国家认同互动中产生的影响。

　　回归现代性基本问题，个体的多元化身份认同成为一个重要的命题，其中既有现实政治的影响，也有深厚的哲学根基，表层和深层影响交织。英国文化理论家斯图亚特·霍尔（Stuart Hall, 1932—2014）在《文化身份与族裔散居》（Culture Identity and Diaspora Essential Essarys）中指出，我们可以把"文化身份"看作"一种共有的文化"，一个集体的"真正自我"。这一"共有真我"反映了共同的历史经验和共有的文化符码或文化基因，让我们能在变幻的历史经验之下寻求稳定不变和具有连续性的意义框架。我们今日的价值教育，根本目的也正是瞄准"文化身份"背后的"真正的过去"，以"真正的现在"实现对其中恒定、永续的存在论意义上的"自我"的反塑。由此，价值塑造文化身份的过程，让文化身份既是一种"存在"，又是一种"变化"，在连续性中有着差异，而在差异中又伴随着连续性持续地存在。由此，身份认同成为一种流动的、非固定的状态，"文化身份在历史、语言和文化的实践过程中发生了变化，而这些变化又被经历过程重新定义和修改"。[11]但人们的社会身份或文化身份到底是固定不变的、普遍的、本质的,还是在实际的社会历史过程中被人为地建构起来的,并且是为了某些特定目的与利益(政治的、民族的、意识形态的等)而人为地建构起来的,仍存在争议。可以说,价值教育塑造文化身份的过程也正是文化身份在历史脉络中重塑自我的过程,可以说价值教育的塑造正是文化身份历史发展的本质,这种"流动""非固定"恰恰成为现代性视域下的"永恒""稳固"。当我们把这种理论应用到香港青年的现代性个体反思时,我们可以看到,他们的文化身份认同是由多重因素构成的,包括地域文化、社会政治环境、历史背景等,而他们在现代社会的割裂和社群重建的大环境中寻找身份的定位也正是他们香港青年这一身份的内在驱动,如我们从正面评价的中西文化贯通,以及从负面批评的文化主体性缺失,都可以从其文化身份中探寻出底色。

与霍尔"流动"理论类似,齐格蒙特·鲍曼(Zygmunt Bauman,1925—2017)的"液态现代性"(liquid modernity)理论则为我们理解香港青年的身份认同提供了更为深入的考察视角。液态现代性,是鲍曼在其著作《流动的现代性》中提出的概念,旨在取代后现代性的理论框架。引入这一概念并非仅仅因为"后现代性"一词容易引起歧义,使人们误以为现代已经结束,更为重要的是其未能明确回答"我们是谁"这一根本问题。在鲍曼的理论中,他构建了"液态现代性"和"固态现代性"这两个概念,为我们提供了一种独特而深刻的视角,用以审视当代社会的演变。根据鲍曼的观点,我们正处于一个社会结构不断变动、规范不再牢固的时代。传统的秩序和规范正在被重新思考和重新定义,经历着一场深刻的转变。鲍曼强调了在这个过程中依附和互动模式的重要性。社会的"液化"意味着我们正逐渐从过去那个以"参考群体"为核心的时代过渡到一个更加开放、多元的时代。在这个新时代中,人们的行为和思维不再受到过去那种固定的社会模式和规范的束缚;相反,我们正经历着一种更为灵活、变化多端的社会变革,使得传统的框架变得不再已知、假定,而是充满了变数和不确定性。这种转变不仅影响着个体的生活经验,也对整个社会结构产生了深远的影响。因此,鲍曼运用"流动性"一词来比喻当前社会的状态,以与过去的"固态现代性"相对立。流动(或液态)化与固态化形成对比,通过这一概念,鲍曼揭示了社会的流动性和变动性:当代社会的快速演变使人们更加追求瞬时和迅速的成果,取代了对于连续和持久期待的关注。在这个变革中,流动性和速度逐渐成为社会层面的决定性因素。[12]

对于香港青年在多元认同困境中所经历的现代流动性,约翰·贝理

(John W. Berry)等提倡的"文化适应策略模型"提供了一个深刻而专业的文化哲学视角。贝理认为，个体在处理认同困境时可能采取同化、分离、融合和边缘化等不同策略，这一系列策略反映了他们在保持个体文化特征与适应社会文化之间寻找平衡的方式。然而，我们必须深刻理解，每个个体的身份认同是独特的，受到多重因素的深刻影响，并且在其生活经历和社会互动中持续不断地发生演变。在传统、经典、主义权威崩塌后的多元现代社会中，实现社群、个体和国家认同的问题成为一个备受学术关注的重大议题。贝理提出的"文化适应策略模型"深刻剖析了全球化的核心问题，系统性地探讨了文化适应过程和其结果。他通过深入的分析，清晰地阐释了文化适应的态度和去向，明确了适应群体，并提出了一系列激发思考的问题。这些问题涉及群体和个体在文化交往和演变中如何自我定位，如何迎接这一演变过程，个体的跨文化策略是如何演进的，以及如何调整个体的经历和因应压力，最终实现适应。贝理表达了文化适应过程对于相互接触的不同文化都会产生深远影响的观点，即使主流文化的影响相对较小。他所构建的双维度模型推动了文化适应研究跨入更为全面和深度的层面。该模型考虑了保持传统文化和身份的倾向性，也纳入了与其他民族文化群体交流的倾向性。[13]

这样的框架为我们提供了更为全面和多维度的理解，有助于深入研究文化适应的复杂性和多样性，协助我们深入理解并有效应对现代社会中多元文化融合和认同挑战。而基于我国实际，能在"保持传统文化和身份的倾向性"和"与其他民族文化群体交流的倾向性"两个维度产生重要影响的正是把握时代特点、聆听时代声音、回应时代要求、承担时代使命的习近平文化思想。

三、习近平文化思想对香港学生文化认同教育的影响与启示

党的十八大以来，以习近平同志为核心的党中央把宣传思想文化工作摆在治国理政的重要位置，对宣传思想文化工作作出一系列重大决策部署，推动意识形态领域形势发生全局性、根本性转变。习近平总书记在新时代文化建设方面的新思想新观点新论断，内涵十分丰富、论述极为深刻，是新时代党领导文化建设实践经验的理论总结，丰富和发展了马克思主义文化理论，构成了习近平新时代中国特色社会主义思想的文化篇，形成了习近平文化思想。

习近平文化思想是习近平新时代中国特色社会主义思想的重要组成部

分，深刻回答了建设中国特色社会主义文化应该举什么旗、走什么路、坚持什么样的原则、实现什么样的目标等重大理论和实践问题，是指导新时代文化强国建设的科学世界观和方法论。习近平新时代中国特色社会主义思想是中华文化和中国精神的时代精华，它扎根中华文明沃土，汲取中华优秀传统文化精华，具有鲜明的文化底色和基调。习近平文化思想是马克思主义基本原理同中国具体实际相结合、同中华优秀传统文化相结合产生的理论结晶，在充分吸收中华优秀传统文化中关于世界大同、协和万邦、兼济天下等积极有益的思想基础上进行了理论创新发展。习近平文化思想从中华民族璀璨文明中汲取人文精神、道德价值、历史智慧的精华养分，深入挖掘中华优秀传统文化蕴含的时代价值和精神力量，找准了马克思主义和中华优秀传统文化的契合点，有效实现了马克思主义同中国传承了几千年的优秀历史文化、同广大人民日用而不觉的价值观念之间的融通，科学诠释了新时代文化建设和理论创新的方法。经由"结合"，马克思主义成为中国的，中华优秀传统文化成为现代的，中国式现代化的文化形态也由此形成。[14]

习近平文化思想，作为习近平新时代中国特色社会主义思想的文化理论体系的重要组成部分，是对人类发展潮流的全面把握和对世界格局的深刻理解。实践层面，习近平文化思想在习近平新时代中国特色社会主义文化建设中为三个根本问题提供了明确而系统的回答，具体涉及社会主义文化建设的重要性、如何建设新时代社会主义文化以及怎样更好地推动这一进程。在深层理论和建构方面，习近平文化思想对古今中西之争等现代性问题进行了深刻的回应，成为中国百年历史发展进程中的现代性理论解释范式。习近平文化思想基于中国传统家国观念和社会主义发展进程，在中国式现代化的大语境下，成功将现代问题回归到中国人传统文化基因中，不仅解决了传统与现代、个体与社群之间的矛盾，更为社会主义文化建设提供了坚实的理论基础。习近平文化思想在解读个体身份鉴定和民族国家凝聚力方面展现出高远的前瞻性，将文化视为治愈社会主义现代化强国事业的关键一环，为实现中华民族伟大复兴千秋伟业提供了理论驱动力。以文化为统领，不仅能激发广大人民群众作为个体对民族、国家和其背后文化认同的激情，更能将这一激情与干事创业的热情结合，激发青年广泛参与社会主义现代化事业建设的主体动力。在解决港澳青年学生多元认同问题上，习近平文化思想和相应的一系列文化建设具体实践将成为调和青年个体身份迷失和未来迷茫的重要因素。

首先，习近平文化思想强调的文化自信帮助香港青年在多重认同困境中

树立主体信心。习近平文化思想强调坚定文化自信是文化建设的前提。习近平总书记明确指出，文化自信是国家和民族发展中最根本、最深刻、最持久的力量。这种自信源自中华民族的历史发展，是对中华文化的坚定信心和信念，被视为推动文化发展至关重要的力量。在"四个自信"中，文化自信被突出为更为基础、广泛、深厚的自信之一。文化自信的根基在于对中华民族发展史的深刻自信，通过研究中华文明探源工程等项目，实证了中国百万年的人类史、一万年的文化史、五千多年的文明史。在文化传承发展座谈会上，习近平总书记对中华文明的连续性、创新性、统一性、包容性、和平性五个方面的特性进行了全面总结，揭示了中华文明发展的内在规律。文化自信同时显现为对中华优秀传统文化精髓的深刻自信，从道德文明、观念文明到精神文明的不同维度，对中华优秀传统文化的精髓进行了深入解读。党的二十大报告对中华优秀传统文化所包含的宇宙观、天下观、社会观、道德观进行了综合概括，这一多元解读明确了传承和转化中华优秀传统文化的关键要点。

文化作为一种积极的精神力量，有助于形成对中华文化传承的自觉，发掘新时代文化建设所需的文化资源和精神养分。习近平文化思想提出坚定文化自信是文化建设的前提。这为香港青年注入对中华文化传承的自觉，通过强调中华文明的连续性、创新性、统一性、包容性、和平性，以及中华优秀传统文化的多维精髓，可以帮助香港青年建立对自身文化根源的认同感，加深对中华文化的了解和自信心。文化自信的概念有助于摆脱西方中心主义的影响，生成文化主体性。对于香港青年而言，这意味着不仅要面对西方文化的冲击，还要在自身文化传统中找到独特的立场。通过对中华文明的研究和对优秀传统文化的理解，香港青年能够更加自主地确立自身在文化领域的主体性，避免简单地接受外部文化，从而促使他们更深刻地思考香港文化的地位和价值。最重要的是，文化自信为新时代文化建设提供了精神支撑，这对于香港青年的文化认同具有启发作用。文化自信不仅有助于发掘新时代文化建设所需的文化资源和精神养分，也可以成为香港青年建立社会主义核心价值观的重要源泉。通过深入挖掘古籍蕴含的哲学思想、人文精神、价值理念，香港青年可以在中华文化中找到丰富的文化元素，这有助于构建他们对社会主义核心价值观的认同和理解。综上所述，习近平文化思想中关于文化自信的理念，为香港青年处理文化认同问题提供了有益的思路和方法，为他们在多元文化的背景中找到自己的文化定位提供了有力支持。

其次，中华民族现代文明建设对香港学生由国家认同转向事业认同产生巨大推力。习近平总书记从全面建设社会主义现代化国家、全面推进中华民族伟大复兴的内在要求出发，提出了中华民族现代文明这一独创性概念，并将其明确定位为新时代文化使命的核心要素。这一概念的正式提出发生在党的二十大之后，习近平总书记在殷墟博物馆考察时明确表示要更深入地学习理解中华文明，以更好地推动中华民族现代文明的建设，引发了全社会的广泛瞩目。中华民族现代文明与传统文明相对，被界定在五四新文化运动之后，是中华文明整体的一部分。这一文明形态具有独特特色，坚持以人民为中心的价值立场，追求协调发展、创新发展、兼收并蓄、和平发展等特征，凸显了其独具的文明属性。它既传承了中华文明的精髓和中华民族的精神，又灵活适应了时代的发展和文明的趋势，呈现出一种崭新而全面的文明面貌。建设中华民族现代文明成为引领文化发展的指导方向，不仅凸显了中国共产党的文明理念，也激发了人民的积极性、主动性和创造性。实现中华民族伟大复兴的目标不仅涵盖了对中华文明传统的回归，更重要的是聚焦于构建和发展中华民族现代文明的路径。

习近平总书记提出的中华民族现代文明的概念对香港学生建立国家认同将产生多方面的深远影响。第一，中华民族现代文明的理念强调对中华文明的深入学习。这为香港学生提供了更多机会深刻了解中华文化的多元元素，包括历史、文学、艺术等，从而促使他们更全面、深入地认知自己所属的文明体系。这有助于打破文化隔阂，增进香港学生对祖国文化的认同感。第二，中华民族现代文明倡导兼收并蓄，强调吸收人类优秀文明成果。这为香港学生提供了更广泛的文化视野，引导他们超越地域局限，更全面地认知世界各国的文明，从而形成更为包容性和多元化的文化认同。这种开放的文明理念对于香港这个国际化城市的学生来说，有助于他们更好地融入全球文明的潮流。第三，中华民族现代文明的核心理念是通过和平方式实现文明发展。这一理念对香港学生有望产生积极的影响，引导他们更理性、平和地看待国家的发展。通过注重和平发展的价值，有助于缓解可能存在的文化冲突，促进香港学生在国家认同上形成更为积极、理性的态度。总体而言，中华民族现代文明的概念有望拓宽香港学生的文化视野，加深对中华文化的认同，促使他们更全面地理解国家发展。同时，通过强调包容性与和平发展理念，为香港学生建立积极的国家认同提供了更为深厚的文化基础。

再次，"两个结合"的思想解放将帮助香港学生在多重认同方面探索出兼具文化深度与多元互通的认同架构新范式。在庆祝中国共产党成立100周年大会上，习近平总书记首次提出了"两个结合"这一概念，标志着新征

程下马克思主义中国化进入了新的阶段。党的二十大报告进一步深化了对"两个结合"的理论阐释，并明确了实践指向。习近平总书记在文化传承发展座谈会上强调，在深厚的中华文明基础上开创中国特色社会主义，将马克思主义基本原理与中国实际和中华优秀传统文化相结合是必由之路。这一观点将"两个结合"从方法论升华为中国特色社会主义文化建设的指导原则，尤其是"第二个结合"作为具有原创性的表达，彰显了新时代文化建设的独特路径。"两个结合"明确了马克思主义的指导地位，强调坚持其在意识形态领域的主导作用。将"马克思主义基本原理"同中国具体实际和中华优秀传统文化有机结合，表达了对马克思主义的深信不疑。这种坚持以马克思主义为指导的立场，是新时代文化建设的基石。"两个结合"蕴含着文化发展的内在规律。不同国家、民族拥有独特的历史和文明积淀，因此文化发展道路各异。新时代文化建设应当紧密结合中国的具体实际和国情，避免简单地套用他国文化模式。这一理念同时强调顺应时代发展、反映时代精神的必要性，揭示了文化发展的继承性。通过将马克思主义基本原理与中华优秀传统文化相结合，既促进了传统文化的创新发展，也深化了马克思主义在中华大地的根植。"两个结合"塑造了一种新的文化形态。这一理念使马克思主义在中国具体实践中焕发新的活力，将中华优秀传统文化融入现代，形成了独特的文化样式。这种新的文化形态既承载了马克思主义的核心思想，也汇聚了中华传统文化的精髓。因此，"两个结合"不仅是中国特色社会主义文化建设的方法，也是构建中华民族现代文明的途径。

"两个结合"理念在香港学生的个体认同、国家认同和文化认同方面产生了深刻影响。第一，这一理念倡导以马克思主义基本原理为指导，同中国具体实际、中华优秀传统文化相结合，为香港学生提供了更为深刻的文化认知框架。通过深入学习中华文明，香港学生能够更全面地理解中国的历史、哲学、文学等，促使其形成更深层次、复杂化的文化认同结构。第二，强调"两个结合"的理念倡导文化的兼容并蓄，吸收人类优秀文明成果。这为香港学生提供了更广泛的文化视野，引导他们超越地域和文化的狭隘框架，形成更为包容性和多元化的文化认同。在这一理念的引导下，香港学生不仅对中华文明有更深刻的认识，也能更开放地接纳和理解其他文明的特质，构建更为复杂而多层次的文化认同体系。第三，注重通过和平方式实现文明发展的理念对香港学生的国家认同产生正面影响。这一理念强调合作与理性，有助于缓解可能存在的文化冲突，促使香港学生在面对国家发展时形成更为理性与平和的态度。通过培养和平发展的文化价值观，香港学生更有可能在国家认同的构建中发展出既独立又能与他者和谐共处的理性态度。总体而言，"两个结合"理念以其深刻的文化内涵，为香港学生提供了更为复杂、深层次的文化认同架构，促使他们在个体认同、国家认同和文化认同的建构中形成更为多元和开放的态度。

最后，全球文明倡议帮助香港学生树立文化包容、价值调和的新文明观。全球文明倡议是中国共产党为推动人类文明发展而提出的独创性构想。习近平总书记在致力于精心布局中国特色社会主义文化建设的同时，积极谋划人类文明的进步，并于 2023 年 3 月 15 日在中国共产党与世界政党高层对话会上首次阐述了这一倡议。该倡议的关键要点包括尊重世界文明多样性、弘扬全人类共同价值、重视文明传承和创新、加强国际人文交流合作。通过这一倡议，中国为人类文明发展规律提供了具体方法，为构建人类命运共同体奠定了深厚的文明基础。这不仅有助于实现不同文明之间的包容共存和平等对话，也推动了优秀传统文化的创造性转化与创新性发展，进而构建更为和谐与共的人类命运共同体。

全球文明倡议对香港学生调节多重认同冲突产生了深远影响。第一，强调尊重世界文明多样性有助于缓解香港学生在文化认同上的紧张。通过倡导不同文明之间的包容共存与平等对话，促使香港学生更加包容地看待自身所属的文明与其他文化之间的差异，有助于缓解由多元文化环境引起的认同冲突，培养香港学生更为开放和宽容的跨文化视野。第二，弘扬全人类共同价值的理念能够为香港学生提供跨越多元文化背景的普遍价值观。通过共同倡导和平、发展、公平、正义、民主、自由等共同价值，香港学生有机会在这些普遍价值中找到与自身价值观相契合的元素，从而调和多元文化所带来的认同冲突，这有望促使香港学生在价值观上形成更为统一和共识性的认同。第三，重视文明传承和创新的观念对于香港学生在文化认同中实现平衡至关重要。全球文明倡议鼓励人们重视传统文化的创造性转化和创新性发展，这为香港学生提供了更为宽广的文化认同空间。通过深化对中华文明的传承与理解，同时注重文明的创新与发展，香港学生可以在传统与现代之间找到平衡点，减轻文化认同冲突的压力。第四，加强国际人文交流合作的理念为香港学生提供更广泛的文化视野。通过促进全球文明对话合作平台，香港学生有机会更深入地了解世界各国的文化，进一步超越地域和文化差异，形成更为包容性和多元化的文化认同，这有助于调节香港学生在多重认同中的冲突，促使他们更为和谐地融入全球文明的潮流。总体而言，全球文明倡议为香港学生调节多重认同冲突提供了更为开放、宽容、平和的文化认同路径。

香港青年个体在成长过程中建立和发展自我认同的过程主要发生在青少年和年轻成年期，这是个体开始寻找和建立自我身份的关键阶段。在此期间，个体会尝试不同的角色和身份，以寻找最适合自己的身份。个体的身份认同是在他与社会环境互动的过程中建立和发展的。在这个过程中，个体不仅会受到社会文化的影响，也会反过来对社会文化产生影响。这种互动过程会塑造个体的自我观和世界观，从而影响他们的身份认同。在这一过程中习近平文化思想提供了系统全面的社会文化体系建构，即以中华传统文化的主体性，在"两个结合"中构建中华文明新形态。这一文化形态伴随着习近平文化思想的开放性，让个体的创造性在其中充分地张扬。香港青年既可以是这一社会文化模型影响的课题，又可以在参与这一文化建构事业的过程中成为中华文明新形态的主动推动者，粤港澳大湾区国家战略将大湾区各地的社会政治、经济文化充分整合，超越了传统制度的调和，从而实现粤港澳大湾区的事业在多重认同维度的统一。

参考文献

[1] 中华人民共和国国务院新闻办公室. "一国两制"下香港的民主发展 [M]. 北京：人民出版社，2021年.

[2] 香港中文大学. 香港人的身份与国家认同调查结果 [R]. 香港：香港中文大学传播与民意调查中心，2019.

[3] 冯庆想. 香港本土意识与青年国家认同：基于内地与港澳学界的文献分析 [J]. 青年学报，2020（1）：93-101.

[4] 习近平. 决胜全面建成小康社会 夺取新时代中国特色社会主义伟大胜利：在中国共产党第十九次全国代表大会上的报告 [N]. 人民日报，2017-10-28（01）.

[5] 习近平. 高举中国特色社会主义伟大旗帜为全面建设社会主义现代化国家而团结奋斗：在中国共产党第二十次全国代表大会上的报告（2022年10月16日）[J]. 求是，2022（21）：4-35.

[6] 习近平. 把思想政治工作贯穿教育教学全过程 开创我国高等教育事业发展新局面 [N]. 人民日报，2016-12-09（01）.

[7] ERIKSON E H. Identity and the Life Cycle [M]. New York：Norton，1980.

[8] 林逢春，宋杰锜，罗欣. 香港青年国家认同研究综述 [J]. 当代青年研究，2016（6）：103-122.

［9］王卓君，何华玲. 全球化时代的国家认同：危机与重构［J］. 中国社会科学，2013（9）：16 – 27.

［10］肖斌. 两种公民身份与国家认同的双元结构［J］. 武汉大学学报（哲学社会科学版），2010（1）：77 – 78.

［11］HALLS S. Cultural Identity and Diaspora Essential Essays（Two – volume set）［M］. Durham：Duke University Press，2018.

［12］鲍曼. 流动的现代性［M］. 欧阳景根，译. 北京：中国人民大学出版社，2018.

［13］贝理，等. 跨文化心理学：研究与应用：第3版［M］. 常永才，高兵，杨依生，等，译. 北京：北京师范大学出版社，2020.

［14］郑东育. 以习近平文化思想引领新时代文化强国建设［J］. 中国社会科学网 – 中国社会科学报，2023 – 12 – 05.

新时代加强高校研究生党支部建设策略探究

李晓筠

摘要：本文探讨了新时代加强高校研究生党支部建设的策略。笔者在对中山大学生命科学学院研究生党支部建设现状进行分析后，提出以下策略：一是党员队伍的建设需要进一步加强，包括提高党员的理论素质和实践能力；二是党务工作队伍质量需要保持稳定，包括选拔和培养优秀的支委班子；三是需要创新支部活动形式，完善平台建设，加强党支部与学院、导师、学生的联系，形成良好的育人环境，同时加强党支部与社会的联系，提高党支部的影响力。高校学生党支部建设既要依靠制度的规范和落实，也要靠学生党员自身的觉悟和努力。

关键词：研究生；支部建设；党员队伍；质量；策略

习近平总书记在十九大报告中指出，"经过长期努力，中国特色社会主义进入了新时代，这是我国发展新的历史方位"。[1]新时代背景下，中国社会经济发展迅速，对各类人才的需求不断增大。党的二十大报告强调，要坚持为党育人、为国育才，全面提高人才自主培养质量，着力造就拔尖创新人才，聚天下英才而用之。作为国民教育的顶端，研究生教育是培养国家拔尖创新人才的主要途径之一，而研究生党员是研究生的先锋队，是整个青年群体的思想领袖。[2]在新形势下，党和国家对研究生教育有更高要求，高校研究生党支部建设工作显得尤为重要。本文结合实际工作，以中山大学生命科学学院研究生党支部为例，探讨新时代加强高校研究生党支部建设的策略。

一、研究生党支部建设现状

2018年10月，中共中央印发的《中国共产党支部工作条例（试行）》对党支部建设提出了明确要求：把党支部建设放在更加突出的位置，加强党支部标准化、规范化建设，不断提高党支部建设质量。中山大学生命科学学院具有优秀传统，在学院党委精心组织领导下，各党支部建设严谨，成员结构完善，规章制度健全。学院党委的党员数量每年都在稳定而持续地增长，显现出旺盛的生命力，反映出党支部始终保持着健康稳健的发展态势。党支部的建设与学科建设和专业教学紧密结合，并不断加强相互融合，旨在形成一个整体，达到"一融双高"的目的。根据学院专业特色、研究生数量等因素，学院党委以学科专业为基础、以导师团队为依托纵向设置了研究生党支部。纵向设置的党支部扩大了学生党组织覆盖面，同时增强了导师立德树人的核心功能。研究生党支部结合课题组和实验团队特色、技术特长、服务能力等优势，积极打造党支部品牌，但同时在其建设实践中仍存在以下不足。

（一）党员的队伍建设需进一步加强

部分研究生在党的基本理论知识和实践经验方面存在着明显的不足。这具体表现为：对党的理论理解不够深入、对党的历史和传统了解不够全面、对党的性质和任务认识不够准确，以及在学习和工作中缺乏足够的实践经验；个别党员身份意识、责任意识不强，组织观念淡薄。这些不足的产生原因可能是多方面的。一是对推优和发展党员的评价标准更侧重学业、学术成果和群众基础，政治、思想的考察不突出；部分学生在校发展成为党员的时间不长，理论学习和实践教育不足。二是研究生党支部成员在入党以后没有持续系统地接受党的理论教育和相关培训，或者在学习的过程中缺乏足够的指导和帮助，导致他们对党的理论和实践经验理解不够深入。三是一些研究生党支部成员对党的理论和实践经验缺乏自我学习和自我提高的动力，导致他们在学习和工作中无法取得足够的实践经验。此外，随着网络新媒体的蓬勃发展，面对西方文化的渗透和资本主义价值观与社会主义核心价值观之间的碰撞，若学生仅注重个人知识的增加，而忽视道德品格修养，则会对研究生党支部的建设和发展产生一定的负面影响。

（二）党务工作队伍质量不稳定

研究生党支部委员的人员组成相对不稳定，支部书记和委员的更换频率较高，党务工作队伍素质不能长期保持稳定。研究生与本科生在学习方式上存在明显的区别。研究生是通过参与导师课题组与实验室的科研实践，对学习内容进行深入研究，其在空间与时间分配上具有较高的分散性。相对于本科生，研究生的学业压力更大，他们将主要精力投入到实验室科研训练之中，参与集体活动的时间相对较少，与党支部建立联系并熟悉党支部成员的过程也需更长时间。在建立群众基础上，熟悉党务工作的学生才可以参与党支部委员竞选。党支部委员大多由硕士阶段的二年级研究生担任，而这些学生在硕士三年级将面临毕业论文撰写、毕业答辩和就业等多重压力，因此党支部委员通常会在毕业前三个月申请辞职。如果支部未到换届时间，则需启动补选程序更换支部委员。党支部委员的工作刚进入正轨就要交接给下一任委员，这种状况会对支部工作的连续性和稳定性产生一定影响，不利于支部工作的长期规划和实施。

（三）党支部活动质量有待提高

一方面，研究生党支部举办的活动内容依然较为单一，主要是"三会一课"和主题党日等理论知识学习和研讨。据统计，大部分学生党支部的组织生活主要采取重要讲话和文件精神传达学习、吸收预备党员等形式来开展，缺乏对青年学生党员心理和行为特点的认真研究，未能开展与他们特征相匹配的多样性的组织生活。[3]另一方面，研究生群体的分散性和党支部的组织生活的要求存在矛盾，影响了活动的频率和参与人数，削弱了活动的实效性和持续性，进而影响了党员对组织活动的认同感和参与活动的积极性。目前，党支部能做到自觉开展志愿服务活动，有时还大胆走出校园，深入社区、街道进行符合实际需求的志愿服务活动，展现出研究生党支部积极向上、服务大众的良好形象。但在策划和组织活动的过程中，并未对活动的核心价值进行深入探讨，也未全面梳理党支部在学校和地方合作实践中的关键作用，导致活动的实际效果不明显，有待进一步优化。

二、加强高校研究生党支部建设的策略

2021年中共中央印发《中国共产党普通高等学校基层组织工作条例》，对高校基层党组织工作作出全面规范，成为新时代高校党的建设的基本遵循。[4]下面将结合高校研究生党支部的特点，分析加强高校研究生党支部建设的策略。

（一）加强党员政治思想教育

政治建设和思想建设是党的根本性建设、基础性建设。政治建设决定党的建设的方向和效果，思想建设是解决好党员世界观、人生观和价值观的问题。在党支部建设过程中，必须以党的理论知识和先进性成果为坚实的支撑。通过举办系列的专题教育活动，以及组织各类针对学生党员的讨论会，

加强对党员的思想政治教育工作。[5]应重视党史学习，党史学习对于理解党的发展历程、提高思想觉悟、增强党性修养等方面具有重要意义。在党史学习过程中阅读党的历史著作、文件、传记等，了解党的发展历程、重大事件和重要人物；观看党史题材影视作品，如《建党伟业》《建国大业》等党史题材的影视作品，了解党的光辉历程；撰写学习心得和体会，对自己的思想进行反思和总结并将学习党史的成果应用到实际工作中，不断提高自己的政治觉悟和业务能力，学以致用。在思想政治教育中引入中华优秀传统文化，中华优秀传统中的家国情怀、人本主义在党支部思想理论建设中有助于党员树立爱党爱国的理想信念，关注人的全面发展。

建设学习型党支部，将学习作为提高党员素质、增强党性修养、提升党组织凝聚力和战斗力的重要手段。党支部制订学习计划，明确学习内容、时间、形式等，确保学习活动的有序进行。应结合实际，创新学习形式，如开展专题讲座、举办读书会、组织观看教育片等，激发党员的学习兴趣。建立学习考核制度，对党员的学习情况进行定期检查，对表现优秀的党员给予表彰，对学习不积极的党员进行督促和帮助。营造良好的学习氛围，鼓励党员之间相互学习、交流心得，以提高学习效果。将学习与实际工作紧密结合，通过学习解决工作中遇到的问题，提高工作效率和质量。

关注积极分子培养，及时进行理论学习，通过组织参加支部活动、党员团员互助学习等途径对入党积极分子进行重点教育培养。定期对入党积极分子进行全面审查，关注他们的实际表现，包括对国家政策法规的认知情况、参与党组织活动的积极性，以及是否积极向党组织靠拢。同时，鼓励入党积极分子在学习生活中主动担当，为集体利益作出贡献。组织入党积极分子参加志愿服务活动，让他们在实践中锻炼自己、提升个人能力。为入党积极分子提供一个全面、系统的培养和教育环境，帮助他们尽快成长为合格的党员，确保党的事业后继有人，确保党的发展永不停歇。此外，还需要将实践教学环节与社会生活相结合，以提高其学习培训的效果，并提升他们的能力水平。

（二）加强支委班子建设，完善考评制度

研究生党支部的学生流动性相对较强，在党支部建设过程中，党支部书记的选拔和培养显得尤为关键。在支委班子的选任方面，应充分考虑党员的意愿，坚持公平、公正、公开的原则，确保每位支委成员都具备良好的政治素养、业务能力和道德品质。明确各支委成员的职责分工，各支委成员应根

据自己的特长和优势,明确各自在支部工作中的职责,确保支部工作的高效运转。同时,要加强各支委成员之间的沟通与协作,形成合力,共同推动支部工作的开展。此外,建立支委班子梯队建设机制至关重要。要注重培养年轻党员,为新生党员提供更多的锻炼机会,使他们在实际工作中不断成长。[6]定期组织支委班子成员参加党性教育、业务培训、团队建设活动等,提高班子成员的政治觉悟、业务能力和团队协作能力。在支委班子的建设过程中,要发挥党支部委员的模范作用,鼓励他们带头学习、勇于创新、以身作则。这样不仅可以提高整个党支部的凝聚力,还可以形成一种积极向上的良好氛围。完善考评制度,建立健全支委班子成员的激励机制,对工作成绩突出、表现优秀的成员给予表彰和奖励,激发工作热情;同时,应关心班子成员的工作和生活,为其创造良好的工作环境。建立健全支委班子成员的绩效考核制度,将党建工作、业务工作、党风廉政建设等方面的业绩纳入考核范围,确保考评制度科学、公平、合理。加强对支委班子成员的监督,确保工作的规范性和实效性;上级党组织还要加强对支委班子的指导,确保各项工作顺利推进。

(三)创新支部活动形式,完善平台建设

目前,一些党支部的组织生活质量较低,实效性不足,这已经成为党支部建设缺乏活力、凝聚力的一个重要原因。这一问题还可能进一步降低党员的积极性和创造力,影响党的理论学习和教育效果。为了解决这一根本性的问题,学院党委需要搭建一个多元化的活动平台,创新组织机制,优化体系结构和活动方式。在平台建设方面,打造一个集学习、交流、实践于一体的综合平台。这个平台不仅需要提供各种学习资源,还需要设立互动社区,鼓励党员之间开展互动交流。通过这种方式,促进提高党员的理论素质,增强其实践能力。在活动方式的设计中,既要关注理论素质的提高,又要注重实践能力的培育。例如,可以组织多样化的活动,如研讨会、座谈会、辩论赛、知识竞赛等,以激发党员的积极性和参与度;鼓励党员参与志愿服务活动,如支教、环保等,培养党员的社会责任感和使命感;通过创新支部活动形式和完善平台建设,助力提高党员的团队协作能力,增强学习效果,激发党员的积极性和创造力,提高党的凝聚力和战斗力。这对于推动党的事业发展具有重要意义。

利用网络平台,开展线上党课、网络直播、短视频等形式的党建活动,提高党员的参与度和兴趣。随着互联网技术在各个领域的应用,大数据时代

已然悄然来临，党建工作要主动提升自身的新媒体技术，充分挖掘并利用网络平台优势建立智慧型党建系统，实现新形势下党建工作与新媒体的融合共促，搭建学生党员沟通交流的平台，以提高党员的学习效率和参与度，进一步提升党建工作的创新力。[7]

研究生党支部通过深入挖掘学科特点和专业特色，寻找学科和党建工作的有效切入点，创新思路，在实践中不断探索，为支部党员提供了更广阔的发展空间。在深入分析学科特点和专业特色的基础上，支部党员充分发挥学科特色在党建工作中的作用，使学科优势和党建工作有机融合。同时，提炼和运用科学有效的党建方法和工作策略，为进一步推动学科和党建工作的深度融合提供了坚实的保障。

为了实现学科和党建工作的深度融合，党支部积极探索以学科为基础的党建工作模式，开展具有学科特色的党建活动。例如，组织开展学术交流活动，让党员在学术交流中互相学习、共同进步，从而提高党员的政治觉悟和业务能力。此外，党支部还注重发挥党员的专业优势，鼓励党员在学科领域发挥先锋模范作用。通过开展党员课题研究、学术论文撰写等活动，支持支部党员在学科领域取得新成果，为党支部的工作注入了新的活力。在党支部的引领下，学科和党建工作的有效结合为研究生党支部的各项工作带来了新的突破。这种结合不仅推动了党员的学术研究工作取得新进展，还为党支部的建设和发展注入了新的动力。通过这种结合，研究生党支部不断加强自身建设，提高组织力和凝聚力，为推动各项工作取得新进展打下了坚实的基础。

（四）加强党支部与学院、导师、学生的联系，形成良好的育人环境

深化党支部与学院、导师以及学生之间的紧密联系，形成良好的育人环境，同时加强党支部与社会的联系，提高党支部的影响力。坚持落实服务学习理念，优化党支部与学院、导师、学生的互动机制，以此达成人才培养的效果。每个党支部是教育者与学习者学习知识和创新技术的温馨园地，支部可以成为积极参与课堂学习和探索前沿理论的动力源泉。导师通过精心授课、专业指导、生活引领和创新教育引导学生形成严谨求知的求学态度。

党支部成员需要具备与时俱进的创新能力，这对一个组织和一名成员来说都非常重要。为此，党支部在社会影响力的拓展上必须紧跟时代步伐，关注时事，掌握国家重大政策变化，通过不断扩大组织参与各种创新挑战赛，使党组织保持鲜活的精神风貌。与企业紧密合作，提供企业培训方案，促进

科研成果转化,从而增加党支部的公信力和影响力。这都使得党支部具备社会参与性,积极与时代保持着最紧密的联系。

三、结语

在新时代背景下,高等教育体系的党组织架构构建需要多元力量的综合推动。高校党建作为一项系统性工程,党的建设总体布局以党的政治建设为统领,形成党的政治建设、思想建设、组织建设、作风建设、纪律建设相促进的有机整体。[8]高校学生党支部建设所体现的整体性,既贯穿于党的建设全过程,亦表现在其各个建设层面。在高校学生党支部的建设过程中,不仅需要依赖制度的规范与执行,亦需依靠学生党员的主体觉悟与努力。在制度层面,党组织的意识形态深度,是决定组织架构稳定性的关键因素。因此,必须在意识形态建设上持续深化,以增强党组织的凝聚力和战斗力。同时,关注学生党员的个人成长与发展同样重要,因为学生党员是党组织的核心力量,其觉悟与努力对党支部建设具有决定性意义。

虽然党组织的战斗堡垒作用与党员的先锋模范作用尚有待进一步完善,但已着手采取相应措施,针对性地进行改进。这些措施包括:加强党的全面领导,进一步优化高校研究生党支部结构,提升党组织的战斗力和凝聚力;通过多种途径增强党员的先锋模范作用,为中国共产党基层党建工作作出贡献。通过这些举措,旨在构建一个更加稳固、充满活力的党组织架构,以更好地服务于高等教育体系的发展与建设。期望通过党组织架构的完善,进一步发挥党组织的战斗堡垒作用与党员的先锋模范作用,推动中国共产党基层党建工作持续进步。

参考文献

[1] 习近平指出,中国特色社会主义进入新时代是我国发展新的历史方位. [EB/OL]. (2017-10-18) [2022-5-24]. https://www.gov.cn/xinwen/2017-10/18/content_5232625.htm.

[2] 张茂林. 研究生党建质量提升的现实困境与超越 [J]. 学位与研究生教育, 2019 (5): 56-61.

[3] 吴素红,陈庆宾. 高校学生党支部建设现状与质量提升策略研究 [J]. 高教学刊, 2023 (10): 89-92.

[4] 王玉平. 党的十八大以来高校党建的时代特征与实践理路 [J].

学校党建与思想教育,2022(15):40-43.

[5] 陈虹.高校学生党支部建设创新问题和建议[J].教育科学,2022(4),13-16.

[6] 杨建敏,赵放辉,郑珊珊.高校研究生党支部建设长效机制的探索[J].学校党建与思想教育,2023(2):39-41.

[7] 郭辉.高校学生党支部建设的发展现状及优化路径[J].党建工作,2023(3):15-18.

[8] 赵云龙.新时代高校学生党支部建设研究[D].重庆:四川外国语大学,2022.

算法公平与"公平"算法

——算法推荐系统在思想政治教育中的应用探讨*

陈思静

摘要：算法推荐系统在思想政治教育领域广泛运用的同时也带来了一系列的冲突。尤其是算法偏见和歧视已成为算法推荐系统在思想政治教育领域运用实际中的突出风险。本文旨在厘清算法推荐系统的相关概念，探究算法推荐系统所蕴含的哲学之思，分析算法推荐系统在思想政治教育的应用现状，以及探究算法偏见和算法歧视对于思想政治教育所带来的风险。

关键词：算法推荐系统；算法的公平性；思想政治教育；算法偏见；算法歧视

近年来，人工智能（AI）作为一种基于大数据和机器学习的认知技术，已经在各个领域展现出强大的能力和潜力。在思想政治教育领域，基于受教育者的个体特征、学习记录和行为反馈，人工智能通过算法分析和预测，不断赋能思想政治教育的发展。但不可否认的是，算法推荐系统在思想政治教育领域广泛运用的同时，也带来了一系列的冲突。尤其是算法偏见和歧视已成为算法推荐系统在思想政治教育领域运用实际中的突出风险。什么是"公平"的算法以及算法如何保证公平，成为学术界和业界的关注焦点。本文拟在厘清算法推荐系统的相关概念、所蕴含的哲学之思以及分析算法推荐系统在思想政治教育的应用现状，重点探究算法偏见和算法歧视所带来的潜在的风险，以期为算法推荐系统在思想政治教育领域的应用以及发展提供一些有益的思路和参考。

一、追本溯源：算法推荐系统的概念厘清

习近平总书记曾多次强调人工智能在教育领域发挥的作用，他指出：

---

* 本文在 2023 年广东高校思想政治工作优秀论文征集活动中获评优秀奖。

"把握全球人工智能发展态势，找准突破口和主攻方向，培养大批具有创新能力和合作精神的人工智能高端人才，是教育的重要使命。中国高度重视人工智能对教育的深刻影响，积极推动人工智能和教育深度融合，促进教育变革创新，充分发挥人工智能优势，加快发展伴随每个人一生的教育、平等面向每个人的教育、适合每个人的教育、更加开放灵活的教育。"[1]思想政治教育本质是对价值观的传递和培养。探析算法推荐系统在思想政治教育领域中的应用，首先要厘清算法推荐系统和价值观之间的关系以及算法公平性的理论溯源。

（一）算法的公平：算法推荐系统可持续发展的关键因素

算法的公平性是指确保算法在设计和应用过程中应当避免对特定群体产生不公平的歧视，确保所有人在使用算法决策或服务时，能够获得公正和平等的对待。而"公平"的算法则是基于公平、公正和非歧视等价值观和原则，作为指导算法设计和实践的基础，以确保其符合社会主流的道德准则和价值标准。

算法推荐系统是通过分析用户的行为，利用特定的算法和模型，为用户个性化地推荐相关的内容、产品或服务的系统。它的目的是根据用户的兴趣、偏好和行为，帮助用户发现并提供他们可能感兴趣的信息，以提供更好的使用体验和个性化的服务。在实际应用过程中，算法推荐系统主要通过收集用户行为、兴趣和偏好等相关数据，再将这些数据进行处理和清洗，以提取有用的特征并消除噪声，并且根据用户的特征和行为数据，利用机器学习、深度学习或其他相关算法和模型进行计算，从而生成推荐结果，将与用户最相关和最感兴趣的内容呈现给用户。此外，在呈现推荐结果时，还可以根据用户的偏好和场景等因素，进行个性化的排序和展示。

算法推荐系统在运行中，不可避免会涉及在决策过程中对待不同群体和个体如何保持公平性与平等性，即保持算法的公正性这一问题。具体来说，算法公平性主要包括了无偏性、公平与平等、可解释性以及反馈和改进机制。首先，算法不应基于种族、性别、年龄、宗教信仰或其他个人特征进行偏向性的决策，要保证算法的无偏性。其次，算法应以公平的方式对待不同群体或个体。这意味着无论群体的特征如何，算法对决策过程和结果的影响是公正的、平等的。再次，算法的公平公正意味着算法的决策过程是可靠、透明和可信的，这就要求算法应该能够解释其决策的依据和原因，使受影响的个体或群体能够理解为何得出特定的决策。最后，算法应具备反馈和改进

机制,允许受影响的个体或群体提供反馈,并对算法进行改进以提高公正性。这有助于纠正潜在的不公平或偏见,并逐步提高算法的公平性。算法公平性是保障算法推荐系统正常运行、用户参与、社会认可和持续发展的关键因素之一。通过关注算法公平性,可以提高用户满意度,增加用户参与度,增强算法推荐系统的可信度和可持续性。

(二)"公平"的算法:价值观影响下的算法推荐系统

"公平"的算法实质上是受价值观的制约和影响的。算法的设计、决策规则、内容推荐以及对受教育者的影响都必须考虑到相关的价值观和原则。

一方面,算法设计本身受到价值观的深刻影响。算法推荐系统的设计需要基于明确的价值观和原则来指导。不同的价值观和原则会对算法的工作方式和决策规则产生影响。具体来说,在思想政治教育过程中,如果教育的目标强调多样性和包容性,那么算法会设计为提供不同观点和意见的推荐结果,以促进受教育者接触到不同的观点和思想;而如果教育目标是关注受教育者的自主选择权和个性化体验,那么算法将侧重于提供符合受教育者兴趣和偏好的个性化推荐。

另一方面,价值观会直接影响到推荐结果的内容。在思想政治教育领域,算法推荐系统的目标是为受教育者提供有价值的内容和信息,而不同的价值观会对推荐结果的内容产生影响。如果受教育者关注道德伦理和公共利益,则算法可能会更倾向于推荐符合道德准则和社会责任的内容;如果受教育者注重多样性和创新,则算法可能会推荐更具挑战性和不同寻常的内容。由于不同的价值观导致算法会根据受教育者的个人偏好和系统的设定,优先推荐符合其价值观和兴趣的内容。同样的,如果算法的推荐结果与受教育者的价值观相悖,受教育者可能会对算法产生不信任或抵制。

二、价值寻根:算法公平性的哲学意蕴

(一)个体平等是社会公正和道德价值的基础

平等原则是算法公平性的关键原则,对于确保算法公平性至关重要。对平等原则的深入讨论和发展可追溯到伦理学、政治哲学、社会正义理论等学科领域。在古希腊哲学中,柏拉图和亚里士多德等思想家就提出了关于平等的思考。他们不仅关注个体之间的平等,还重点关注了公民权利的平等和政

治制度的公正性。他们认为,平等并不意味着对待每个人都一样,而是根据每个人的价值、品德和功绩给予他们应得的待遇。公正的原则应该是根据个体的特征、表现进行评估和决策,确保每个人都能得到公正和平等的对待。在现代社会和政治哲学中,众多哲学家提出了关于平等原则的发展和深化的思考。其中,启蒙思想家如伏尔泰、卢梭、康德等提出了个体平等的概念,认为每个人都应该享有平等的权利和机会。他们对个体平等非常重视,强调人人生而平等,并主张每个人都应该享有自由、尊严和权利,而不应受到不当的剥夺或压迫。随着社会正义的议题逐渐凸显,社会学家和哲学家开始探讨平等原则的更深层次意义。从约翰·洛克的个人权利到约翰·罗尔斯的正义,在不同层面和不同角度构建了对平等原则的不同诠释与发展。约翰·洛克认为,个人权利是每个人天生具有的,不可被剥夺或侵犯,包括生命、自由和财产的权利。政府的存在是为了保护这些权利,并应依靠人民的同意和合法赋权行使职责。个人权利的限度在于不得侵犯他人的权利和利益,以维持公共秩序和公正。约翰·罗尔斯主张,正义不仅仅是关注结果的公正,更注重于建立公正的社会制度和机制。[2]他提出了"原初情境"思想实验,主张在决定社会制度时,应当忽略个人的特定境遇和身份,追求公正性;他强调每个人都应该享有平等的基本自由权利,并提倡社会对于最弱势群体的特殊关照;同时,他还认为正义要求调整不平等的资源分配,推动社会的公正和机会平等。这些理论思想对于算法推荐系统的公平性原则产生了深远影响。

(二)算法公平要以社会的整体福祉和公正公平为考量

要保证算法公平性,需考虑整体社会的公共利益和公共价值观,即在公共利益原则下,算法设计和应用需要追求社会的整体福祉和公正,促进社会的公平、平等以及和谐发展。多位哲学家在不同的时期提出了类似的公共利益原则。托马斯·阿奎那在中世纪基督教哲学中倡导了公共利益原则。他提出,人们应当以社会整体的福祉为导向,合理与公正地处理个人和集体的利益,以实现社会的和谐和进步。约翰·洛克在政治哲学中提出了社会契约论,强调政治权力的合法性来源于保护公共利益。他认为,政府的目的是维护人们的权利和公共福祉,而非个人或特定群体的私利。[3]杰里米·边沁在功利主义伦理学中强调追求最大化的幸福或最大化的公共利益,他主张在决策和行动中应当考虑和平衡不同利益,以实现整体的最大幸福。约翰·罗尔斯在正义理论中提出了公正作为公共利益的基础这一观点,并认为公正原则

应当考虑社会中最弱势群体的利益、追求社会正义的最大化。公共利益原则的发展受到伦理学和政治哲学的深入研究和讨论。随着时代的变迁和社会价值观的演进，人们对公共利益的理解也在不断发展和扩展。公共利益原则强调在决策和行动中追求整个社会或公共群体的利益与福祉。它关注的是公众的利益，而非个体或特定群体的私利。在算法设计和应用中，追求公共利益意味着算法应当对整个社会产生正面的影响，不偏袒特定个体，避免对特定群体的歧视或剥夺。在这方面，公共利益原则促使算法设计者考虑公平性和公正性问题，并将算法的决策过程和结果置于整个社会的利益上。

（三）算法公平需关注弱势群体和个体的权益保护

通过算法提供特定的补偿措施，以减轻或弥补社会不平等所导致的负面影响，即实施补偿原则。算法应该关注社会正义的需求，提供特定的资源或措施以保护弱势群体的利益。补偿原则是由法国经济学家弗里德里希·米斯切尔在19世纪中叶的著作《经济学概论》中首次提出的。补偿原则指出在经济交换中，当一方损失一定的利益或资源时，应该得到适当的补偿以平衡交换的不平等性。这个原则基于公平和正义的观念，旨在确保交换双方的利益相对平衡。[4]在现代经济学中，补偿原则被广泛运用于各种经济活动和政策领域。补偿原则的发展经历了多个哲学家与学派的贡献和演变。补偿原则强调在剥夺或损害个体权益的情况下，通过给予合理的补偿来实现公平和正义。在算法设计和应用中，遵循补偿原则可以作为确保公正性的一个指导原则，通过合理的补偿和修复机制来推动公正算法的实现，确保算法的决策过程和结果对所有个体或群体是公平与合理的。

三、价值洞察：算法推荐系统在思想政治教育领域的应用

算法推荐系统在思想政治教育领域中已被广泛运用。通过引入这种系统，教育者可以更加全面、深入地了解受教育者的需求和兴趣，提供更加个性化、多元化的教育内容和服务。

（一）丰富思想政治教育学习资源，优化教学内容

算法推荐系统对于丰富思想政治教学资源，以及实现个性化学习和优化教学内容都具有重要意义。一方面，算法推荐系统可以根据受教育者的兴趣、学习历史等情况，向受教育者推荐符合其兴趣和基础的教育内容。在思

想政治教育领域，算法推荐系统通过推荐涉及道德、价值观和伦理问题的内容，引导受教育者对不同价值观的理解和思考。这有助于受教育者发展个体价值观、提升道德意识，并培养受教育者对社会和政治议题的责任感与决策能力。另一方面，教育者根据受教育者的特点和学习需求，通过算法推荐系统获取到丰富的教学资源，包括教学课程、案例分析、教学方法等，从而更好地设计和组织思想政治教育的教学内容，实现个性化的教学。

近年来，算法推荐系统在思想政治教育领域的现实应用情况逐渐增多。目前算法推荐系统主要是运用于在线学习平台、高校的教育项目、大型数字图书馆和数据库以及社交媒体和学术社区四个方面。第一，在线学习平台方面，如 Coursera、EDX 和国内的"学堂在线"等，已经开始采用算法推荐系统向学生推荐思想政治教育课程和资源。这些系统会根据学生的兴趣和需求，向其推荐相关的课程、论坛讨论和学习材料，提供个性化的学习体验。第二，国内外一些高校教育系统也开始尝试应用算法推荐系统来丰富教学资源和优化教学内容。在麻省理工学院（MIT）的教学实验室项目中（Teaching Systems Lab），通过算法推荐系统为教师提供个性化的教学建议和资源推荐，并帮助教师更好地设计和实施相关的课程。斯坦福大学在其"Open Knowledge Initiative"项目中，利用算法推荐系统为学生提供个性化的学习资源和活动推荐。算法推荐系统在国内高校也开始得到应用，国内一些高校开始尝试应用算法推荐系统来优化思想政治教育。清华大学的"清华学堂 Online"、北京大学的"学堂在线"、上海交通大学"超级迷你 MOOC"等学习平台，利用算法推荐系统为学生推荐思想政治教育课程和学习资源，学生可以根据自己的兴趣和需求，获得多样化的学习内容和学习体验。第三，一些大型数字图书馆和数据库如国家图书馆、学术期刊数据库和在线文献资源，也运用算法推荐系统来提供个性化的学术资源推荐。学生和教育者可以通过这些推荐系统获得与思想政治教育相关的最新研究成果、重要期刊文章和相关领域的学术讨论。第四，部分网络社交媒体和学术社区如 Research Gate 和 Academia. edu，也开始采用算法推荐系统向学生和研究者推荐相关的学术资源和科研成果。学生和研究者可以通过这些系统发现与他们研究方向相关的新闻、论文和研究团队。

（二）提升受教育者的参与度，引导交流和讨论

在线社交平台、电子图书馆、学术搜索引擎和智能辅导系统通过算法推荐系统极大地提升了受教育者的参与度。在社交媒体平台或在线论坛中，通

过推荐具有争议性话题或具有公众关注度的内容，引导受教育者参与讨论和辩论，激发受教育者的兴趣，促进受教育者之间以及教育者和受教育者之间的交流和讨论，加强互动性和参与性。

例如，当微博平台上某个具有争议性或者公众关注度高的话题出现时，算法推荐系统可以将相关的帖子、评论和讨论推送给用户。这些推荐内容可能涉及社会事件、时事问题、科技热点等各种话题，既包括观点不同、立场有冲突的内容，也包括一些具有影响力或专业背景用户的意见和评论。用户可以在主页或者搜索结果中看到这些推荐内容，并有机会参与讨论，表达自己的观点，发表评论或者转发帖子。其他用户也可以对该用户的观点进行回复、点赞或反对，形成有深度的讨论和辩论。深受年轻人喜爱的 B 站（哔哩哔哩）是一个以动画、游戏、影视等为主题的在线视频分享平台，通过算法推荐系统，将用户感兴趣的内容推荐给他们。其中包括一些具有争议性或公众关注度高的话题，如关于热门动画、游戏或电影的评论。这样的推荐激发了用户对特定领域的兴趣，并且为用户提供了分享意见和互动讨论的平台。还有的是分享社区和微笔记，用户可以在平台上发布与各个领域相关的文章、观点和研究成果。通过算法推荐，用户能够看到一些具有争议性或高关注度的话题，如科学研究的争论、新闻事件的分析等；同时，用户还可以在感兴趣和关注的文章下方进行讨论和评论，与其他用户进行交流和辩论，分享自己的意见，更加深入地了解其他人的观点，促进交流和参与，从而拓宽视野和知识面。类似的情况也可以在 X、Reddit 等国外社交媒体平台和知乎、豆瓣等国内社交媒体平台或在线论坛中观察到，算法推荐系统会将具有争议性或公众关注度高的话题推荐给受教育者，引导受教育者参与讨论和交流。

（三）分析受教育者的情绪和反馈，有效进行舆论监督

一方面，算法推荐系统可以通过分析受教育者在学习过程中的情绪和反馈，提供相应的情绪监测与干预措施，这有助于教育者更好地了解受教育者的学习状态和情绪，为其提供适当的支持和帮助。在思想政治教育领域，算法推荐系统可以通过分析受教育者的学习数据、行为和反馈等信息，从中了解受教育者的学习状态和情绪，进而提供相应的情绪监测和干预措施。这有助于教育者更好地了解受教育者的需求和问题，及时展开有效的教育干预措施。算法推荐系统可以识别受教育者在学习过程中显示出来的情感和情绪状况，如兴致高涨、挫败感、沮丧、疲惫等。算法推荐系统在对这些情感情绪

进行监测和分析的基础上提供相应的干预措施，例如，在学习材料或任务方面做出调整，提供一些积极的鼓励和支持，提供一些富有趣味性的学习资源，提供专业的咨询和辅导，等等。[5]此外，算法推荐系统还可以识别受教育者在学习过程中的学习感受和习惯，如学习习惯、时间安排和投入程度等。算法推荐系统通过分析这些数据进而提供一些有针对性的建议和指导，例如，如何规划学习时间、如何合理分配任务、如何提高学习效率等。这些干预措施可以帮助教育者更好地了解受教育者的学习情况并进行有效干预，从而更好地提升受教育者的学习效果和体验。例如，全球知名的在线学习平台 Coursera、Udacity、Khan Academy 以及国内的网易云课堂和慕课网，都已经实现运用算法推荐系统来提供受教育者情绪监测和识别等情绪反馈，以提供更个性化和有效的教育支持。

另一方面，算法推荐系统能够对社会舆论和舆情进行监测与分析，通过对社交媒体、新闻、论坛等平台上的大量数据进行监测和分析，教育者可以通过算法推荐系统获取受教育者对于政治事件、政策的讨论和意见反馈，了解受教育者思想倾向和诉求，从而更好地进行引导和教育。[6]算法推荐系统通过提取社交媒体和网络媒体中与政治事件和政策相关的关键词跟话题，或是在对舆情和观点的分析基础上，推荐一些相关的讨论和辩论资源，如文章、论坛帖子、社群话题等，以受教育者在某些政治事件和政策上表达的观点及立场为切入点，深入了解受教育者的思考方式和价值观，从而更好地助力教育者进行思想引导和教育。

四、现实困境：算法偏见和歧视对思想政治教育带来的冲突及挑战

算法推荐系统在思想政治教育领域被广泛运用的同时，在工作方式、数据选择和处理等方面，存在着潜在的偏见和歧视因素，如性别、种族、政治观点等，因而发现和探讨这些偏见与歧视可能对思想政治教育的质量跟效果产生何种的消极影响就具有了重要的现实意义。

（一）信息过滤陷阱导致自我验证偏见

在人工智能算法方面，算法偏见的产生主要根据人为干预过程可以分为两种类型，分别是半自主式学习和自主式学习。半自主式学习可以理解为，机器在算法加持下进行临摹，对数据进行感悟。因此，"喂"给程序是否被

污染过的数据对于最后结果的形成至关重要。[7] 在思想政治教育领域，算法推荐系统如果根据用户的历史行为和喜好反复展示符合其已有观点的内容，受教育者将面临信息获取的偏差和局限，缺乏对多样观点的了解和评估，陷入自我验证偏见的循环中。这将限制受教育者接触和理解不同的观点，以及对自身观点进行挑战和调整的能力。算法推荐系统一方面倾向于展示与受教育者观点相符的内容，进而加强受教育者的固有思想和立场，这可能导致受教育者只接触、接受和验证符合自身观点的信息，而忽略其他观点，从而限制了其对多样观点的理解和接纳能力；另一方面，可能传递和强化特定的价值观念或政治立场，导致受教育者接受偏见和不公正的观点，极大地削弱受教育者的批判性思维和多元化思考能力。

（二）知识碎片化难以形成全面的思想政治素养

算法推荐系统常常将受教育者的注意力限制在个性化的内容推荐上，思想政治教育领域的知识和思维呈现出碎片化的状态，导致受教育者只接触到相关性较高的碎片化知识。

算法推荐系统可能会导致受教育者的注意力过度集中在个性化的内容推荐上，而忽视了对思想政治教育知识体系的全面理解和系统性思考能力的提升。由于算法推荐系统只是根据受教育者的历史行为和兴趣爱好来推荐相关内容，因此它很可能会忽略掉一些重要的思想政治教育知识体系中的其他内容，从而导致受教育者的知识结构不够完整和系统。同时，算法推荐系统可能会导致思想政治教育领域的知识和思维呈现出碎片化的状态。由于算法推荐系统只是根据相关性来推荐内容，因此它很可能会将思想政治教育领域的知识和思维拆分成一个个独立的碎片，而忽略了它们之间的联系和内在逻辑。这种碎片化的知识与思维方式可能会削弱受教育者对思想政治教育知识体系的全面理解和系统性思考能力，从而影响其形成综合性的思考和判断能力，难以形成全面的思想政治素养。

（三）社会分化与极端化加剧群体对立和冲突

算法的不公正可能加剧社会分化和极端化。如果算法将受教育者分组并定位在特定的思想政治群体内，可能导致不同群体之间的对立和冲突加剧，阻碍不同群体之间的理解和协作。

首先，算法可能会根据一些表面的甚至可能是偏见的标准将人们进行分类和定位，如根据受教育者的某些网络行为或言论将其归入某一特定的群体。这样的分类可能过于简化甚至扭曲了受教育者的真实思想和立场，容易导致误解和偏见。其次，当算法将受教育者定位在特定的群体中时，可能会加剧不同群体之间的对立和冲突。算法推荐的内容往往只反映了某一群体的观点和立场，而忽视了其他群体的声音。这可能导致受教育者对其他群体的误解和敌视，从而加剧了社会的分化。最后，算法的这种不公正可能会阻碍不同群体之间的理解和协作。因为受教育者只接触到自己群体的观点和立场，他们可能会排斥甚至无法全面理解其他群体的思想和立场，从而无法有效地进行交流和合作。这可能会导致社会的极端化，使不同群体之间的对立和冲突更加严重。

（四）泄露个人信息和隐私导致信息安全风险增加

算法在思想政治教育中的不公正可能涉及受教育者个人信息的收集和使用，这可能引发受教育者个人隐私和权益受侵害的风险。受教育者和其他相关利益方的个人信息可能被用于算法推送特定类型的内容，可能会牺牲受教育者的个人隐私和自主性。算法推荐系统需要收集和分析大量的受教育者个人数据，以便更好地推荐内容。然而，这涉及受教育者的个人隐私和信息安全问题。滥用个人数据可能会导致受教育者的隐私权被侵犯，或者数据泄露导致信息安全风险增加。

第一，为了提供更个性化的内容推荐，算法推荐系统通常需要收集和分析大量的受教育者个人数据，包括他们的浏览记录、搜索历史、个人信息等。这些数据极为敏感，因为它们包含了受教育者的个人隐私和个人信息。如果这些数据被不当使用或泄露，受教育者的隐私权就可能会受到侵犯，给他们带来严重的伤害。第二，受教育者的个人数据还可能被用于算法推送特定类型的内容。这意味着，受教育者的个人信息和隐私可能会被用来影响他们的思想和行为。这种做法不仅牺牲了受教育者的个人隐私和自主性，而且可能会导致他们接触到一些不适当或有害的内容，对他们的身心健康产生负面影响。第三，滥用个人数据还可能会增加信息安全风险。而相关法律的缺失，极大地增加了这一风险。正如尼葛洛庞帝所言"原子世界与数字世界有很大的不同，原子世界制定的法律体系一旦进入数字世界，就像刚捕的鱼被扔在了船的甲板上一样"[8]。如果受教育者的个人信息被泄露或被不法分子利用，他们可能会面临各种信息安全威胁，如身份盗窃、网络欺诈等。这些风险可能会对受教育者的隐私和财产权益产生重大影响。

在马克斯·韦伯看来，机器的规则比人的规则更科学客观，因而也更公

正。现代社会日益增长的理智化和理性化是一种信念，即任何时候只要我们想了解就能够了解一切信息和内容，原则上没有任何不可知的神秘物，人类可以通过计算支配万物。同时在 20 世纪盛行的行为主义的观点认为，人类的心智脆弱且充满缺点，未能充分考虑到更大的替代选择架构，因此容易做出不理性的选择。20 世纪末以来，这样的认识随着计算机和统计证据的普遍应用而得到了强化——算法的客观认知优于专家的主观判断。不可否认，在这样的背景下，算法系统被大量地运用，但同时也要警惕算法推荐系统带来的风险，尤其是对思政教育带来的风险。算法公平与"公平"算法同样重要。推动算法系统在思想政治教育中的实际运用，应对算法推荐系统对思政教育带来的风险需要全社会的共同努力和参与。通过增强受教育者的数字素养、审查和监管算法推荐系统、引入多元化和全面的内容推荐、强化教育者的引导和监督作用、推动算法公正性和透明度以及加强国际合作和交流等措施，能够有效地应对这些风险，并推动思政教育的健康发展。

参考文献

［1］习近平. 习近平向国际人工智能与教育大会致贺信［N］. 人民日报，2019-05-16（01）.

［2］张国清. "正义是社会制度的首要价值"再议［J］. 社会科学文摘，2022（2）：27-29.

［3］李贝贝. 洛克伦理思想探究［D］. 上海：华东师范大学，2023.

［4］张甲秀. 和谐资本观批判：读巴师夏的《和谐经济论》［J］. 中共南京市委报，2008（3）：17-20.

［5］时慧琨. 一种基于长短期兴趣的推荐算法设计［J］. 电脑知识与技术，2023（25）：19.

［6］汤景泰，姚春. 计算宣传与社交媒体平台中的舆论操纵［J］. 探索与争鸣，2022（11）：10.

［7］姚璐，武政尧. 挑战与应对：人工智能与国家政治安全［J］. 中国信息安全，2023（7）：79-82.

［8］张林. 智能算法推荐的意识形态风险及其治理［J］. 探索，2021（1）：13.

马克思意识形态理论双重向度对我国高校思想政治教育话语体系建设的启示*

陈思静

摘要：马克思意识形态理论既是马克思主义唯物史观的重要组成部分，也是我国高校建构思想政治教育话语体系的理论依据。合理解读并运用马克思意识形态理论所蕴含的批判与建构的双重向度，对我国高校思想政治教育话语体系建设有着深远意义。

关键词：意识形态；马克思意识形态理论；批判与建构；思想政治教育话语体系

马克思意识形态理论贯穿于马克思主义唯物史观，是我国高校建构思想政治教育话语体系的理论依据。通过进一步了解马克思主义意识形态所具有的建构和批判的双重向度，对高校思想政治教育话语体系建设有着深远意义。

一、思想政治教育话语体系概念概述

（一）马克思"意识形态"概念解析

"意识形态"这一概念的历史只有200多年，但其复杂内涵却引发了持续至今的研究热潮。"意识形态"这一概念是法国哲学家多斯杜特·德·特拉西在《意识形态的要素》一书中首次明确提出的。他在阐释"意识形态"这一概念时指出，"意识形态"不具有任何褒义或贬义色彩，客观中性。黑格尔在《精神现象学》中赋予了"意识形态"一词更为丰富的内容，涵盖道德、宗教、哲学、文学等方面的内容，并指出："'认识、个体认识、理性'等思想在'精神状态'中，最后只能在'一定精神状态'中，才真正地被认识，实现了它的意义价值。"[1]在黑格尔的学说中，"意识形态"和

---

* 本文在2023年广东高校思想政治工作优秀论文征集活动中获评优秀奖。

"精神现象"拥有同样释义。

马克思虽未对"意识形态"作出具体的定义，但意识形态理论实则贯穿于马克思的全部理论和学说中，并在不断完善与发展。总结国内外专家学者诠释马克思主义意识形态范畴的理论研究成果，可以归纳出马克思从两个角度阐述了意识形态理论。

第一，从解释性的角度阐述意识形态。马克思把反映思想的社会意识看成是"观念上层建筑"的组成部分，也是社会整体结构的组成部分。他在《政治经济学批判〈序言〉》中提出"物质活动的方式影响了整个社会生活、政治活动和文化活动的过程。我们的认识由于生产环境、社会关系的不同而变化"[2]。他还在《路易·波拿巴的雾月十八日》中指出"在不同的占有形式上，在社会生存条件上，耸立着由各种不同的、表现独特的情感、幻想、思想方式构成的整个上层建筑"[3]。由此可以看出，马克思是从解释性的角度对意识形态进行了阐述。

第二，从否定批判的角度阐述意识形态。马克思在其学说中大部分情况下使用了具有否定意义的"虚假意识"来指代"意识形态"。当然这不是指"意识形态"本身需要被批判，而是马克思看到了资产阶级的意识形态带有虚假性和欺骗性。在其博士学位论文中，马克思以否定意义的视角论述了意识形态，"我们的生活需要的不是意识形态或空虚的假设，而是过安静的生活。正如生理学的任务一般是研究最主要的东西的原因一样，这里的幸福也是基于对天体现象的认识"[4]。在这里，马克思将意识形态等同于空虚假说，指明人们的实践生活需要的不是虚假、虚幻的意识，而是通过现象可以认识事物的本质，从而揭示规律的理论学说。同时，马克思也指出意识形态是"维护统治阶级其阶级制度的意识形态"[5]。

（二）思想政治教育话语体系的界定

第一，思想政治教育话语权。"话语权"概念首先由后现代主义代表人物福柯提出。他认为，有语言的地方就有权力，政治权力总是通过语言实现。在资产阶级制度中，统治者为捍卫自身的利益和执政的正确性，利用各种传播工具向公众传播自身的意识形态和政治立场，通过议程设置掌握舆论导向的权力。话语本身在享有运用"说话"的权力，以及在"说话"获得实际收益的权力同时，还掌控着在意识形态范围内对话语的支配权、主导权和主动权。关于对思想政治教育话语权的定义，国内有学者给出了明确的标准。邱仁富教授认为"思想政治的话语权主要是指教师在思想政治教育中

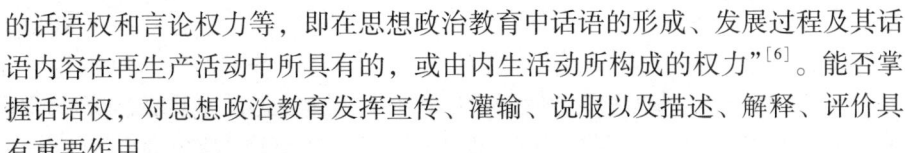

的话语权和言论权力等，即在思想政治教育中话语的形成、发展过程及其话语内容在再生产活动中所具有的，或由内生活动所构成的权力"[6]。能否掌握话语权，对思想政治教育发挥宣传、灌输、说服以及描述、解释、评价具有重要作用。

第二，思想政治教育话语体系和意识形态。思想政治教育是意识形态中的重要组成部分，因其直接作用于社会成员的思想道德，对阶级社会中每个阶级教育其成员都非常重要。无论是占统治地位的阶级，还是要推翻现有统治阶级成为未来统治阶级的其他阶级，一方面要提升属于本阶级思想意识的影响力，另一方面要减弱和消除对立阶级思想意识的影响。统治阶级唯有采取各种各样、不同形式的教育与培训，才能把这种带有强烈思想属性的统治理念、法制观念、哲学思想、道德观念变成社会的主导思想，变成全体社会成员承认、接受、执行的准则，从而实现整个国家社会思想的主导。因此，建构合理科学的思想政治教育话语体系关系到国家意识形态的安全，以及能否实现稳定的国家统治和有序的社会管理。[7]

（三）资本主义社会和社会主义社会思想政治教育话语体系建设

欧洲资产阶级革命后，资产阶级逐渐成为掌握政权的统治阶级。资本主义社会思想政治教育重拾理性与人性的旗帜，通过大力批判传统宗教思想，广泛传播新资产阶级思想，以此加强资产阶级的执政地位。资本主义社会思想政治教育话语体系建设呈现出三大特征。一是资本主义社会思想政治教育话语体系建设具有鲜明阶级性。资产阶级通过各种形式的思想政治教育和宣传，来实现和巩固其在意识形态领域的统治地位。从文艺复兴和思想启蒙运动时期猛烈的批判封建主义思想，到人文主义教育中以抛弃宗教教义为核心的教育模式，再到新时期各种主题多样的人文教育和德育教育，资产阶级在意识形态领域的控制力呈现出越来越强的趋势。二是资本主义社会思想政治教育话语体系建设具有一定的科学性。思想政治教育话语体系建设是基于思想政治教育话语内容。伴随着经济的高速发展，资产阶级思想理论教育话语也摒弃了宗教神秘主义、封建专制主义和经验主义，进一步走向科学化。特别是在历史发展的新阶段，西方国家思想政治教育话语内容回到教育本质，重视和发展人自身的智慧和才能。三是资本主义社会思想政治教育话语体系建设具有很强的隐蔽性和欺骗性。资产阶级将思想政治教育话语体系建设融入政治活动、宗教仪式、家庭教育、学科课程及社会服务中，通过宗教教育、道德教育、价值教育、民主教育和知识教育等多种形式"发声"，从社

会、学校和家庭生活等多个层面对青少年和社会成员进行渗透，具有很强的欺骗性和隐蔽性。

无产阶级的思想政治教育伴随着社会主义革命的建设而开展，是思想政治教育发展史一次质的变化，引导思想政治教育进入新时代。社会主义社会思想政治教育话语体系建设在发展中呈现出三大特征。一是社会主义社会思想政治理论教育话语体系建设中有着突出的导向性。社会主义社会的思想政治教育话语体系建设以马克思主义为主要理论依据，并带有强烈的社会主义意识形态性。二是社会主义社会思想政治教育话语体系建设具有广泛的覆盖性。恩格斯曾在《共产主义宣言》中指出"过去的一切运动都是少数人的或者为少数人谋利益的运动，无产阶级的运动是绝大多数人为绝大多数人谋利益的独立的运动"[8]。由此可见，社会主义社会思想政治教育话语体系建设中受教育主体是广大人民群众，同时话语体系建设的目标也是为广大的人民群众革命和社会实践服务的，具有广泛的覆盖性。三是社会主义社会思想政治教育话语体系建设具有较强的实践性。无产阶级思想政治教育话语体系的建构围绕批判资产阶级的各种错误思潮，围绕服务无产阶级革命实践来进行。"马克思主义提供的不是现成的教条，而是进一步研究的出发点和供这种研究使用的方法。"[9]社会主义社会思想政治教育以理论联系实际的方式进行宣传教育，从实践中来，到实践中去，是用以指导无产阶级的工作和生活。

二、马克思意识形态理论的双重向度

马克思从中立和否定两个角度来阐述意识形态，这就导致马克思意识形态理论具有两个不同维度：批判向度和建构向度，即蕴含着主要针对资产阶级意识形态的批判和对无产阶级意识形态的建构。

（一）马克思意识形态理论的批判向度

马克思意识形态理论揭示了资产阶级意识形态的隐蔽性和欺骗性：以代表"共同利益"为幌子，用以维护资产阶级统治的本质。资产阶级学者们以"生存"为理由，为"意识形态"建立了合理的理论支撑。美国学者安东尼·奥罗姆在《政治社会学》中指出："任何社会，为了生存下去……必须紧密地围绕保持其制度完整这个中心。"[10]资产阶级掌控政权后，同时也就掌控了社会意识形态的主导权，将资产阶级的"特殊利益"包装成全社

马克思意识形态理论双重向度对我国高校思想政治教育话语体系建设的启示

会的"共同利益",以此麻痹无产阶级,维护其统治阶级的合法性和正当性。工人阶级和广大劳动人民迫切需要科学的意识形态理论来揭露资产阶级意识形态的虚幻性和欺骗性,并指导无产阶级的革命和实践。

在哲学方面,马克思意识形态理论批判了黑格尔的唯心主义哲学。马克思在《黑格尔法哲学批判》中提出:"法的关系正像国家的形式一样,既不能从它们本身来理解,也不能从所谓人类精神的一般发展来理解,相反,它们根源于物质的生活关系,这种物质的生活关系的总和。"[11]马克思在《德国意识形态》中指出:"既然青年黑格尔派的幻想,人们之间的关系,他们的一切举止行为、他们受到的束缚和限制都是他们意识的产物,那么,青年黑格尔派完全合乎逻辑地向人们提出一种道德要求,要用人的、批判的、利己的意识来代替他们现在的意识,从而消除他们的限制。"[12]由此可见,黑格尔的历史观是唯心的,是完全脱离现实生活的,被人为地"神秘化"。

在政治经济学方面,马克思意识形态理论批判了资产阶级古典经济学。他批判了不少资产阶级古典经济学者们通过抽象的"经济人"假设,深入剖析了商品拜物教和资本拜物教,并把资本主义体制看作天然而合理的经济体制,承认资本主义经济规律的永恒性。马克思认为:"有了商品流通和货币流通,决不是就具备了资本存在的历史条件。只有当生产资料和生活资料的占有者在市场上找到出卖自己劳动力的自由工人的时候,资本才产生。"[13]古典经济学家们把资本物化,实质上是掩盖了资本家阶级和工人阶级根本对立的经济根源,资产阶级意识形态鼓吹下的"自由、平等、博爱"实质上是为了维护资本与雇佣劳动关系的绝对性和永恒性。

(二) 马克思主义意识形态哲学的建构向度

"建构"是马克思意识形态理论的另一种向度,指建构无产阶级的阶级意识,它以摆脱和消除资产阶级意识形态理论的影响为主,为无产阶级的革命和社会实践服务。

首先,马克思意识形态理论的建构具有社会历史性。马克思唯物史观中,历史并不能被随心所欲地创造出来,而需要人们在一定的现实和历史条件下,受客观条件制约继承性地创造。由此可见,无产阶级要作为世界历史的创造者,就需要摆脱资产阶级意识形态的影响,在既定生产力和生产关系的基础上去建构无产阶级意识形态。

其次,马克思意识形态理论建构的最终归宿是为了指导无产阶级革命和社会实践。马克思意识形态理论的主要功能是教育和启发无产阶级,指导无产阶级革命和社会实践。在《共产党宣言》中,马克思和恩格斯指出:"资产者唯恐其灭亡的那种教育,对绝大多数的人来说不过是把人训练成机器罢了。"[14] 列宁在《怎么办?》一书中指出:"工人本来也不可能有社会民主主义的意识。这种意识只能从外面灌输进去……而社会主义学说则是由有产阶级的有教养的人即知识分子创造的哲学、历史和经济的理论中成长起来的。"[15] 社会主义思想意识只能在深厚的科学知识基础上产生,而只依靠受到自身现实条件限制的劳动者根本无法自发地创造出维护自身利益的社会主义思想体系。

最后,马克思意识形态理论的建构立足于人民的共同利益。在马克思主义唯物史观视域下,资产阶级思想之所以"虚伪",是其明明代表的是"特殊利益"却鼓吹为代表全社会"共同利益"。马克思认为,只有能代表广大人民利益的意识形态,才能摆脱这种虚假性。在《共产党宣言》中,马克思、恩格斯就强调指出只有无产阶级才能实现"特殊利益"与"普遍利益"的统一,因为无产阶级的利益和全人类利益在根本上是一致的。

三、马克思意识形态理论对高校思想政治教育话语体系建设的启示

马克思意识形态理论所蕴含的批判和建构的双重向度对当前高校思想政治教育话语体系建设具有重要意义。一方面,在建构向度指导下,高校要形成符合我国特色的马克思意识形态理论的话语体系,捍卫马克思主义话语权;另一方面,要正确认识和了解批判向度,抵制西方话语霸权,掌握思想政治教育话语主动权和领导权,防止各种错误和腐朽思想的渗透与影响。

(一)建构中国特色的高校思想政治教育话语体系

思想政治教育话语体系建设要确保正确的政治方向。正确的政治方向,是一个国家和政党进行政治活动的前提条件。习近平总书记曾经提出,我们"决不能在根本性问题上出现颠覆性错误,出现后就无法挽回、无法弥补"[16]。这里"颠覆性错误"即背离了正确的政治方向。一个国家走怎样的道路,就决定了这个国家的政治方向与未来。多年的历史早已证明,唯有走社会主义道路,才是正确的政治方向。高校思想政治教育话语体系建设要围绕提高青年一代马克思主义理论素养,这也正是坚持正确政治的思想基础。习近平总书记曾强调"马克思主义及其在中国的发展,为党和人民事

业发展提供了既一脉相承又与时俱进的科学理论指导,为增进全党全国各族人民团结和统一提供了坚实思想基础"[17]。高校思想政治教育话语体系建设的重要任务就是通过建构话语体系,主动"发声",让青年们学会用马克思主义的立场、思想、方式来研究和解决问题,这是为正确的政治方向提供智力支持和后备人才。

思想政治教育话语体系建设要重视中国特色社会主义信念教育。社会主义理想信念是中国共产党的精神支柱,是维护党和国家团结一致的重要基石。邓小平曾说:"我们过去几十年艰苦奋斗,就是靠用坚定的信念把人民团结起来,为人民自己的利益而奋斗。没有这样的信念,就难以凝聚。没有这样的信念,就没有一切。"[18]这里的"信仰"是指对我国特色社会主义事业建设和共产主义理想的信仰。通过理想信念教育,进一步强化思想政治教育话语"表达"的感染力、影响力和战斗力。

(二)坚定不移抵制和批判西方意识形态话语霸权,牢固掌握思想政治教育话语主动权

西方发达国家依靠技术力量和经济实力,逐步形成了意识形态话语霸权,并借助贸易全球化,大量传输具有西方价值观的思想。对西方意识形态话语霸权的批判与反击已经刻不容缓。

一方面,抵制资产阶级意识形态等错误思潮的影响。西方国家极为夸张地有选择性地报道和宣传社会主义国家在经济社会发展中遇到的困难,以实现他们妖魔化社会主义制度和社会主义政权的目的。同时通过别有用心的学术交流、人员往来、影视剧播放等多种渠道,向中国青年传播和渗透资本主义价值观与生活方式,以过度物质享受、体面生活和奢侈消费等为"诱饵",诱导我们青年一代在无形中树立起虚无主义、拜金主义、享乐主义的价值观。由此可见,牢牢把握高校思想政治教育话语权,充分发挥社会主义核心价值观对青年的引领作用尤为紧迫。

另一方面,借鉴他国思想政治话语体系建设的相关经验。辩证思维是马克思主义哲学的重要内容。批判的背后应是"舍弃糟粕,取其精华"。马克思和恩格斯在建构自己的理论体系过程中也大量吸收和借鉴了前人的成果。一是灵活建构思想政治话语体系机制。西方国家多在"公民教育""公民道德教育"或"人文教育"的背景下开展思想政治教育。思想政治教育话语内容不断细化,形式多样。话语的表达更为灵活。我国高校思想政治话语的表现一般为单向注入式,直接向学生注入主流意识形态,忽视受教育者的感

觉和体验。二是思想政治话语体系建设要调动各方面积极性，形成教育合力。高校思想政治教育工作并非某所高校、某个部门或个人的职责，还需要整个社会参与。西方国家思想政治教育充分发挥了政府、社区、大学和家庭的作用，思想政治教育话语体系通过不同渠道发挥作用，形成教育的合力。"美国的社会性思想政治教育工作，是通过宗教、政党活动、社区、家庭等途径来进行的……英国除了学校，还通过社会途径开展思想政治教育，主要是大众传媒、社会科学研究机构、社区、政党活动等。法国的思想政治教育除了学校以外，还有家庭、社区、大众传媒等。"[19]因此，思想政治教育的话语体系建设应在社会各个方面得到充分的体现，从而有效地形成思想政治教育的合力。

参考文献

[1][13] 马克思, 恩格斯. 马克思恩格斯选集：第2卷 [M]. 北京：人民出版社, 2012: 2-3, 157.

[2][3][8][9] 中共中央马克思恩格斯列宁斯大林著作编译局. 马克思恩格斯选集：第1卷 [M]. 北京：人民出版社, 2012: 178, 52, 152, 52.

[4] 彭明. 马克思主义在中国的历史命运 [J]. 河北师范大学学报（哲学社会科学版）, 2001 (7): 5-6.

[5] 袁思杨. 探索分权对多数暴政的抑制作用：《论美国民主》中的政治社会学思想 [J]. 牡丹江大学学报, 2015 (10): 3.

[6] 邱仁富. 思想政治教育语言创新论 [J]. 电子科技大学学报（社会科学版）, 2010 (5): 7.

[7] 高凤敏. 马克思恩格斯道德教育思想研究 [D]. 济南：山东师范大学, 2012.

[10] 卓炯. 对"货币转化为资本"的再认识 [J]. 上海社会科学院学术季刊, 1986 (2): 4-12.

[11] 中共中央马克思恩格斯列宁斯大林著作编译局. 马克思恩格斯选集：第7卷 [M]. 北京：人民出版社, 2012: 922.

[12][14] 中共中央马克思恩格斯列宁斯大林著作编译局. 马克思恩格斯选集：第3卷 [M]. 北京：人民出版社, 2012: 320, 234.

[15] 田文林. 西方式民主在中国行不通 [J]. 求是, 2014 (24): 2.

[16] 习近平论全面深化改革（2012年11月8日至2013年12月31日）

[EB/OL]. (2024 – 05 – 15) [2024 – 09 – 11]. https://www.xuexi.cn/lgpage/detail/index.html?id = 404809067460494703&item_id = 404809067460494703.

[17] 习近平论"不忘初心、牢记使命"（2016 年）[EB/OL]. （2019 – 10 – 30）[2024 – 09 – 11]. https://www.xuexi.cn/lgpage/detail/index.html?id = 10936016553483625303&item_id = 10936016553483625303.

[18] 邓小平. 邓小平文选：第 3 卷 [M]. 北京：人民出版社，1993：190.

[19] 张岱年. 中国文化优秀传统内容的核心 [J]. 北京师范大学学报（社会科学版），1994（4）：21 – 22.

后 记

弦歌不辍，薪火相传。编辑出版《学生思想政治工作优秀论文合集（上辑）》一书，正值中山大学百年校庆的重要历史时刻，本书旨在以专业、严谨的形式展现中山大学学生工作队伍精神风貌，系统总结和深入反思过去一段时间学校在思想政治工作方面的创新实践经验，以期推动学校思想政治工作高质量内涵式发展。

回顾整个编纂过程，从最初的策划、资料收集，到项目筛选、分析、过程指导，再到最后的编排、修订，我们切实体会到高校思想政治工作的复杂性和挑战性、高校思想政治工作队伍专业化建设的关键性，也深刻认识到高校思想政治工作对于培养社会主义建设者和接班人的重要性。希望通过本书的出版，能够引起高等院校和广大高校教师，尤其是学生思政教育工作者对高校思想政治工作的关注和思考，共同推动高校思想政治工作的守正创新和持续发展。

入选本书的论文多为近五年获评省级以上奖项的优秀论文及在中文社会科学引文索引（CSSCI）收录期刊、全国中文核心期刊或其他高质量学术期刊上公开发表的论文，其作者均来自中山大学一线学生工作队伍。论文涵盖了学生思想政治教育、思想政治工作队伍建设等多个领域。每一篇论文都表现出高度的典型性和代表性，它们或是深入探讨思想政治工作理论的佳作，或是总结先进实践经验、提炼研究成果的精华之作。本书充分体现了中山大学学生工作队伍的学术风采，希望能为从事高校思想政治工作的同仁们提供宝贵的实践经验和理论支撑，也为我们进一步探索新时代高校思想政治工作的新途径、新方法提供思路。

在编辑、出版本书的过程中，学校领导的热切关心和指导使得全书的内容和质量更进一竿。尤其感谢学校党委张琪副书记作为"立德树人 凝心铸魂"系列丛书的主编，对本书编纂工作给予的精心指导。同时，感谢坚守在学校各培养单位学生工作一线的党政专职辅导员、青年教师专职辅导员、班主任等老师们为本书汇编付出的大量心血。在此，我们衷心感谢学校

后　记

领导以及各位学工同仁对本书编撰工作所给予的深切关怀、悉心指导与慷慨支持，此外还要感谢中山大学出版社对本书出版工作的大力支持。

"凯歌而行，不以山海为远；乘势而上，不以日月为限。"学生思想政治工作是一项任务艰巨、使命光荣、影响深远的事业，站在百年新征程的起点，中山大学将以更加积极的姿态，迎接新时代学生思想政治工作的新问题、新挑战、新任务，为培养社会主义建设者和接班人作出新的更大的贡献！

本书涉及单位众多，文稿编写及图片收集任务颇重，加上编者水平所限和时间紧迫，编辑工作可能存在疏漏之处，敬请相关单位、作者和读者诸君见谅，并予批评指正。

主编：靳祥鹏　钟一彪

2024 年 6 月